Forenkommunikation in Onlinezeitungen

Linguistische Untersuchungen 13

Herausgegeben von Iris Bons, Gerd Fritz und Thomas Gloning

LU

LINGUISTISCHE
UNTERSUCHUNGEN

Dennis Kaltwasser

Forenkommunikation in Onlinezeitungen

Pressekommunikation im medialen Wandel

Giessen University Library Publications 2019

Schlagwörter

Texttheorie, Textkohärenz, Textsorten, Medienformate,
Kommunikationsformen, Pressekommunikation, Forenkommunikation,
Diskursanalyse, Medienkritik, digitale Medienkommunikation, Multimodalität

Für Oskar

Bibliografische Information der Deutschen Nationalbibliothek
Die Deutsche Nationalbibliothek verzeichnet diese Publikation in der Deutschen
Nationalbibliografie. Detaillierte bibliografische Daten sind im Internet unter
http://dnb.d-nb.de abrufbar.

ISBN: 978-3-7497-3470-2
URL: http://geb.uni-giessen.de/geb/volltexte/2019/14812
URN: urn:nbn:de:hebis:26-opus-148123

Giessen University Library Publications, Gießen 2019

Druck und Herstellung: tredition GmbH, Halenreie 40-44, 22359 Hamburg
Umschlaggestaltung: Harald Schätzlein · ultraviolett.de

Zugleich:
Dissertation JLU Gießen

Dekan: Prof. Dr. Thomas Möbius
1. Berichterstatter: Prof. Dr. Thomas Gloning
2. Berichterstatter: Prof. i.R. Dr. Gerd Fritz
Tag der Disputation: 26.6.2019

Inhalt

Vorwort

Der Weg, den die vorliegende Arbeit bis zu ihrer Fertigstellung zurückgelegt hat, war lang und führte stellenweise durch unwegsames Gelände, bisweilen ging es steil bergan. Dass sie das Ziel dennoch erreicht hat, verdanke ich der freundlichen Unterstützung vieler Menschen.

Zuerst möchte ich Gerd Fritz danken, der mir bereits im Studium die Nützlichkeit und Tragfähigkeit einer handlungsorientierten Sprachtheorie nähergebracht und einen ordnenden Überblick über die zentralen Theoriebereiche vermittelt hat. Er hat damit den Grundstein für diese Arbeit gelegt und sie von Anfang an und in allen Stadien mit viel Geduld, klugem Rat und zahlreichen klärenden Gesprächen begleitet. Mein Dank gilt in gleichem Maß Thomas Gloning, der mich von der Themenfindung bis zur letzten Korrektur mit unermüdlicher kritischer Lektüre, vielen theoretischen Anregungen und schreibstrategischen Hinweisen unterstützt hat. Auch seinen Vorarbeiten verdankt diese Arbeit sehr viel.

Von den intensiven Gesprächen in zahlreichen Kolloquiumssitzungen und der tapferen und gründlichen Lektüre meiner wöchentlichen Textproduktion durch Roman Degreif, Melanie Grumt-Suárez, Andre Pietsch, Stefanie Seim, Tanja Skerlavaj und Felix Wagner habe ich sehr profitiert. Und auch die zahlreichen anregenden Gespräche mit meinem Kollegen Daniel Holzhacker (insbesondere zwischen Kassel Hbf und Wilhelmshöhe) haben den einen oder anderen Gedanken inspiriert. Habt alle herzlich Dank dafür!

Ganz besonders möchte ich Hannah Broecker danken, die neben aller anderen Unterstützung vor allem durch viele intensive Diskussionen einen wichtigen Beitrag zur Klärung mancher verwirrender Probleme sowie zur Präzisierung zentraler Konzepte und der Strukturierung der Arbeit insgesamt geleistet hat. Und schließlich geht ein großer Dank an Renate Kaltwasser, die mich in allen Lebenslagen moralisch unterstützt und die Arbeit mit großer Akribie korrekturgelesen hat.

1. Einleitung

1.1 Forenkommunikation im journalistischen Umfeld

Die Digitalisierung und Vernetzung der Pressekommunikation haben zu tiefgreifenden Veränderungen in der journalistischen Praxis aber auch in den Formen der Nutzung und der Kritik journalistischer Angebote durch die Leser[1] geführt. Für Onlinezeitungen spielen hier neben medienkritischen Blogs und Social-Media-Angeboten wie *Facebook* und *Twitter* hauptsächlich die Leserforen eine wichtige Rolle, die häufig im Kontext von journalistischen Texten anzutreffen sind. Die Entwicklung dieses relativ jungen Medienformats und seine breite Etablierung im Kontext von journalistischen Onlineangeboten stellt eine weitere und besonders grundlegende Veränderung der Rahmenbedingungen dar, welche die jüngere Geschichte der Pressekommunikation kennzeichnen. Mit der aktiven Teilnahme der Leser wird die Praxis des Berichtens in der Presse als eine Form der öffentlichen politischen Kommunikation um eine neue Dimension erweitert (vgl. Neuberger 2009, 36ff.; Ruiz et al. 2011). Die Funktionsweise des Internets als partizipatives Dialogmedium (Gehlen 2011) bietet dem Journalismus dabei neue Chancen, stellt ihn aber auch vor neue Herausforderungen. Dies zeigt sich unter anderem in der gesellschaftlich breit geführten Kontroverse zur Qualität der medialen Berichterstattung. Der Umgang mit der stark angewachsenen und nun vielfach auch vom Leser im eigenen Medium geäußerten Kritik ist zu einem relevanten Faktor onlinejournalistischer Arbeit geworden (vgl. Reich 2011, 103ff.), der sowohl die Arbeitsabläufe als auch das journalistische Produkt zunehmend prägt.

Bereits ein kursorischer Abriss der frühen historischen Entwicklung des Mediums ,Zeitung' verdeutlicht, dass seit seiner Entstehung eine große Zahl von wechselnden Faktoren Einfluss auf die Rahmenbedingungen genommen hat, unter denen journalistisches kommunikatives Handeln und dessen Rezeption stattfindet. Ebenso verändern sich als Folge gesellschaftlicher und politischer Umwälzungen die Auffassungen darüber, wie, für wen, worüber und mit welcher Zielsetzung in den Zeitungen berichtet werden soll und welche Qualitätsmaßstäbe an die Berichterstattung anzulegen sind. Allein im 19. Und 20. Jahrhundert verrichtete die Zeitung ihren Dienst in so wechselhaften Kontexten wie der Rheinbundzeit und den Napoleonischen Kriegen, den revolutionären Ereignissen von 1848/49, dem deutschen Kaiserreich, zwei Weltkriegen,

---

[1] In dieser Arbeit wird aus Gründen der besseren Lesbarkeit das generische Maskulinum verwendet. Weibliche und anderweitige Geschlechteridentitäten werden dabei ausdrücklich mitgemeint.

der Weimarer Republik, dem Nationalsozialismus, der liberalen Parteiende-
mokratie bis hin zur gegenwärtigen Postdemokratie (Crouch 2004), wobei sie
seit dem Ende des 18. Jahrhunderts zunehmend in den politischen Diskurs eingebunden wurde. Ebenso dynamisch stellt sich die Entwicklung der institutionellen, technischen und ökonomischen Bedingungen der Pressekommunikation dar, welche einen deutlichen Einfluss auf Produktionsweise und Distribu-
tionswege ausübten, insbesondere jene der Professionalisierung des Journalistenberufs (vgl. Requate 2002) und der Konzentration im Zeitungsmarkt gegen
Ende des 20. Jahrhunderts (vgl. Schütz 1996).

Die Bereiche, in denen sich die Zeitung im Laufe ihrer Geschichte durch technische Weiterentwicklungen, Expansion und Ausdifferenzierung der Leserschaft und wechselnde ökonomische, politische oder juristische Rahmenbedingungen verändert hat, betrafen im Wesentlichen neben dem quantitativen Umfang, der Geschwindigkeit sowie der Reichweite der Pressekommunikation vor
allem das Spektrum journalistischer Handlungsmöglichkeiten für die Textpro-
duzenten. Auf ihrer Seite änderten sich in kommunikativer Perspektive unter
anderem die ihnen zur Verfügung stehenden Verfahren der Verständnissiche-
rung, der Übersichtlichkeit und Veranschaulichung, der thematischen und funktionalen Differenzierung, das Spektrum etablierter Beitragstypen, der Zugriff
auf Quellenmaterial, der Grad der akzeptierten impliziten oder expliziten Tendenz und Parteilichkeit sowie der Kanon der Darstellungsformen und -modi.

Im Fokus dieser Arbeit stehen vor allem die grundlegenden Veränderungen
des Mediums und der in ihm vollzogenen kommunikativen Praxis an der
Schwelle zum 21. Jahrhundert. Diese haben ihren Ursprung in der mit dem
Internet geschaffenen, technisch vernetzten Infrastruktur zum Austausch von
digitalen Informationen in Echtzeit, und dort vor allem in seinem ubiquitären
WWW-Dienst und der mit ihm assoziierten Browser-Technologie für den
Transport und die Darstellung von Textdokumenten und multimodalen Inhalten. Seit Mitte der 1990er Jahre sind immer mehr Zeitungen dazu übergegangen, ihr Angebot auch im Internet zu präsentieren, dazu kommen noch eigenständige internetbasierte Zeitungen. Waren es 1995 noch fünf Zeitungen, die
in Deutschland online verfügbar waren, gab es 1996 bereits 41 und 2003 schon
631 Onlinezeitungen, wobei die dynamische Wachstumsphase zu diesem Zeitpunkt abgeschlossen war und die Zahl bis 2015 nur noch marginal auf 662
anstieg (vgl. Pasquay 2016, 19). Auch die Akzeptanz und Nutzungsfrequenz
nimmt seit der Verfügbarkeit von Onlinezeitungen ständig zu und das Abrufen
von Nachrichten, vor allem von politisch-tagesaktuellen Informationen, gehört
zu den häufigsten Nutzungsarten des Internets (Quandt 2005, 53).

Mit Ausnahme von gewerblichen Anzeigen, die bereits im 17. Jahrhundert
in Zeitungen zu finden sind und 1727 zur Entstehung von Intelligenzblättern
führten (vgl. Böning 1999), der seit Ende des 18. Jahrhunderts verbreiteten

Lesermitarbeit in Heimatzeitungen (vgl. Schönhagen 1995) und Leserbriefen (Wachowski 2016, Eckkrammer/Knauer 2015, Fix 2012, Fix 2008, Mlitz 2008, Heupel 2007, Bucher 1989, Bucher 1986) waren die Zeitungen in gedruckter Form allerdings in der Regel eine kommunikative Einbahnstraße ohne weitreichende Interaktions- oder Partizipationsmöglichkeiten, die von ihren Machern genutzt wurde, um die Leser mit Informationen über aktuelle Ereignisse zu versorgen, ihnen Zusammenhänge und Hintergründe zu vermitteln, sie von bestimmten Deutungen oder Positionen zu überzeugen oder sie schlicht zu unterhalten. Mit der Migration in das neue „Supermedium Internet" (Bucher 2000) gerät das Traditionsmedium Zeitung jedoch in ein mediales Umfeld, in dem es neben der Fortführung der beschriebenen Entwicklungen auf der Seite der Autoren, Verleger und Herausgeber nun auch zu grundlegenden Veränderungen in den kommunikativen Handlungsspielräumen der Leser kommt. Die Ursache hierfür liegt im Zusammenspiel dreier bestimmender Merkmale, welche die Zeitung im Kontext der Onlinekommunikation kennzeichnen:

(i)   Die Dokumente des Internets liegen in digitaler Form vor und werden in erster Linie in einer Browser-Software auf einem Bildschirm dargestellt. Aus dieser technischen Umgebung ergeben sich spezifische Gestaltungs- und Darstellungsmöglichkeiten, welche die Multimodalität der gedruckten Pressetexte um weitere Modi erweitert (Video, Ton, Animation usw.).

(ii)   Die bereits in gedruckten Zeitungen vorfindliche Segmentierung größerer Textangebote und der Trend zur selektiven, portionsweisen Lektüre wird in einer Hypertextumgebung aufgrund der Verknüpfungsmöglichkeiten auch technisch gefördert. In vielen Fällen werden hierbei Segmentierungs- und Verweisstrukturen nachgebildet, die bereits in geruckten Zeitungen als Muster etabliert sind, wie z.B. Teaser-Langtext-Verweise (vgl. Wiesinger 2010, 302). Dies ermöglicht im Prinzip eine geplante, systematisch unterstützte und im Text bereits angelegte nichtlineare – besser: multi-lineare – Rezeptionsreihenfolge (vgl. Fritz 1999). Die Vernetzung geht jedoch über die Grenzen der einzelnen Publikation weit hinaus und journalistische Angebote im Internet und deren Rezeption sind eingebettet in einen unmittelbar zugänglichen, durchsuchbaren Hypertextkosmos von Primärquellen, Parallelberichterstattung, Kommentierung in Blogs, sozialen Netzwerken usw.

(iii)   Die Onlinezeitung ist interaktiv, wobei aufgrund der begrifflichen Unschärfe in diesem Zusammenhang zwei Verwendungsweisen von *interaktiv* unterschieden werden müssen: Einerseits ermöglichen die technischen Voraussetzungen von Hypertextdokumenten und Medienwiedergabesoftware gekoppelt mit informationstechnischen Eingabegeräten eine Interaktion mit dem Dokument in dem Sinn, dass der Leser selbst die Rezeptionsreihenfolge bestimmt. Entscheidend für die Interaktivität in diesem Sinn ist der Handlungs- und Entscheidungsspielraum des Lesers bei der Rezeption (vgl. Bucher 2001: 139). Hiervon zu unterscheiden ist die Verwendung des Mediums zur Interaktion z.B. mit Autoren, Herausgebern oder anderen Lesern.

Die im letzteren Sinn interaktiven Möglichkeiten der dynamischen Inhaltsbearbeitung in dem dafür vorgesehenen Medienformat ‚Leserforum' bedeuten für die Leser der Onlinezeitung – die jetzt zusätzlich zu potenziellen Forenteilnehmern werden – eine weitreichende qualitative Veränderung, welche ihnen neue Handlungsoptionen eröffnet und tief in die kommunikative Praxis der Presseberichterstattung eingreift: Zum ersten Mal können die Leser durch die Einbindung von Leserforen im lokalen Kontext der einzelnen Pressebeiträge selbstständig Texte veröffentlichen und damit aktiv an der Pressekommunikation teilnehmen. Die Möglichkeit, journalistische Beiträge zu kommentieren, beschränkt sich dabei nicht auf informierende Texttypen, auch feuilletonistische Texte wie Film- und Theaterrezensionen oder Buchbesprechungen sowie politische Kommentare oder Reiseportraits können von der Leserschaft kommentiert werden.

Die Kommentierung von Pressetexten im Rahmen von Leserforen geschieht technisch-medial bedingt in fundamental anderer Weise, als es noch bei dem Textsortenvorbild ‚Leserbrief' der Fall war. Im Kontrast zum postalisch eingereichten Leserbrief durchlaufen Kommentare in Leserforen in der Regel keinen Auswahlprozess und werden im Rahmen der Moderationspraxis stattdessen lediglich gesperrt, wenn sie gegen bestimmte Richtlinien verstoßen. Dabei können Forenteilnehmer nicht nur sprachlich auf externe Texte und andere Medieninhalte Bezug nehmen, sondern auch mithilfe von Hyperlinks auf diese verweisen, sodass sie unmittelbar abrufbar sind. Auf diese Weise können besonders enge funktionale und thematische Zusammenhänge mit Texten und multimodalen Inhalten anderer Medien hergestellt werden. In gleicher Weise können Kommentatoren auch auf Beiträge anderer Forenteilnehmer verweisen oder diese zitieren. Hierfür ist in der Regel eine Antwortfunktion vorhanden, die den direkten Bezug auf andere Kommentare unterstützt und diesen in den erstellten Beiträgen auch anzeigt. Aufgrund der niederschwelligen Voraussetzungen der Beitragserstellung können Forenteilnehmer in kurzer Folge auch mehrere Beiträge platzieren. Im Zusammenspiel mit den genannten Verweismöglichkeiten und der hierarchischen Darstellung der Bezüge zwischen den Beiträgen können sich dialogische oder komplexe gruppengesprächsartige Sequenzen ergeben, was einerseits eine partielle Koppelung von Massenkommunikation und Individualkommunikation zur Folge hat (vgl. Neuberger 2009, 23) und andererseits zu einer neuen Form von Schriftlichkeit führt (vgl. Beißwenger/Pappert 2018, 451ff.; Marcoccia 2004).

Verschiedene Aspekte der Kommunikation in Leserforen sind in den letzten Jahren aus einer Reihe unterschiedlicher Perspektiven und mit heterogenen Forschungsinteressen und Fragestellungen untersucht worden. Die Vielfalt der Zugänge resultiert unter anderem aus der Tatsache, dass Leserforen in Online-zeitungen nur eine von mehreren Spielarten der Forenkommunikation darstellen, welche ihrerseits nur eine formatspezifische Form der internetbasierten Kommunikation neben anderen bildet. Aufgrund der Modularität und Kombinierbarkeit von Medienformaten in dynamischen Hypertextumgebungen (vgl. Fritz/Bader 2010, 344ff.) findet Forenkommunikation ebenso im Verbund mit anderen Primärtextangeboten wie etwa politischen oder wissenschaftlichen Blogs (vgl. Große 2015; Fritz 2011, 239ff.), als Bestandteil von Social-Media-Plattformen (vgl. Locher et al. 2015) oder auch im Rahmen eigenständiger, themengebundener Onlineforen statt. Darüber hinaus gibt es zahlreiche Untersuchungen zu verwandten Medienformaten, wie beispielsweise der ‚Mailinglist‘, deren Ergebnisse sich teilweise ertragreich auf die Forenkommunikation übertragen lassen (für einen Überblick über Arbeiten zum Medienformat ‚Mailinglist‘ vgl. Gruber 2013, Bader 2018).

Ein Großbereich der Forschung zu Onlineforen ist durch die Sicht auf das Internet als emergente Plattform deliberativer Demokratie (Cohen 1997; Gutman/Thompson 1996; Rawls 1997) und daraus resultierenden Fragestellungen geprägt. So wird in verschiedenen Arbeiten der Einfluss von Onlineforen auf das deliberative Potenzial von Diskursen sowie die Eignung der Forenkommunikation als konstitutiver Teil eines demokratischen Prozesses anhand von Kommentarbereichen auf Nachrichtenwebsites untersucht (Jakobs 2014; Ziegele 2016; Perlot 2008). Aspekte des Medien- und Öffentlichkeitswandels unter den Bedingungen der integrierten Netzwerköffentlichkeit des Internets behandelt Nuernbergk (2013). Auf der Folie normativer Ansätze analysiert Dahlberg (2001) die Faktoren, die eine qualitative Verbesserung der öffentlichen Kommunikation durch die partizipativen Möglichkeiten der Onlinekommunikation begünstigen bzw. behindern. Ruiz et al. (2011) evaluieren die Forenkommunikation im europäischen journalistischen Umfeld im Hinblick auf die relevanten Prinzipien für eine demokratische Debatte. Große (2015) beschreibt das kommunikative Handeln in den Kommentarbereichen politischer Blogs mit einem Fokus auf ihr gemeinschaftsbildendes Potenzial. Und aus einer diskurstheoretischen und wissenssoziologischen Perspektive fragen Pappert und Roth (2016) nach den Bedingungen der Hervorbringung kollektiven Wissens in der Forenkommunikation. Da aus normativer Sicht das rationale Begründen von Positionen eine *Conditio sine qua non* der deliberativen Praxis darstellt, ergeben sich schließlich große Schnittmengen mit der Analyse und Beschreibung von Forenkommunikation aus einer argumentationstheoretischen Perspektive (vgl. Lewiński 2011 u. 2010; Edwards 2013).

Eine zweite Forschungstradition, an die zahlreiche Beiträge zur qualitativen Erforschung von Forenkommunikation anschließen, ist die Konversationsanalyse (Goffman 1981; Levinson 1988). Wichtige Beiträge leisten hier Kerbrat-Orecchioni (2004) mit der Einführung des Polylogbegriffs und Marcoccia (2004) mit der Präzisierung eines onlinespezifischen Polylogbegriffs im Rahmen der Untersuchung von Mailinglisten. Etliche Untersuchungen dieser Forschungsrichtung konzentrieren sich empirisch auf den Forenbereich der Videoplattform *YouTube*. So entwickelt Dynel (2014) ein *participation framework* für die Interaktion in den Onlineforen im Kontext der Videodokumente. Bou-Franch et al. (2012) behandeln in ähnlicher Perspektive und am gleichen Gegenstand Fragen der Kohärenzbildung in polyloger Interaktion. Andere Arbeiten zu diesem Gegenstandsbereich beschäftigen sich mit Verfahren des Konfliktmanagements (Bou-Franch/Garcés-Conejos Blitvich 2014) und Strategien der Höflichkeit (Lorenzo-Dus 2011). Und Antaki et al. (2005) untersuchen die Orientierung von Forenteilnehmern an der intersubjektiven normativen Gültigkeit von Erwartungen anhand von Forenbeiträgen im Anschluss an eine Liebeserklärung. Fragen der spezifischen Form der Schriftlichkeit in Onlineforen und die dort beobachtbaren Aspekte von Mündlichkeit („written conversation" (Marcoccia 2004)) behandelt Graßl (2014).

Andere Arbeiten wiederum bearbeiten ausgewählte Aspekte der Forenkommunikation aus medienwissenschaftlicher oder journalismustheoretischer Perspektive. Hohlfeld (2016) analysiert die sich ergebende Möglichkeit der Publikumsbeobachtung, die mit Blick auf den zu verzeichnenden Vertrauensverlust aus seiner Sicht gleichzeitig zur notwendigen Grundlage journalistischer Arbeit wird. Loosen beschäftigt sich mit Bedingungen der Integration von Produkten der Publikumsbeteiligung in den redaktionell organisierten Journalismus (Loosen 2016) sowie mit der automatisierten Analyse von Nutzerkommentaren in Onlinezeitungen zum Zweck der Erzeugung journalistischen Mehrwerts (Loosen 2017). Aus medienwissenschaftlicher Perspektive diskutiert Meyen Probleme der restriktiven Moderationspraxis (Meyen 2018a) sowie Formen der Medienkritik in Onlineforen (Meyen 2018b). Ebenfalls mit dem Fokus auf Formen der Medienkritik untersuchen Prochazka und Schweiger (2016) dominante Topoi der Medienkritik, die von Teilnehmern in Leserforen zum Ausdruck gebracht werden. Aus einer arbeitssoziologischen Perspektive beschreibt Reich (2011) die Herausforderungen, die sich für Journalisten aus der Nutzung von Onlineforen ergeben. Darüber hinaus werden auch soziologische Aspekte der Forenkommunikation behandelt. So untersucht Stopfner (2012) Verfahren der Identitätskonstruktion und Hoffmann (2014) analysiert Tendenzen der Hierarchieetablierung durch Fachwortgebrauch.

1.2   Ziele der Arbeit und verwendete Textbasis

Die Untersuchung von Forenkommunikation im Umfeld der Onlinepresse-kommunikation ist aus text- und kommunikationstheoretischer Perspektive ein lohnendes Untersuchungsobjekt, da es sich um ein junges Medienformat mit im Fluss befindlichen Konventionalisierungsprozessen handelt und eine große Zahl von Aspekten umfasst, die eine Herausforderung für eine integrative the-oretische Beschreibung darstellen. Die handlungstheoretisch fundierte, lingu-istische Kommunikationsanalyse kann hier einen bedeutenden Beitrag zur Er-forschung des skizzierten medialen Veränderungsprozesses und zur Darstel-lung seiner Grundstrukturen leisten. Hierzu gehört einerseits eine Bestands-aufnahme der kommunikativen Bedingungen und Handlungsmöglichkeiten, die sich für Zeitungsleser durch die Bereitstellung von Leserforen und damit durch die Eröffnung eines neuen technisch-medialen Möglichkeitsraumes er-geben und andererseits die Dokumentation und Systematisierung bereits etab-lierter Muster seiner kommunikativen Nutzung. Die theoretische Relevanz ergibt sich dabei auch aus der Erprobung der Anwendbarkeit einer handlungs-orientierten Texttheorie auf medial vermittelte, multimodale, mehrfachadres-sierte Textkommunikation mit komplexen Interaktionsmustern im vernetzten, digitalen Umfeld. In der Arbeit werden sechs zentrale Forschungsaufgaben bearbeitet:

(i)   Als Grundlage der Untersuchung soll die Tragweite einer handlungs-theoretischen dynamischen Texttheorie für die Beschreibung und Analyse von medial vermittelter, multimodaler Textkommunikation zu politischen Themen im digitalen, vernetzten Umfeld erprobt werden. Dies kann dazu beitragen, einen integrativen, theoretisch kohärenten Ansatz zur Beschreibung dieses in vielfacher Hinsicht komplexen kom-munikativen Phänomens weiterzuentwickeln und Anschlussstellen zu medienwissenschaftlichen und demokratietheoretischen Forschungsan-sätzen zu eröffnen.

(ii)   Es soll eine Bestandsaufnahme der kommunikativen Handlungsmög-lichkeiten, die sich für Zeitungsleser aufgrund medialer Entwicklungen ergeben, erfolgen. Dabei soll der Zusammenhang zwischen der Verfüg-barkeit und Ausgestaltung von Medienformaten, die auf Basis medien-technischer Neuerungen entstandenen sind, und den typischen Formen ihrer Nutzung untersucht werden.

(iii)   Die qualitativen Veränderungen in der Rezeptionssituation des Lesers, der von der gedruckten Zeitung zum journalistischen Onlineangebot wechselt, soll im Hinblick sowohl auf seine Auswirkungen auf die Re-zeption von Pressetexten als auch auf die kommunikative Nutzung des ihn umgebenden Textkosmos für die eigenen kommunikativen Zwecke beschrieben werden.

(iv) Forenbeiträge stellen komplexe textuelle Einheiten dar, woraus sich die Frage nach einer angemessenen textlinguistischen Beschreibung der Strukturierungsprinzipien für ihren Aufbau ergibt. Da die Orientierung an Textmustern bei dem Verfassen von Texten nach Auffassung auch aktueller textlinguistischer Arbeiten (vgl. Brinker/Cölfen/Pappert 2018, 133) eine konstitutive Rolle für die Textproduktion spielt, gehört zu einer solchen angemessenen Beschreibung die Klärung der Frage, ob es sich bei Forenbeiträgen um eine Textsorte bzw. um eine Familie von Textsorten handelt und nach welchen Kriterien eine angemessene Klassifikation erfolgen könnte oder ob eher die Lösung lokaler kommunikativer Aufgaben und vor allem die Orientierung am lokalen kommunikativen Zusammenhang als Ressource für die Strukturierung von Forenbeiträgen dient.

(v) Die Bereitstellung von Foren in Onlinezeitungen eröffnet den Lesern einen Interaktionsraum von neuer Qualität. Ein zentrales Ziel der Arbeit ist es, die dort zu beobachtenden Interaktionsstrukturen systematisch zu beschreiben und die Grundlagen ihrer Organisation zu rekonstruieren. Als Ausgangspunkt für den theoretischen Zugriff soll der im Kontext der Konversationsanalyse entwickelte Polylogbegriff (Kerbrat-Orecchioni 2004) eingeführt und auf die spezifischen Gegebenheiten der Forenkommunikation bezogen werden. Von besonderem Interesse ist in diesem Zusammenhang die Frage, welchen Einfluss auf emergente Interaktionsstrukturen Phänomene der Lager- und Koalitionenbildung, die Entwicklung von Teilnehmeridentitäten sowie der Zugriff auf eine gemeinsame Kommunikationsgeschichte haben. Ergänzend wird auch nach den bestimmenden Faktoren für die Aufrechterhaltung dialogischer Bezüge in polylogen Sequenzen gefragt.

(vi) Letztlich sollen die veränderten Bedingungen für eine breite Medienkritik als Bestandteil der öffentlichen Kommunikation mit ihren Folgen für den kommunikativen Haushalt dargestellt werden. In diesem Zusammenhang soll auch die Bedeutung von Prinzipien für die Kritik von Kommunikationsbeiträgen verdeutlicht und Möglichkeiten der systematischen Rekonstruktion solcher Prinzipien aus der Analyse von Forenbeiträgen illustriert werden.

Die Analyse der Grundstrukturen der Forenkommunikation im Hinblick auf die oben genannten Ziele der Arbeit erfolgt anhand der exemplarischen Untersuchung von Forenverläufen zu journalistischen Primärtexten in einer Auswahl der wichtigsten deutschsprachigen Onlinezeitungen. Es handelt sich dabei um Forenverläufe zu journalistischen Berichten oder Kommentaren in *Spiegel Online, Tagesspiegel, FAZ, Frankfurter Rundschau, taz, Süddeutsche Zeitung, Welt* und *Zeit Online*. Dabei werden bei der Untersuchung insgesamt keine quantitativen Ergebnisse angestrebt. Vielmehr sollen die exemplari-

schen Detailanalysen einen Überblick über die Grundstrukturen der Forenkommunikation in den verschiedenen kommunikationstheoretischen Bereichen vermitteln sowie qualitative Verfahren ihrer Untersuchung illustrieren.
Da der weitergehende kommunikative Zusammenhang der Berichterstattung
für die Beschreibung von Forenbeiträgen und Beitragssequenzen eine wichtige
Rolle spielt, wurden zur besseren Nachvollziehbarkeit nach sorgfältigem Abwägen einzelne repräsentative Forenverläufe (zu einem Kommentar zu den
gescheiterten Koalitionsverhandlungen nach der Bundestagswahl 2017) oder
zusammenhängende Cluster von Berichtstexten (zu den G20-Protesten im Juli
2017 und zu Ereignissen im Syrienkonflikt im Dezember 2016) als Schwerpunkte der Analyse gewählt. Diese werden an relevanten Stellen um weitere
Belege aus der Textbasis ergänzt.

1.3   Aufbau der Arbeit

In Kapitel 2 werden zunächst die text- und kommunikationstheoretischen
Grundlagen für die Untersuchung erarbeitet. Ausgangspunkt ist hierbei eine
handlungstheoretisch fundierte dynamische Texttheorie (Fritz 2017). Ausgehend von dem Kerngedanken, dass Texte als Werkzeuge des sprachlichen
Handelns aufgefasst und beschrieben werden können, werden hier die zentralen theoretischen Kategorien der dynamischen Texttheorie mit Bezug auf den
Gegenstand Forenkommunikation diskutiert. Abschnitt 2.2 beschäftigt sich
dabei mit allgemeinen texttheoretischen Grundlagen, während in Abschnitt 2.3
einige spezifische theoretische Konzepte für die Analyse partizipativer Textkommunikation im vernetzten Umfeld diskutiert werden.
   Zu den allgemeinen texttheoretischen Grundlagen gehört zunächst der Begriff der Textfunktion, der in Abschnitt 2.2.1 im Zusammenhang mit der Einbettung von einzelnen Textbeiträgen in komplexere Kommunikationsformen
erörtert wird. Abschnitt 2.2.2 beschäftigt sich anschließend mit Fragen der thematischen Organisation von Texten. Nach einer theoretischen Klärung des
Themenbegriffs wird das Konzept des thematischen Netzes und seine Relevanz für die Analyse von Forenkommunikation anhand eines Forenverlaufs zu
einem *Spiegel Online*-Bericht über die Äußerungen des nordrhein-westfälischen Ministerpräsidenten Armin Laschet über den Fußballspieler Mesut Özil
und dessen Rücktritt aus der Nationalmannschaft illustriert. Im folgenden Abschnitt 2.2.3 wird das Konzept der Handlungsstruktur von Texten evaluiert
und auf Forenbeiträge bezogen. Anschließend werden in Abschnitt 2.2.4 auf
den Überlegungen zur Handlungsstruktur aufbauend Textmuster als historisch

wandelbare eingespielte Lösungsverfahren für wiederkehrende kommunikative Aufgaben diskutiert. In Abschnitt 2.2.5 wird ausgehend von der Grice'schen Implikaturentheorie der theoretische Status kommunikativer Prinzipien diskutiert und ihre Bedeutung sowohl für die Bewertung von Kommunikationsbeiträgen als auch für Textmusterkonventionen erörtert.

Die allgemeinen texttheoretischen Grundlagen aus Abschnitt 2.2 werden in Abschnitt 2.3 dann um spezifische Konzepte für die Analyse von Forenkommunikation ergänzt. In Abschnitt 2.3.1 wird hierfür zunächst mithilfe des Formatbegriffs (vgl. Bucher et al. 2010) das Medienformat ‚Leserforum' als technisch-medialer Möglichkeitsraum im Hinblick auf seine Affordanzen beschrieben. Anschließend werden der damit eröffnete Interaktionsraum und Verfahren der Beschreibung seiner Nutzung durch die Forenteilnehmer in den Blick genommen. Zu diesem Zweck wird der Begriff des *Polylogs* zur Kennzeichnung einer Mischform der Interaktion mit Eigenschaften sowohl schriftlicher als auch mündlicher Kommunikation eingeführt. Abschnitt 2.3.3 behandelt die Bezüge zwischen Kommunikationsbeiträgen im Hypertextkosmos, die sich aus der Einbettung in ein digitales und vernetztes Umfeld sowie den im Medienformat angelegten Verweismöglichkeiten ergeben. Hierzu wird der Intertextualitätsbegriff kritisch diskutiert und für die Zwecke dieser Arbeit terminologisch geklärt. Abschnitt 2.3.4 behandelt abschließend den Multimodalitätsbegriff und seine Einbettung in den bereits erarbeiteten handlungstheoretischen Werkzeugkasten.

In Kapitel 3 folgt die Beschreibung der Grundstrukturen der Forenkommunikation als Ergebnis detaillierter exemplarischer Analysen. Nach einer Vorstellung der Beschreibungsstrategie sowie der untersuchten Textbasis in Abschnitt 3.1 wird in Abschnitt 3.2 zunächst das Medienformat ‚Leserforum' anhand der Forenumgebung des Berliner *Tagesspiegel* illustriert. Es handelt sich dabei um eine Momentaufnahme der kommunikativen Rahmenbedingungen, die sich aus der konkreten Ausgestaltung dieses Medienformats ergeben. Ergänzend wird das zentrale Problem der Moderation aus der Sicht der Leser einerseits und der Forenanbieter andererseits anhand einer breiten Auswahl von Belegen aus anderen Onlinezeitungen und weiteren Quellen diskutiert.

Abschnitt 3.3 beschäftigt sich anschließend mit Handlungsformen und Beitragssequenzen im Interaktionsraum Leserforum. In Abschnitt 3.3.1 wird zunächst das heterogene Spektrum wiederkehrender Handlungsformen in Forenbeiträgen erster Ordnung rekonstruiert und vorgestellt. Anschließend werden zu dessen Systematisierung zentrale Aspekte des kommunikativen Zusammenhangs untersucht, in dem diese Handlungsformen stehen. Abschnitt 3.3.2 behandelt die bestimmenden Faktoren, die Auswahl, Kombination und Sequenzierung funktional-thematischer Bausteine zu größeren textuellen Einheiten in Beiträgen erster Ordnung steuern. In Abschnitt 3.3.3 werden diese Beiträge schließlich in ihrem sequenziellen Zusammenhang mit anderen Forenbeiträgen beschrieben. Zu diesem Zweck werden zweischrittige und komplexere dialogische und polyloge Interaktionsstrukturen beschrieben und visualisiert und es wird die Rolle untersucht, welche die Orientierung an in anderen Kommunikationsbereichen etablierten Kommunikationsformen für polyloge Interaktionsstrukturen spielt. Abschnitt 3.3.4 behandelt abschließend Aspekte der Entwicklung von Teilnehmeridentitäten und einer gemeinsamen Kommunikationsgeschichte als kommunikative Ressource.

In Abschnitt 3.4 wird die kommunikative Bedeutung forenspezifischer Text-Text-Bezüge in den Blick genommen, die sich aus der bereits diskutierten grundlegend veränderten Rezeptionssituation ergibt. Journalistische Texte kommen nicht isoliert vor, sondern stehen in engerem oder weitläufigerem Zusammenhang mit einer Vielzahl anderer Texte, zum Teil auch in anderen Kommunikationsmodi wie Video und in anderen Medien wie dem Fernsehen oder dem Online-Videoportal *YouTube*. Forenteilnehmer greifen zur Deutung und Einordnung von Berichten auf diesen Textkosmos zurück und nehmen zu kommunikativen Zwecken auch häufig explizit darauf Bezug. Dies wird am Beispiel von Forenbeiträgen zu einer Serie von journalistischen Berichten über die Proteste zum G20-Gipfel im Juli 2017 in Hamburg gezeigt. In diesem Zusammenhang werden auch typische Gegenstände der Medienkritik in Leserforen exemplarisch vorgestellt.

Im letzten Abschnitt 3.5 werden schließlich die Gelegenheiten zur Beobachtung und Rekonstruktion von Prinzipien für das kommunikative Handeln in Foren einerseits und für die journalistische Praxis andererseits illustriert. Forenverläufe im Kontext journalistischer Texte liefern eine Fülle von Hinweisen auf die Bedeutung, die kommunikative Prinzipien für die Foren- und Pressekommunikation haben. Besonders aufschlussreich sind dabei Beiträge, in denen Teilnehmer Einwände gegen das sprachliche Handeln von Journalisten und anderen Forenteilnehmern machen oder in denen Vorwürfe, die sich auf die Nichtbeachtung von relevanten kommunikativen Normen beziehen, erhoben werden. Auf Grundlage der analysierten Forenbeiträge werden in diesem Abschnitt zentrale Prinzipien rekonstruiert, systematisiert und dabei an mehreren Stellen zurückgebunden an die weiterführenden Ziele der Kommunikation in den jeweiligen Domänen.

In einem Fazit werden in Kapitel 4 schließlich die wesentlichen Themen und Erträge der Arbeit zusammenfassend dargestellt und auf die Fragestellungen und Zielsetzungen rückbezogen. Dabei werden als Ausblick zudem Hinweise auf relevante offene Forschungsfragen im vorliegenden Feld gegeben.

2. Text- und kommunikationstheoretische Grundlagen

2.1 Theoretische Anforderungen des Untersuchungsgegenstands

Forenkommunikation, die wir im Kontext von Berichterstattung in Onlinezeitungen, als Bestandteil von Medianangeboten wie Blogs oder *YouTube* oder auch in sozialen Netzwerken antreffen, hat sich auf der Basis medialer und technischer Neuerungen und Umbrüche in relativ kurzer Zeit als weit verbreiteter und umfangreich genutzter Baustein der öffentlichen Kommunikation etabliert. Sie entwickelt sich auch aktuell noch mit hoher Geschwindigkeit weiter und ihre Analyse und Beschreibung stellt den Linguisten vor vielfältige theoretische Herausforderungen. Es soll im Folgenden zunächst ein kurzer Überblick über die hierfür relevanten theoretischen Zugänge und die Bedingungen ihrer Kompatibilität zueinander gegeben werden.

Ein zentrales Merkmal von Forenbeiträgen ist zunächst, dass sie eine Form der schriftlichen Kommunikation darstellen und daher bei ihrer Beschreibung eine tragfähige und flexible Texttheorie die Ausgangsbasis für die Zusammenstellung des theoretischen Werkzeugkastens bildet. Die Darstellung der Grundzüge einer solchen Texttheorie, die Verdeutlichung ihrer besonderen Relevanz für die Beschreibung von Forenkommunikation und ihrer Anschlussfähigkeit an angrenzende Theoriebereiche steht daher am Anfang (Kapitel 2.2). Die medial/technischen Eigenschaften des Medienformats ‚Leserforum' erweitern die relevanten Analysekategorien des ursprünglichen Gegenstandes ‚Text' jedoch in mehrfacher Hinsicht:

(i)   Das digitale Umfeld, in dem die Forenkommunikation stattfindet, eröffnet spezifische Möglichkeiten der Verwendung multimodaler Kommunikationsmittel. Dies gilt sowohl für die Textgestaltung selbst als auch für die verschiedenen Formen der Bezugnahme und des Verweisens auf multimodale Inhalte.

(ii)   Die Produktions- und Publikationsbedingungen für Beiträge in Onlineforen führen zu einer schriftlich vermittelten Kommunikation, die in Teilen jedoch viele Züge dialogischer, kopräsenter Interaktion trägt (Weingarten 2000; Marcoccia 2004). Damit werden Forenbeiträge zu einem Grenzfall zwischen monologischer und dialogischer Kommunikation und Interaktionsmöglichkeiten sowie eingespielte Interaktionsmuster werden ein relevanter Teil der Beschreibung.

(iii)   Forenkommunikation findet zudem in einem vernetzten Umfeld statt, das sowohl die Rezeptionsbedingungen als auch die Möglichkeiten der Bezugnahme auf andere Texte für kommunikative Zwecke im Kontrast zur gedruckten Pressekommunikation auf drastische Weise erweitert.

Damit kommen Fragen des Zusammenhangs zwischen Texten in den Fokus und es muss ein geeigneter, onlinespezifischer Intertextualitätsbegriff entwickelt werden.

Die theoretischen Bausteine, die sich mit Fragestellungen zu onlinespezifischer Multimodalität, Text-Text-Beziehungen im (Hyper-)Textkosmos und der Analyse von Onlineforen als Interaktionsraum beschäftigen, werden in Kapitel 2.3 vorgestellt. Besonderes Augenmerk liegt dabei auf der begrifflichen und methodischen Anschließbarkeit an die im vorangegangenen Kapitel entwickelten texttheoretischen Grundlagen.

2.2   Texte als Werkzeuge sprachlichen Handelns

Für die folgende Untersuchung lege ich eine handlungstheoretisch fundierte, dynamische Texttheorie (vgl. Fritz 2017) zugrunde. Kerngedanke einer solchen funktionalen Betrachtungsweise ist, dass Texte als Werkzeuge aufgefasst werden können, mit denen Sprecher und Schreiber kommunikative Aufgaben bewältigen und kommunikative Ziele verfolgen. In dieser Perspektive erscheint als zentraler textlinguistischer Untersuchungsgegenstand nicht ausschließlich der einzelne Text mit seinen konkreten Eigenschaften, sondern vorrangig der Textgebrauch durch die Kommunikationsteilnehmer im Rahmen kommunikativer Zusammenhänge, die ihrerseits wiederum mit Formen sozialer Praxis verflochten sind (vgl. Strecker 1987, 28ff.; Luckmann 1986, 199ff.). Für journalistische Texte in Onlinezeitungen und Beiträge in den angeschlossenen Leserforen folgt daraus, dass auch in diesem Bereich der öffentlichen Kommunikation Pressetexte und Forenkommentare zwar Ausgangspunkt, jedoch nicht primärer Gegenstand der linguistischen Beschreibung sind. Die Texte selbst geben aufgrund der verschiedenen Aspekte ihrer Textgestaltung und medialen Einbettung vielmehr Hinweise darauf, auf welche Weise, in welchen Zusammenhängen und mit welchen Absichten sie jeweils verwendet wurden. Ein wichtiges Ziel der Analyse des relativ jungen Medienformats des Leserforums in Onlinezeitungen ist daher die Rekonstruktion, Systematisierung und Dokumentation des kommunikativen Handelns von Journalisten (vgl. hierzu auch Bucher 2000) und Lesern.

Die Fokussierung auf den *Textgebrauch* hat weitreichende Folgen für die Form der textlinguistischen Beschreibung. Die wichtigste Konsequenz kann darin gesehen werden, dass der Zugang über das kommunikative Handeln der Akteure eine integrative Beschreibung der verschiedenen Aspekte der Textgestaltung ermöglicht. Wie noch gezeigt wird, hängt etwa die Handlungsstruktur von Texten mit dem behandelten Thema und der thematischen Organisation zusammen, der Bereich der Lexik ist eng verflochten mit kommunikativen Prinzipien (z.B. Höflichkeit, Neutralität) und auch Fragen der lokalen und globalen Sequenzierung und des Wissensaufbaus können nicht sinnvoll voneinander getrennt behandelt werden. Diese Konzeption steht im Kontrast sowohl zu einigen textlinguistischen Ansätzen, die sich bei der Beschreibung und Klassifikation von Texten auf jeweils einzelne – auch funktionale – Textmerkmale wie Illokutionsstruktur, Propositionsgefüge, thematische Aspekte oder lexikalische bzw. grammatische Merkmale konzentrieren, als auch zu solchen, die Textklassen auf Grundlage von Merkmalsmatrizen bilden oder Textmerkmale auf mehreren disjunkten Ebenen ansiedeln, ohne den Zusammenhang zwischen den Ebenen deutlich zu machen (so etwa Sandig 1972; Heinemann/Viehweger 1991; Gansel/Jürgens 2009, 92; vgl. hierzu auch Fritz 2017, 18ff.) Im Rahmen der linguistischen Kommunikationsanalyse und verwandter, handlungstheoretisch orientierter Textauffassungen hat sich eine Reihe eng aufeinander bezogener Aspekte der Textgestaltung und des Textgebrauchs als nützliches Beschreibungsinventar bewährt (vgl. Gloning 2010, 174ff.; 2008b, 69ff.; Fritz 1994; Schäflein-Armbruster 1994; Wolańska-Köller 2010, 21ff.; Glüer 2000, 4ff.; Cheng/Gloning 2017, 14ff.). Diese Aspekte sollen im Folgenden im Hinblick auf ihre Relevanz für die vorliegende Untersuchung skizziert werden. Dabei soll zudem die Bedeutung zentraler Begriffe und Methoden einer dynamischen Texttheorie für die Analyse und Beschreibung der onlinespezifischen multimodalen Textkommunikation in Foren von Onlinezeitungen dargestellt werden.

2.2.1   Textfunktion und Einbettung in Kommunikationsformen

Die Funktion von Texten wird in der Textlinguistik spätestens seit der kommunikativ-pragmatischen Wende der Linguistik der 1970er Jahre in weitgehender Übereinstimmung als eine zentrale Analysekategorie und als konstitutives Merkmal von Textualität überhaupt gesehen, häufig wird sie in der Textsortenlinguistik auch als Kriterium zur Klassifikation von Texten herangezogen (vgl. u.a. Brinker/Cölfen/Pappert 2018, 87ff., Rolf 1993, für eine Überblicksdarstellung linguistischer Textfunktionskonzeptionen vgl. Heinemann 2001, 511ff.). Dennoch wird auch in neueren linguistischen Arbeiten kontrovers diskutiert, wie der Begriff der Textfunktion genau zu bestimmen ist (vgl. Fandrych/Thurmair 2011, 20). In vielen Fällen wird im Zuge des Versuchs, die Funktion von ausgewählten Beispieltexten zu bestimmen oder Texte zu Klassen zu bündeln, die Funktion als ein inhärentes Textmerkmal aufgefasst. Ich möchte im Folgenden in Abgrenzung hierzu einige Grundgedanken zum

Begriff der Textfunktion entwickeln, die im Sinne der dynamischen Texttheorie auf der systematischen Einbeziehung des kommunikativen Zusammenhangs, in dem die Texte verwendet werden, beruhen und die für die funktionale Beschreibung von Texten der Forenkommunikation fruchtbar gemacht werden können.

Das Verfassen und Äußern von Texten findet – mit wenigen Ausnahmen, wie etwa beim Führen eines Tagebuchs oder beim Anfertigen von Notizen für den späteren eigenen Gebrauch – im Kontext sozialer Interaktion und in mehr oder weniger routinisierten kommunikativen Zusammenhängen statt. Da die kommunikativen Aktivitäten auf vielfache Weise mit nichtkommunikativen sozialen Handlungszusammenhängen verschränkt sind, kann man die Funktion eines Textes in einem ersten Zugriff beschreiben als die *Art* von sprachlicher Handlung, die ein Sprecher oder Schreiber vollzogen hat, indem er einen bestimmten Text in einer konkreten Situation für einen oder mehrere Adressaten geäußert hat (vgl. Heringer 2015, 71f.). Grundlage für die Beschreibung funktionaler Textaspekte ist daher, dass der Beschreibende ebenso wie der Leser des Textes, diesen auf eine bestimmte Art verstanden oder gedeutet hat.

Die von einem Autor intendierte Funktion eines Textes und das funktionale Verständnis des Lesers oder des Beschreibenden können dabei jedoch auf verschiedene Weise auseinanderfallen. So kann ein Leser einen Text in funktionaler Hinsicht zunächst schlicht anders verstehen, als er gemeint war. Ein als Ratschlag gemeinter Text könnte unter bestimmten Bedingungen beispielsweise auch als Drohung oder als Vorwurf verstanden werden. Ein anderer Fall liegt vor, wenn zwei Leser ein unterschiedlich weit reichendes funktionales Verständnis eines Textes entwickeln. Dies könnte etwa bei der Darstellung eines Ereignisses der Fall sein, deren weitergehender Sinn darin besteht, die Handlungsweise einer Person in der Ereignisdarstellung zu verurteilen oder zu rechtfertigen. Obwohl beide Leser die Darstellung des Ereignisses im Hinblick auf seine zentralen Aspekte möglicherweise vollständig verstanden haben, könnte sich in Abhängigkeit von den Annahmen und Wissensbeständen der Leser nur einem von ihnen während der Rezeption der weitergehende kommunikative Sinn erschließen (vgl. Fritz 1982, 295f.; Fritz 2017, 294f.; Kölbl 2011, 50f.). Wollte man für diesen kommunikativen Vorgang die Funktion des verwendeten Texts beschreiben, müsste man die vom Autor intendierte Textfunktion und die divergierenden funktionalen Verständnisse oder Deutungen durch die Leser voneinander getrennt betrachten. Bereits an diesen kurzen Beispielen wird deutlich, dass die Funktion ebenso wie andere Aspekte der Textgestaltung – etwa das Textthema – keine inhärenten Eigenschaften eines Texts sein können, sondern als ein Aspekt der konkreten Textverwendung aufgefasst und im Zusammenhang mit Absichten und Verständnissen der Kommunikationsteilnehmer beschrieben werden müssen. Verkürzende Redeweisen, etwa von *der Funktion* oder *des Themas* eines Texts, sind aus darstellungsökonomischen Gründen zwar von Fall zu Fall legitim und auch sinnvoll, sollten aber dennoch diesen Zusammenhang nicht verdunkeln, da sie sich jenseits der Beschreibung konkreter Kommunikationsvorgänge bestenfalls auf für Textmuster prototypische oder naheliegende Verwendungskontexte (z.B. Betriebsanleitungen, Lehrbücher, Traueranzeigen; vgl. Fritz 2016, 47) oder implizite Annahmen des Beschreibenden über die Verwendungssituation stützen (vgl. Bucher/Fritz 1989, 137; Bader et al. 2011, 88). Daraus folgt, dass einerseits konkrete Texte selbst also nicht eine Funktion im diskutierten Sinn als Eigenschaft besitzen, vielmehr kann man hier von einem Funktions- oder Handlungspotenzial sprechen. Andererseits verweist das Textmuster, nach denen sie ggf. gemacht sind, auf einen prototypischen Gebrauch und damit auf eine texttypspezifische Standardfunktion.

Textäußerungen und die mit ihnen vollzogenen sprachlichen Handlungen stehen in einer Reihe äußerer Zusammenhänge, von denen einer die sequentielle Einbettung in vorangegangene und mögliche bzw. typische nachfolgende kommunikative Züge der beteiligten Kommunikationspartner ist. In vielen Fällen ist der Bezug zu dieser sequentiellen Einbettung konstitutiv für die funktionale Beschreibung kommunikativer Beiträge. Die funktionale Kennzeichnung einer Äußerung als ‚Antwort‘ setzt beispielsweise eine vorangegangene Frage ebenso voraus, wie der ‚Ablehnung eines Vorschlags‘ ein solcher notwendig vorangegangen sein muss. Typische Konstellationen von solchen aufeinander bezogenen kommunikativen Zügen kann man als Bestandteil einer Kommunikationsform[2] beschreiben. Zur Charakterisierung von Kommunikationsformen gehören jedoch noch weitere Aspekte wie beispielsweise typische Wissenskonstellationen der beteiligten Kommunikationsteilnehmer, Formen der Wissensveränderung in ihrem Verlauf, Verteilung des Rederechts, thematische Organisation, charakteristische Äußerungsformen, spezifische kommunikative Prinzipien, Ausbaustufen und Ausdifferenzierungen,[3] die Produktivität der Kombination von Grundmustern usw. (vgl. Fritz 1994a, 547).

Dialogische Kommunikationsformen können als ein eingespieltes und damit konventionelles Verfahren zur gemeinsamen kommunikativen Bearbeitung einer sozialen Aufgabenstellung verstanden werden (vgl. Luckmann 1986, 200ff.). Dabei sind unterschiedliche Grade der Konventionalisierung

---

[2]   Für die Diskussion anderer Verwendungsweisen des Ausdrucks *Kommunikationsform* in der linguistischen Forschung und seine Beziehung zum Begriff des *Medienformats* vgl. Abschn. 2.3.1.

[3]   Ein Beispiel hierfür wäre etwa das Brainstorming als spezifische Spielart der Kommunikationsform des Gemeinsamen Planens mit ihren eigenen Regeln bzw. Regelergänzungen und -abwandlungen.

von der strategischen *ad-hoc*-Lösung bis hin zur gesellschaftlichen Institutionalisierung möglich. Ein solches allgegenwärtiges Verfahren ist die Vorwurfskommunikation. Sie stellt ein etabliertes Grundmuster der alltäglichen Kommunikation dar, deren übergeordnete Aufgabe man in der Aushandlung bzw. Stabilisierung von Normen und damit in der kollektiven Verhaltenskoordination sehen kann. Vorwürfe eröffnen charakteristische Entgegnungszüge, die sich jeweils auf bestimmte regelhafte Festlegungen, die Sprecher beim Vorwerfen eingehen, beziehen. Diese festlegungsbezogenen zweiten Züge können im Fall von Reaktionen auf Vorwürfe deshalb Aspekte des vorgeworfenen Sachverhalts, der Normverletzung oder der Verantwortlichkeit betreffen. Jeder dieser Entgegnungszüge eröffnet seinerseits spezifische Arten von dritten Zügen und damit charakteristische weitere Verlaufsmöglichkeiten (Beweiskommunikation, Aushandlung von Normen, Rechtfertigungsdialog) mit ihren jeweils eigenen Strukturmustern. Die Vielfalt von konkreten Kommunikationsverläufen, die auf Vorwurfshandlungen folgen, lässt sich systematisieren und zu einer Grundstruktur verallgemeinern, die dann ihrerseits als ein Vergleichsobjekt für die Kommunikationsanalyse dienen kann (vgl. Muckenhaupt 1978, 14ff.; Fritz/Hundsnurscher 1975). Diese Grundstruktur der Vorwurfs-Entgegnungs-Kommunikation ist das organisierende funktionale Schema, das uns unter anderem in der institutionalisierten Form des Gerichtsprozesses wieder begegnet (zur Grundstruktur dieser Kommunikationsform vgl. Hoffmann 1983; zu den Formen und Funktionen des Erzählens vor Gericht vgl. Hoffmann 1991, zur institutionellen Textsorte ‚Gesetz' vgl. Hoffmann 1998). Die zweiten Züge und Aspekte ihrer jeweils charakteristischen Folgekommunikationen finden sich hier in den Prozessordnungen für die verschiedenen Gerichtsverfahren (Strafprozess, Zivilprozess) wieder, in denen die Grundstruktur der Kommunikationsform in hochgradig verregelte Abläufe (Ermittlungsverfahren, Anklageschrift, Beweisaufnahme, Zeugenbefragung, Einspruch, Plädoyer, Urteil) und Rollenkonstellationen (Ermittlungsbehörden, Staatsanwaltschaft, Richter, Schöffen, Angeklagter, Zeugen) übersetzt wird.

Analog zur Grundstruktur des dialogischen Vorwerfens und Entgegnens kann man bei der Beschreibung der Kommunikationsform des Berichtens verfahren, das eng mit dem Erzählen verwandt ist. Die Tatsache, dass wir die Ausdrücke *Erzählung* und *Bericht* als Kennzeichnungen für monologische Texte verwenden können, sollte dabei nicht darüber hinwegtäuschen, dass sowohl die Praxis des Erzählens als auch des Berichtens zunächst als miteinander verwandte dialogische Kommunikationsformen aufgefasst werden sollten (vgl. Fritz 1982, 269ff.) Die prototypische Ausgangssituation beim Berichten ist dadurch gekennzeichnet, dass ein Kommunikationsteilnehmer durch Übermittlung oder aufgrund seiner aktiven oder beobachtenden Teilnahme an ei-

nem Ereignis über Ereigniswissen verfügt, an dem andere Kommunikationsteilnehmer interessiert sind. Im Zentrum des Berichtens steht die sprachliche
Handlung des Mitteilens, dass ein Ereignis stattgefunden hat. Da Ereignisse
über diesen Sachverhalt hinaus jedoch thematisch komplex strukturiert sind
und häufig in weitergehenden Zusammenhängen stehen, können verschiedene
Kommunikationsteilnehmer an unterschiedlichen weiteren Ereignisaspekten
interessiert sein. Möglicherweise hat der Berichtende auch ein Interesse daran,
bestimmte Ereignisaspekte besonders hervorzuheben oder sie zu verschwei-
gen oder zumindest zunächst unerwähnt zu lassen. In solchen Konstellationen
spielen dialogische Sequenzen zur thematischen Steuerung (Fragen nach weiteren thematischen Ereignisaspekten wie Ereignisverlauf, Ursachen, Folgen
oder der Vorgeschichte, weiteren Beteiligten, Verständnisfragen, Fragen nach
Zusammenhängen zwischen Teilereignissen oder nach der Bewertung durch
den Berichtenden, Einwände gegen die Mitteilung bestimmter Ereignisaspekte
usw.) eine wichtige Rolle in der Berichtskommunikation.

Entscheidend für ihren Verlauf ist auch die Frage, mit welchen weitergehenden Intentionen berichtet wird, wobei der Berichtende und die Zuhörer unterschiedlicher Auffassung darüber sein können, worin der Zweck des Berichtens im einzelnen Fall besteht oder bestehen sollte. Mit welcher weitergehenden Absicht man etwas berichtet, hat einen maßgeblichen Einfluss auf die
funktionale und thematische Organisation von Berichtsdialogen sowie auf die
vom Berichtenden gewählten Darstellungsformen. Der Zusammenhang zwischen der Berichtshandlung und der weitergehenden Absicht kann als ein *indem*-Zusammenhang beschrieben werden (vgl. Fritz 2017, 59ff.; Schröder
2003, 23ff.). Ein Beispiel aus der bereits erwähnten Zeugenbefragung im Rahmen von Gerichtsprozessen kann das verdeutlichen. Wird ein Angeklagter in
den Zeugenstand gerufen und von seinem Anwalt zur Tat befragt, so kann er
sich vom Tatvorwurf entlasten, *indem* er auf die Frage antwortet, *indem* er
erzählt, was er und andere Beteiligte zum Zeitpunkt der Tat gemacht haben.[4]
Die Erzählung des Angeklagten kann zunächst unmittelbar als Antwort auf die
Frage verstanden und entsprechend funktional beschrieben werden. Im kommunikativen Zusammenhang der Beweisführung, in dem die Frage gestellt
wird, liegt jedoch eine weitergehende Deutung der Erzählung nahe, nämlich
die, dass der Angeklagte sich damit entlasten will. Er könnte im Rahmen seiner

---

[4]   Für die Plausibilität dieses spezifischen Zusammenhangs spricht zum einen, dass
ein umgekehrter *indem*-Zusammenhang (erzählen *indem* sich entlasten) hier nicht
sinnvoll erscheint. Gegen die Annahme einer parallelen Handlungsbeschreibung
(erzählen *und gleichzeitig* sich entlasten) spricht, dass das Verstehen der Entlas-
tungshandlung das Verstehen der Erzählung voraussetzt – eine Abhängigkeit, die
umgekehrt nicht besteht.

Erzählung beispielsweise zu verstehen geben, dass ein ihm unterstelltes Tatmotiv nicht plausibel ist, da er nicht über hierfür notwendiges Wissen verfügen konnte. Daran wird deutlich, dass (i) Kommunikationsformen wie das Erzählen in andere Kommunikationsformen eingebettet sein können und (ii) die weitergehende Funktion des Erzählens (hier: sich selbst entlasten) steuert, wie man etwas erzählt.

Ähnlich wie der Gerichtsprozess als institutionalisierte Form der Vorwurfskommunikation aufgefasst werden kann, hat die Kommunikationsform des Berichtens ihr institutionalisiertes Gegenstück in der Praxis des Berichtens in der Presse. Mit Berichtstexten in Zeitungen werden komplexe Berichtshandlungen realisiert, deren einzelne funktionale Bestandteile aufgrund der Form ihrer medialen Vermittlung und unbestimmten Mehrfachadressierung aus unmittelbaren dialogischen Zusammenhängen herausgelöst sind (zu dialogischen Verlaufsformen der gedruckten Pressekommunikation vgl. Bucher 1986, 142ff.; Bucher 1989). Da Fragen nach thematischen Aspekten, Verständnisfragen und Einwände gegen die Art der Berichterstattung durch die Leser während der Rezeption des Berichtstexts nicht möglich sind, müssen diese Erwartungen, Wissensvoraussetzungen und möglichen Einwände vom Schreiber beim Verfassen des Textes antizipiert und bei der Textgestaltung berücksichtigt werden. Diese kommunikativen Rahmenbedingungen haben dafür gesorgt, dass sich verschiedene Spielarten des Berichtens in der Presse als monologische Lösungswege für eine Familie verwandter komplexer kommunikativer Aufgaben etabliert haben (vgl. Bucher 1986, 75ff.; Schröder 2003, 201ff.; Gloning 1996, 212ff.). Man kann aufgrund der rekurrenten Standardverwendungsweise hier von verwandten Textfunktionen sprechen.[5]

Aus den bisherigen Überlegungen zur Kategorie der Textfunktion folgt zusammenfassend:

(i)   Die Funktion eines Texts ist nicht eine seiner Eigenschaften, sondern ein Aspekt seiner konkreten Verwendung in einem spezifischen kommunikativen Zusammenhang.

(ii)   Die Textfunktion ist auf der Ebene der Intention (der kommunikativen Absicht des Verfassers) und des Verstehens (des Textverständnisses des Lesers bzw. Analysierenden) angesiedelt.

(iii)   Medial vermittelte und mehrfachadressierte Texte können dialogische funktionale (Teil-)Sequenzmuster unter Berücksichtigung möglicher

---

[5]   Unbeschadet dessen können einerseits auch mit jeder komplexen Berichtshandlung vielfältige weitergehende Absichten verfolgt werden. Und andererseits kann ein augenscheinlicher Berichtstext im Einzelfall auch nicht als Berichtshandlung gemeint sein oder verstanden werden, sondern etwa als eine kritische Persiflage der Berichtspraxis in einem bestimmten Medium.

bzw. wahrscheinlicher Partnerzüge in monologischer Form zur Realisation komplexer Texthandlungen zusammenfassen.

(iv) Verschiedene konkrete Texte können zur Realisation von funktionalen Bestandteilen etablierter Kommunikationsformen wiederkehrend an der gleichen Stelle im Sequenzmuster zu einem gleichen oder ähnlichen Zweck verwendet werden und daher erkennbare Gemeinsamkeiten im Textaufbau aufweisen. Hierfür kann sich in der Kommunikationsgemeinschaft Textmusterwissen etablieren.

(v) In Fällen von (iv) kann man eine Standardverwendungsweise dieser Texte annehmen und deshalb von einer Textmusterfunktion sprechen. Gleichzeitig ist die Annahme einer konventionellen oder typischerweise intendierten Standardfunktion, beispielsweise geleitet vom Textmusterwissen des Lesers, eine Verstehensressource im Rezeptionsprozess.

(vi) Da die Annahme dieser Standardfunktion grundlegend ist für die Kohärenz des Sequenzmusters, in welchem der Text eine funktionale Rolle spielt, kann man hier auch von einer Grundfunktion sprechen. Das Verstehen der Grundfunktion ist für den Leser die Grundlage für das Verstehen oder die Deutung eventueller weitergehender Textfunktionen, beispielsweise solche mit informationspolitischer Zielsetzung.

Fragt man nun auf der Grundlage dieser Überlegungen nach der Funktion von Leserkommentaren in Foren von Onlinezeitungen, ergibt sich ein sehr heterogenes Bild. Anders als beispielsweise der Pressebericht ist der Leserkommentar im Hinblick auf seine Standardfunktionen sehr offen. Während bei den Spielarten des Berichtens in der Presse – bei aller vorhandenen Variation in den Textmustern – als gemeinsame Grundfunktion der Berichtstexte das ‚Informieren über Ereignisse‘ ausgemacht werden kann, wird mit Forenkommentaren in der Praxis ein breites Spektrum von Grundfunktionen realisiert (vgl. Fritz 2011, 239). Bereits diese erste Beobachtung legt nahe, dass sich die Kategorie des Leserkommentars nicht zur Beschreibung als Texttyp im Sinne einer eingespielten Lösung für eine wiederkehrende kommunikative Aufgabe eignet[6], sondern eher als ein Medienformat (zur Kategorie des Medienformats *Leserforum* und seinen kommunikationsrelevanten Aspekten vgl. Abschnitt 2.3) gesehen werden kann, innerhalb dessen von den Forenteilnehmern eine

---

[6] Im Gegensatz dazu können der Forenkommunikation in Onlinezeitungen insgesamt sehr wohl Funktionen, z.B. im Zusammenhang mit der Herstellung einer informierten demokratischen Öffentlichkeit, zugeschrieben werden. Doch auch hier gehen die Annahmen darüber, zu welchem Zweck die Diskussionsforen betrieben werden und was das etwa für die Moderationspraxis bedeutet, weit auseinander.

ganze Reihe von kommunikativen Grundmustern realisiert und an die medienspezifischen Gegebenheiten angepasst werden können.[7] Gloning beschreibt den Zusammenhang zwischen Medienformaten und ihrer kommunikativen Nutzung folgendermaßen:

> Ein Medium ist an bestimmte technische Ressourcen gebunden, die einen bestimmten Spielraum für mögliche kommunikative Nutzung eröffnen. Ein solches medial-technisches Arrangement mit seinem Nutzungspotenzial nennen wir Format. Ein Format ist also ein medialer Rahmen, der aufgrund von technischen Möglichkeiten bestimmte Handlungsspielräume eröffnet und der es dementsprechend erlaubt, bestimmte kommunikative Funktionen zu erfüllen. Formate sind zunächst ganz offen für sehr viele Arten der kommunikativen Nutzung. (Gloning 2011, 10)

Als Folge der spezifischen technischen Rahmenbedingungen und Darstellungsmöglichkeiten des Medienformats ergeben sich für einzelne Leserkommentare auf den ersten Blick unterschiedliche Grade der Direktheit des funktionalen oder thematischen Bezugs zu ihrem journalistischen Primärtext. Durch die hierarchische Gliederung der Beiträge wird bereits in der Darstellungsform deutlich gemacht, auf welchen Text der jeweilige Kommentar sich bezieht bzw. beziehen soll (vgl. Abschnitt 3.2.1.2). Daraus folgt, dass Beiträge auf der ersten Hierarchieebene in der Regel eine Reaktion auf den Primärtext darstellen und damit häufig einen direkten funktionalen Bezug zu diesem haben. Fasst man den journalistischen Primärtext als einen ersten Zug in der Kommunikationsform des ‚Berichtens mit Leserkommentaren' auf, so eröffnet die Betrachtung dieser ersten Kommentarebene im angeschlossenen Leserforum die Möglichkeit der funktionalen Beschreibung charakteristischer zweiter Züge. Auf diese Weise kann man ein überschaubares Spektrum von typischerweise realisierten Textfunktionen auf dieser Ebene beschreiben.

Allerdings stehen Leserkommentare in Onlineforen häufig nicht in direktem – und in manchen Fällen auch in gar keinem – funktionalen oder thematischen Zusammenhang mit dem journalistischen Primärtext. Vielmehr ergeben sich in der Folge von Kommentaren zum Ausgangstext bedingt durch die Nutzung der Antwortfunktion häufig gesprächsartige Sequenzen über mehrere Züge, an denen zwei oder mehr Forenteilnehmer partizipieren und die sich in kleinen Schritten oder gelegentlich auch abrupt thematisch vom Primärtext entfernen können. Es entsteht somit eine Form der Gruppenkommunikation, die im Hinblick auf Umfang, Frequenz und formale Strenge der einzelnen Bei-

---

[7]   Zum Verhältnis von Mediengattungen, Medienformaten und Kommunikationsformen vgl. auch Bucher et al. 2010, 19; zu Onlinekommentaren in typologischer Perspektive vgl. Abschnitt 2.1.3.

träge eher dialogischen und teilweise umgangssprachlichen Charakter hat, andererseits aber in schriftlicher Form erfolgt und dadurch beispielsweise die wörtliche Bezugnahme auf zuvor Gesagtes ermöglicht und die konzentrierte Auseinandersetzung mit mehreren Gesprächspartnern gleichzeitig unterstützt. Bezogen auf die Textfunktion der Forenbeiträge folgt daraus, dass einzelne Kommentare auf tieferen Hierarchieebenen häufig im funktionalen Zusammenhang mit direkt vorangegangenen Beiträgen stehen und dort als Bestandteil eines dialogischen Sequenzmusters oder einer bestimmten Kommunikationsform verstanden werden können.

Ein Beispiel hierfür könnte die Argumentation eines Lesers A in einem zweiten Zug (Kommentar zum Primärtext) für eine bestimmte Position mit Bezug zum journalistischen Primärtext sein, bestehend aus zwei Behauptungshandlungen, die als These und Argument dienen. Ein anderer Leser B könnte daraufhin entweder in einem dritten Zug (Antwort auf As Kommentar) einen Beleg für die Behauptung fordern, die A als Argument genutzt hat oder er könnte die Gültigkeit der Schlusspräsupposition anzweifeln, die A mit seinem Argument implizit voraussetzt. In beiden Fällen wäre der nächste Zug von A funktional direkt auf Bs Forderung bzw. Einwand, jedoch nicht auf den Primärtext bezogen. Er könnte eine Beweiskommunikation bzw. eine Prämissendiskussion (vgl. Goodwin 2005) eröffnen und wäre damit ein typischer Bestandteil eines argumentativen Dialogs. Hieran wird deutlich, dass die Ähnlichkeit mit Zügen in mündlichen Dialogen der Kommunikationsform „Argumentation" und die Einbettung in diesen Dialogzusammenhang für die funktionale Beschreibung der Forentexte in diesem Beispiel zentral ist, die Tatsache, dass dies in digitalschriftlicher Form in einem Onlineforum stattfindet, jedoch peripher erscheint. Dennoch bietet das Medienformat ‚Leserforum' ein breites Spektrum technisch bedingter Darstellungsformen und Verweismöglichkeiten, die spezifische Formen der Realisation von Text- bzw. Teiltextfunktionen ermöglichen.

2.2.2   Thematische Organisation

Das Textthema und thematische Zusammenhänge spielen für die Kohärenz von Kommunikationsbeiträgen eine zentrale Rolle. Einen ersten Hinweis hierauf gibt bereits die prominente Position von Themenangaben im Aufbau verschiedenster Texttypen, etwa die Titel von Büchern, Überschriften von Buchkapiteln oder Zeitungsartikeln, Inhaltsverzeichnisse, Themenangaben auf Einladungsplakaten für Vorträge usw. Sprechern und Schreibern ist die Bedeutung des thematischen Bezugs und der thematischen Organisation ihrer Kommunikationsbeiträge in vielen Fällen bewusst und sie verfügen über ein reiches

Repertoire an expliziten oder auch subtilen kommunikativen Zügen, die der thematischen Organisation von Texten und dem Themenmanagement von Dialogen dienen (Anzeigen eines Themenwechsels, Kennzeichnung von thematischen Abschweifungen, Einschüben oder Wiederaufnahmen, Verdeutlichen des thematischen Zusammenhangs zwischen Textteilen, Hinweise auf andere Textteile zu einem bestimmten Thema usw.). Auch für Leser spielt das Sehen von thematischen Zusammenhängen zwischen Textteilen eine wichtige Rolle beim Textverstehen und Dialogteilnehmer versuchen mit einer Vielzahl von hierfür geeigneten Zügen, auf den thematischen Verlauf von Gesprächen Einfluss zu nehmen (sie üben beispielsweise Kritik an der Themenwahl, machen Themenvorschläge, fordern den Gesprächspartner zur Beachtung themenbezogener Prinzipien wie Kohärenz, Relevanz oder Vollständigkeit auf usw.). Das Thema gehört daher neben der Textfunktion zu den zentralen textlinguistischen Beschreibungskategorien.

Ebenso wie bei der Funktion von Texten und Textteilen stellt sich auch für das Thema die grundlegende und kontrovers diskutierte Frage, worin sich das Thema eines Textes konstituiert und auf welcher analytischen Ebene es angesiedelt werden sollte. Es lassen sich bei den Versuchen, den Begriff des Textthemas zu fassen, im Wesentlichen drei Ansätze unterscheiden, in welchen das Thema entweder als Proposition, als Frage oder als Gegenstand beschrieben wird (für eine ausführlichere Darstellung und kritische Diskussion konkurrierender Thema-Konzeptionen vgl. auch Schröder 2003, 50-77; Fritz 2017, 285-302; Adamzik 2016, 207ff.). Was dabei unmittelbar ins Auge sticht, ist die Tatsache, dass die Propositions- und Frage-Ansätze zu einem engeren Themabegriff führen, als dies bei der Gegenstandskonzeption der Fall ist. Denn sowohl für das Ausdrücken von Propositionen als auch für das Stellen von Fragen ist die Bezugnahme auf Gegenstände der Kommunikation eine notwendige Teilhandlung und in dieser Perspektive kann man sowohl die Propositionstheorie als auch die Fragetheorie gewissermaßen als Spezialfälle einer allgemeineren Gegenstandstheorie auffassen (vgl. Schröder 2003, 60).

Schaut man sich die prototypischen Formulierungsmuster an, mit denen im Rahmen der jeweiligen Konzeptionen Themenangaben gemacht werden können, so werden die negativen Folgen dieser jeweils als allgemeingültig angenommenen Spezifizierungen schnell deutlich. Wollte man beispielsweise das Thema einer Diskussion angeben, in der die Teilnehmer darüber gestritten haben, ob die Windenergie eine tragfähige Zukunftstechnologie ist, so müsste man sich bei der Themenangabe in Form einer mit einem Ergänzungssatz ausgedrückten Proposition auf einen der Sätze *Es wurde darüber diskutiert,* (a) *dass die Windenergie eine tragfähige Zukunftstechnologie ist* oder (b) *dass die Windenergie keine tragfähige Zukunftstechnologie ist* festlegen, wobei beide Varianten auf offensichtliche Weise unbefriedigend sind (vgl. auch Fritz 1982,

209). Eine deutlich bessere Themenangabe wäre in diesem Fall bereits die allgemeinere Gegenstandsangabe *über Windenergie*, die zudem noch näher präzisiert werden kann, etwa mit der Angabe *über (die Zukunftsperspektiven der) Windenergie.*[8] In diesem spezifischen Fall hätte man das Thema zwar auch als Frage formulieren können (*ob die Windenergie eine tragfähige Zukunftstechnologie ist*), für andere Texte und sogar ganze Texttypen ist dies jedoch nicht ohne weiteres möglich.

Einen gewichtigen Einwand gegen die Fragetheorie macht beispielsweise Schröder, indem er in Auseinandersetzung mit einem Vertreter der Fragetheorie (Hellwig 1984) darauf hinweist, dass Themenangaben in Frageform ähnlich wie die Formulierung als Proposition nur unter bestimmten Bedingungen sinnvoll sind, nämlich dann „wenn der Bezugsgegenstand des Textes nicht Gegenstand der Frage ist, sondern wenn in einem Text ein gegebener Gegenstand im Hinblick auf eine bestimmte Fragestellung behandelt wird" (Schröder 2003, 60). Dies sei beispielsweise bei Nachrichtenmeldungen nicht der Fall, deren primäre Funktion darin besteht, mitzuteilen, dass ein Ereignis stattgefunden hat und dann einige Ereignisaspekte zu ergänzen. Die Funktion des Textes besteht mithin also gerade darin, den Gesprächsgegenstand einzuführen und Hellwig selbst räumt ein, dass Themenangaben in Frageform für solche Texte immer nur lauten könnten: *Was es Neues gibt.* Schröder bemerkt hierzu passend, dass man aus dieser Perspektive entweder folgern müsste, „daß Nachrichtentexte Texte ohne Thema sind [oder] daß alle Nachrichtentexte das gleiche Thema haben. Daß beides nicht sehr befriedigend ist, muß nicht betont werden." (Schröder 2003, 59; für weitere Einwände gegen die Fragetheorie vgl. auch Fritz 2017, 289 f.).

Eine weniger eng gefasste Konzeption, in der das Thema als Gegenstand sprachlicher Handlungen aufgefasst wird, ist diesen künstlichen Beschränkungen nicht unterworfen und prototypische Titelformulierungen von Nachrichtentexten in Form von erweiterten Nominalphrasen wie beispielsweise *Schwerer Unfall auf der A2* können aus dieser Perspektive ohne Probleme als adäquate Themenangaben beschrieben werden. Dass in bestimmten Fällen mit durch Ergänzungssätze ausgedrückten Propositionen oder Fragen eine spezifischere und damit genauere Themenangabe möglich ist, wird damit nicht in Frage gestellt.

---

[8]   An diesem Beispiel wird ein anderer Vorzug der Gegenstandstheorie deutlich: Themenangaben in Form von Nominalphrasen ermöglichen, durch die syntaktische Verknüpfung von zwei nominalen Ausdrücken mit Gegenstandsbezug (der zweite hier als Genitivattribut realisiert) die elegante Angabe von hierarchischen Beziehungen zwischen einem übergeordnetem Thema (hier: *Windenergie*) und einem Teilthema (hier: *Zukunftsperspektiven* der Windenergie).

Ebenso wie für die Textfunktion stellt sich auch für das Thema die Frage, auf welcher Ebene der Textbeschreibung es zu verorten ist. Der Themabegriff hängt aus einer analytischen Perspektive eng mit dem Textfunktionsbegriff zusammen, was unter anderem darin sichtbar wird, dass thematische Ergänzungen in Beschreibungssätzen typischerweise dazu verwendet werden können, Angaben von Handlungsmustern zu spezifizieren. So bestehen zwischen dem *Erzählen, was gestern Lustiges passiert ist*, dem *Erzählen, wie ich einmal in Gefahr war*, dem *Erzählen, was ich zum Tatzeitpunkt gemacht habe* und dem *Erzählen, wie der Täter vorgegangen ist*, einerseits Gemeinsamkeiten, die spezifisch für das Erzählen als grundlegende Kommunikationsform sind und es beispielsweise vom Beschreiben unterscheiden. Andererseits verweisen die thematischen Ergänzungen jedoch auf Spielarten des Erzählens, die im Hinblick auf verschiedene Parameter der Textorganisation variieren und typischerweise in voneinander abweichenden kommunikativen Kontexten und weitergehenden funktionalen Zusammenhängen stehen. Diese enge Verknüpfung der Beschreibungskategorien Textfunktion und Thema verweist darauf, dass ebenso wie die Funktion das Thema nicht als objektive Texteigenschaft beschreibbar und damit auf eine mechanische Weise aus dem Text ableitbar ist.[9] Vielmehr ist auch das Thema eine Größe des Meinens und Verstehens und sollte daher als pragmatischer Begriff gefasst werden. Gerd Fritz schreibt dazu: „Nur so kann man auch der Einsicht Rechnung tragen, dass ein Thema nur relativ zu einem bestimmten *Verständnis* eines Textes formuliert werden kann und dass ,ein Thema behandeln' ein *intentionaler* Aspekt der Textproduktion ist. Derselbe Text kann in unterschiedlichen Kontexten, d.h. bei unterschiedlichen Wissenskonstellationen, **thematisch unterschiedlich gemeint sein und verstanden werden** [Herv. D.K.]" (Fritz 2017, 290). Ein Autor möchte mit seinem Text also ein bestimmtes Thema behandeln und der Leser versteht (oder versucht ggf. zu deuten), welches Thema der Autor behandelt.

Diese Perspektive eröffnet Wege zur Analyse und Beschreibung weitergehender oder auch abweichender thematischer Verständnisse. Die Kommentare in journalistischen Onlineforen sind aufgrund der Heterogenität der Leserschaft und des hohen Maßes an Interaktivität in besonderer Weise dazu geeignet, Variationen in der Reichweite thematischen Verstehens und ihre kommunikativen Konsequenzen, zu denen beispielsweise Aushandlungsprozesse über die thematische Relevanz von Forenbeitragen gehören, zu beobachten. Hinzu kommen vielfältige Spielarten der kritischen Kommentierung thematischer Aspekte der journalistischen Primärtexte und, bedingt durch die Periodizität, auch der fortlaufenden Berichterstattung.

---

[9]   Für eine Diskussion verschiedener Varianten dieser Auffassung und der daraus resultierenden theoretischen Probleme vgl. Fritz 2017, 283 ff.

Eine wichtige Grundlage für das thematische Verständnis der Leser eines Texts ist ihr thematisches Wissen und die Art wie dieses Wissen intern strukturiert ist. Jeder Kommunikationsteilnehmer verfügt in seinem thematischen Wissensfundus über eine Menge von größeren und kleineren Themenbausteinen – Gegenstände der Kommunikation, *über* die gesprochen und geschrieben werden kann. Diese Bausteine befinden sich jedoch nicht isoliert nebeneinander in seinem Wissensspeicher. Vielmehr bestehen zwischen ihnen vielfältige Zusammenhänge, die das thematische Wissen in spezifischer Weise ergänzen und strukturieren. Drei strukturelle Zusammenhänge sind für das thematische Verständnis bei der Rezeption von Texten von besonderer Bedeutung: (i) hierarchische Beziehungen, (ii) Distanzbeziehungen und – analog zu den *indem*-Relationen bei den illokutionären Aspekten sprachlicher Handlungen – (iii) *indem*-Relationen.[10]

Wissen über mögliche hierarchische Beziehungen sind die Grundlage dafür, dass Leser einzelne Themen als Teilthemen eines übergeordneten Themas verstehen können. Für die Forenkommunikation ist diese Art der Beziehung deshalb von besonderer Bedeutung, weil der thematische Bezug einzelner Forenbeiträge zum journalistischen Primärtext sich gelegentlich nur dadurch erschließen lässt, dass sowohl das im Forenbeitrag als auch das im Primärtext behandelte Thema jeweils als Unterthema eines übergeordneten Themas zu verstehen sind. Dieses übergeordnete Thema muss dazu in keinem der beiden Texte konkret behandelt werden, es genügt das geteilte thematische Wissen der Forenteilnehmer über die entsprechende Themenhierarchie.

Distanzbeziehungen ergeben sich aus der Anzahl der thematischen Zwischenstationen, mit der ohne den Verlust von Kohärenz von einem Teilthema zu einem anderen gewechselt werden kann. So ist es ohne einen spezifischen kommunikativen Kontext beispielsweise recht einfach, in einem Text oder Gespräch von einem Thema wie *(a) Waldbrände in Griechenland* zu einem übergeordneten Thema wie *(b) Ökologische Katastrophen* und von dort zu einem unmittelbaren Nachbarthema wie *(c) Anthropogener Klimawandel* zu wechseln. Dort angekommen könnte man im weiteren Verlauf mit jeweils leicht verstehbarem oder erschließbarem thematischen Zusammenhang zunächst über *(d) Ursachen des Klimawandels, (e) CO_2-Emissionen, (f) Autoabgase, (g) den Abgasmanipulationsskandal,* und schließlich *(h) psychologische Dispositionen von Konzernmanagern* reden. Innerhalb dieser Sequenz nimmt im Allgemeinen die thematische Distanz der Teilthemen zum Ausgangsthema *Waldbrände in Griechenland* mit jeder Zwischenstation zwischen (a) und (h) zu.

---

[10] Für eine ausführlichere Darstellung der strukturellen Organisation thematischen Wissens vgl. Fritz 2017, 306-323.

Diese Distanzrelationen sind jedoch nicht in den Themen selbst angelegt, sondern ergeben sich aus der Struktur des thematischen Wissens der Kommunizierenden. Beispielsweise könnte einem regelmäßigen Teilnehmer von Klimakonferenzen der oben skizzierte thematische Verlauf ganz oder in Ausschnitten regelmäßig in seiner diskursiven Praxis begegnen. Für ihn ist die thematische Distanz zwischen den Themen (a) und (h) möglicherweise deutlich geringer als für jemanden, der mit dem Themenkomplex selten Kontakt hat. Sofern jedoch ein Kommunikationsteilnehmer jeden einzelnen Schritt in dieser thematischen Progression nachvollziehen kann, könnte man ihm gegebenenfalls den Zusammenhang zwischen den Themen (a) und (h) verdeutlichen. Daraus folgt, dass sowohl gesellschaftlich geteilte als auch individuelle thematische Wissensbestände historisch veränderlich sind.

Und schließlich sind geteiltes Wissen über Themenhierarchien und Distanzrelationen die Grundlage dafür, dass man über ein Thema – z.B. (d) – reden kann, *indem* man über ein anderes Thema – z.B. (f) – redet. In der Forenkommunikation sind immer wieder Aushandlungsprozesse über die thematische Relevanz von Kommunikationsbeiträgen zu beobachten, in denen das Verdeutlichen von thematischen Beziehungen eine zentrale Rolle in der Argumentation spielt. Ein Beispiel kann das veranschaulichen: Im Forenverlauf zu einem *Spiegel Online*-Bericht[11] über die Äußerungen des nordrhein-westfälischen Ministerpräsidenten Armin Laschet über den Fußballspieler Mesut Özil, die Begründung für seinen Rücktritt aus der Nationalmannschaft und die öffentlichen Reaktionen des DFB häufen sich schon zu Beginn die Forderungen der Leser, über *dieses Thema* nicht mehr zu berichten, wobei hier mehrere Kandidaten für das Globalthema ins Spiel gebracht werden bzw. in Frage kommen (*Rassismus, Integration, Mesut Özil, Özils Rücktritt, #meTwo-Debatte*), zwischen denen ihrerseits hierarchische bzw. nachbarschaftliche Beziehungen gesehen werden können. Ebenso wird massiv die unterstellte politische Motivation Laschets kritisiert, sich insbesondere zu diesem Zeitpunkt zu diesem Thema zu äußern, wie die Belege (1) bis (5) stellvertretend für etliche weitere zeigen:

(1)   hausfeen 05.08.2018, 00:21

   1. Es wird Zeit, das Thema zu beerdigen.

   Es werden neue Gelegenheiten kommen, Rassismus zu diskutieren. Wirklichen Rassismus und nicht die Gefühlsverwirrungen von Fußballmillionären.

(2)   tom.freiberg 05.08.2018, 00:28

   5. Ich kann es nicht mehr hören

   Mesut hier, Mesut dort, und was weiß ich wo. Mir geht das echt auf den Zeiger.

---

[11]   Alle Belege dieses Verlaufs: SO 01

[...] Lieber Herr Laschet, oder eben nicht lieber, auf welchem abgehalfterten Pferd kommen Sie nun um die Ecke galoppiert? Das Thema ist durch. Haben Sie das noch nicht verstanden? [...]

(3)   halverhahn 05.08.2018, 05:10

18. Laschet sollte sich lieber zu Themen äußern...

von denen er Ahnung hat. Betonung liegt auf ahnen...

Nur ein Beispiel, um seine hiesigen Äußerungen ad absurdum zu führen: Das Bild von Özil mit dem selbsternannten Kalifen vom Bosporus war auch schon weit vor der WM absolutes Thema überall. Und nicht erst nach dem Ausscheiden der Nationalmannschaft nach der Vorrunde! Daher... Laschet bleib bei deinen Leisten.

Und als letztes: das Thema Özil sollte man ad acta legen. Viel zu unwichtig!!

(4)   k.klotz 05.08.2018, 05:45

19. Genug über Herrn Özil diskutiert

Man schaue sich seine Spiele für die Nationalmannschaft an - dann kann man den Rücktritt nur willkommen heißen. Er hat einfach zu oft zu schlecht gespielt. Andere Aspekte, die von Herrn Özil und Politikern gerade so heiß diskutiert werden halte ich für „an der Sache vorbei geredet"

Herr Özil spielte in der Nationalmannschaft wegen des Geldes und der Werbeverträge.

(5)   bakiri 05.08.2018, 06:38

22. Wieso jetzt?

Sind bald irgendwelche Wahlen in NRW? Nach Tagen und Wochen diese Diskussion aufzuwärmen ist genauso absurd wie aus Herrn Laschets Sicht das Verhalten des DFB. Noch schnell auf den Zug aufspringen, damit man wieder in der Zeitung ist und das Sommerloch überbrückt. Rassismus ist ja immer ein Thema mit dem man Gehör findet. Leider wird es durch die Vermarktungsstrategien von in der Öffentlichkeit stehender Personen missbraucht.

Es gibt jedoch auch einige Diskutanten, welche die Relevanz des Themas bzw. des Themenkomplexes verteidigen. Sie bedienen sich hierbei verschiedener argumentativer Strategien, denen jedoch gemeinsam ist, dass eine Beziehung des Artikelthemas zu einem weiteren, übergeordneten oder benachbarten Thema hergestellt wird.

(6)   nochnestimme 05.08.2018, 11:41

105. Die Tatsache, dass

sich immer noch so viele (auch SPON-Foristen) zu dem Thema äußern, ist doch an sich schon gut. Denn es zeigt doch, dass da irgendwas ist...und zwar deutlich mehr als das bisschen Ärger mit einem Fußballprofi. Ihm ist zu verdanken, dass das wahre Gesicht der deutschen, selbstgefälligen Ignoranten zu Tage tritt. Wir haben in Deutschland nie definiert, was gelungene Integration ist.

In (6) wird für die thematische Relevanz der Berichterstattung im Primärtext einerseits damit argumentiert, dass die hohe Leserbeteiligung im Forum als Indiz für ein weiter bestehendes allgemeines Interesse am Thema bzw. für zusätzlichen Diskussionsbedarf zu diesem Thema gedeutet wird. Andererseits ist der letzte Satz des Belegs im Verbund mit der Andeutung *deutlich mehr als das bisschen Ärger* so zu verstehen, dass man darüber streiten kann, wie gelungene Integration definiert werden kann, *indem* man (weiter) über die *Causa Özil* diskutiert. Versteht man diese Definition als ein gesellschaftliches Desiderat, so ergibt sich daraus ein zweites, spezifischeres Argument für die thematische Relevanz des Berichts.

In (7) wird das Argument aus (1) dafür, *das Thema zu beerdigen* aufgenommen und entkräftet. Dort wurde vorausgesetzt, dass über Özils Rücktritt deshalb so umfangreich berichtet wurde, weil das Thema im Diskurs als Teil einer Rassismusdebatte galt. Man könnte den Kommentator aus (1) leicht paraphrasiert folgendermaßen wiedergeben: *Diskussionen über Rassismus haben zwar thematische Relevanz. Das Thema Özil gilt jedoch zu Unrecht als Unterthema einer umfassenden Rassismusdebatte und sollte deshalb nicht weiter diskutiert werden.* Die Strategie eines Verteidigers des Themas könnte nun darin bestehen, zu zeigen, dass das Thema *Özil* Teilthema eines anderen übergeordneten Themas ist, dessen thematische Relevanz allgemein ebenfalls gesichert erscheint. Genau so verfährt der Leser in (7), indem er einerseits die Deutung in (1) übernimmt (*Das hat mit Rassismus nichts zu tun*) und gleichzeitig das Thema als ein Unterthema von *andere Erscheinungsformen der Fremdenfeindlichkeit* deutet und so das Argument aus (1) entkräftet.

(7)   MikConsult 05.08.2018, 13:24

> 120. Rassismus?
>
> Zitat von hausfeen
>
> *„Es werden neue Gelegenheiten kommen, Rassismus zu diskutieren. Wirklichen Rassismus und nicht die Gefühlsverwirrungen von Fußballmillionären. "*
>
> Geht es in diesem oder den meisten anderen Diskussionen wirklich um Rassismus? Ich denke, hier muss ein Wort herhalten für ganz andere Erscheinungsformen von Fremdenfeindlichkeit:
>
> Vorbehalte gegenüber religiöser Intoleranz (Unterdrückung des Christentums in der Türkei bis heute), chauvinistischer Weltanschauung in der männerdominierten türkischen Gesellschaft, mangelhaftem Demokratieverständnis usw.
>
> Das hat mit Rassismus nichts zu tun.

Eine ähnliche Strategie verfolgt der Forenteilnehmer in Beleg (8) bei der Abwehr eines Angriffs auf das Beitragsthema. Ein häufig zu beobachtendes Muster in der argumentativen Ablehnung von Themen der Berichterstattung besteht darin, das Beitragsthema als irrelevant in Relation zu anderen Themen, häufig Großthemen, zu bewerten. So verfährt auch der in (8) zitierte Leser *lowouwrie*, indem er sich für Abkehr vom Thema *Özil* zugunsten einer Zuwendung zu relevanteren Großthemen wie *Rentendesaster, Sozial Wohnungsdesaster, Infrastruktur Desaster* ausspricht:

(8)   Juro vom Koselbruch 05.08.2018, 09:45

72. Das sind sehr wichtige Themen

Zitat von lowouwri

„Vielleicht wenn es schon keine anderen Themen mehr gibt, kann man sich ja mal wieder sozialpolitischen Themen zuwenden wie Rentendesaster, Sozial Wohnungsdesaster, Infrastruktur Desaster. Das wären Themen wo unsere Politiker es immer wieder schaffen wegzutauchen, und die Medien lassen es zu... "

Die werden allerdings meiner Kenntnis nach von den Medien durchaus aufgenommen.

Tatsache ist aber, dass eine Wertedebatte, und um die geht es bei Fotos "für meinen verehrten Präsidenten" Erdogan, immer auch Grundsatzfragen ansprechen. Verlassen Sie sich drauf, beim Staatsbesuch von Herrn Erdogan in Deutschland wird die Wertedebatte völlig zu Recht wieder ihren Platz in den Medien haben.

Nun ja, Erdogan ist ja hinreichend bekannt in seiner Art, aber man wird sehr genau auf seine Anhänger hier schauen und auf die von Ihnen angesprochenen Politiker. Bei Letzteren geht es darum, ob sie deutliche Integrationsprobleme und deutliche Entgleisungen oder Beleidigungen durch Herrn Erdogan auch ebenso deutlich ansprechen.

Der Autor von (8) kontert diese Forderung mit zwei Zügen. Zunächst bestreitet er den Vorwurf, die Medien würden die angemahnten Themen vernachlässigen. Darauf folgt auch hier eine explizite Deutung, diesmal eines Teilaspekts des Beitragsthemas (*Fotos ‚für meinen verehrten Präsidenten'*) als Teilthema einer Wertedebatte, die ihrerseits „ihren Platz völlig zurecht in den Medien" habe. Zudem stellt er über zwei Stationen (*Staatsbesuch Erdogans, Reaktionen deutscher Politiker*) einen thematischen Zusammenhang mit einem anderen für ihn selbstevident relevanten Großthema, nämlich *Integrationsprobleme* her.

    In einem letzten Beleg aus diesem Forenverlauf wird deutlich, wie in Leserforen um die Etablierung bzw. Auflösung von thematischen Beziehungen und ihrer Akzeptanz im Diskurs gerungen wird.

(9)   Juro vom Koselbruch 05.08.2018, 10:30

    84. Ich ignoriere ...

    Zitat von thinklink

    „#metwo? Kann man weiter ignorieren? Ich finde nein, denn dieser Alltagsrassismus, die Kaltschnäuzigkeit, und komplette Ignoranz gegenüber einer Bevölkerungsgruppe, der es in allen alltäglichen Belangen hier schwer gemacht wird, ein normales Leben zu organisieren, treibt Menschen eben solchen Politikern wie Erdogan in die Arme."

    ... mit Sicherheit nicht weiter, dass z.B. in meinem Beruf und auch vorgeschaltet in den Kindergärten sehr sehr viel für Integration getan wird. [...]

    Weiterhin ist es ja wohl ein Aberwitz, hinsichtlich zweier "Gelsenkirchener Jungen", die eine enorme und gut bezahlte Sportlerkarriere hinlegen konnten, von Alltagsrassismus, Kaltschnäuzigkeit und komplette Ignoranz gegenüber einer Bevölkerungsgruppe zu schwadronieren. [...]

Armin Laschet hatte in seinen dem Bericht zugrundeliegenden Einlassungen zu dem Fall Özil sinngemäß die Meinung geäußert, Deutschland als Ganzes sei kein rassistisches Land, die #meTwo-Debatte[12] habe aber gezeigt, dass rassistische Alltagserfahrungen ein reales Problem seien, dem man sich widmen müsse. Der in (9) zitierte Leser *thinklink* versucht nun in seinem Vorgängerbeitrag, für ein weiteres Festhalten am Thema *Özil* zu argumentieren, indem er es implizit als legitimes Teilthema der #meTwo-Debatte kennzeichnet und deren bereits allgemein akzeptierte Relevanz für seine Zwecke instrumentalisiert. Grundlage für die Etablierung dieses Zusammenhangs ist eine Deutungshandlung. In diesem Fall wird über die Verbindung mit der #meTwo-Debatte der Umgang der deutschen Öffentlichkeit mit Mesut Özil u.a. als eine Form von Alltagsrassismus gedeutet. Wenn es gelingt, diese Deutung im Diskurs zu verankern, so könnte in Zukunft in Gesprächen und Texten über das Thema *Alltagsrassismus* der Fall Özil als ein Beispiel für Alltagsrassismus genannt werden. Umgekehrt könnte der Fall Özil im Zusammenhang mit anderen thematischen Teilaspekten von *Alltagsrassismus* diskutiert werden. Der Autor von (9) bestreitet daraufhin diesen Zusammenhang, indem er den Widerspruch zwischen <u>Alltags</u>rassismus bzw. Ignoranz gegenüber <u>Bevölkerungsgruppen</u> und den Erfahrungen eines gut bezahlten Profisportlers verdeutlicht. Eine er-

---

[12]   Bei der *meTwo*-Debatte handelt es sich im Kern um den Austausch von Erfahrungen mit Alltagsrassismus, der medientechnisch unter Nutzung des Hashtags #meTwo vorrangig über den Kurznachrichtendienst *Twitter* organisiert ist. Der Name ist eine Anspielung auf die medial identisch organisierte *meToo*-Debatte, bei der unter einem gleich klingenden Hashtag Frauen ihre Alltagserfahrungen mit sexuellen Übergriffen teilen.

folgreiche Auflösung der Akzeptanz dieses Zusammenhangs in der Diskursgemeinschaft ist die Grundlage dafür, in der weiteren Diskussion Relevanzurteile über das Thema *Özil* von Relevanzurteilen über die #meTwo-Debatte zu trennen.

Die oben skizzierte thematheoretische Auffassung hat einerseits weitreichende Folgen für die Analyse des Gebrauchs von Onlineforen im Kontext politischer Pressekommunikation. Anstatt die Themen der Berichterstattung als objektive Eigenschaft der Berichtstexte zu betrachten, ermöglicht sie die Rekonstruktion und Beschreibung von in verschiedenen Aspekten voneinander abweichenden thematischen Verständnissen des Primärtextes. Diese Aspekte können sich unter anderem auf die Reichweite von thematischen Verständnissen, auf Zusammenhänge im thematischen Wissen der Leser und auf Vorstellungen über thematische Relevanz sowohl bezüglich (nicht) behandelter Teilthemen des Primärtextes als auch bezüglich der globalen Themenwahl im Sinne des Agenda-Settings beziehen.

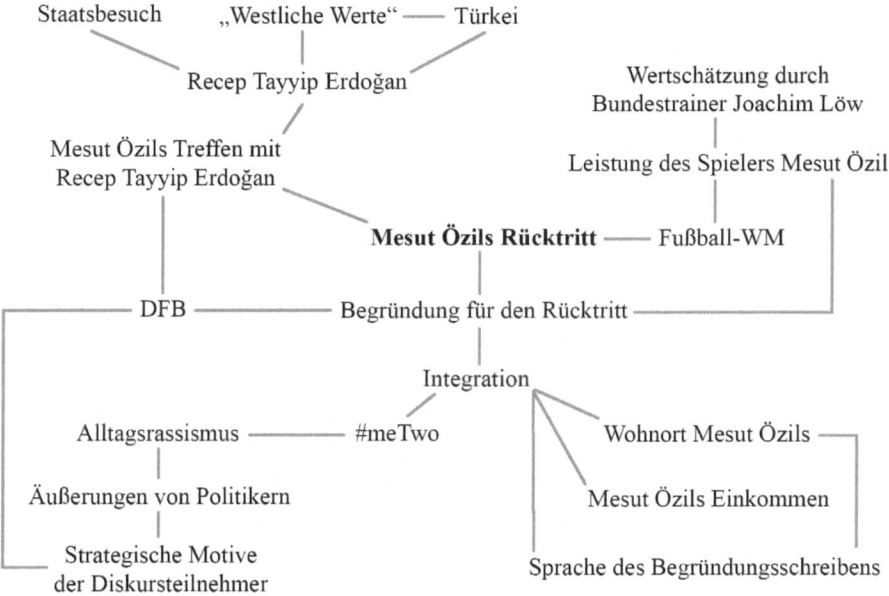

Abb. 1: Thematisches Netz zu *Mesut Özils Rücktritt*

Auf diese Weise bietet die Analyse von Forenkommunikation eine breite empirische Basis, auf der die strukturelle Organisation des thematischen Wissens einzelner Kommunikationsteilnehmer und die Entstehung und Veränderung dominanter thematischer Zusammenhänge und akzeptierter Relevanzurteile in einzelnen Diskursen rekonstruiert werden können. Die so ermittelten Nähe-

und Distanzbeziehungen von Teilthemen innerhalb eines Themenkomplexes können zur Verbesserung der Übersicht als ein thematisches Netz dargestellt werden (vgl. Abb. 1), in dem die zu einem bestimmten Zeitpunkt und innerhalb einer bestimmten Diskursgemeinschaft akzeptierten thematischen Diskursstrukturen sichtbar werden.

Andererseits eignet sich die Forenkommunikation als ein besonders ergiebiges Testfeld für die im Rahmen der dynamischen Texttheorie vertretene Themakonzeption. Die thematische Kohärenz von ganzen Forenverläufen mit ihren Bezügen zu ihren Primärtexten, aber auch zu weiteren Texten, wie im diskutierten Beispiel etwa die Äußerungen von Armin Laschet als Gegenstand der Berichterstattung, sowie letztlich zum gesamten thematisch verbundenen Textkosmos stellen aus thematheoretischer Perspektive eine beträchtliche Herausforderung dar. Im Gegensatz zu eher statischen und produktbezogenen thematischen Beschreibungsverfahren wie etwa van Dijks Makropropositionsmodell[13] oder auch zu jenen, die den Themabegriff unnötig verengen, bietet die dynamische Perspektive, in der die Wissensbestände der Kommunikationsteilnehmer, Fragen des Meinen und Verstehens sowie der dynamische Charakter dieser Vorgänge im Vordergrund stehen, eine besonders günstige Voraussetzung für eine nahtlose Anbindung an die im vorigen Abschnitt besprochenen funktionalen Beschreibungsaspekte sowie eine angemessene und empirisch fundierte thematische Analyse dieser kommunikativen Domäne.

2.2.3   Handlungsstruktur von Forenbeiträgen

Ein zentraler Gedanke funktionaler Texttheorien im Allgemeinen ist, dass mit dem Äußern von Texten und Textteilen sprachliche Handlungen vollzogen werden (vgl. Heringer 2015, 63ff.; Brinker/Cölfen/Pappert 2018, 88ff.; Heinemann/Heinemann 2002, 82ff.). Im Rahmen der Sprechakttheorie wurde zunächst der Satz als prototypische sprachliche Einheit, mit der eine vollständige sprachliche Handlung vollzogen werden kann, in den Mittelpunkt gerückt (vgl. Alston 1964, 33). Ein Ergebnis war zunächst die analytische Unterscheidung und die Beschreibung des Zusammenhangs von (a) mit Sätzen ausge-

---

[13]   Van Dijk stellt zwar einerseits fest, dass „[i]ntuitively [...] the topic of a lecture or a book is more or less equivalent with **what we understand** [Herv. D.K.] by its subject or subject matter" (van Dijk 1988, 30), verortet den Themabegriff texttheoretisch dann aber explizit auf der semantischen Ebene und löst seine Analyse damit aus dem kommunikativen Zusammenhang heraus, wenn er schreibt: „Topics are **a property of the meaning or content of a text** [Herv. D.K.] and, therfore, require theoretical analysis in terms of a semantic theory" (van Dijk 1988, 31) Für eine kritische Diskussion dieser textsemantischen Konzeption vgl. Fritz 2016, 50ff.

drückten Propositionen (mit ihren Aspekten Referenz und Prädikation) als Inhalt der sprachlichen Handlung, (b) dem funktionalen Aspekt der Illokution als Art der mit der Äußerung vollzogenen sprachlichen Handlung und (c) der sprachlichen Äußerungseinheit, die zu diesem Zweck gebraucht wurde (vgl. Searle 1969, 29ff.). Im Zuge der linguistischen Zuwendung zum Text als Untersuchungsgegenstand wurden dann vielfach Versuche unternommen, die Einsichten der Sprechakttheorie auf Texte als Verkettung von Sätzen bzw. der mit der Äußerung von Sätzen vollzogenen sprachlichen Handlungen („Satzhandlungen") zu übertragen (vgl. Ehlich 2007, 535ff.; van Dijk 1980, 208ff.) oder konventionelle Aspekte von bestimmten Satzhandlungstypen als „textbildend" zu beschreiben (Wunderlich 1974, 347). In einigen Darstellungen wird daher auch für die Einführung und Beschreibung funktionaler Aspekte auf sprechakttheoretische Arbeiten zurückgegriffen (vgl. Brinker/Cölfen/Pappert 2018, 88ff.; Motsch/Reis/Rosengren 1990). Illokutionsstrukturmodelle ziehen darüber hinaus aus der Annahme einer zentralen Textillokution den Schluss, dass eine sprechakttheoretisch beschreibbare übergeordnete Textfunktion bzw. Illokution ermittelbar sein müsse (vgl. Heringer 2015, 70), wobei die im Text vorkommenden Sätze für diese eine stützende Funktion übernehmen und zwischen ihnen wiederum hierarchische Beziehungen bestehen (vgl. Motsch 1996, 190f.).[14] Da im Rahmen der Sprechakttheorie auch eine Taxonomie von Sprechakten entwickelt wurde (Searle 1975), wurde diese mit Bezug zur textdominierenden Illokution gelegentlich auch zur funktionalen Klassifikation von Texten herangezogen (vgl. Rolf 1993, 166ff.; Brinker/Cölfen/Pappert 2018, 110).

Es spricht jedoch einiges dafür, einerseits die Ebene der Satzhandlung bzw. Satzhandlungsfolgen in einem engeren Zusammenhang mit anderen Aspekten sprachlichen Handelns zu beschreiben (vgl. Burkhardt 1986, 396ff.) und andererseits den Handlungsbegriff flexibler in Beziehung zu textuellen Einheiten unterschiedlicher Größe zu setzen. Thomas Schröder entwickelt mit dieser Zielsetzung in kritischer Auseinandersetzung mit illokutionsfokussierten Theorien und mit Rückgriff auf Arbeiten mit Bezug zur praktischen Semantik (Heringer 1974) das Konzept der Handlungsstruktur von Texten (Schröder 2003). Im Zentrum stehen dabei einige wichtige Einsichten der dynamischen Texttheorie. Im Folgenden sollen drei wichtige Bausteine dieses Handlungsstrukturkonzepts erläutert und im Hinblick auf die Brauchbarkeit für die Beschreibung der Handlungsstruktur von Forenbeiträgen ergänzt werden: (i) die Bedeutung von Ergänzungsausdrücken für Handlungsbeschreibungen, (ii) die Bedeutung

---

[14] Für eine kritische Diskussion verschiedener Illokutionsstrukturmodelle und der Annahme stützender, hierarchisch organisierter Illokutionen vgl. Schröder 2003, 8ff.

dialogischer Zusammenhänge für die Analyse monologischer Texte und (iii) die Bedeutung von *indem*-Zusammenhängen für die Rekonstruktion der Konstituentenstruktur von komplexen Texthandlungen.

Zunächst stellt Schröder fest, dass die Beschränkung auf den illokutiven Aspekt von sprachlichen Handlungen allein bei der Beschreibung einiger Arten von komplexen Handlungen zu einer schwächer deskriptiven funktionalen Einordnung führt. Der Grund hierfür kann darin gesehen werden, dass Handlungsaspekte nicht unabhängig sind von thematischen Aspekten, was sich wiederum in der syntaktischen Struktur von Sätzen zeigt, mit denen sprachliche Handlungen beschrieben werden können bzw. mit denen über sie berichtet wird (zur Illustration dieses heuristischen Verfahrens vgl. Fritz 1982, 269ff.) Ein naheliegendes Beispiel hierfür sind informierende Pressetexte, in denen die Illokution des MITTEILENS eine wichtige Rolle spielt. Einfache Formen des Informierens in der Presse wie Meldungen und kleinere Ausbaustufen (vgl. Bucher 1986, 79ff.; für frühe Formen des Berichtens vgl. Schröder 1995, 201f.) bestehen typischerweise größtenteils oder ausschließlich aus Mitteilungshandlungen. Bezieht man in die funktionale Beschreibung der sprachlichen Handlung jedoch den inhaltlichen Aspekt mittels einer Ergänzung ein, eröffnet dies die Möglichkeit, Spielarten des Informierens zu unterscheiden. [15] Schröder (2003, 24f.) verweist hier auf Muckenhaupt, der bereits unterschieden hat zwischen (i) Formen der *Ereignisberichterstattung* wie ‚mitteilen, dass ein Ereignis stattgefunden hat‘, ‚mitteilen, wann ein Ereignis stattgefunden hat‘ oder ‚mitteilen, wie ein Ereignis verlaufen ist‘, (ii) Formen der *Hintergrundberichterstattung* wie ‚mitteilen, in welchem Ereigniszusammenhang ein Ereignis steht‘ oder ‚mitteilen, welche historischen Zusammenhänge maßgeblich sind‘ und (iii) Formen der *reflexiven Berichterstattung* wie ‚mitteilen,

---

[15]   Gerade für das sprachliche Handeln in Leserforen mit ihren dialogischen Strukturen ist auch der Handlungsaspekt der Eröffnung von Verlaufsmöglichkeiten in der Anschlusskommunikation von Bedeutung. Für Erklärungshandlungen bestehen diesbezüglich beispielsweise gravierende Unterschiede zwischen dem ‚Erklären, *warum ein Ereignis stattgefunden hat*‘ und dem ‚Erklären, *warum jemand so und so gehandelt hat*‘. Die beiden Fälle, deren Beschreibung sich wiederum nur im Ergänzungsausdruck unterscheidet, weichen grundlegend voneinander ab, da diese beiden Spielarten des Erklärens – mit Bezug zu Ursachen von nicht-intentionalen Ereignissen einerseits und zu Gründen für Handlungen andererseits – in fundamental unterschiedliche kommunikative Praktiken, beispielsweise hinsichtlich der Evidenz für die Erklärung oder der anschließbaren Bewertungsmöglichkeiten, eingebettet sind. Dies wird bereits daran deutlich, dass man zwar Handelnde zu ihren Gründen, Ereignisse aber nicht zu ihren Ursachen befragen kann (vgl. hierzu auch Lange 2016, 7) und nicht-intentionale Ereignisse sich der moralischen Beurteilung entziehen, welche für Handlungen nicht nur prinzipiell möglich sondern in vielen Fällen ausschlaggebend für den Verlauf der Folgekommunikation ist.

woher die Nachrichten über ein Ereignis stammen' oder ‚mitteilen, wie die Nachrichtenlage ist' (Muckenhaupt 1986, 272). In ähnlicher Weise, nämlich mit dem Fokus auf der Struktur der verwendeten Berichtssätze und ihren Ergänzungen, vergleicht Bucher die Beschreibung verschiedener Arten der Berichtskommunikation in der Presse, die mit den Darstellungsformen ‚Nachricht', ‚Meldung', ‚Bericht' und ‚Reportage' vollzogen werden können (Bucher 1986, 79ff.)

Ein zweiter wichtiger Baustein in Schröders Konzept der Handlungsstruktur ist die Annahme, dass monologische Texte in zweifacher Hinsicht als Spezialfälle dialogischer Kommunikation gesehen und auf dieser Folie beschrieben werden müssen (Schröder 2003, 26ff.). Die Produktivität der dialogischen Betrachtungsweise für die Analyse von Texten wird an zwei Stellen besonders deutlich. Die erste betrifft die Einbettung von mit Texten vollzogenen Handlungen in weitergehende Handlungszusammenhänge, auf die auch Bucher hinweist (Bucher 1986, 7) und die er für den im Kontext von Pressekommunikation naheliegenden Fall der Leserbriefe nachzeichnet:

> Spieltheoretisch betrachtet bleibt die Rundfunk- und Fernsehberichterstattung [...] für die Rezipienten auf der Ebene der ersten Züge stehen, d.h. Zuschauer und Zuhörer werden nicht zu Mitspielern in der öffentlichen Kommunikation. Im Gegensatz dazu eröffnet die *Leserbriefsparte* als feste Einrichtung der Presse *jedem Leser* die Möglichkeit, mit der Redaktion und anderen Lesern selbst *Dialoge in schriftlicher Form zu führen* und damit das Medium zur Teilnahme an öffentlichen Kommunikationen zu nutzen. Durch diese Äußerungsmöglichkeit wird die Form der Kommunikation dialogisch, wie wir es aus der Berichtssituation in Alltagsgesprächen kennen: Die Adressaten können die mit einem Pressebeitrag eröffnete Kommunikation weiterführen, indem sie Einwände vorbringen, die Geschichte fortsetzen, ergänzen, korrigieren, das Berichtete kommentieren und beurteilen, eine thematisch verwandte Geschichte anhängen, das behandelte Thema ausweiten oder aus einer anderen Perspektive behandeln usw.   (Bucher 1986, 142).

Die hier angesprochene Einbettung von Textbeiträgen in dialogische Zusammenhänge spielt für Forenbeiträge in Onlinezeitungen aufgrund der deutlich niederschwelligeren Veröffentlichungsbedingungen (vgl. Kap. 3.2.1), der zeitlichen Unmittelbarkeit der Veröffentlichung und der daraus resultierenden höheren Beitragsfrequenz, den technisch realisierten Formen der direkten Bezugnahme sowie der ungleich höheren aktiven Leserbeteiligung auf offensichtliche Weise eine noch wichtigere Rolle, als dies bereits für die Leserbriefe in gedruckten Zeitungen der Fall ist. Forenverläufe mit hunderten von Beiträgen entstehen häufig in relativ kurzer Zeit und ähneln im Hinblick auf die beobachtbaren Interaktionsmuster in mehrfacher Hinsicht einer Ansammlung von Gesprächsbeiträgen in schriftlicher Form. Rein textstrukturell angelegte und auf interne Merkmale konzentrierte Texttheorien, welche die vielfältigen

Bezüge zur Dialogdynamik bzw. Polylogdynamik des Forenverlaufs (zum Begriff des *Polylogs* vgl. Abschnitt 2.3.2) und häufig auch die Einbettung in den jeweiligen Textkosmos außer Acht lassen, sind daher keine geeignete Grundlage für eine sinnvolle funktionale Beschreibung einzelner Forenbeiträge.

Neben der Berücksichtigung von externen kommunikativen Zusammenhängen, in denen Texthandlungen stehen, eröffnet eine dialogische Betrachtungsweise aber auch eine Möglichkeit zur Beschreibung von Handlungszusammenhängen innerhalb schriftlich fixierter Texte. Hierfür muss zunächst die prototypische Situation, in der solche Texte kommunikativ verwendet werden, in den Blick genommen werden. Ein charakteristisches Merkmal der schriftlichen Kommunikation ist die Aufhebung der Kopräsenz von Sprecher und Hörer, die in den Worten Ehlichs zu einer „zerdehnten Sprechsituation" führt, in welcher der Schreiber „von der Komplexität des sprachlichen Handelns nur noch den Teilbereich der Produktion ausführt. In einer anderen Sprechsituation hingegen haben wir den einsamen Hörer, der lediglich noch rezipiert." (Ehlich 2007, 541). Vergleicht man jedoch die Forenkommunikation mit anderen Formen schriftlicher Kommunikation, etwa mit Leserbriefen in gedruckten Zeitungen, so stellt man fest, dass dieses Merkmal der „Zerdehntheit" offenbar nicht statisch an Schriftlichkeit im Allgemeinen gebunden, sondern je nach technisch bzw. medial bedingter Spielart graduierbar ist. In diesem Zusammenhang bemerkt Weingarten (2000, 1146f.) zur historischen Entwicklung der schriftlichen Kommunikation ergänzend zu der bereits von Ehlich konstatierten Entkopplung von Produktions- und Rezeptionssituation: „In den neuen Medien [ist] ein breiteres Spektrum an Kommunikationsformen entstanden, das nicht auf die Notwendigkeit der physischen Kopräsenz der Teilnehmer angewiesen ist, aber dennoch auf die Mittel der situationsgebundenen Sprache zurückgreifen kann." Marcoccia (2004, 116) bezeichnet in diesem Sinn die mit den Foren verwandte Kommunikation in Medienformat der *Internet-Newsgroups* als „written conversation". Denn je weniger eine Sprechsituation im Sinne Ehlichs zerdehnt ist, um so leichter gestalten sich Partnerzüge, mit denen in der Regel eine Fülle kommunikativer Aufgaben und Probleme im mündlichen Dialog bearbeitet werden und die eine wichtige Grundlage für gelungene Kommunikation darstellen. Zu diesen Zügen gehören Klärungsfragen (etwa Wissensfragen zur Identifikation von Referenz, zur Erklärung von verwendeten Fremdwörtern, zur Deutung einzelner Handlungen des Sprechers), Einwände gegen die Missachtung kommunikativer Prinzipien (Relevanz, Höflichkeit, Verständlichkeit) und direkte Aufforderungen (zur Explikation von Schlusspräsuppositionen oder Bewertungsprinzipien, zum Belegen von Behauptungen, zur Behandlung bestimmter thematischer Aspekte) usw.

In Antizipation der möglichen Fragen und Einwände des Lesers berücksichtigen vorausschauende Schreiber die daraus resultierenden kommunikativen Aufgaben bei ihrem Textaufbau, um ihre kommunikativen Erfolgschancen im ersten – und je nach „Zerdehnungsgrad" häufig einzigen – Anlauf zu steigern. Dies geschieht gewöhnlich durch den Einsatz von zweckdienlichen Schreibstrategien, zu denen u.a. funktionale und thematische Explizitheit, ein reflektierter und adressatengerechter Wissensaufbau sowie Züge zur Verdeutlichung der thematischen Relevanz von Textteilen gehören.

Die Deutung einzelner Sätze oder Teiltexte als Reaktion auf mögliche Partnerzüge kann aber auch den funktionalen Zusammenhang zwischen sequenziellen Handlungen im Text erhellen, etwa dann, wenn auf strittige Behauptungen Beleghandlungen folgen oder Erklärungen und Begründungen im Zusammenhang mit potenziell schwer verstehbaren Ereignismitteilungen gegeben werden. Schröder verweist auf zwei Beispiele der dialogischen Rekonstruktion monologischer Vertextungsstrategien aus den jeweils typischen Einwänden der Kommunikationspartner (für das Erzählen: Fritz 1982, 269ff.; für die Berichtskommunikation: Muckenhaupt 1986, 263ff.) und hebt Muckenhaupts Feststellung hervor,

> daß die typischen Einwände beim Informieren (anders als beispielsweise beim Vorwerfen) nicht unverträglich sondern kumulierbar sind: ‚Man kann also durchaus nacheinander einwenden, daß ein Nachrichtenbeitrag falsch, irrelevant und nicht aktuell ist.' (Muckenhaupt 1986, 278) Dies ist mitverantwortlich für die Tatsache, daß auch mehrere sog. dritte Züge ‚additiv' verwendet werden können. Eine Mitteilung kann also beispielsweise erst erläutert, dann belegt und schließlich noch ergänzt werden.   (Schröder 2003, 31)

Eine dritte wichtige Komponente des Handlungsstrukturmodells sind die *indem*-Zusammenhänge zwischen Handlungen im Text. Die Nützlichkeit dieser Relation für die Erfassung von weitergehenden funktionalen oder thematischen Kommunikationsabsichten bzw. Verständnissen wurde bereits weiter oben erörtert (vgl. auch Gloning 1994, 117; Klein 2007, 38f.) Die *indem*-Relation eröffnet unter Einbeziehung von den eben besprochenen sequenziellen Handlungsfolgen mithilfe der *und-dann*-Relation jedoch noch eine weitere Beschreibungsdimension, nämlich die zusammenfassende und hierarchisierende Beschreibung von Handlungen im Text. Der Kerngedanke dabei ist, dass Schreiber eine *komplexe Handlung* ausführen, indem sie eine Reihe von Teilhandlungen hintereinander realisieren. Diese Teilhandlungen können dann ihrerseits aus mehreren aufeinanderfolgenden Teilhandlungen bestehen, so dass eine hierarchische Handlungsstruktur von Neben- und Unterordnungen entsteht. Dabei hält Schröder sein Hierarchiemodell bezüglich möglicher Konstituentenstrukturmuster relativ offen, wenn er feststellt:

> Daß Texthandlungen sich aus einer dominierenden Einzelhandlung und stüt-
> zenden Zusatzhandlungen zusammensetzen, wird [...] als Möglichkeit, aber
> nicht als paradigmatischer Fall angesehen. Neben Texthandlungen mit einer
> hierarchischen Struktur umfaßt der Begriff der komplexen Handlung auch alle
> anderen Muster, in denen der Zusammenhang der Teilhandlungen nicht auf
> funktionalen Abhängigkeitsbeziehungen beruht.   (Schröder 2003, 33)

Welchen Beitrag kann nun dieses Konzept der komplexen Handlung bei der
Beschreibung von Forenkommunikation spielen? Ein produktiver Aspekt
kann darin gesehen werden, dass in einer Konstituentenstruktur, die sich auf
den Zusammenhang zwischen Teilhandlungen in Texten bezieht, eine Art
kommunikatives Kompositionalitätsprinzip (vgl. Gloning 2010, 175ff.; Fritz
2017, 92ff.) zum Ausdruck kommt. Während dieses Prinzip wissenschaftshis-
torisch eine wichtige Rolle in der (formalen) Semantik für die Beschreibung
der zusammengesetzten Bedeutung komplexer Ausdrücke gespielt hat, formuliert Gloning eine kommunikativ gewendete Version des Kompositionalitäts-
problems zur Erklärung des konventionellen Handlungspotenzials von Texten
und des Beitrags, den Teiltexte, Sätze und kleinere Äußerungseinheiten dazu
beitragen,[16] folgendermaßen:

> Wie kommen kommunikative Handlungspotenziale von Texten zustande?
> Welche Rolle spielt dabei die syntaktische Organisation und wie wirken Syntax
> und andere textuelle Organisations- und Verwendungsprinzipien zusammen?
>   (Gloning 2010, 177)

Diese Fragestellung differenziert die funktionale Perspektive dahingehend,
dass neben den strukturellen Beziehungen von Teilhandlungen weitere textuelle Organisations- und Verwendungsprinzipien in den Blick kommen und auf
der Ebene der Äußerungen ein Zusammenhang zwischen syntaktischer Organisation und resultierenden Handlungsmöglichkeiten hergestellt wird. In der
Schröder'schen Handlungsstruktur sind die kleinsten funktionalen Einheiten
von Texten lediglich durch *und-dann*-Relationen verknüpft. Daraus folgt implizit eine Fokussierung auf Satzhandlungen als kleinste sequenzierbare und
damit in der Konstituentenstruktur darstellbare Teilhandlungen.[17] Demgegenüber zählt Gloning zu den für die Handlungsstruktur relevanten Texthandlungen auch solche, mit denen kommunikative Aufgaben unterhalb der Satz-

---

[16] Fritz weist darauf hin, dass das Kompositionalitätsprinzip nicht die einzige Res-
      source ist, die zur Herstellung bedeutungstragender komplexer Ausdrücke genutzt
      wird. Zur komplementären Rolle von gebräuchlichen Kollokationen, feststehenden
      Wendungen, Formen der Indirektheit usw. vgl. Fritz 2017, 92ff.

[17] Diese Fokussierung auf den Satz als kleinste strukturrelevante Handlungseinheit
      zeigt sich auch in Schröders Diskussion seiner Beispiele sowie seiner Diskussion
      des Zusammenhangs von Satzstruktur und Textstruktur (Schröder 2003, 152ff.).

grenze bearbeitet werden und die daher *gleichzeitig* mit dem Vollzug der Satz-handlung erfolgen, wie etwa den Ausdruck von Sprechereinstellungen, die Angabe von Quellen oder Gewissheitsgraden, Querverweise im Text usw. (Gloning 2010, 177). Auch der Gebrauch von Nominalphrasen zu Referenz-handlungen, in die ihrerseits beispielsweise Bewertungshandlungen eingebet-tet sein können und die einen Beitrag zum Ausdruck von Propositionen leisten, welche ihrerseits wiederum Teilhandlungen von Satzhandlungen sind, verwei-sen auf vielfältige Formen abhängiger funktionaler Bausteine unterhalb der Satzebene (vgl. auch Fritz 2017, 96ff.).

Der Begriff der komplexen Handlungen, den Schröder am Beispiel von Pressetexttypen und -mustern entwickelt, erscheint jedoch auch noch in einer anderen Hinsicht differenzierungsbedürftig, wenn man ihn für die Beschrei-bung der Handlungsstruktur von Forenbeiträgen gebrauchen möchte. Grund-legend für das Verstehen einfacher (Satz)Handlungen scheint zu sein, dass wir identifizieren und in der Folge auch benennen können, welche Art von Hand-lung ein Sprecher vollzogen hat. Die Identifikation erfolgt dabei auf der Basis von weitgehend geteiltem Regelwissen, in dem die relevanten Bestandteile des Handlungsmusters u.a. bezüglich seiner möglichen Äußerungsformen, der mit Handlungen dieses Typs eingegangenen Festlegungen und der Rolle in be-stimmten Kommunikationsformen definiert sind. Daher lässt sich das Verste-hen von einfachen Handlungen dann besonders überzeugend auf das Verste-hen komplexer Handlungen übertragen, wenn diese nach etablierten Mustern gemacht werden. So eröffnet das Verstehen von einfachen wie von komplexen Handlungen die Möglichkeit, auf regelhafte Festlegungen des Sprechers zu reagieren (vgl. Abschnitt 2.2.1) und die mit dem Satz bzw. mit dem Text voll-zogene Handlung bezüglich der zu dem jeweiligen Muster gehörigen Konven-tionen zu beurteilen und gegebenenfalls Einwände zu machen. Für einfache Handlungen geschieht das beispielsweise dann, wenn ein Kommunikations-partner als Reaktion auf einen verstandenen Vorwurf eine der regelhaften Fest-legungen des Vorwerfenden bestreitet (vgl. Muckenhaupt 1978, 21ff.) Dies setzt voraus, dass die Vorgängerhandlung als ein auf Regeln basierender Vor-wurf identifiziert wurde. Analog dazu können komplexe Handlungen hinsicht-lich der für dieses Muster als gültig angenommen Konventionen kritisiert wer-den, was in den Forenbeiträgen (10) und (11) am Beispiel des journalistischen Textmusters ‚Kommentar' deutlich wird, auf das von beiden Kommentatoren Bezug genommen wird. Sichtbar wird hier auch, dass spezifische Konventio-nen der Darstellungsform, etwa die Angabe des Autorennamens, dazu genutzt werden können, um einen Texttyp zu identifizieren und dass in bestimmten Fällen die Beachtung dieser Konventionen eingeklagt werden kann:

(10)   poche 30.09.2008, 19:49

55. Umgangsformen

Man mag über die Performance der CSU-Mann/Frauschaft unterschiedlicher Meinung sein, Wahlkampf und Auftritt kritisieren, Fehleinschätzungen bemängeln - all dies ist das gute Recht des kritischen Journalisten. Noch mehr, wenn es sich um einen **namentlich gekennzeichneten Kommentar** handelt. Da ist bekanntlich fast alles erlaubt. Allerdings steigert es die Überzeugungskraft, wenn dabei der Pfad des Diskurses nicht gänzlich verlassen wird. Dieser Kommentar zeichnet sich durch eine **Emotionalität** aus, die normalerweise durch zwei Mass Bier hervorgerufen wird. Einige mögen dann noch fahrtauglich sein, schreibtauglich offensichtlich nicht immer. [Herv. D.K.]   (SO 02)

(11)   Rennbahner 22.07.2018, 15:03

5. Journalistische Standards

Bei der **Wortwahl** dieses Artikels wäre eine Kennzeichnung als Kommentar angebracht gewesen. Dass die CSU gegen die Demonstration **„hetze", ist pure Meinungsmache**. Eine Gegenwehr gegen die Demonstration ist zulässig und gehört zum demokratischen Prozedere, auch wenn es dem Autor nicht gefällt. [Herv. D.K.]   (SO 03)

Eine weitere Parallele zwischen den beiden Handlungskonzepten zeigt sich darin, dass Kommunikationspartner gleichermaßen einfache wie komplexe Handlungen nicht mehr als die vom Sprecher intendierte Art von Handlung verstehen, wenn bei ihrem Vollzug die für diesen Typ konstitutiven Regeln verletzt werden. So wird ein Hörer die Äußerung eines Satzes nicht als ‚Vorschlag' verstehen, wenn dem Sprecher aus Sicht des Hörers klar sein muss, dass die (scheinbar) vorgeschlagene Handlung nicht ausführbar oder bezogen auf ein Ziel nicht sinnvoll ist (vgl. Fritz 1982, 134 f.) Und entsprechend wird ein Leser einen Text, der etwa einen neuen Kinofilm behandelt, nicht als ‚Filmkritik' verstehen, wenn im Text keine einzige Bewertungshandlung vorkommt (vgl. Stegert 1993, 22 ff.) und ihn stattdessen anders deuten.

Trotz dieser Gemeinsamkeiten besteht zwischen einfachen und komplexen Handlungen jedoch ein grundlegender Unterschied. Die Zuordnung zu einem Handlungsmuster ist bei Satzhandlungen konstitutiv dafür, dass man sie überhaupt verstehen kann.[18] Eine Äußerung im Umfang eines Satzes, die man keinem bekannten Handlungsmuster zuordnen kann, ist selbst dann als Ganzes unverständlich, wenn Teile davon, wie beispielsweise Referenzhandlungen,

---

[18]   Das bedeutet jedoch nicht, dass die Verstehbarkeit *für den Kommunikationspartner* ein konstitutives Merkmal sprachlicher Handlungen darstellt. Das wird deutlich am Beispiel der Lüge, denn Lügen sind sowohl befehlbar als auch identifizierbar, jedoch nicht *verstehbar* vom Kommunikationspartner. Dieser kann nur die für die Lüge konstitutive Behauptungshandlung verstehen und sie dann, mit Rückgriff auf sein Wissen und auf Annahmen über das Wissen des Sprechers, als Lüge *erkennen*.

verstanden werden. Anders verhält es sich mit den komplexen Handlungen. Bei Schröder werden diese als häufig gewählte Lösungswege für komplexe kommunikative Aufgaben beschrieben. Die in seiner Untersuchung als Ergebnis einer linguistischen Analyse differenzierten Texttypen kann man zwar als unterschiedliche Arten komplexer Handlungen auffassen, sie haben jedoch für die Kommunikation einen anderen Status als konventionelle Satzhandlungen. Denn im Gegensatz zur misslungenen Handlungszuordnung bei einer Satzäußerung würde es einem Zeitungsleser keine Probleme bereiten, einen Text nach dem Muster ‚Thematischer Bericht', ‚Schildernder Bericht' oder ‚Exemplarischer Bericht' (vgl. Schröder 203, 201ff.) zu verstehen, auch wenn er den Texttyp nicht erkennen, benennen oder reproduzieren kann. Für das Verstehen ist noch nicht einmal das Erkennen der Unterschiede im Textaufbau dieser Typen erforderlich. Wenn wir diese Fälle also als komplexe Handlungen beschreiben wollen, so folgt aus dem Gesagten, dass diese Arten von Handlungen unter Umständen nicht befehlbar sind (zur Befehlbarkeit als Merkmal von Handlungen vgl. Gloning 1994, 116).

Für eine handlungstheoretische Beschreibung von Forenkommunikation ist dieser Umstand aus mehreren Gründen von Bedeutung. Das Konzept der komplexen Texthandlung ist vielfach auf die Untersuchung von Texten angewandt worden, die aufgrund des relativ überschaubaren Spektrums von Gebrauchszusammenhängen die Annahme einer kommunikativen Grundfunktion nahelegen. So werden komplexe Handlungen häufig als konventionelle Spielarten eines Grundmusters beschrieben (Berichten in der Presse: Schröder 2003; Bucher 1986; Rezensieren: Stegert 1993, Kochrezepte: Wolańska-Köller 2010, Theaterkritiken: Gloning 2008a). In diesen Fällen kann von weitgehend konventionalisierten Textmustern (vgl. Abschnitt 2.2.4) und im Regelfall auch von einer prototypischen Texthandlung, also einer den verschiedenen Spielarten zugrundeliegenden Funktion ausgegangen werden, die mit den schriftlichen Texten jeweils vollzogen werden.

Wollte man in ähnlicher Weise die Forenbeiträge nun als Realisationsvarianten eines Grundhandlungstyps beschreiben, so könnte man sie versuchsweise als „Spielarten des Kommentierens" bezeichnen. Im Gegensatz zu den zuvor erwähnten Textmusteruntersuchungen ist der einzelne Forenkommentar jedoch funktional wesentlich offener, da er aufgrund der dialogischen bzw. polylogen, oftmals mehrere aufeinander bezogene Züge umfassenden Interaktionsstruktur der Forenverläufe in vielfältigen kommunikativen Zusammenhängen steht. Die mit den Forenbeiträgen gemachten Handlungen lassen sich daher oft sinnvoller als das schriftsprachliche Äquivalent von Zügen in mündlichen dialogischen Kommunikationsformen verstehen. Diese Einordnung erscheint einen besseren Überblick über die kommunikative Praxis zu geben als ein abstrakter Katalog von Realisationsvarianten einer angenommenen Grundfunktion „Kommentieren". Daraus ergeben sich offene Fragen für den Zusammenhang zwischen dem Textbegriff, den Grenzen des Textes und der formalen Einheit des Forenbeitrags einerseits sowie für die Beschreibung einer konventionellen Texthandlung andererseits. Die Beispielbeiträge (12) bis (18) aus einem Forenverlauf zu einem Kommentar im *Tagesspiegel*[19] zum Thema der Folgen der gescheiterten Koalitionsverhandlungen nach der Bundestagswahl 2017 können das verdeutlichen:

(12)   sundaykid 20.11.2017, 18:19 Uhr

Neuwahlen? Etwa so:

CDU: von der Leyen
SPD: Gabriel
FDP: Kubicki
Grüne: Kretschmann

CDU/CSU: 35%
SPD: 25%
FDP: 8%
Grüne: 8%
Linke: 8%
AfD: 16%

Und dann? Neuwahlen, Neuwahlen, Neuwahlen, ...

(13)   gmffd 21.11.2017, 09:26 Uhr

Antwort auf den Beitrag von spreeathen 20.11.2017, 18:25 Uhr

Herzlichen Dank für Ihren Beitrag, dem ich mich voll und ganz anschließen kann.

Diese mediale Panikmache in Oberlehrermanier nervt langsam mächtig! So wie das, zumindest aus meiner Sicht völlig verlogene Moral-Apell-Gequatsche dieses Bundespräsidenten auch. Ist doch gerade dieser Herr für die Spaltung unserer Gesellschaft maßgeblich mit verantwortlich zu machen, als maßgeblicher Mit-Autor dieser Menschen geißelnde und entwürdigende Agenda 2010.

Ich finde es richtig und wichtig, wenn die SPD sich mal ernsthaft besinnen will. Ein Weiterso um jeden Preis hingegen schadet unserer Gesellschaft, unserer Demokratie immer mehr.

George Müller
Berlin

---

[19] Alle Belege dieses Verlaufs: TS 01

(14)   dieDefinatorin 20.11.2017, 18:26 Uhr

Die SPD wird unter 20 Prozent fallen, denn wer sich davor drückt, eine Regierung zu bilden, liefert kein Argument, Sie zu wählen.

(15)   uwemohrmann 20.11.2017, 18:58 Uhr

Antwort auf den Beitrag von dieDefinatorin 20.11.2017, 18:26 Uhr

ausgerechnet Sie jammern nach der SPD in der Regierung. Einfach lächerlich, mehr ist zu Ihrer Kaffeesatzleserei nicht zu sagen

(16)   dieDefinatorin 20.11.2017, 19:15 Uhr

Antwort auf den Beitrag von uwemohrmann 20.11.2017, 18:58 Uhr

Lesen Sie doch meine Kommentare gründlicher. Mein Präsident ist meiner Meinung: die SPD ist in der Pflicht. Mehr hab ich nicht gesagt.

(17)   uwemohrmann 20.11.2017, 19:27 Uhr

Antwort auf den Beitrag von dieDefinatorin 20.11.2017, 19:15 Uhr

> *dieDefinatorin 18:26 Uhr Die SPD wird unter 20 Prozent fallen, denn wer sich davor drückt, eine Regierung zu bilden, liefert kein Argument, Sie zu wählen*

ach das ist ein Kommentar...

> *Lesen Sie doch meine Kommentare gründlicher. Mein Präsident ist meiner Meinung: die SPD ist in der Pflicht. Mehr hab ich nicht gesagt.*

aha, Sie sind also die Pressesprecherin des Bundespräsidenten? Dann sollten Sie das Zitat kennzeichnen. Dass das Ihre Interpretation ist, sollten Sie auch dazusetzen. Bei der Wahrheit dann erst recht bleiben.

(18)   Raubritter 20.11.2017, 19:32 Uhr

Antwort auf den Beitrag von dieDefinatorin 20.11.2017, 19:15 Uhr

> *Mehr hab ich nicht gesagt.*

Stimmt nicht. Sie schrieben:

> *... SPD wird unter 20 Prozent fallen ...*

... wenn sie sich dem Ruf Ihres Präsidenten verweigert.

Die funktionale Heterogenität der mit den einzelnen Beiträgen vollzogenen Handlungen hängt eng zusammen mit dem breiten Spektrum behandelter Gegenstände und den jeweiligen Bezugstexten oder -äußerungen. In dem *Tagesspiegel*-Text, zu dem der Forenverlauf gehört (Titel: „Neuwahlen wären eine Unverschämtheit"), wird das Zögern der SPD, nach den gescheiterten Jamaika-Verhandlungen eine große Koalition einzugehen, und die Inkaufnahme von resultierenden Neuwahlen kritisch kommentiert. Mit Bezug auf diese kritische Perspektive kann die Texthandlung, die mit (12) vollzogen wird, als eine stützende Argumentation gegen Neuwahlen und in einem weitergehenden Verständnis als übernommene Kritik an der SPD beschrieben werden. In dem Text drückt der Forenteilnehmer zunächst seine Skepsis bezüglich möglicher Neuwahlen aus, konkretisiert dann zur Plausibilisierung ein im Primärtext angedeutetes drohendes Szenario im Fall von Neuwahlen und paraphrasiert anschließend die dort vermuteten Folgen (*Und dann? Neuwahlen, Neuwahlen, Neuwahlen, ...* vs. *Und wenn es dann immer noch nicht reicht: gleich nochmal?)*

Im Gegensatz dazu bezieht sich (13) nicht auf den Primärtext, sondern auf einen vorangegangenen Forenbeitrag. Auch hier wird auf der Texthandlungsebene argumentiert, jedoch mit einem anderen Textaufbau. Der Leser gehört dem gegnerischen, Neuwahlen gegenüber aufgeschlossenen Lager an. Dies zeigt er in einem ersten Zug deutlich an, indem er sich explizit der dahingehenden Argumentation des Vorgängerbeitrags anschließt. Es folgen zunächst delegitimierende Bewertungen der kommunikativen Strategie anderer Diskursakteure (*mediale Panikmache*, *verlogene[s] Moral-Apell-Gequatsche dieses Bundespräsidenten*) sowie eine Begründung für diese Bewertungen. Darauf folgt die zentrale Bewertung einer favorisierten Handlungsoption sowie eine Begründung hierfür. Auffällig ist hier auch der angefügte formale Baustein einer Unterschrift mit Ortsnamennennung, der an Konventionen des schriftlichen Leserbriefs erinnert.

Der letzte Beitrag in dieser Beispielreihe, der sich direkt auf einen thematischen Aspekt des *Tagesspiegel*-Kommentars bezieht, ist (14). Hier wird mit einem einzigen Satzgefüge eine Prognose gegeben und diese dann mit einer expliziten Präsupposition gestützt. Die darauffolgenden Beiträge beziehen sich nun entweder ganz (15) oder teilweise (17), (18) auf (14) und haben weitere Bezüge untereinander. Funktional dienen diese Beiträge der konfrontativen Deutung von (14) als Forderung (15), dem Vorwurf der Oberflächlichkeit und Gebrauch eines Autoritätsarguments (16), der Schmähung und Provokation (15), (17) sowie dem Bestreiten einer Behauptung und einem darauf bezogenen Beleg (18).

Aus Platzgründen ist hier nur ein Ausschnitt der auf (14) folgenden Auseinandersetzung wiedergegeben, es wird jedoch bereits an diesen Beispielen deutlich, dass die mit den Beiträgen (12) bis (18) jeweils vollzogenen komplexen Handlungen in kommunikativen Zusammenhängen mit variierenden Graden der Dialogizität stehen und ohne Berücksichtigung dieser Zusammenhänge nur schwer oder gar nicht funktional beschreibbar wären. So wäre etwa (12) ohne die im Primärtext vermittelten Wissensvoraussetzungen, etwa allein auf der Basis von Textmusterwissen, kaum zu deuten. Selbst wenn ein Leser aufgrund von diskursrelevantem Wissen erschließen könnte, dass es sich um ein Argument gegen Neuwahlen handelt, wäre die weitergehende Funktion der Kritik am Verhalten der SPD nicht ohne weiteres erschließbar. Ähnlich verhält es sich mit (13). Hier wird direkt auf eine umfassende wertende Darstellung diskursiver Praxis in einem anderen Beitrag Bezug genommen („Diese mediale Panikmache in Oberlehrermanier"), um sie erst zustimmend zu bewerten und dann zu ergänzen. Welche Panikmache gemeint ist, erschließt sich nur dem, der den vorangegangenen Beitrag kennt.

Während jedoch diese beiden Texte auch ohne ihre jeweiligen Bezugstexte noch ein Grundverständnis ermöglichen, ist man bei den Beiträgen des Schlagabtauschs von (15) bis (18) vollständig auf die Rezeption des Verlaufs angewiesen. Und wenn man sich die Verschiedenheit der vollzogenen Texthandlungen in (12), (15) und (18) ansieht, wird unmittelbar klar, dass es sich hier nicht um Spielarten *einer* Grundfunktion handeln kann. Gleichzeitig ist jedoch erkennbar, dass bestimmte Kommunikationsformen wie das etwa Argumentieren oder das Prognostizieren und die dafür konstitutiven Handlungsmuster eine wichtige Rolle spielen. Vor diesem Hintergrund gerät das Leserforum als ein Medienformat in den Blick, das diese spezifische Mischform von schriftlicher und dialogischer Kommunikation ermöglicht (Bucher et al. (2010, 9) sprechen im Zusammenhang mit Medienformaten von „kommunikativen Möglichkeitsräumen", die in vielen Fällen funktional noch nicht festgelegt sind.) Die Beschreibung der ganzen Bandbreite von Nutzungsmöglichkeiten dieser Mischform kann die Suche nach übertragenen, etablierten oder im Entstehen befindlichen Textmustern sinnvoll ergänzen.

2.2.4 Textmuster in traditionellen Formen schriftlicher Kommunikation und im Medienformat ‚Leserforum'

Wie sich gezeigt hat, kann man Textmuster aus einer handlungstheoretischen Perspektive in einem ersten Schritt als eingespielte Lösungswege für wiederkehrende (komplexe) kommunikative Aufgaben sehen – eine Auffassung, die von vielen Autoren geteilt wird und die man mittlerweile als textlinguistisches Gemeingut ansehen kann. An diese allgemeine Zugangsweise schließt sich jedoch eine Reihe von weiteren Fragen an: (i) Welche Aspekte der Textgestaltung und -verwendung sind konventionell am stärksten verfestigt und damit von zentraler Bedeutung für ein spezifisches Textmuster? (ii) Wie hängen diese mit anderen Aspekten der Textgestaltung und -verwendung zusammen, für die größere Realisationsspielräume bestehen? (iii) Welchen theoretischen Status besitzt ein Textmuster? (iv) Welche Rolle spielt das geteilte Wissen über Textmuster in der Kommunikation? (v) Welche Faktoren sind für die historische Dynamik von Textmustern verantwortlich? (vi) Welchen Einfluss haben mediale Faktoren auf den Textmusterwandel?

Die oben eingeführte Darstellungsform der Handlungskonstituentenstruktur leistet einen wichtigen Beitrag zur Beantwortung der ersten Frage nach den zentralen Textmusteraspekten. Sie bietet eine Möglichkeit, komplexe Texthandlungen zu zerlegen in kleinere Textbausteine, die für die Bearbeitung von kommunikativen Teilaufgaben verwendet werden. Der leitende Aspekt des Textmusterwissens ist aus dieser Sicht das Wissen darüber, welche funktional-thematischen Bausteine für ein bestimmtes Muster typisch, welche möglich und welche ungewöhnlich sind. Unterschiedliche Arten von konventionellen Texthandlungen besitzen hierfür ihre jeweils eigenen Regeln und konstituieren damit nach Schröder ‚Texttypen'[20] (vgl. Schröder 2003, 195f.; für diesen Ansatz zur Textmusterbeschreibung vgl. auch Cheng/Gloning 2017; Wolańska-Köller 2010; Gloning 2008a[21] u. 2002; Fritz 2001; Glüer 2000; Stegert 1993; Bucher 1986).

---

[20]   Ich verwende in dieser Arbeit die Ausdrücke ‚Textmuster' und ‚Texttyp' synonym, um auf Regelmäßigkeiten, Gepflogenheiten und Konventionen in der Textgestaltung, -organisation und -verwendung Bezug zu nehmen. Unterschiede im Grad ihrer Verfestigung, in der Bedeutung des Textmusterwissens für die Kommunikation *über* solche Texte (vgl. folgender Abschnitt) oder hinsichtlich ihres theoretischen Status sollen nicht terminologisch erfasst oder auf abgrenzbaren Abstraktionsebenen diskutiert werden. Daher wird hier auch auf den differenzierenden Gebrauch von Kennzeichnungen wie ‚Textklasse' oder ‚Textsorte' verzichtet (zu den vielfach heterogenen und teilweise unverträglichen Grundlagen dieser Kategorien vgl. Heinemann 2000, für ein Beispiel idiosynkratischen Gebrauchs der Terminologie vgl. etwa Fix 2008, 71).

[21]   Während Schröder (2003, 196) in seiner Texttypenbeschreibung davon spricht, dass bestimmte Bausteine für die *Konstitution* eines Texttyps „als obligatorisch gelten können", verweist Gloning (2008a, 70) darauf, dass man beispielsweise bei der Beschreibung von Theaterkritiken „nicht von obligatorischen Merkmalen oder Darstellungselementen sprechen kann." Die Annahme von obligatorischen Textbausteinen eignet sich daher offenbar nicht als theoretische Grundlage für die Beschreibung von Texttypen. Dieses Spannungsverhältnis löst sich auf, wenn man berücksichtigt, dass Texttypen und Texttraditionen allgemein in unterschiedlichem Maß konventionell verfestigt sein können und damit bei der Textgestaltung jeweils größere oder kleinere Spielräume eröffnen. Entsprechend kann in einer Sprechergemeinschaft für besonders fest gefügte Texttypen (z.B. Meldung, Todesanzeige usw.) eine hohe Erwartungshaltung bezüglich bestimmter Parameter des Textaufbaus vorherrschen. Der Aufbau institutioneller Texte (z.B. Rechenschaftsbericht, Heiratsurkunde usw.) kann darüber hinaus rechtlich geregelt sein, so dass bestimmte Textbausteine hier im juristischen Sinn obligatorisch sind.

Die Annahme von Spielräumen für die Auswahl von funktional-thematischen Textbausteinen zeigt, dass Texttypen bereits im Hinblick auf diesen Aspekt in verschiedenen Realisierungsvarianten auftreten können. Schröder beschreibt für die Texttypen in seinem Korpus zusätzlich Strukturierungsmuster, die sich auf mögliche Alternativen bei der linearen Anordnung der Textbausteine beziehen. Textmusterwissen umfasst zusätzlich noch eine Reihe weiterer textinterner und -externer Aspekte (ihre Funktionen in kommunikativen Zusammenhängen, adressatenspezifische Variationsformen, thematischer Aufbau und Formen thematischer Kennzeichnung, kommunikative Prinzipien und deren spezifische Anwendungsformen, syntaktische Muster, Phraseologismen, Lexik, Anredeformen, typografische Konventionen, typische Formen der Bezugnahme, grafische Elemente, Bildverwendung u.a.), die je nach Differenzierungs- und Konventionalisierungsgrad eines Musters ein engeres oder breiteres Spektrum von Realisierungsvarianten zulässt. Entscheidend ist hier der Zusammenhang zwischen diesen Aspekten und der Art der Texthandlung bzw. des Texttyps: Die Rekonstruktion von abgrenzbaren Textmustern erfolgt nicht auf der Grundlage von akkumulierten Textmerkmalen. Vielmehr stehen die Art der sprachlichen Handlung und ihre Einbettung in kommunikative Zusammenhänge im Zentrum, also die Frage ‚*Was* wird mit einem Text nach Textmuster X gemacht?' Die anderen Ebenen des Textmusterwissens beziehen sich auf die Frage ‚*Wie/wann/wo* kann bzw. muss man das machen?' und sind sowohl auf die Texthandlung als auch aufeinander eng bezogen. Insofern können Textmuster nicht isoliert von den Bereichen der sozialen und kommunikativen Praxis, in denen sie eine Rolle spielen, betrachtet werden.

Hier schließt sich die Frage an, in welcher Weise und unter welchen Bedingungen überhaupt von der *Existenz* eines Textmusters gesprochen werden kann. Für alle Gegenstandsbereiche der Theoriebildung und des Alltagswissens gilt, dass Muster nicht irgendwie objektiv in den Gegenständen gegeben, sondern vielmehr das Ergebnis von Beobachtung, Verallgemeinerung und Benennung sind.[22] Der Status eines Textmusters kann daher abhängig vom Beobachterkreis einerseits und seiner kommunikativen Relevanz andererseits in

---

[22] Ludwik Fleck bemerkt beispielsweise in seiner begriffsgeschichtlichen Untersuchung zur Entstehung eines Krankheitsbildes und seiner Benennung: „Von einfach Gegebenem kann hier überhaupt nicht gesprochen werden. Infolge mehrjähriger Erfahrung […] bin ich überzeugt, es könne auch ein mit allen Denk- und Sachrüstzeug bewaffneter, moderner Forscher nie darauf kommen, alle diese mannigfaltigen Krankheitsbilder und Krankheitsfolgen aus der Gesamtheit der vorkommenden Fälle auszuscheiden, abzusondern von Komplikationen und **zu einer Einheit zu verbinden** (Herv. D.K.). Erst organisierte Forschungsgemeinschaft, unterstützt vom Volkswissen, und über einige Generationen dauernd, vermöchte das Ziel erreichen […]" (Fleck 1980 [1935], 33)

mehreren Dimensionen variieren. Textmuster können Ergebnis von linguistischen Klassifikationsversuchen sein oder in der alltäglichen Sprachpraxis einen festen Platz haben. So haben etwa die Texttypen, die Schröder für die Pressekommunikation rekonstruiert, offenbar den Status von implizit handlungsorientierendem Textmusterwissen, auf das jedoch von den Kommunikationsteilnehmern nicht Bezug genommen wird und das auch nicht Gegenstand der Kritik bezogen auf die differenzierenden Textmusterkonventionen wird. Es erscheint eher unwahrscheinlich, dass der Leser eines journalistischen Texts Einwände erhebt etwa gegen die Verwechslung von Aufbauprinzipien des ‚Thematischen Berichts' und des ‚Additiven Berichts', auch wenn die Autoren sich bei der Textgestaltung an diesen Mustern orientieren. Demgegenüber haben die Beispiele (10) und (11) gezeigt, dass geteiltes Textmusterwissen über den Kommentar eine wichtige Rolle in der Kommunikation *über* Texte, etwa beim Kritisieren, spielt. Dies hängt in diesem Fall nicht zuletzt mit dem etablierten Gebrauch der Textmusterbezeichnung ‚Kommentar' und detailliertem Wissen über seine Gebrauchsbedingungen zusammen. Hinzu kommt, dass die gebildeten Klassen abhängig vom Zweck der Klassifikation (Alltagskategorien vs. linguistische Kategorien) über einen variablen Abstraktionsgrad verfügen und Kategoriensysteme als Ganzes hierarchisch gestuft von abstrakt zu konkret organisiert sind. Dies gilt für berufs- und alltagsrelevante Textmusterbezeichnungen wie ‚Journalistischer Text', ‚Bericht', ‚Reportage' ebenso wie für linguistische Kategorien, z.B. ‚Narrativer Text', ‚Deskriptiver Text', die auf den konkreteren Ebenen wieder Schnittmengen mit alltagsrelevanten Kategorien wie ‚Märchen', ‚Protokoll' oder ‚Gebrauchsanleitung' aufweisen.

Textmuster können sich darüber hinaus darin unterscheiden, wie stark die verschiedenen Parameter der Textgestaltung und des Textgebrauchs verregelt sind und welche Spielräume sie diesbezüglich eröffnen. Zu diesen Parametern gehören neben den für ein Muster obligatorischen und fakultativen funktionalen Bausteinen die thematischen Aspekte, die entweder behandelt werden müssen, oder nur möglich bzw. ausgeschlossen sind. Hinzu kommen die musterspezifischen kommunikativen Prinzipien und etablierte Formen ihrer Realisation. Diese können sich wiederum auf Fragen der Sequenzierung der funktional-thematischen Bausteine, den Gebrauch bestimmter Formulierungsmuster oder auch den Einsatz typografischer Mittel beziehen.

Die eingangs gebrauchte Definition von Textmustern als *eingespielte* Lösungswege für kommunikative Aufgaben deutet darüber hinaus bereits an, dass diese Lösungsmuster einen historischen Entwicklungsprozess durchlaufen: von der kreativen Erstverwendung über Beobachtung und Nachahmung hin zur Konventionalisierung, Verfestigung und in manchen Fällen auch Benennung. Eine einmal etablierte Praxis wird dann durch ständige Aktualisierung des Musters fortlaufend stabilisiert, es kommt unter Umständen zur Ausdifferenzierung in Untermuster und in manchen Fällen auch zum Aussterben. Dass dieser Wandel auch für Textmuster in Institutionen sehr dynamisch verlaufen kann und auf welche – auch inhaltlichen – Parameter der konventionellen Textgestaltung und -verwendung sich dieser historische Wandlungsprozess beziehen kann, illustriert Schudson in einem exemplarischen Vergleich journalistischer Konventionen in der amerikanischen Pressekommunikation des 19. und 20. Jahrhunderts:

1. That a summary lead and inverted pyramid structure are superior to a chronological account of an event
2. That a president is the most important actor in any event in which he takes part
3. That a news story should focus on a single event rather than a continuous or repeated happening, or that if the action is repeated, attention should center on novelty, not on pattern
4. That a news story covering an important speech or document should quote or state its highlights
5. That a news story covering a political event should convey the meaning of the political acts in a time frame larger than that of the acts themselves.

All are unquestioned and generally unstated conventions of twentieth century American journalism; none were elements in journalism of the mid-nineteenth century […]. Unlike reporters today the nineteenth century reporter was not obliged to summarize highlights in a lead, to recognize the president as chief actor on the American political stage, to seek novelty, to quote speeches he reported, or to identify the political significance of events he covered.

(Schudson 1982, 99)

Für die Entstehung, den Wandel und die Verschmelzung von Textmustern spielen neue Medien und mit ihnen neue Medienformate eine wichtige Rolle. Beckmann und König (1995) illustrieren am Beispiel des Heiratsgesuchs eindrucksvoll, wie das Medium Zeitung insbesondere durch die Zunahme überregionaler Zeitungen seit Mitte des 18. Jahrhunderts aufgrund seiner neuen Reichweite die Möglichkeit bot, eine komplexe kommunikative Aufgabe auf ganz neue Weise und mit deutlich größeren Erfolgsaussichten zu lösen. Erkennbar wird hier, dass die ersten Versuche im deutschsprachigen Raum sich einerseits auf das verwandte Textmuster der Stellenanzeige und andererseits auf Vorläufer in der englischen Presse stützen. Für die Entstehung des Mediums Zeitung um 1609 und die Praxis des Berichtens zeichnet Fritz (2001) das Spektrum erster Textprototypen und ihrer Bezüge zu Textmustern der Informationsvermittlung in Vorläufermedien nach. Besonders interessant erscheinen hier der flexible Umgang mit diesen Mustern, die dynamische Anpassung an die Gegebenheiten des neuen Mediums und die evolutionäre Perspektive auf die Bedeutung des kommunikativen Erfolgs für das Beharrungsvermögen der Strategie:

> Correspondents of the new periodical newspapers knew they were expected to write short texts and provide a wide range of information, and they composed their dispatches accordingly. [...] So, as far as text types are concerned, the new medium was not really innovative at all. The newspaper correspondents mainly selected the short forms of report from the pool of text types available at the time, using these patterns in a very flexible way. And this turned out to be a highly successful textual strategy for at least two hundred years.
>
> (Fritz 2001, 82)

Schaut man aus dieser Perspektive auf das neue Medienformat des Leserforums und seine Nutzung im Kontext von journalistischen Angeboten, ist zunächst zu erwarten, dass die Prozesse der Textmusteradaption und -entwicklung, die hier für vordigitale und nichtvernetzte Formen der schriftlichen Kommunikation umrissen wurden, auch die Forennutzer beim Lösen der jeweiligen kommunikativen Aufgaben unter dem Einfluss der spezifischen Bedingungen des neuen Formats unterstützen werden. Mit einem Blick auf die Praxis der vordigitalen Pressekommunikation fällt zunächst auf, dass zwei Texttypen als Vorbilder für monologische Beiträge der Leser in Frage kommen könnten. Im Hinblick auf die institutionelle Rollenverteilung hat ein Text, den ein Leser an ein Presseorgan zur Veröffentlichung sendet, einige Gemeinsamkeiten mit dem Leserbrief (Wachowski 2016, Eckkrammer/Knauer 2015, Fix 2012, Fix 2008, Mlitz 2008, Heupel 2007, Bucher 1989, Bucher 1986) – der formale Baustein der namentlichen Unterschrift mit Ortsangabe in Beleg (13), wie er in einigen Forenbeiträgen zu finden ist, deutet beispielsweise auf die Orientierung an diesem Muster hin. Dagegen verweist die Verwendung von funktionalen Texttypenbezeichnungen in den Foren selbst (*Spiegel Online*: ‚Alle Kommentare öffnen‘; *Tagesspiegel*: ‚Neuester Kommentar‘ usw.) eher auf eine Verwandtschaft mit dem journalistischen Kommentar (Lüger 2017, Giessen 2016, Lenk 2012, Schalkowski 2011, Ramge/Schuster 2001, Ramge 1991). Es finden sich unter den Forenbeiträgen zwar bestimmte abgeschlossene kommunikative Grundformen in variierenden Ausbaustufen ohne direkte Folgekommunikation und mit Bezug zum Ausgangstext, die immer wiederkehren (z.B. dem Gesagten zustimmen), viele Beiträge stehen jedoch in engen dialogischen bzw. polylogen Zusammenhängen, so dass in diesen Fällen die Orientierung an anderen Mustern der Textgestaltung und des Textgebrauchs viel näher liegt. In Sequenzen werden bereits auf den ersten Blick unter anderem Grundstrukturen des Argumentierens, der Vorwurfskommunikation und der Kontroverse erkennbar. Die in den Belegen (12) bis (18) bereits angedeuteten weiteren heterogenen kommunikativen Zusammenhänge, in denen einzelne Forenbeiträge stehen können, lassen für die Untersuchung einen

Rückgriff der Forennutzer auf ein breites Spektrum von Wissensbeständen über Textmuster und dialogische Kommunikationsformen erwarten.

Die Aspekte der Orientierung an und Herausbildung von Mustern enden jedoch in der Forenkommunikation nicht bei der Textgestaltung des individuellen Forenbeitrags. Man kann Verbünde und Konstellationen von mehreren Forenbeiträgen und auch ganze Forenverläufe als kollaborativ erstellte Kommunikate mit ihren jeweils eigenen Struktur- und Musteraspekten auffassen. Hierzu gehören u.a. charakteristische Formen der thematischen Entwicklung, typische Interaktions- und Verweisstrukturen, wiederkehrende Formen der Koalitionenbildung in antagonistischen Diskussionen (vgl. Bruxelles/Kerbrat-Orecchioni 2004; Lewiński 2011)[23] sowie formatspezifische Realisationsvarianten von grundlegenden Kommunikationsformen und dialogischen Sequenzmustern, deren Emergenz durch die im Medienformat Leserforum angelegten Produktions- und Rezeptionsbedingungen ermöglicht oder begünstigt werden. Dabei muss man die Rolle, welche die erkennbaren Muster auf der Ebene des Beitrags, der Beitragskonstellation und des gesamten Forenverlaufs für die Kommunikation jeweils spielen, differenziert betrachten. Während auf der Ebene des einzelnen Beitrags die Kenntnis über relevante Texttypen und vorhandenes Textmusterwissen den Forennutzern Orientierung bei der Textgestaltung geben kann, ergeben sich wiederkehrende musterhafte Beitragskonstellationen vielmehr aus der Tatsache, dass dialogische Kommunikationsformen wie etwa das Argumentieren und seine typischen Handlungssequenzen unter den spezifischen Bedingungen des Medienformats realisiert werden. Handlungsleitend und damit musterbildend ist hier das geteilte Wissen der Kommunikationspartner darüber, welche Züge an den jeweiligen Stellen der Interaktion möglich, üblich oder auch strategisch vielversprechend sind. Aus typologischer Sicht sind hier eher die Interaktionsmuster und zugrundeliegenden Kommunikationsformen interessant, in denen einzelne Beiträge eine bestimmte kommunikative Funktion erfüllen. Ein dritter Musteraspekt wiederum bezieht sich auf ganze Forenverläufe und man könnte hier mit Keller (1994) von „Phänomenen der dritten Art" sprechen. Hierzu gehört das erwähnte Phänomen der Lager- bzw. Koalitionenbildung und auch die Herausbildung von charakteristischen Themenentfaltungsvarianten. Diese Muster sind nicht im engeren Sinn handlungsleitend, da keiner der Akteure für sich – und auch nicht die Gemeinschaft der Forennutzer als *group actor* – die Absicht verfolgt, etwa eine bestimmte thematische Struktur zu erzeugen. Ebenso wenig verfügen sie über einen expliziten Überblick über diese Struktur. Dennoch orientieren sich die Forennutzer beim Verfassen ihrer Beiträge an gemeinsam verpflichtenden

---

[23] Phänomene der diskursiven Lagerbildung werden auch in der Fallstudie zur Berichterstattung über die G20-Proteste in Abschn. 3.3.1.3 illustriert.

Prinzipien, wie etwa dem Prinzip der thematischen Relevanz (vgl. nächster Abschnitt) und wirken auch mit Einwänden regulierend auf das sprachliche Handeln der anderen Forenteilnehmer ein, wenn diese mit ihren Beiträgen den akzeptierten thematischen Rahmen überdehnen. Zudem lassen sich für bestimmte Themen populäre Topoi identifizieren, die in praktisch keinem Forenverlauf zu diesen Themen fehlen. Hierzu gehört beispielsweise der *Neid*-Topos, der sehr früh in jedem Forenverlauf zu journalistischen Texten über soziale Ungleichheit, Armut, Reichtum oder Kapitalbesteuerung auftaucht. Andere Themen wiederum, etwa parteipolitische Themen oder solche, die geopolitische Konfliktereignisse behandeln, erzeugen mit großer Regelmäßigkeit antagonistische Lager in der Forendiskussion, was sich wiederum dynamisch auf die dominanten Handlungsmuster in den Beiträgen, etwa zum Zweck der Koalitionsbildung, auswirkt.

Ein wichtiges Ziel der typologischen Analyse von Forenkommunikation besteht darin, einen Überblick über die verschiedenen Formen des Textgebrauchs, die Adaption etablierter und die Emergenz neuer Muster für einzelne Beiträge und Beitragskonstellationen zu gewinnen. Dieser kann ergänzt werden um die Rekonstruktion der zentralen dialogischen und polylogen Kommunikationsformen und Interaktionsmuster sowie die medienformatspezifischen Formen ihrer Realisation einerseits und charakteristische Verlaufsformen und die forenspezifische Belegung kommunikativer Parameter auf der Ebene ganzer Forenverläufe andererseits.

2.2.5   Kommunikative Prinzipien und ihre Bedeutung für die Bewertung von kommunikativen Beiträgen

Sprachliche wie nichtsprachliche Handlungen können in vielen Fällen nicht nur auf eine einzige Art vollzogen werden. Vielmehr stehen hierbei häufig Spielräume und Variationsmöglichkeiten zur Verfügung, so dass die gleiche Handlung auf unterschiedliche Weise ausgeführt werden kann. Dabei orientieren sich die Akteure bei der Wahl und dem Gebrauch ihrer Mittel im Allgemeinen an handlungsleitenden Prinzipien, die sich in vielen Fällen strategisch aus dem Zweck der Handlung oder des Praxiszusammenhangs, in dem die Handlung eine Rolle spielt, herleiten lässt. In sozialen Handlungszusammenhängen sind diese Prinzipien zudem häufig konventionell und haben graduell normativen Charakter.

Für die Analyse kommunikativer Prinzipien aus der Perspektive der linguistischen Pragmatik war zunächst besonders die Arbeit von Paul Grice zu den konversationellen Implikaturen einflussreich (vgl. Levinson 2000, 107). Grice geht in seinem Aufsatz „Logic and Conversation" von der Annahme aus, dass

Kommunikationspartner sich universell an einem übergeordneten Kooperationsprinzip orientieren, das er wie folgt formuliert:

> Make your conversational contribution such as is required, at the stage at which it occurs, by the accepted purpose or direction of the talk exchange in which you are engaged.
>
> (Grice 1989 [1967], 26)

Für die Art und Weise, wie Sprecher dieses Kooperationsprinzip befolgen können, schlägt Grice vier ‚konversationelle' Maximen[24] vor, die sich auf die Quantität (Prinzip der Informativität), die Qualität (Prinzip der Wahrheit), die Relation (Relevanzprinzip) und die Modalität (Prinzipien der Klarheit, Eindeutigkeit, Prägnanz und sequenziellen Ordnung) der kommunikativen Beiträge beziehen. Grice ist im Zusammenhang mit der Entwicklung seiner Implikaturentheorie allerdings ausschließlich an der Frage interessiert, wie Hörer interpretativ mit Formen sprachlicher Indirektheit umgehen – wie sie also sprachliche Handlungen verstehen, deren kommunikativer Sinn sich nicht (nur) aus den semantischen Eigenschaften der verwendeten Äußerungen bestimmen lässt (*utterer's meaning* vs. *sentence-meaning*). Grice nimmt an, dass ein Hörer besonders dann dazu veranlasst wird, nach einer weitergehenden kommunikativen Absicht des Sprechers zu suchen, wenn dieser sich mit seiner Äußerung zwar einerseits scheinbar weiterhin an dem Kooperationsprinzip orientiert, andererseits jedoch auf offensichtliche Weise gegen eine der Maximen verstößt. Im Anschluss an diese Überlegungen entwickelt Grice anhand von Beispielen ein Deduktionsschema, das im Erfolgsfall zur Ermittlung der intendierten konversationellen Implikatur führt.

Die Annahme von kommunikationsleitenden Prinzipien hat bei Grice die Funktion, Inferenzprozesse beim Sprachverstehen sowie ihre Auslöser[25] zu modellieren. Der kalkulierte Verstoß gegen ein kommunikatives Prinzip, der

---

[24]   Heringer nimmt an, dass man *Maximen* als eine besondere Form von allgemeingültigen Prinzipien auffassen kann: „Eine präzise Unterscheidung solcher regulativer Prinzipien scheint schwierig […] wenngleich es eine Tendenz gibt, Maximen als allgemeiner, als höher anzusehen (maxima regula = höchste Regel). Dem schließen wir uns an, indem wir Maximen als Verallgemeinerungen auffassen, die generell gelten und nicht auf bestimmte Situationen beschränkt sind. Kommunikative Maximen müssen entsprechend für alle kommunikativen Handlungen gelten" (Heringer 1990, 83). Im Rahmen dieser Arbeit wird jedoch – anders als bei Grice und Heringer – terminologisch nicht zwischen Maximen und Prinzipien unterschieden, sondern zusammenfassend von *kommunikativen Prinzipien* gesprochen, die (a) in hierarchischen Beziehungen zu einander stehen und (b) für Kommunikationsformen mit graduell variierender Domänen- und Situationstypgebundenheit gelten.

[25]   Heringer spricht in diesem Zusammenhang von *Inferenzbasen* bzw. *Inferenzhelfern* (Heringer 2015, 73)

den Hörer zu einer bestimmten Deutung veranlassen soll, ist jedoch nicht die einzige Rolle, die Prinzipien für die Kommunikation spielen – man könnte hier sogar von einem Spezialfall sprechen – und Grice selbst merkt an, dass neben den erwähnten konversationellen Maximen „[t]here are, of course all sorts of other maxims (aesthetic, social, or moral in character), such as ‚Be polite', that are also normally observed by participants in talk exchanges [...]" (Grice 1989 [1967], 28).

In der Text- und Gesprächslinguistik sowie in der Soziolinguistik wurde die Bedeutung von Prinzipien und ihr Einfluss auf die Kommunikation in der Folge systematisch auf einer sehr viel breiteren Basis beforscht. So haben etwa Brown und Levinson (1987 [1978]) das von Grice erwähnte Prinzip der Höflichkeit im Zusammenhang mit dem Konzept der *face threatening acts* untersucht und vier zentrale Strategien der Höflichkeit identifiziert, die sie ihrerseits in eine große Zahl konkreterer Unterprinzipien ausdifferenzieren (‚Avoid disagreement!', ‚Assert common ground!', ‚Give reasons!', ‚Give deference!', ‚Don't presume/assume!' usw.).[26] Auch im Zusammenhang mit der Untersuchung kommunikativer Strategien der Lagerbildung in Online-Polylogen, beispielsweise in den Kommentarforen zu politischen Videos auf der Plattform *YouTube* spielen Varianten des Höflichkeitsprinzips und ihre gezielte Verletzung im Rahmen von *face threatening acts* eine wichtige Rolle (vgl. Lorenzo-Dus et al. 2011; zur *Incivility* in Leserforen vgl. Coe et al. 2014). Zum Prinzip der informellen Ausdrucksweise in Gruppengesprächen unter Studierenden bemerkt Cutting (2000, 22ff.), „[that] the use of informal language can be seen as a strategy to gain acceptance and in-group membership". Und auch das benachbarte Prinzip des humorvollen Sprachgebrauchs sieht sie hier im Zusammenhang mit der *in-group*-Zugehörigkeit, „because Humor usually implies an expression of knowledge of values and attitudes, and therefore emotion and expressions of emotion are markers of intimacy." (vgl. auch Fillmore 1994, 271f.)

Welche Rolle kommunikative Prinzipien im Kontrast zur Gesprächsorganisation für die Produktion und das Verstehen von Texten spielen, beschreibt Stegert (1993, 38ff.) am Beispiel des Texttyps ‚Filmrezension'. Die für dieses Textmuster relevanten Prinzipien besitzen einerseits Schnittmengen mit den Grice'schen Maximen (Wahrheit, Relevanz, Verständlichkeit), gelten teilweise jedoch in spezifischer Weise für das Rezensieren (Aktualität, Kritik, Unterhaltung). Das Prinzip der Relevanz hat bei der Textproduktion – und damit bei in textlinguistischen Beschreibung seines Anteils am Textmusterwissen –, anders als beim Gebrauch von Formen sprachlicher Indirektheit – und

---

[26]   Zum Prinzip der Höflichkeit vgl. auch Cook 1989, 34; zu Kontroversen über Höflichkeit vgl. Xie 2007; zur Abgrenzung zum Prinzip der *Civility* vgl. Bejan 2017; zur Bedeutung des Prinzips der Höflichkeit im Ringen um soziale Macht vgl. Bousfield 2008.

damit in der Implikaturentheorie –, die Rolle, den Autor bei der Auswahl und im Verbund mit anderen Prinzipien bei der Sequenzierung von thematischen Bausteinen zu leiten. Und auch das Grice'sche Prinzip der Informativität wird in der Medienkritik auf eine andere Weise wirksam. Wenn in der Berichterstattung relevante Aspekte eines Ereignisses unerwähnt bleiben, ist das nicht ein Hinweis darauf, dass der Autor uns eigentlich etwas Weitergehendes mitteilen möchte, sondern eine kritikwürdige Fehlleistung im Hinblick auf das gemeinschaftlich akzeptierte Ziel des Informierens in der Presse. Heringer (2015, 73) bemerkt in diesem Zusammenhang zur Orientierung am Zweck: „Man sagt so viel, wie der Partner braucht, nicht mehr und nicht weniger. Wer sich nicht daran hält, täuscht den Partner womöglich."

Die genannten Beispiele zeigen bereits, dass kommunikative Prinzipien jenseits des Verstehens von Formen indirekten Sprachgebrauchs in einer Vielzahl kommunikativer Zusammenhänge von Bedeutung sind (vgl. hierzu auch Fritz 2017, 363ff.) Aufgrund ihres normativen Charakters bilden sie gleichzeitig die Grundlage für die Bewertung von sprachlichen Handlungen, denn je weiter diese in einem relevanten Aspekt von einem verpflichtenden Prinzip abweichen, um so eher geraten sie in die Kritik. Daher sind Bewertungen von und Einwände gegen sprachliche Handlungen und ihre Aspekte, die sich auf die fehlende Orientierung an kommunikativen Prinzipien oder unangemessene Formen ihrer Realisation beziehen, besonders aufschlussreich für die systematische Rekonstruktion der Bedeutung und Gültigkeit solcher Prinzipien für bestimmte Sprechergemeinschaften und Kommunikationsbereiche (vgl. Fritz 1994, 196).

Forenkommunikation im Kontext von Pressetexten bietet hierfür ein weites Untersuchungsfeld, da ein breites Spektrum von sprachlichen Handlungen als Gegenstand der Kritik durch Forenteilnehmer in Frage kommt: (i) Forenbeiträge anderer Leser, (ii) die journalistischen Primärtexte des jeweiligen Forenverlaufs, (iii) Parallelberichterstattung, (iv) Texte und Äußerungen von Journalisten in anderen Medien und (v) Äußerungen von Politikern, Sportlern und anderen öffentlichen Personen als Gegenstand der Berichterstattung. Neben Einsichten in die zentralen Bewertungsprinzipien selbst vermittelt die Beobachtung der Forenkommunikation dabei zusätzlich Einblicke in die Struktur von Aushandlungsprozessen, mit denen über die Gültigkeit, Relevanz, Konkurrenz und Priorität von Prinzipien allgemein und im konkreten Einzelfall verhandelt oder auch gestritten wird.

Die Fülle der Beobachtungsmöglichkeiten soll an einem Beispiel illustriert werden, das die Auseinandersetzung um konkurrierende Prinzipien für die Kommunikationsform des Fernsehsportinterviews bzw. für eine seiner Varianten zeigt. Es handelt sich um einen Forenverlauf zu einem *Spiegel Online*-Artikel, der ein Interview des ZDF-Sportreporters Boris Büchler mit dem

Fußballnationalspieler Per Mertesacker nach einem Qualifikationsspiel während der Weltmeisterschaft 2014 behandelt. Mertesacker hatte sich massiv gegen die kritischen Fragen des Reporters gewehrt, sodass nach dem Interview eine lebhafte Kontroverse über die Angemessenheit und Qualität der Äußerungen beider Interviewpartner entbrannte. Der Forenverlauf bietet einerseits einen aufschlussreichen Einblick in die Auffassungen der *Spiegel Online*-Leser[27] bezüglich der relevanten Prinzipien für diesen Bereich der öffentlichen Kommunikation. Zum anderen lassen sich an diesem Beispiel sehr gut strategische Verfahren und argumentative Züge bei der Aushandlung der Gültigkeit, Feinkörnigkeit und Priorisierung kommunikativer Prinzipien und ihrer Verknüpfung mit subtilen Spielarten von Kommunikationsformen beobachten.

(19)   #5 01.07.2014, 09:19 von flug430

Per Mertesacker finde ich gut!

Was verlangt denn Boris Büchler nach so einem schweren Spiel. Er ist doch genug Fachmann, dass nach einem Spiel mit Verlängerung kein Spieler Freudentränen heult. Es war von Büchler eine ganz schwache Leistung und die Antwort von Mertesacker geht voll in Ordnung!

(20)   #16 01.07.2014, 10:25 von kopi4

Interessant das man einerseits die Weichspüler-Fragen ala Katrin Müller-H. kritisieren und andererseits einen Reporter der kritische Fragen wagt verdammen kann. Büchler hatte die Pflicht das Spiel nicht schön zu reden nur weil es gewonnen wurde.

(21)   #17 01.07.2014, 10:38 von Andalusier

Mein Vorschlag:

Direkt nach einem spiel sollten nur noch Reporter fragen an Spieler stellen dürfen die schon selbst mehrfach nachweislich 2 Stunden am Stück Hochleistungssport gemacht haben. Und von denen, die diese Grundvoraussetzung erfüllen, sollten jene gewählt werden die schon oft von Reportern genervt wurden und wissen wie es so ist, wenn einem immer die gleichen dummen Fragen gestellt werden.

Ansonsten würde ich mir wünschen, dass sich jeder Spieler viel mehr traut, auf dumme Reporterfragen entsprechend zu antworten.

(22)   #24 01.07.2014, 11:24 von georg.mayle

Unsäglich und unverschämt

Die Reaktion von Per Mertesacker ist die eines schlecht erzogenen Rotzbuben. Den Interviewer trifft keine Schuld. Die Fragen waren angemessen, fachkundig und höflich. […]

---

[27]   Alle Belege dieses Verlaufs: SO 04

(23)   #33 01.07.2014, 20:52 von georg.mayle

AW: Das ist Unsinn

Zitat Ausfriedenau: „Dämliche Fragen muss niemand beantworten"

Richtig. Niemand hat Herrn Mertesacker zum Interview gezwungen. Die Fragen waren in keinster Weise dämlich. Für diesen Kreisliga-Fußball waren die Fragen viel zu freundlich.

Auffällig ist zunächst die in Abschnitt 2.2.4 erwähnte Lagerbildung im Forenverlauf als direkte Folge des Berichtsgegenstandes, der ein kommunikatives Konfliktereignis darstellt und damit die Möglichkeit zur moralischen Bewertung und Parteinahme durch die Kommentatoren eröffnet. Während *flug430*, *Andalusier* und der in (23) zitierte *Ausfriedenau* auf der Seite Mertesackers stehen (*die Antwort von Mertesacker geht voll in Ordnung!*), verteidigen *kopi4* und *georg.mayle* die Fragestrategie von Büchler. Bezogen auf die kommunikativen Prinzipien geben die Belege (20) und (22) entscheidende erste Hinweise: Die zitierte Kritik an Büchlers Kollegin Katrin Müller-Hohenstein (*Weichspüler-Fragen*) und der Verweis auf Büchlers *Pflicht, das Spiel nicht schön zu reden* lässt sich im Verbund mit der Charakterisierung als *angemessen* und *fachkundig* als ‚Prinzip der angemessen kritischen Gesprächsführung' rekonstruieren. Man könnte dieses Prinzip so formulieren, dass der Interviewer die Leistung des Spielers bzw. der Mannschaft fachkundig beurteilen und nötigenfalls kritisch thematisieren soll. Die dritte Charakterisierung von Büchlers Frageverhalten in (22) als *höflich* deutet darauf hin, dass das Kritikprinzip parallel zum allgemeineren und auch für Mertesackers sprachlichen Handelns verbindlichen Prinzip der Höflichkeit (*Die Reaktion von Per Mertesacker ist die eines schlecht erzogenen Rotzbuben*) gelten soll. Offensichtlich stehen diese beiden Prinzipien jedoch potenziell miteinander im Konflikt und im Einzelfall muss vom Sprecher abgewogen werden, welches der beiden schwerer wiegt. Der Antagonismus im Forenverlauf liegt in der unterschiedlichen Beurteilung von Büchlers Gewichtung der beiden konkurrierenden Prinzipien bei seiner Interviewführung begründet, zu der die Forenteilnehmer kommen.

Interessant an diesem Ausschnitt ist, wie kleinschrittig und spezialisiert hier die Rahmenbedingungen für dieses Ausbalancieren durch die Forenteilnehmer ausgehandelt werden. Aus den Bezugnahmen in (19) und (21) auf die konkrete Interviewsituation und das vorausgegangene Spiel (*nach einem Spiel mit Verlängerung, 2 Stunden am Stück Hochleistungssport*) geht deutlich hervor, dass je intensiver die Anstrengung eines interviewten Spielers war, umso höflicher und unkritischer die Fragen ausfallen sollen. Ein weiterer, gleichzeitig wirksamer Faktor, der die Angemessenheit kritischer Fragen zu regulieren scheint, ist die Frage nach der Gewichtung der Qualität der spielerischen Leistung gegenüber der Gewichtung des Spielergebnisses (etwa in (20): ***nur*** [Herv. D.K.]

weil es gewonnen wurde). Die hier gezeigten Kommentare sind nur ein kleiner Ausschnitt aus einer sehr umfangreichen Diskussion, die noch eine ganze Reihe anderer prinzipienbezogener Aspekte enthält. Beispielsweise kommentiert ein anderer Leser in diesem Forenverlauf: *Ein guter Interviewer lobt eine schlechte Mannschaft und macht ihr Mut fürs nächste Spiel*, womit nicht nur ein weiteres Prinzip – nämlich das der (Un)Parteilichkeit – ins Spiel gebracht wird, sondern auch weitergehende Fragen zu Auffassungen bezüglich der Grundfunktion sportjournalistischer Arbeit aufgeworfen werden. Und der Wunsch von *Andalusier* in (21), *dass sich jeder Spieler viel mehr traut, auf dumme Reporterfragen entsprechend zu antworten* verweist wiederum auf ein weiteres Prinzip für die Antworten interviewter Sportler. Dieses Beispiel illustriert recht eindrücklich die Datenfülle, die Forenverläufe für die Rekonstruktion kommunikativer Prinzipien bieten.

Dass Prinzipien wie in dem analysierten Ausschnitt miteinander im Konflikt stehen können, ist eine ihrer charakteristischen Eigenschaften. Beispielsweise gerät das Prinzip der Wahrheit mit dem Prinzip der Höflichkeit routinemäßig in Konflikt, was man u.a. daran erkennen kann, dass sich im englischen Sprachgebrauch mit dem Ausdruck *white lie* eine Bezeichnung für jene Lügen etabliert hat, die dadurch motiviert sind, dass Sprecher das Wahrheitsprinzip dem Höflichkeitsprinzip unterordnen. Bei der Analyse müssen einige weitere charakteristische Eigenschaften von kommunikativen Prinzipien berücksichtigt werden: (i) ihre graduelle Bindung an Kommunikationsformen und Domänen, (ii) ihre historische Dynamik und (iii) die Bedeutung von *indem*-Relationen für die Befolgung von Prinzipien. Das Kooperationsprinzip und seine Konkretisierungen in vier Gruppen hat für Grice den Status eines „general feature[e] of discourse" und soll damit vermutlich für alle Arten von Gesprächen und in mehr oder weniger allen sozialen Kontexten Geltung besitzen.[28] Dem gegenüber stehen Prinzipien, die an bestimmte Kommunikationsgemeinschaften,[29] Kommunikationsformen oder Texttypen gebunden sind. Fritz (2008) untersucht beispielsweise das ausdifferenzierte System kommunikativer Prinzipien in den Kontroversen der frühen Neuzeit und gibt dabei einen Überblick über die verschiedenen Arten von Prinzipien, u.a. logische Prinzipien, dialektische Prinzipien, rhetorische Prinzipien, hermeneutische Prinzipien und Prinzipien der Textproduktion. Deutlich wird hier auch, dass die Gültigkeit von Prinzipien auch innerhalb einer Kommunikationsform variieren kann. Fritz

---

[28] Darauf weist auch der Gebrauch der Kennzeichnung *Maximen* bei Grice hin.

[29] Die universelle Gültigkeit bestimmter kommunikativer Prinzipien über die Grenzen von Kommunikationsgemeinschaften hinweg wird in der Forschung kontrovers diskutiert. So hat beispielsweise die Annahme eines universell gültigen *politeness principle* bei Brown und Levinson (1987) sowie Leech (1983) starke Kritik hervorgerufen. Für einen Überblick über diese Diskussion vgl. Leech (2015, 81ff.).

zeigt dies am Beispiel der Ernsthaftigkeit und zitiert hierfür Nicholas Jardine, der über die Kontroverse des Astronomen Kepler mit Ursus schreibt:

> Whereas in a *refutatio* aggressive irony, ad hominem appeals, and even jocular facetiousness are quite proper, the tone of a *confirmatio* (i.e., a statement of one's own position, e.g., Kepler's *Apologia pro Tychone*, G.F.) is supposed to be modest, confident and fully serious (Jardine 1984, 78).   (Fritz 2008, 124)

Für die Praxis der Berichterstattung in den ersten Zeitungen des 17. Jahrhunderts (*Aviso* und *Relation*) beschreibt Schröder (1995) die Prinzipien des Informierens. Neben erneuten Schnittmengen mit einigen der Grice'schen Maximen fällt auch hier ein für diese Kommunikationsform spezifisches Prinzip auf, nämlich das der Unparteilichkeit. Schröder gibt Besold, einen Zeitungskritiker jener Zeit, wieder, der in seinem *Thesaurus practicus* (1629) Formen der Parteilichkeit in der Berichterstattung jener Zeit angreift, indem er schreibt:

> Es werden Siege ausgesprengt, die Gegenseite wird niedergedrückt, Niederlagen werden erfunden, um das Volk (weil die Welt, wie man sagt, betrogen werden will) kopflos zu machen, damit es für diese oder jene Partei eintrete usw.
>
> Zit. n. Schröder 1995, 305

An den letzten beiden Beispielen wird ein zweiter für die Analyse von Forenkommunikation relevanter Aspekt von kommunikativen Prinzipien sichtbar. So sind sie einerseits nicht nur jeweils für bestimmte Bereiche der kommunikativen Praxis gültig, sondern dort auch historisch veränderlich. Am Beispiel der Zeitungen wird weiterhin deutlich, dass dieser Wandel auch mit dem Entstehen neuer Medien und dem Übergang etablierter kommunikativer Praktiken in ein neues Medium verknüpft ist. Für die Pressekommunikation hatte schon die im letzten Abschnitt erwähnte Beobachtung von Schudson, „that a news story covering an important speech or document should quote or state its highlights [is an] unquestioned and generally unstated conventio[n] of twentieth century American journalism; [it was no] elemen[t] in the journalism of the mid-nineteenth century" (Schudson 1982, 99), diese Möglichkeit des Prinzipienwandels beispielhaft für die amerikanische Pressekommunikation im 19. und 20. Jahrhundert illustriert. Und auch das von Schröder vorgestellte Prinzip der Unparteilichkeit für die Berichterstattung im 17. Jahrhundert, welches auch heute wieder formal gilt, erfuhr im 19. Jahrhundert eine radikale Verkehrung in sein Gegenteil, ausgelöst zunächst durch die Folgen der Napoleonischen Feldzüge und dann verstärkt mit dem Aufkommen der Revolutionszeitungen in der Mitte des Jahrhunderts. Bedingt durch die neu entstandene, gesellschaftlich relevante kommunikative Aufgabe, politische Strömungen zu bündeln und ihnen eine Stimme zu geben, konnte sich für die Zeitungen des 19. Jahrhunderts Parteilichkeit zu einer Tugend wandeln. So wirbt die *Neue*

Preußische Zeitung in einer Anzeige in der *Könglich Privilegierten Berlinischen Zeitung von Staats= und gelehrten Sachen* um neue Abonnenten. Nach einem Hinweis darauf, dass das Blatt „bei consequentem Festhalten an seiner bisherigen Tendenz" nun seinen Feuilletonteil erweitern wolle, folgt die Mitteilung:

> Zu unserer lebhaften Befriedigung vernehmen wir, daß sehr geehrte Vorsteher und Mitglieder hießiger konservativer [sic] Vereine sich die Aufgabe gestellt haben, unser Blatt mehr und mehr zum Organ und Mittelpunkt auch der hießigen conservativen Partei zu machen. [...]
>
> Könglich Priviligierte Berlinische Zeitung
> von Staats= und gelehrten Sachen, 16.6.1849

Ein dritter und letzter Aspekt von kommunikativen Prinzipien, der hier genannt werden soll, sind die *indem*-Zusammenhänge, die hier ähnlich wie in der Beschreibung der funktionalen und thematischen Organisation von Kommunikationsbeiträgen eine wichtige Rolle spielen. Man kann ein bestimmtes Prinzip befolgen, *indem* man eines oder mehrere andere Prinzipien befolgt. Phillips illustriert diesen Zusammenhang mit einer normativen Forderung nach der Beachtung von ethischen Maßstäben im Online-Journalismus, wenn sie schreibt:

> 'Accuracy is the disposition to take necessary care to ensure so far as possible that what one says is not false, sincerity the disposition to make sure that what one says is what one actually believes' (Phillips, Couldry, and Freedman, 2010). Online, where speed is considered to be more important than painstaking fact checking, **accuracy and sincerity reside in transparency** [Herv. D.K.]   (Phillips 2011, 57)

Wie in der kurzen Analyse in diesem Abschnitt gezeigt, eignet sich das Medienformat Leserforum und die in ihm stattfindende Kommunikation als ein sehr fruchtbares Feld für die Untersuchung kommunikativer Prinzipien und sprachlicher Realisationsformen im Hinblick auf Aspekte ihrer Geltung für bestimmte Kommunikationsformen wie Relevanz, Konkurrenz und Hierarchisierung sowie auf Formen ihrer Aushandlung. Im Folgenden soll nun der Begriff des *Medienformats* selbst erläutert und die theorierelevanten Aspekte des spezifischen Formats ‚Leserforum' vorgestellt werden.

2.3 Partizipative Textkommunikation im vernetzten Umfeld

2.3.1 Das Medienformat Leserforum

Die Kategorie des Medienformats stellt eine formale Abstraktionsstufe zwischen der Ebene des Mediums und der Ebene seiner kommunikativen Nutzung dar. Es ist die spezifische Konfiguration eines „medial-technischen Möglichkeitsraumes" (vgl. Bucher et al. 2010, 9), der innerhalb eines Mediums oder einer Mediengattung ein Spektrum von Formen der Nutzung ermöglicht und sie gleichzeitig einschränkt (man könnte hier in Anlehnung an Gibson (1977) auch von einer *Affordanz* sprechen, vgl. Zillien 2008; Hutchby 2001). Damit ist der Begriff einerseits von dem des *Mediums* abgegrenzt, denn Medienformate sind kommunikative Möglichkeitsräume, welche ein bestimmtes Medium, in denen sie angelegt sind, bereits voraussetzen, andererseits ist er vom Begriff der *Kommunikationsform* abgegrenzt, welche eine spezifische Form der kommunikativen Nutzung des Möglichkeitsraumes beschreibt. Bader und Fritz formulieren diesen Unterschied im Hinblick auf digitale Formate der Wissenschaftskommunikation folgendermaßen:

> Ein digitales Format ist ein technisch-medialer Rahmen, der eine bestimmte Menge von kommunikativen Funktionen ermöglicht. Beispiele: eine Mailinglist, ein Blog oder ein Open-Peer-Review-Journal. […] Kommunikationsformen […] sind gekennzeichnet durch Konstellationen von kommunikativen Funktionen bzw. Handlungsmustern, beispielsweise Beschreibungen, Bewertungen und Argumentationen.   Bader/Fritz (2011, 55)

Dabei ist der Versuch einer hierarchischen Ordnung der Medienkommunikation auf den Ebenen Medium (bzw. Mediengattung) – Format – Kommunikationsform aufgrund der Heterogenität des Gegenstands und der spezifischen Faktoren der historischen Entwicklung nicht für alle Medien und Formate gleich naheliegend. Bucher et al. bemerken dazu:

> „Eine besondere Schwierigkeit, Medienkommunikation oder Kommunikation überhaupt nach bestimmten Strukturen und Formen zu ordnen, besteht darin, dass die Granularität der Ordnungssysteme nicht feststeht, sondern flexibel gehandhabt werden kann [man könnte ergänzen: ‚und ggf. werden muss', D.K.]. Auch die Abgrenzungen zwischen verschiedenen Einteilungsebenen sind fließend".   (Bucher et al. 2010, 19)

Die oben skizzierte kategoriale Einordnung soll zunächst kurz am Beispiel des Mediums der (gedruckten) Zeitung und den in ihm angelegten Medienformaten veranschaulicht werden. Die erwähnten Schwierigkeiten werden dabei verdeutlicht, es zeigt sich jedoch auch, dass die Kategorie des Medienformats besonders produktiv für die Beschreibung der Entwicklung, Anpassung und Verschmelzung von Formaten im Medium Internet genutzt werden kann.

Die Beschreibung des Mediums Zeitung aus der Mediengattung der Printmedien umfasst eine große Bandbreite konstitutiver Merkmale, die auf ganz unterschiedlichen Ebenen verortet werden können. Viele davon liegen jenseits des täglich oder wöchentlich in Papierform zirkulierenden Zeichenträgers Zeitung, sind aber für seine Erscheinungsform und kommunikative Funktionsweise bestimmend. Für das Medium Zeitung und seine Entwicklung sind dies zunächst technische Aspekte, wie etwa der Rotations- bzw. Offsetdruck und die Infrastruktur für den Vertrieb des gedruckten Produkts. Dazu kommen institutionelle Einheiten, von denen die Zeitung in systematischer Weise abhängig ist, wie etwa Nachrichten- und PR-Agenturen (vgl. Petley 2011; Segbers 2007), für politische Zeitungen auch Institutionen wie die Bundespressekonferenz, arbeitssoziologische Aspekte wie der Zugang zu politischen und wirtschaftlichen Entscheidungsträgern (vgl. Schudson 2011, 127ff.), Aspekte der Arbeitsorganisation wie etwa die Arbeitsteilung in der Redaktion und im Verlag, politische Aspekte wie etwa Mitbestimmungsrechte in der Redaktionskonferenz oder der Unternehmensführung sowie ökonomische Aspekte, etwa Besitzverhältnisse (Konzentration am Zeitungsmarkt), Zugang zu Investitionskapital und Abhängigkeit von Anzeigenkunden (Curran 2002, 79ff.) und nicht zuletzt die von den Zeitungen angesprochenen Zielgruppen.

Dieses Spektrum von konstitutiven Merkmalen hat einen großen Einfluss auf die täglich oder wöchentlich erscheinende Zeitung und ihre kommunikativen Eigenschaften. Die technische Seite dieser medialen Rahmenbedingungen wirken sich beispielsweise auf die verfügbaren semiotischen Ressourcen aus, etwa der Farbdruck und die Darstellung von Halbtonbildern oder Grafiken. Die ökonomische Seite hat Einfluss auf Merkmale wie den Preis, die Auflagenstärke, den Erscheinungsrhythmus und die informationspolitische Anpassung an Bedürfnisse der Anzeigenkunden und Anteilseigner (Berichterstattung über Klimawandel muss sich beispielsweise ggf. orientieren an der Interessenslage von Anzeigengroßkunden aus der Automobil- oder petrochemischen Industrie). Mitbestimmungsrechte in der Redaktionskonferenz und Interessenslage der Zielgruppen haben Einfluss auf die thematische Auswahl. Und Strategien der Nachrichtenbeschaffung haben im Verbund mit ökonomischen Faktoren Einfluss auf die Herkunft und Mehrfachnutzung der einzelnen Texte und Textbausteine. Die Bandbreite der für das *Medium* Zeitung konstitutiven Merkmale soll mit dieser verkürzten Darstellung nur angerissen sein.

Innerhalb dieses Mediums sind unterschiedliche Formate etabliert, zu denen beispielsweise die Tageszeitung, die Wochenzeitung, Parteizeitungen usw. gehören. Bucher et al. (2010, 19) gehen bei der Kategorienbildung von hier aus über zur nächsten Ebene der „*Genres, Kommunikations- und Darstellungsformen* (Bericht, Magazingeschichte, Porträt, Kommentar [...])", die innerhalb eines Formats realisiert werden. Aus meiner Sicht spräche jedoch einiges dafür, innerhalb etwa des Formats ‚Tageszeitung' mindestens zwei weitere Formate zu unterscheiden: den *redaktionellen Beitrag* und *die Zeitungsanzeige*. Am Beispiel des redaktionellen Beitrags wird unmittelbar deutlich, dass er als Format einerseits das Medium Zeitung voraussetzt, andererseits im Hinblick auf die Belegung der kommunikativen Parameter recht offen ist. Das wird schon bei einem Blick auf die Textmusterbezeichnungen erkennbar, mit denen auf die verschiedenen eingespielten Formen der Nutzung des Medienformats Bezug genommen wird: Meldung, Bericht, Reportage, Kommentar, Glosse usw.[30] Während man aus dieser Liste nun die Meldung, den Bericht und die Reportage als Spielarten der *Kommunikationsform* ‚Informieren in der Presse' (vgl. Bucher 1986, 66ff.) auffassen kann, spielt das Informieren für die Glosse und den Kommentar keine zentrale Rolle. Vielmehr wird hier ein bestimmtes Wissen über den Gegenstand vorausgesetzt und die Einordnung und Bewertung steht im Mittelpunkt.

Im Kontrast zum redaktionellen Beitrag stellt die *Anzeige* einen fundamental anderen kommunikativen Möglichkeitsraum dar. Mit Blick auf die in diesem Format vorfindlichen heterogenen Kommunikationsformen (Werben für ein Produkt, Anbieten einer Anstellung, Selbstdarstellung im Dienst der Suche nach einem Lebenspartner, Mitteilung eines Sterbefalls usw.), auf die vom redaktionellen Beitrag abweichenden institutionellen und technischen Abläufe der Textproduktion und nicht zuletzt auf die Frage, wem hier die Möglichkeit zum Kommunizieren geboten wird, bietet sich daher die Beschreibung der Anzeige als ein im Hinblick auf die kommunikative Nutzung relativ offenes Format an. Dies klammert zwar das technische Definitionskriterium für Medienformate aus und hätte für die oben angesprochene hierarchisierende Ordnung der Medienkommunikation die Folge, dass Medienformate ihrerseits andere Formate enthalten können. Gerade diese Flexibilität erlaubt jedoch eine Parallelisierung der Beschreibung von Formaten wie dem *Leserforum* als Bestandteil des Formats *Onlinezeitung* sowie eine Parallelisierung der Beschreibung von Rahmenbedingungen und Nutzungsspektren. Diese Argumente sprechen zudem dafür, auch den Leserbrief nicht – wie vielfach geschehen (vgl. Abschnitt 2.2.4) – zu den Texttypen, sondern zu den Formaten zu zählen. Einerseits wird bereits in der Bezeichnung angezeigt, dass die institutionelle Rolle des Textautors (‚Leser-') sowie die Produktionssituation und der Übermittlungsweg des Beitrags (‚-brief') und nicht etwa Handlungsmuster oder Inhalte maßgeblich für die Kategorienbildung sind und andererseits ist der Leserbrief

---

[30] Zum theoretischen Status dieser Bezeichnungen vgl. Abschn. 2.2.4.

im Hinblick auf die in ihm realisierten Kommunikationsformen ebenfalls recht offen – zumindest deutlich offener als die *Nachrichten*, die in funktionaler Hinsicht auf Spielarten des Informierens festgelegt sind, von Bucher et al. (2010, 23) aber dennoch als Format beschrieben werden. Diese Parallelen zwischen Leserbriefen in Tageszeitungen auf der einen und Beiträgen in Leserforen in Onlinezeitungen auf der anderen Seite würden eine Beschreibung als Format in beiden Fällen nahelegen.

Wenn man die hier vorgeschlagene hierarchische Staffelung in der Beschreibung von Formaten akzeptiert, entspannt das die Lage auch bei der Bezugnahme auf subtilere Unterschiede im Gegenstand. Beispielsweise wird in diesem Kapitel an manchen Stellen sowohl das *Online*forum als auch *Leser*forum als Medienformat bezeichnet. Diese Redeweise ist unschädlich, wenn man letzteres als eine Spezifizierung des ersteren begreift. In diesem Fall erfolgt die Spezifizierung im Hinblick auf seine Einbindung in ein anderes Format – die ‚Leser‘ in ‚*Leser*forum‘ sind jene der Onlinezeitung. Die Annahme dieses Zusammenhangs ist auch nützlich, um nebengeordnete Varianten eines Formats systematisch zu erfassen. Zu denken wäre hier etwa an die Spielart des thematischen Forums, das nicht in ein Primärtextangebot eingebunden ist und sich stattdessen einem bestimmten Thema und seinen Teilaspekten widmet (z.B. motortalk.de zum Thema Auto, dslr-forum.de zum Thema Digitalfotografie usw.). Spezifizierungen können aber auch im Hinblick auf andere Aspekte erfolgen, wie man am Format der Fernseh*nachrichten* sieht. Dieses Format kann man als Spezifizierung des Formats Fernseh*sendung* auffassen, in diesem Fall im Hinblick auf die vermittelten Inhalte (*Nachrichten*) und damit mittelbar auf die zentralen Handlungsmuster (*Informieren*).

Der Begriff der Kommunikationsform (vgl. auch Abschnitt 2.2.1), der hier geklärt und theoretisch in Beziehung zum Begriff des Medienformats gesetzt werden soll, findet sich auch in anderen Arbeiten, wird dort jedoch gelegentlich grundlegend anders gefasst. Pappert und Roth definieren die Kategorie der Kommunikationsform im Zuge der Verortung ihres Gegenstandes ‚Web-Forum‘ folgendermaßen:

> Foren zählen zu den für das Web 2.0 typischen Kommunikationsformen […].
> Als „medial bedingte kulturelle Praktiken" (Holly 2011: 155) stellen sie für
> unterschiedliche Kommunikationszwecke die technisch-mediale Basis samt
> der innewohnenden Struktur bereit.   (Pappert und Roth 2016, 42f.)

Sie verweisen zudem explizit darauf, dass Foren in unterschiedlichste Handlungszusammenhänge eingebunden sein können – beides Argumente, welche die Foren im Rahmen dieser Arbeit als Format qualifizieren. Auch die von Ziegler (2002) und Dürscheid[31] (2002) behandelten Fälle der E-Mail und der SMS, die von Schmitz (2015, 55ff.) aufgeführten Telefongespräche und Fernsehsendungen, welche in den genannten Arbeiten jeweils als Kommunikationsform beschrieben werden, würden im Rahmen dieser Arbeit als Medienformate aufgefasst. Dies gilt auch und in besonderem Maß für die hier im Fokus stehenden Diskussionsforen, die sowohl bei Fandrych und Thurmair (2011, 136) als auch bei Pappert und Roth ebenfalls als Kommunikationsform, bei Bucher et al. (2010, 22) jedoch als Meinungs*format* bezeichnet werden. Ein wichtiges Argument für diese auch in dieser Arbeit vertretene Auffassung geben wiederum Bader und Fritz, wenn sie darauf hinweisen, dass diese Art der Unterscheidung nötig ist, „weil Varianten bestimmter Kommunikationsformen in unterschiedlichen Formaten möglich sind. Beispielsweise kann eine Kontroverse in einer Mailinglist, einem Blog oder einem Review-Journal stattfinden." (Bader/Fritz 2011, 57; Bader 2018, 23f.).

Schaut man auf den hier im Fokus stehenden technisch-medialen Möglichkeitsraum ‚Leserforum', stellt sich die Frage danach, welche seiner Merkmale spezifische Potenziale der kommunikativen Nutzung eröffnen und mit welchen Theoriebausteinen diese untersucht werden können. Drei Merkmale sind hier maßgeblich:

(i)   *Interaktivität.* Das Leserforum als partizipatorisches Medienformat bietet seinen Nutzern im Rahmen seiner vorgesehenen Nutzungsformen die Möglichkeit, selbst niederschwellig Texte zu produzieren und zu publizieren. Die hierbei technisch unterstützten Möglichkeiten der Bezugnahme schließen neben dem direkten Bezug zum journalistischen Primärtext auch den Verweis auf Texte anderer Forenteilnehmer mit ein. Hierfür stehen verschiedene Verfahren bis hin zum technisch unterstützten Zitat zur Verfügung. Ergänzend zeigen Forenverläufe die hierarchische Struktur der Bezugnahmen mit variierender Explizitheit an, so dass dialogische und polyloge Interaktionsmuster unterstützt werden. Der Gebrauch von persistenten Namen sorgt zudem für die Identifikation von anderen Forenteilnehmern über längere Zeiträume und mehre Forenverläufe hinweg, sodass die gemeinsame Kommunikationsgeschichte ein Faktor bei der Deutung und Beurteilung der Kommentare anderer Leser wird.

(ii)   *Text-Text-Beziehungen.* Durch die Einbettung in ein vernetztes digitales Umfeld und die technische Möglichkeit eines aktiven Verweises, der den referenzierten Text (oder das referenzierte Bild, den Film, die Musik usw.) unmittelbar abrufbar und rezipierbar macht (genau genommen

---

[31]   Zur Verwendung der Kategorien *Kommunikationsform* und *kommunikative Gattungen* bei gleichzeitiger Annahme einer ‚Zwischenkategorie' wie der des Medienformats bei Dürscheid vgl. auch Bucher et al. 2010, 22.

bereits durch die Möglichkeit des Einfügens von Texten per *copy&paste*) eröffnet das Leserforum den Nutzern die Einbindung von Texten und anderen semiotischen Ressourcen in ihren Text. Zudem steht dem Leser im vernetzten Umfeld ein Textkosmos zur Verfügung, aufgrund dessen sich seine Rezeptionssituation und Partizipationsressourcen grundlegend von denen des Lesers einer gedruckten Zeitung unterscheiden. Beide Aspekte müssen mit einem handlungstheoretisch begründeten Intertextualitätsbegriff der Analyse zugänglich gemacht werden.

(iii) *Multimodalität.* Den Verfassern von Forenkommentaren stehen zwar multimodale Gestaltungsmittel zur Verfügung, diese sind in der Regel aber in Relation zu den technischen Möglichkeiten des Mediums insgesamt stark eingeschränkt. Im Verbund mit den Verweismöglichkeiten auf multimodale Inhalte ergeben sich jedoch vielfältige funktionale Bezüge und Verwendungsmöglichkeiten für textergänzende semiotische Ressourcen.

Im Folgenden sollen die theoretischen Anforderungen bei der Beschreibung dieser Aspekte des Medienformats Leserforum und seiner kommunikativen Nutzung diskutiert werden. Die Anbindung an die in Abschnitt 2.2 erarbeiteten handlungstheoretischen Grundlagen der dynamischen Texttheorie ist dabei ein leitendes Prinzip.

2.3.2   Das Leserforum als Interaktionsraum

Für die Leser der Zeitung hat der Übergang vom Print- zum Onlinemedium eine Reihe von Veränderungen mit sich gebracht, die sich besonders auf das Spektrum der Nutzungsmöglichkeiten auswirken. Einer der hierfür verantwortlichen Faktoren ist das Interaktivitätspotenzial des Medienformats Onlinezeitung und der eingebundenen Unterformate, zu denen auch das Leserforum gehört. Zur Klärung des Interaktivitätsbegriffs[32] müssen zunächst zwei verschiedene Formen der Interaktivität unterschieden werden: (i) die medientechnisch unterstützte Interaktivität des Rezeptionsprozesses – man könnte auch sagen: die Interaktion des Lesers *mit dem Dokument* und (ii) die Möglichkeiten der Nutzung des Formats zur Interaktion des Lesers *mit anderen Kommunikationsteilnehmern*, z.B. mit Autoren von Primärtexten, Herausgebern und vor allem mit anderen Forennutzern. Für beide Aspekte der Interaktivität sind zwar die technisch-medialen Voraussetzungen des Formats entscheidend, sie führen jedoch zu grundlegend verschiedenen Fragestellungen.

---

[32]   Zur Karriere des Interaktivitätsbegriffs im öffentlichen und wissenschaftlichen Sprachgebrauch vgl. Bucher 2004b.

Entscheidend für die Interaktivität im ersten Sinn, der Interaktion mit dem Dokument, ist der Handlungs- und Entscheidungsspielraum des Lesers bei der Rezeption (vgl. Bucher 2001, 139). Die Realisation als modularisierter Hypertext verlangt vom Leser Entscheidungen im Aneignungsprozess, die zum Teil auch über die technische Infrastruktur vermittelte Auswahlhandlungen (Scrollen, Aktivierung von Links, Bedienung von interaktiven Grafiken, Eingabe von Suchbegriffen usw.) erforderlich machen. Die Untersuchung der aus der selektiven Rezeption resultierenden Nutzungspfade und der spezifischen Kohärenzbildungsaspekte und -probleme stand in der Frühzeit der Hypertext- und Usability-Forschung im Vordergrund (vgl. Storrer 1999; Fritz 1999). Bucher weist zwar darauf hin, dass die Tendenz zur Delinearisierung kein hypertextspezifisches Phänomen darstellt und in den Printmedien seit Beginn des 20. Jahrhunderts zu beobachten ist (vgl. Bucher 1999, 10). Und auch die Modularisierung und Multimodalisierung der Darstellungsformen haben ihren Ursprung bereits in der gedruckten Pressekommunikation (Blum/Blum 2001). In den Foren ergeben sich für die Leser jedoch durch die interaktiv wählbaren Darstellungsoptionen sowohl für die sequenzielle als auch die hierarchische Ordnung des Forenverlaufs spezifische und für die Kohärenzbildung folgenreiche Herausforderungen bei der Rekonstruktion der Interaktionsstruktur und der zeitlichen Einordnung der Beiträge. Die Interaktion mit dem im Browser dargestellten Leserforum beschränkt sich außerdem nicht nur auf Handlungen, die den Rezeptionsprozess steuern. Besonders die Erfassung von Kommentaren setzt ebenfalls eine komplexe Interaktion mit der dafür vorgesehenen technischen Umgebung voraus und ist insofern eng verbunden mit der Interaktion im oben erwähnten zweiten Sinn.

Für die Konstitution eines Interaktionsraumes, der im Folgenden theoretisch erschlossen werden soll, ist dieser zweite Aspekt der im Format Leserforum angelegten Möglichkeit zur kommunikativen Interaktion mit anderen Teilnehmern ausschlaggebend. Dabei haben die konkrete technisch-mediale Ausgestaltung der Umgebung für die Beitragserstellung, zu der auch die Formen der technisch unterstützten Bezugnahme und des Verweises auf andere Texte im Forenverlauf gehören, die Optionen für die Darstellung des Forenverlaufs sowie andere Rahmenbedingungen (u.a. Forumsregeln, Auswahl der kommentierbaren Primärtexte, Moderationspraxis, Mittel zur Selbstbeschreibung der Forennutzer, sekundäre Kommunikationskanäle wie z.B. Privatnachrichten) einen deutlich erkennbaren und rekonstruierbaren Einfluss auf die resultierenden Gebrauchsgewohnheiten. Diese Produktions- und Navigationshilfen unterscheiden sich in einem gewissen Spielraum von Forum zu Forum und sind daher mitverantwortlich für die beobachtbaren Variationen in den Nutzungsmustern innerhalb der einzelnen Foren. Eine detaillierte Beschreibung der technisch-medialen Nutzerumgebung ist aus diesem Grund ein wichtiger Bestandteil und Ausgangspunkt der Untersuchung. In der Fallstudie in Abschnitt 3.2. wird eine solche Produktions- und Rezeptionsumgebung am Beispiel des Leserforums des *Tagesspiegel* mit ihren konkreten Auswirkungen auf den kommunikativen Gebrauch vorgestellt.

Die resultierenden Kommunikationsstrukturen in einem Forenverlauf sind ein vielschichtiger Untersuchungsgegenstand, für dessen Komplexität mehrere Faktoren verantwortlich sind. Um dieser Komplexität Rechnung zu tragen und auf etablierten Analysekategorien aufzubauen, werde ich im Anschluss an Kerbrat-Orecchioni (2004)[33] Forenverläufe in dieser Arbeit als eine spezifische Form des *Polylogs* auffassen (zur Beschreibung von Online-Polylogen vgl. auch Lewiński 2010, 99-101; Lorenzo-Dus et al. 2011; Bou-Franch/Blitvich 2014; Marcoccia 2004; Pappert/Roth 2016; zu anderen Formen des Polylogs vgl. Bruxelles 2004).[34] Im Folgenden sollen die allgemeinen, in der Konversationsanalyse am Gegenstand des kopräsenten Gruppengesprächs entwickelten Beschreibungsaspekte und -probleme von Polylogen auf die forenspezifische Form des schriftlichen Online-Polylogs bezogen werden.

Wie in Abschnitt 2.2.3 bereits angedeutet, handelt es sich bei dem Polylog im Leserforum um eine Mischform, die genuine Eigenschaften sowohl schriftlicher als auch mündlicher Kommunikation aufweist. Aus dem schriftlichen Übertragungsweg folgt zunächst, dass die Beiträge im Forum von den Teilnehmern in der Regel zeitversetzt und nicht kopräsent gemacht werden. Sie sind nach der Äußerung außerdem ohne zeitliche Begrenzung archiviert und öffentlich einsehbar, was dazu führt, dass die Äußerungen des gesamten Kommunikationsverlaufs und ihre sequenzielle Ordnung jederzeit für Leser und Kommentatoren als Ressource für verschiedenste Zwecke zur Verfügung stehen. In der Praxis zeigt sich jedoch, dass die aktive Phase von Forenverläufen zeitlich begrenzt ist. Ist die Diskussion in einem Forum einmal zum Erliegen gekommen, ist es häufig wenig aussichtsreich, mit einem weiteren Beitrag noch einen signifikanten Leserkreis zu erreichen. Zudem sind Wiederbelebungsversuche für abgestorbene Diskussionen nicht gern gesehen und werden häufig kritisch kommentiert.

---

[33] Kerbrat-Orecchioni entwickelt ihren *Polylog*-Begriff hauptsächlich auf der Grundlage von Arbeiten der Konversationsanalyse (Sacks et al. 1978; Goffman 1981; Levinson 1988)

[34] Für eine kritische Diskussion des *Polylog*-Begriffs aus etymologischer Perspektive, vgl. Dynel 2014, 38. Dynel schlägt stattdessen die Verwendung von *multiparty interaction* vor. Ebenfalls etymologisch motiviert plädiert an anderer Stelle Kerbrat-Orecchioni (2004, 1) für den Gebrauch der Bezeichnung *Dilog* an Stelle von *Dialog*. Ich verwende in dieser Arbeit jedoch in Übereinstimmung mit zahlreichen einschlägigen Arbeiten die etablierten Bezeichnungen *Dialog* und *Polylog*.

Im Kontrast zu den typischen Merkmalen schriftlicher Kommunikation ermöglichen und begünstigen die unkomplizierte, unmittelbare und prinzipiell unbegrenzte Erstellung und Veröffentlichung von kürzeren und informelleren Beiträgen einerseits sowie die technisch unterstützten Formen der Bezugnahme auf die Beiträge anderer Nutzer andererseits Interaktionsstrukturen, die eher für Dialoge oder Gruppengespräche typisch sind. Marcoccia (2004, 116) spricht im Zusammenhang mit der Kommunikation in Newsgroups, die jener in den Foren in vielfacher Weise ähnlich ist, daher auch von einer „written conversation".

Ergänzend dazu werden die aus den gesprächsartigen Sequenzen resultierenden Beitragshierarchien durch typographische und andere Mittel der Visualisierung explizit gemacht und verstetigt (vgl. Pappert/Roth 2016, 45). Dieses Element des Medienformats Leserforum ermöglicht den Einstieg neuer Teilnehmer in bereits abgelaufene Interaktionssequenzen mit neuen Beiträgen an einer beliebigen zurückliegenden Stelle. Auch kann eine Gruppe von Forenteilnehmern auf diese Weise zwei oder mehrere Diskussionsstränge parallel fortsetzen und an für sie sinnvoll erscheinenden Stellen thematische oder funktionale Verzweigungen anlegen. Die Komplexität der resultierenden Beitragshierarchie hängt dabei unter anderem vom Grad der Unterstützung dieser Funktion durch die Architektur des Forums ab.

Die Summe der hier umrissenen Faktoren führt dazu, dass die Methoden und Kategorien für die Analyse und Beschreibung dyadischer Formen[35] der Kommunikation für die angemessene Behandlung von Forenkommunikation spezifiziert und ergänzt werden müssen, auch wenn diese auf den ersten Blick streng dialogische Sequenzen enthalten kann. Sie ist bereits in Bezug auf die Anzahl der Teilnehmer und die Zusammensetzung der Kommunikationsgemeinschaft über den Zeitraum des Forenverlaufs hinweg prinzipiell offen. Innerhalb eines Forenverlaufs kommt es aufgrund dieser Rahmenbedingungen zu Interaktionssequenzen von variablem Umfang und mit variabler Komplexität, die sich zudem aufgrund der zeitversetzten Textproduktion zeitlich überlagern können. Die Kombination von asynchroner Produktionssituation, öffentlich zugänglichem Kommunikationsverlauf sowie der oben erwähnten Visualisierung der Bezugshierarchien ist für die resultierende kommunikative Praxis von großer Bedeutung, insbesondere für die Struktur und Qualität argumentativer Interaktion. Dahlberg stellt hierzu fest:

> [...] the effort it takes to put forward arguments in written form, in comparison with spoken communication, often encourages participants to think more care-

---

[35] Für eine Kritik an der Fokussierung auf dyadische Interaktion als Prototyp in der linguistischen Forschung und ihre Folgen für die Theoriebildung vgl. Levinson 1988.

fully about their positions. This reflection is aided by the record of exchanges often available to participants in online debate which allows careful consideration of the development of ongoing arguments. [...] However, Internet debates also have a number of characteristics that could be seen as retarding the operation of reflexivity, most notably the bite-sized postings often involved, the nonlinear structure of conversations, and the rapidity of the exchanges.

(Dahlberg 2001, *Reflexivity*)

Ein weiterer für die Analyse relevanter Aspekt resultiert aus dem öffentlichen Charakter der Kommunikation in Foren, welche gleichzeitig das Adressieren einzelner Forenteilnehmer strukturell vorsieht. Im Fall eines argumentativen Schlagabtauschs zwischen zwei Kontrahenten etwa wird daher bei jedem Zug der direkt angesprochene Kommunikationspartner um die mitlesenden Beobachter der Interaktion als Adressat ergänzt. Die Forenteilnehmer sind sich sowohl beim Verfassen ihrer eigenen Beiträge als auch bei der Interpretation der Beiträge anderer der Präsenz und kommunikativen Relevanz dieses Publikums bewusst. Bou-Franch und Pilar (2014, 21) beschreiben dieses Phänomen im Kontext ihrer Analyse der Forenkommunikation im Videoportal *YouTube*. Sie stellen fest, dass diese „double articulation of interaction" (vgl. auch Scannell 1991)[36] auf zwei Ebenen stattfindet. Zunächst auf der Ebene der Forenteilnehmer, die miteinander innerhalb eines Polylogs im Rahmen von *one-to-one* Interaktionen oder Gruppendiskussionen miteinander kommunizieren. Darüber hinaus aber auch auf der Ebene der beobachteten Kommunikation, welche die angenommene Masse der ‚stillen' Leser mit einbezieht, welche passiv am Polylog teilnehmen. Bou-Franch et al. (2012, 503) sprechen hier von einer „distributed recipiency".

Kerbrat-Orecchioni weist darauf hin, dass eine strikte Trennung von adressierten Rezipienten und nicht-adressierten Rezipienten (vgl. auch Goffman 1981, 132f.) in Polylogen in vielen Fällen nicht möglich ist und die Übergänge häufig fließend oder unklar sind. Sie schlägt daher als Alternative die Kategorien *Hauptadressat* und *Sekundäradressat* vor (Kerbrat-Orecchioni 2004, 4). Die Beschreibung des sprachlichen Handelns der Forenteilnehmer hängt zentral mit der Rekonstruktion des Hauptadressaten zusammen, da u.a. die Annahmen über Wissensbestände, die gemeinsame Kommunikationsgeschichte und die vorangegangenen Züge und resultierenden Festlegungen in der aktuellen Interaktion relevant für die Deutung der kommunikativen Absichten des Schreibers sind. Zudem können mehrfach-adressierte Handlungen z.B. im Hinblick auf den illokutiven Aspekt abweichen. Denkbar ist beispielsweise, dass unter geeigneten Bedingungen der Hauptadressat mit einer Äußerung gelobt und einem oder mehreren Sekundäradressaten gleichzeitig ein Vorwurf gemacht wird.

---

[36]   Zur Diskussion des Publikumsbegriffs in der öffentlichen Medienkommunikation vgl. Chovanec/Dynel 2015, 5.

Dieses Spektrum von Adressierungsmöglichkeiten hat zur Folge, dass unter bestimmten Umständen die Interaktion des Schreibers mit dem Sekundäradressaten für die Handlungsbeschreibung zentral ist und die Interaktion mit dem Hauptadressaten hierbei nur als Hilfsmittel dient, z.B. als Thematisierungsanlass oder als Gelegenheit, die mit einem Argument verbundene implizite Schlusspräsupposition öffentlich zu etablieren. Man kann in solchen Fällen Kommunikationsteilnehmer, für welche die Äußerung bestimmt ist – an deren Verstehen der Äußerung im beabsichtigten Sinn der Schreiber also (vorrangig) interessiert ist – als *intendierte Rezipienten* (vgl. Kerbrat-Orecchioni 2004, 15) beschreiben. Dabei ist es zudem möglich, dass nur eine Teilmenge der sekundären Adressaten zu den intendierten Rezipienten gehört, in manchen Fällen kommt auch nur ein einzelner sekundärer Adressat als intendierter Rezipient in Frage. Bei der Analyse von Forenkommunikation kommt es häufig vor, dass die Bestimmung von Haupt- und Sekundäradressaten sowie die Ermittlung des bzw. der intendierten Rezipienten umfangreiche Deutungsarbeit verlangt und über Indizien abgestützt werden muss.

Aus den genannten inhärenten Merkmalen der Forenkommunikation ergeben sich für den Analysierenden eine Reihe von Herausforderungen bei der Bestimmung und Eingrenzung des Untersuchungsgegenstands und seiner Bestandteile, die auch für die Analyse von *fact-to-face*-Kommunikation einschlägig sind und von Marcoccia für die Kommunikation in Newsgroups wie folgt zusammengefasst werden:

- A conversation's boundaries: when does one consider that there are several conversations or when does a set of sequences constitute a single conversation?
- The presence of monologues in dialogue: does a set of truncated exchanges constitute a conversation?
- The delay of reactive messages: what period of time defines a gap in an exchange as being too long, or an exchange as being closed?
- The inaccurate positioning of messages: how should the analyst deal with the fact that participants can seemingly make 'mistakes' in the way they deal with conversation dynamics or the turn-taking system?
- The fuzzy, temporary, and continuous nature of the reception format of a polylogue: can the recipient format be analyzed with discrete, binary categories (for example, addressed vs. non-addressed) given that it is a continuum?

(Marcoccia 2004, 144)

Kerbrat-Oreccioni schlägt zur Handhabung dieser Probleme bei der Analyse von Polylogen eine Differenzierung von drei größenordnungsbezogenen Perspektiven auf den Gegenstand vor (*upper rank, intermediate rank, lower ranks*), die man als Makro-, Meso- und Mikroebene beschreiben könnte.

Auf der Makroebene (*upper rank*) wird zunächst die Konversation als Ganzes in den Blick genommen. Goffman (1981, 130) definiert diese als „a substantive, naturally bounded stretch of interaction comprising all that relevantly goes on from the moment two (or more) individuals open such dealings between themselves and continuing until they finally close this activity out." Während diese Definition für viele Formen der gesprochenen alltäglichen Interaktion Probleme der Abgrenzung bereitet, die vor allem mit dem Gesprächsfokus, dem Ratifizierungsstatus der Teilnehmer und dem Rezeptionsformat der Interaktion zusammenhängen, lässt sie sich aufgrund des formalisierten Rahmens deutlich unproblematischer auf Forenkommunikation anwenden. Der „naturally bounded stretch" erstreckt sich hier vom journalistischen Primärtext bis zu dem Moment, in dem der Forenverlauf durch den Moderator geschlossen wird oder keine neuen Beiträge mehr gepostet werden. Dabei eröffnet der Primärtext den thematischen Zusammenhang (vgl. Abschnitt 2.2.2), in dem sich die Forenkommunikation zunächst bewegt. In vielen Fällen stehen die journalistischen Primärtexte in größeren Ereignis- oder Debattenzusammenhängen, so dass hier der Primärtext auch den thematischen Zugang zu diesen weitläufigeren Zusammenhängen eröffnet. Ein Beispiel hierfür wäre ein Bericht über einen Aspekt des Dieselskandals wie z.B. ein Rückkaufangebot durch einen Autohersteller. Dieser Bericht über einen thematischen Aspekt eröffnet für die Diskussion im Forenverlauf den Dieselskandal insgesamt als thematischen Raum. Auf der Ebene des Themas ist der Verlauf dadurch zwar mit Diskussionen in anderen Forenverläufen zum gleichen Globalthema verbunden, der Interaktionsraum ist jedoch streng auf den aktuellen Forenverlauf begrenzt.

Die Mesoebene (*intermediate rank*) bezieht sich auf Episoden oder Phasen der polylogen Interaktion, die durch einen starken thematischen oder funktionalen Zusammenhang zwischen den einzelnen Beiträgen gekennzeichnet sind. In diesen Episoden kann beispielsweise ein kontroverses Teilthema diskutiert werden oder eine kleinere Gruppe von Nutzern ist in einen Streit verwickelt. In Onlineforen, die eine tiefe Hierarchisierung von einzelnen Diskussionssträngen erlauben (wie z.B. im Kommentarbereich von *Telepolis* oder in der Diskussionsumgebung *Disqus*, die bei verschiedenen Onlinezeitungen wie etwa der *Frankfurter Rundschau* zum Einsatz kommt) finden diese Episoden häufig deutlich abgegrenzt in den einzelnen Hierarchieästen statt und können von beträchtlichem Umfang sein, während Foren mit flachen Bezugshierarchien deutlich kürzere zusammenhängende Episoden hervorbringen. Dies zeigt einerseits, dass die Forenteilnehmer selbst über einen Überblick über diese Episoden und ihren inneren Zusammenhang verfügen und ihn kommunikativ einsetzen und ist andererseits ein Beispiel dafür, dass die Variationen in der Konfiguration des Medienformats direkten Einfluss auf die resultierenden Kommunikationsgewohnheiten der Nutzer haben können.

Auf der Mikroebene der *lower ranks* werden letztlich die lokalen Interaktionssequenzen sowie einzelne Beiträge behandelt. Relevant für die Analyse auf dieser Ebene sind zunächst lokale Elementarsequenzen (*adjacency pairs*) wie Frage/Antwort, Vorwurf/Rechtfertigung usw. sowie spezifische Einwände gegen die jeweilige Vorgängerhandlung (vgl. Fritz 1994, 182f.) Hinzu kommen Handlungsformen wie die Entwicklung von Argumenten, kürzere Beweissequenzen, Spielarten des Vorschlags mit den resultierenden typischen Reaktionen auf Vorschläge usw. sowie ihre Beziehungen zueinander (z.B. die Rolle des Beweisens für das Argumentieren). Diese häufig diskontinuierlich realisierten Interaktionsanteile in komplexen Polylogen lassen sich auf konventionelle dialogische Strukturmuster abbilden.

Auf der Ebene der *lower ranks* werden ebenso einzelne Beiträge behandelt, die sich zwar direkt auf den Primärtext beziehen, auf die jedoch keine weitere Reaktion erfolgt. Zu den bestimmenden Parametern der Forenkommunikation auf der Ebene der einzelnen Beiträge gehört neben den Bezügen zur Polylogdynamik und zum Primärtext einerseits die ausschnittweise Orientierung der Forennutzer an Textmustern für die Gestaltung einzelner Teile ihrer Beiträge (hierzu gehören auch adaptierte konventionelle Bausteine des Leserbriefs wie die Anrede und die abschließende Grußformel aber auch bereits etablierte forenspezifische Muster wie Formen der Bezugskennzeichnung mit ‚@*Name:*‘, selbständige Kurzformen wie „Volle Zustimmung!" usw.) und andererseits die *ad-hoc*-Kombination funktionaler Textbausteine für den Vollzug komplexer Handlungen in Übereinstimmung mit den gegebenen lokalen kommunikativen Erfordernissen (vgl. Abschnitte 2.2.3 u. 2.2.4). Dieses sowohl musterbasierte als auch kreative Texthandeln wird unterstützt durch die Orientierung an allgemeineren aber auch forenspezifischen kommunikativen Prinzipien (vgl. Abschnitt 2.2.5).

Ergänzend zur Beschreibung der Interaktion auf diesen lokalen und abschnittsbezogenen Organisationebenen lassen sich außerdem zwei weitere rekurrente Phänomene der Forenkommunikation beobachten, die als übergeordnete Organisationsprinzipien größerer Einheiten (ganze Forenverläufe, Nutzerkarrieren in einem Forum, thematisch fokussierte Forentextverbünde in einer Onlinezeitung)[37] die Interaktion auf der lokalen Ebene beeinflussen.

Zu diesen forenverlaufsübergreifenden Phänomen gehört zunächst die häufig zu beobachtende Lagerbildung im Polylog. Bruxelles und Orecchioni (2004, 75) bemerken hierzu, dass die Möglichkeit der Bildung von Allianzen

---

[37] Blühdorn (2006, 280f.) bezeichnet größere polyloge Einheiten wie etwa einen einzelnen Forenverlauf, aber auch größere Komplexe wie etwa die Gesamtheit eines Onlineforums, als *Makrotexte*, die u.a. dadurch gekennzeichnet sind, dass sie aus zahlreichen aufeinander bezogenen Mikrotexten verschiedener Autoren bestehen und argumentiert für deren Untersuchung mit dem Hinweis, „man würde doch ganz wesentliche Eigenschaften des Gesprächs als Gesamttext übersehen, wollte man es einfach nur als Sequenz einzelner Mikrotexte beschreiben".

und Koalitionen ein allgemeines Merkmal von Polylogen darstellt. In ihrer Untersuchung unterscheiden sie lokale und zeitlich begrenzte Zusammenschlüsse von Kommunikationsteilnehmern, die sich erst im Verlauf des Polylogs lokal entwickeln und auch wieder lösen können, von jenen, die durch die Rahmenbedingungen der Interaktion prädisponiert sind, etwa dann, wenn diese im Kontext eines umfassenderen, bereits initiierten Konflikts steht oder der institutionelle Rahmen eine antagonistische Kommunikationsform formalisiert wie etwa die Gerichtsverhandlung oder die Podiumsdiskussion.[38] Eine weitere Differenzierung betrifft die Kategorien *Allianz* vs. *Koalition*, für die Bruxelles und Orecchioni den Zweck der Kooperation zweier oder mehrerer Kommunikationsteilnehmer als Kriterium heranziehen. Auch in Sequenzen ohne konfrontativen Charakter können mehrere Teilnehmer beispielsweise kollaborativ eine Geschichte erzählen oder einen Handlungsplan entwickeln. In diesen Fällen sprechen sie von einer Allianz, während es sich bei der Koalition um „*a particular type of alliance, an 'alliance against'*" (ebd., 77) handelt.

Ein Beispiel für eine Koalitionenbildung ist der Beleg (18) in diesem Kapitel (Abschnitt 2.2.3). Hier ergreift ein Kommentator Partei in einer bereits initiierten antagonistischen Interaktion zwischen zwei anderen Forenteilnehmern, indem er einem von beiden zu Hilfe eilt und parallel mit seinem neuen Koalitionspartner eine Behauptung der Gegnerin angreift. Viele Themen bringen zudem aufgrund ihrer inneren Struktur eine Unterteilung in zwei antagonistische Lager im Diskurs mit sich, welche dann die Interaktion in einzelnen Polylogen organisieren. In der Bewertung einer Fallstudie, in der Bou-Franch und Pilar die Forendiskussion zu einem *YouTube*-Video im Themenbereich Homosexualität im Hinblick auf Konfliktresolutionsstrategien analysiert haben, fassen sie den Einfluss der diskursimmanenten Lagerbildung auf den Online-Polylog folgendermaßen zusammen:

---

[38]   Zu den prädisponierenden Faktoren der Koalitionenbildung in Polylogen gehören auch globale Diskursformationen. Hajer (1995) entwickelt zu ihrer Beschreibung das Konzept der *story-lines*, welche die gesellschaftliche Wahrnehmung, Einordnung und Bewertung sozialer und politischer Phänomene organisieren: „Storylines are devices through which actors are positioned, and through which specific ideas of 'blame' and 'responsibility', and of 'urgency' and 'responsible behaviour' are attributed" (Hajer 1995, 64f.) Diskurskoalitionen, welche als Grundlage für die Koalitionenbildung in Polylogen wirken, bilden sich demnach zwischen Akteuren, „that for various reasons (!) are attracted to a specific (set of) story-lines. […] Story-lines are here seen as the discursive cement that keeps a discourse-coalition together. The reproduction of a discursive order is then found in the routinization of the cognitive commitments that are implicit in these story-lines." (ebd.)

Multiparticipation and the saliency of social identity led to new users joining in the interaction and advancing the conflict in as much the same way as previous users. This is because all participants [...] enacted one of two possible social identities: supporters or detractors of homosexuality. Therefore, even if new users joined in, they did so as members of these **two ideologically opposed social groups** [Herv. D.K.]. In addition, the fact that this is an on-going conflict in society is well reflected in the polylogue examined, where conflict is also on-going and unresolved.   (Bou-Franch/Pilar 2014, 33)

Zur argumentationstheoretischen Analyse des kommunikativen Verhaltens antagonistischer Lager[39] entwickelt Lewiński das methodische Verfahren, Polyloge als eine verbale Interaktion zwischen mehreren Teilnehmern aufzufassen, innerhalb derer die Lager als *Parteien* mit ihren spezifischen *Positionen* identifiziert werden können (vgl. Lewiński 2014a). Dabei werden Positionen als verbal ausgedrückte Standpunkte konzeptualisiert, die Antworten auf offene Fragen darstellen, wie etwa: „Wer sollte Ägyptens nächster Präsident werden?" oder „Wie sollte die Finanzkrise bewältigt werden?" Daraus folgt, dass in einem Polylog mehrere solcher Positionen von einer Vielzahl von Kommunikationsteilnehmern parallel angegriffen und verteidigt werden können. Demgegenüber werden Parteien aufgefasst als Gruppen von Diskutanten, die eine solche Position gemeinsam vertreten. Dieses Merkmal allein reicht zur Bestimmung einer Partei jedoch nicht aus. Hinzukommen muss vielmehr eine Übereinstimmung in der Argumentationslogik, die zusammen mit der geteilten Position erst eine Partei konstituiert. Lewiński bemerkt hierzu, dass

> parties are bearers of distinct positions along with the arguments supporting their positions: they are thus defined by what they hold and defend. In the course of argumentation, a party supports its position through arguments and starting points which build, presumably, a consistent *commitment set* (Hamblin, 1970; Walton & Krabbe, 1995). Eventually, a party can be defined as a defender of an individual case, that is, an ordered set comprising the party's position and its commitment set.   Lewiński 2014a, 195

Diese Unterscheidung ermöglicht eine differenzierte Behandlung komplexer diskursiver Phänomene, in welchen die Reduktion auf die geteilte Position die Lagerbildung nicht adäquat beschreibt. Ein Beispiel wäre etwa das Eintreten für eine Stärkung der Kompetenzen des Nationalstaates gegenüber der Europäischen Union als geteilte Position mehrerer Diskussionsteilnehmer. Diese

---

[39] Zur Rekonstruktion der dialektischen Rollen des *collective protagonist* und des *collective antagonist* in Polylogen und ihrer argumentationstheoretischen Analyse vgl. auch Lewiński 2011, 1091ff.; Eine andere Kommunikationsform, die in ihrer polylogen Realisationsform zur Bildung von Allianzen bzw. Koalitionen einlädt, ist die praktische Argumentation, bei der kollektiv das beste Mittel zum Erreichen eines gemeinsam akzeptierten Ziels verhandelt wird (vgl. Lewiński 2014b, 11ff.)

gemeinsame Position kann mit verschiedenen, miteinander unverträglichen Argumentationslogiken gestützt werden, beispielsweise mit einer autoritären Logik der Abschottung gegen Einwanderung auf der einen Seite und einer emanzipatorischen Logik der Einhegung sozialer Verwerfungen als Folge neoliberaler Politik auf der anderen. In diesem Fall wäre von zwei Parteien mit einer geteilten Position auszugehen und es wären ohne weiteres noch mehr Parteien denkbar, die ebenfalls diese Position teilen.

Bei der Analyse der Forenkommunikation unter den oben genannten Gesichtspunkten sind vor allem drei Aspekte von besonderem Interesse: (i) Die Intentionalität von Zusammenschlüssen. Handelt es sich bei diesen um eine Gruppe individueller Akteure, die unkoordiniert und weitgehend unabhängig voneinander eine ähnliche Position vertreten bzw. eine ähnliche Absicht verfolgen, mithin also um ein emergentes Phänomen, oder arbeiten diese Akteure gezielt zusammen, etwa durch gegenseitige Anpassung ihrer Strategie, um gemeinsam ein kommunikatives Ziel zu erreichen? (ii) Die Dynamik von Zusammenschlüssen: Welche lokalen kommunikativen Faktoren begünstigen die Herausbildung und erneute Auflösung von Allianzen und Koalitionen und wie hängen diese mit globalen Aspekten von Forenverläufen zusammen? (iii) Formen der Realisation: Mit welchen sprachlichen Mitteln werden diese Zusammenschlüsse organisiert und angezeigt? Welche sprachlichen Handlungen stehen hierbei im Zentrum?

Ein weiteres Merkmal der Forenkommunikation, das sich über den Verlauf mehrerer Forenverläufe hinweg erstreckt und mit der spezifischen Ausgestaltung des Medienformats zusammenhängt, ist die Konstruktion von Teilnehmeridentitäten. Hierfür spielen die technisch-medialen Rahmenbedingungen des Formats eine wichtige Rolle, und zwar in zweifacher Hinsicht. Einerseits begrenzt der Umfang der Datenstruktur des Nutzerprofils die Möglichkeiten, über welche Forennutzer zur Selbstbeschreibung und damit zur bewussten Steuerung ihrer Online-Identität verfügen (zur Rolle von Profilen für die Identitätsbildung von Bloggern vgl. Dennen 2009, 28f.). Und andererseits bestimmen die technischen Möglichkeiten zur Rekonstruktion der Kommunikationsgeschichte eines Forennutzers, z.B. durch die Abfrage seiner jüngsten Forenaktivität, seines Forenalters, seiner bevorzugten Themen usw., in welchem Maß die anderen Forenteilnehmer sich ein Bild von ihrem Gegenüber, seinen Einstellungen und seinem Kommunikationsverhalten machen können (für eine detaillierte Beschreibung dieser Aspekte am Beispiel des Leserforums im *Tagesspiegel* vgl. Abschnitt 3.2.1). Hierzu gehören auch positive und negative Bewertungen, die Nutzer für einzelne Forenbeiträge vergeben können (sofern die Forenumgebung das vorsieht, wie es beispielsweise bei der Diskussionsplattform *Disqus* der Fall ist). Diese gesammelten Bewertungen werden dann im Profil der Forenteilnehmer angezeigt und tragen damit sowohl zur Identitätsbildung als auch zur Steuerung des kommunikativen Verhaltens bei.

Ein Beispiel für die Rolle von Identitäten für die Kommunikation auf lokaler Ebene ist in Beleg (15) in diesem Kapitel (Abschnitt 2.2.3) zu finden. Dort greift der Kommentator das Argument einer anderen Nutzerin an, indem er auf ihre Online-Identität Bezug nimmt, wenn er schreibt:

(15)   uwemohrmann 20.11.2017, 18:58 Uhr

Antwort auf den Beitrag von dieDefinatorin 20.11.2017, 18:26 Uhr

ausgerechnet Sie [Herv. D.K.] jammern nach der SPD in der Regierung. Einfach lächerlich, mehr ist zu Ihrer Kaffeesatzleserei nicht zu sagen.   (TS 01)

Offenbar hält er ihre Forderung für nicht vereinbar mit identitätsbildenden Festlegungen, welche die Kommunikationspartnerin im Laufe der gemeinsamen Kommunikationsgeschichte eingegangen ist. Dieser Einwand eröffnet eine Reihe von Anschlusszügen, die sich auf eben diese angenommenen Festlegungen beziehen. Da das Wissen über Einstellungen, Annahmen und Präferenzen der Kommunikationsteilnehmer eine wichtige Ressource für die Deutung ihrer Beiträge und für die Anpassung der eigenen kommunikativen Strategie darstellt,[40] stellt die Beschreibung von Formen der Identitätsbildung in Foren und ihrer Bedingungen einen wichtigen theoretischen Baustein dar.

Der hier vorgestellte Interaktionsraum mit seinen strukturierenden Parametern ist einerseits bedingt durch die im vorigen Abschnitt vorgestellten technisch-medialen Eigenschaften des Medienformats Leserforum. Andererseits wirkt jedoch auch seine Einbettung in den größeren Zusammenhang der Pressekommunikation mit ihren spezifischen Funktionen, Themen und Darstellungsformen auf die Nutzung des Interaktionsraumes ein. Zudem ergeben sich vielfältige Bezüge zum umgebenden (Hyper-)Textkosmos, deren Untersuchung im nächsten Abschnitt methodisch erschlossen werden soll.

2.3.3   Bezüge zwischen Kommunikationsbeiträgen im (Hyper-)Textkosmos

Für die computergestützte Kommunikation (CMC) allgemein und insbesondere die Kommunikation im Internet ist der Aspekt der technisch unterstützten Vernetzung von Kommunikationsbeiträgen und den Umgebungen für ihre

---

[40]   Stopfner (2012) untersucht beispielsweise die Konstruktion von politischen Identitäten in Onlineforen und ihren Zusammenhang mit antagonistischen kommunikativen Strategien.

Produktion und Rezeption von zentraler Bedeutung. Neben der auf Netz-werkbildung ausgelegten Infrastruktur und ihrem Namen (Inter*net*) verwei-sen auch etablierte Ausdrücke wie etwa *Blogosphäre* (vgl. Große 2015, 35) zur Bezeichnung der Gesamtheit aller im Medienformat Blog realisierten Kommunikationsangebote auf die Bedeutung dieses Vernetzungsaspekts im Sprachbewusstsein der Nutzer. Aufgrund dieser Vernetzung auf mehreren Ebenen befindet sich der Leser einer Onlinezeitung in einer fundamental an-deren Rezeptionssituation als jener des gedruckten Pendants. Für den Zei-tungsleser der vordigitalen Zeit beschreibt Bucher diese Situation folgender-maßen:

> Neben der Wahl zwischen einer Vielfalt verschiedener Zeitungen kann der Zei-tungsleser auch innerhalb einer Ausgabe die Beiträge selbst auswählen und zu-sammenstellen und Ausführlichkeit, Intensität und Abfolge der Lektüre selbst bestimmen. Sinnvoll genutzt, ermöglichen diese Rezeptionsbedingungen ei-nerseits eine vergleichende Lektüre der Berichterstattung verschiedener Tages-zeitungen und andererseits eine thematisch-zusammenhängende Lektüre ent-sprechend den eigenen Interessen des Lesers. Vor allem die zeitliche Selbstbe-stimmung der Lektüre und ihre Wiederholbarkeit sind entscheidend für die Äu-ßerungsmöglichkeiten der Leser in der Pressekommunikation, wie sie sich in Leserbriefen manifestieren.   (Bucher 1986,11)

Bucher ist hier an den Bedingungen der Zeitungslektüre vorrangig im Hinblick auf die aktive Teilnahme des Lesers an der Pressekommunikation in Form von Leserbriefen interessiert. Die Darstellung verdeutlicht, dass der Umzug der Zeitung in den Hypertextkosmos in mehrfacher Hinsicht dramatische qualita-tive Veränderungen mit sich gebracht hat. Während der vordigitale Leser zwar prinzipiell die „Wahl zwischen einer Vielfalt verschiedener Zeitungen" hat, setzt dies eine bewusste Entscheidung für diese Mehrfachlektüre sowie die Bereitschaft zu logistischer Vorarbeit voraus, da die Zeitungen zunächst am Kiosk und gegen Bezahlung erworben werden müssen. Die Auswahl der Zei-tungen ist dabei zusätzlich eingeschränkt durch die an der Verkaufsstelle ver-fügbaren Publikationen, journalistische Texte, die nicht in Form einer Zeitung veröffentlicht werden, sind auf diesem Weg kaum zugänglich. Ebenso wenig kann der analoge Leser auf multimodale Inhalte wie Film, interaktive Grafik, Ton usw. und damit auf potenzielle Gegenstände der Berichterstattung wie Fernsehinterviews oder Sportaufzeichnungen zugreifen. Auch der Zugriff auf Beiträge im Archiv einer Zeitung wird im analogen Medium nicht unter-stützt. Selbst wenn der Leser die alten Ausgaben sammelt, steht damit noch kein thematischer Index und schon gar keine Volltextsuche zur Verfügung. Zwar unterstützt das modularisierte Textdesign auch in der gedruckten Zei-tung die selektive Lektüre einzelner Beiträge oder Beitragsmodule (vgl.

Wiesinger 2010, 309ff.), diese wird jedoch im Onlinemedium durch die Hypertext-umgebung sehr viel stärker gefördert.

Im Kontrast zu der hier beschriebenen Rezeptionssituation befindet sich der Leser der Onlinezeitung während der Lektüre in einen um Größenordnungen umfangreicheren und weiter verzweigten Textkosmos eingebettet, der einerseits deutlich niederschwelliger zugänglich ist und andererseits mit einer Vielzahl an Verknüpfungsmitteln (thematische Indizes, Dossiers, Links innerhalb von journalistischen Texten usw.) und Suchwerkzeugen (Realisation innerhalb einer Onlinezeitung oder globale Suchmaschinen) ausgestattet ist. Neben der von Bucher erwähnten Parallelberichterstattung können hier Beiträge aus unterschiedlichen Medien und Formaten wie Videos von Fernsehsendungen, social-media-Beiträge, Blogs, politische Websites, Enzyklopädien usw. unmittelbar gesucht, verlinkt und rezipiert werden.[41] Dieses reichhaltige Repertoire an Textangeboten und Mitteln zu ihrer Erschließung kann von den Lesern für die gezielte und kritische Lektüre, aber auch für die aktive Teilnahme an der Pressekommunikation genutzt werden.

Darüber hinaus wurde im letzten Abschnitt deutlich, dass man Forenverläufe in Onlinezeitungen als einen *Makrotext* (Blühdorn 2006) und damit als eine Ansammlung von Mikrotexten auffassen kann, die zueinander vielfältige Bezüge haben können. Hinzu kommt, dass diese Verläufe immer im lokalen Kontext eines journalistischen Primärtexts stehen und sich jeweils auf diesen beziehen können bzw. nach Auffassung der Forenanbieter auf diesen beziehen sollen, was in manchen Fällen bereits in der Aufforderung zur Teilnahme an der Diskussion ausgedrückt wird (bei *Spiegel Online* etwa: „Diskutieren Sie **über diesen Artikel**").

Diese Beobachtungen zu den kommunikativen Folgen der technisch-medialen Vernetzung machen deutlich, dass Zusammenhänge zwischen Texten sowie Bezüge zu anderen multimodalen Kommunikationsbeiträgen einen wichtigen Bestandteil der Beschreibung von Forenkommunikation in Onlinezeitungen darstellen. Die vielfältigen Beziehungen, in denen Texte und multimodale Kommunikate zueinander, aber auch zu anderen kommunikativen, kulturellen oder sozialen Phänomenen stehen können, werden in verschiedenen Forschungstraditionen von der Semiotik, der Kultur- und Literaturtheorie bis zur

---

[41] Kleinen-von Königslöw weist in ihrer Untersuchung der veränderten Gewohnheiten bei der Nutzung von Nachrichtenmedien darauf hin, dass in dieser neuen Rezeptionssituation einerseits zwar „ein ganzes Universum zusätzlicher Informationsquellen" zur Verfügung steht, es andererseits jedoch häufig zu einer durch Informationsintermediäre wie *Facebook* und andere Social-Media-Dienste gefilterten und damit indirekten Nutzung kommt, die Einfluss auf die Nachrichtenauswahl hat und den Deutungsrahmen verändert (vgl. Kleinen-von Königslöw 2017, 98ff.).

Sprachwissenschaft unter dem unscharfen Begriff der *Intertextualität*[42] behandelt. Insbesondere im Zusammenhang mit literarischen Texten wurden unter dieser Adresse im Poststrukturalismus theoretische Konzeptionen entwickelt, die den Text als weitgehend autonomes, kulturhistorisch determiniertes Gebilde auffassen und ihn zur Analyse aus konkreten kommunikativen Zusammenhängen herauslösen. Da diese Perspektive mit der bisher erarbeiteten texttheoretischen Auffassung in mancher Hinsicht unverträglich ist, werde ich im Folgenden einige zentrale Gedanken der Intertextualitätsforschung aus linguistischer Sicht für die Gegenstandseingrenzung nutzbar machen und im weiteren Verlauf der Arbeit auf den Intertextualitätsbegriff insgesamt verzichten und stattdessen von *Text-Text-Beziehungen* sprechen.

Fix (2008, 31f.) unterscheidet zunächst drei Grundformen intertextueller Bezüge: Text-Textwelt-Beziehungen, Text-Text-Beziehungen und Text-Textmuster-Beziehungen. Letztere wurden bereits in Abschnitt 2.2.4 im Hinblick auf ihren theoretischen Status im Kontext einer handlungstheoretischen Konzeption ausführlich behandelt und sollen daher an dieser Stelle ausgeklammert werden. Der für den Text-Textweltbezug relevante Hypertextkosmos und seine Bedeutung für die spezielle Rezeptionssituation des Onlinezeitungslesers und Forennutzers wurde weiter oben bereits umrissen. Im Folgenden sollen daher nun die verschiedenen Typen von Text-Text-Beziehungen, ihre kommunikative Relevanz sowie ihr theoretischer Status diskutiert werden.

In Abgrenzung zu den oben angedeuteten, weiter gefassten Intertextualitätskonzeptionen (Janich spricht hier von einer „radikalen Sicht auf Intertextualität", vgl. Janich 2008, 179ff.) sind in dieser Arbeit vor allem die Fälle von Interesse, in denen ein Text oder ein multimodaler Kommunikationsbeitrag in einem anderen Text sichtbar oder erkennbar wird. Heringer plädiert darüberhinausgehend dafür, den Gegenstand noch weiter einzugrenzen und in allen Fällen, in denen der Ursprungstext nicht als zitiertes Segment sondern „in abstrakterer Form" Heringer (2015, 139) im Zieltext vorkommt, nicht von Intertextualität zu sprechen. Als Argumente hierfür diskutiert Heringer Probleme der indirekten Wiedergabe, insbesondere die mit ihr verbundenen Gefahren der Entstellung des ursprünglich Gemeinten oder der Übernahme der Autorenschaft durch den Wiedergebenden. Für die Analyse von Forenkommunikation sind jedoch gerade diese Fälle von besonderem Interesse, da sie häufig eine Rekonstruktion der Rezeptions- und Einordnungsvorgeschichte und damit der Bedingungen des kommunikativen Handelns ermöglichen.

Zu diesen Text-Text-Beziehungen gehören einerseits die expliziten Formen der Bezugnahme auf andere Texte zu bestimmten kommunikativen Zwecken,

---

[42]   Für einen begriffsgeschichtlichen Überblick vgl. Janich 2008, 179ff.; Fix 2008.

etwa durch Zitate, technisch realisierte Verweise in Form von Hypertextlinks oder konkrete sprachliche Verweise, zum Beispiel als Quellenangaben im Zusammenhang mit indirekter Redewiedergabe. Andererseits zählen hierzu aber auch implizite Formen wie Andeutungen und andere Indizien für die Rezeption anderer Texte und Kommunikate, auch über Mediengrenzen hinweg. Das Verstehen oder die Deutung von Text-Text-Bezügen letzterer Art beruht auf spezifischen Wissensvoraussetzungen auf Seiten der Leser. Für die Analyse von mehrfachadressierten Texten sind daher die Annahmen von Autoren über die gemeinsamen Wissensbestände von Interesse, wenn sie auf andere Texte nur andeutungsweise Bezug nehmen. Zudem zeigen die weiteren Verläufe von Polylogen, inwiefern Text-Text-Beziehungen in Form von Andeutungen und andere Indizien der Textrezeption von anderen Kommunikationsteilnehmern erkannt wurden und welche Rolle dies für ihr Textverstehen und damit für die weitere Kommunikation spielt.

Ein Forenbeitrag zu einem FAZ-Artikel, der sich mit den militärischen Folgen des Austritts Großbritanniens aus der EU beschäftigt, enthält mehrere dieser von Heringer als abstrakt bezeichneten Bezugnahmen und kann ihre kommunikative Bedeutung illustrieren:

(24)   27.11.2018 - 11:49

Bernd A. Wohlschlegel (snapconcom)

Sie müssten dringend mal die Umfragen zu diesem Thema bezüglich Verteidigungsbereitschaft lesen, in denen steht nämlich überdeutlich lange vor „Trump", dass die deutschen Jungbürger überhaupt keine Lust dazu haben selber ihr Land im Ernstfall zu verteidigen. Das überlassen sie gerne den USA. Und viele, die Deutschland am Hindukusch verteidigt haben oder es noch tun, kommen heutzutage als Frührentner zurück, die von Psychologen betreut werden wollen/müssen. Und Sie sprechen von „einer echten deutschen Verteidigungs-Streitkraft"! Ich hoffe, dass die F.A.Z. die detaillierte Veröffentlichung zu diesem Thema nochmal bringt oder wenigstens vielleicht einen Verweis, denn leider liegt diese schon seit 2-3 Jahre zurück! (FZ 01)

In (24) sind mehrere Bezüge zu anderen Texten auf unterschiedliche Weise gegeben. Der Autor reagiert mit seinem Text argumentativ auf einen Beitrag eines Vorredners, der in der Folge der Brexit-Ereignisse für den Aufbau einer „echten deutschen Verteidigungs-Streitkraft" plädiert. Zunächst nimmt der Leser direkt auf „die Umfragen zu diesem Thema bezüglich Verteidigungsbereitschaft" Bezug, um die mangelnde Bereitschaft „deutscher Jungbürger" als ein Argument gegen den geforderten Aufbau einer deutschen Streitkraft zu verwenden. Obwohl kein von seinem Kontrahenten unmittelbar nutzbarer Verweis auf diese Umfragen gegeben wird, lässt sich zumindest deuten, dass sie dem Leser als Grundlage für seine Meinungsbildung gedient haben und er sie jetzt kommunikativ als Beleg für sein Argument verwendet. Als weiteres

Gegenargument nennt der Leser die gesundheitlichen Folgen der Kriegsbeteiligung deutscher Soldaten am aktuellen Einsatz in Afghanistan. Obwohl unklar bleibt, ob er darin vorrangig ein moralisches Problem (körperliche und psychische Schädigung der Soldaten) oder ein ökonomisches (Frühverrentung, Kosten der Gesundheitsversorgung) sieht, werden beide Folgeaspekte als kollektiv unerwünscht vorausgesetzt. Zur Stützung dieses zweiten Arguments verweist der Leser auf eine frühere Veröffentlichung der FAZ zu eben diesem Thema. Ob der Leser die genannten Publikationen online gelesen hat, lässt sich nicht mit Bestimmtheit sagen, zumindest der Wunsch nach einer Wiederveröffentlichung oder eines Verweises auf die Veröffentlichung deutet aber auf eine vorangegangene Onlinerezeption hin.

Ein dritter intertextueller Bezug kann in dem indirekten Zitat von Peter Strucks Äußerung aus dem Jahr 2002 „Deutschlands Sicherheit wird auch am Hindukusch verteidigt" gesehen werden. Die Einbettung in die einsatzkritischen Aspekte des Beitrags sowie vorangegangene kritische Bezugnahmen auf den Afghanistaneinsatz durch andere Leser lässt hier eine eher negative Bewertung dieser Behauptung vermuten. Der letzte intertextuelle Bezug besteht in dem wörtlichen Zitat des vorangegangenen Beitrags („einer echten deutschen Verteidigungsstreitkraft"). Dieses Zitat wäre zur Kennzeichnung des Bezugs zur Äußerung des Vorredners nicht notwendig gewesen, da das Forum diesen mit grafischen Mitteln bereits kenntlich macht. Das wörtliche Zitat dient an dieser Stelle vermutlich dazu, einen Kontrast zwischen den zuvor illustrierten negativen körperlichen und psychischen Folgen für die Soldaten einerseits und der mutmaßlich als chauvinistisch wahrgenommenen Formulierung andererseits herzustellen und diese damit lächerlich zu machen.

An diesem Beispiel wird deutlich, welche Dimensionen die Beschreibung expliziter, angedeuteter, oder erschließbarer intertextueller Bezüge für die Analyse von Forenkommunikation hat. Zunächst geben Verweise auf rezipierte Texte einen Hinweis auf die Grundlagen der Meinungsbildung und damit auf die möglichen inhaltlichen Positionen einzelner Forenteilnehmer. Im Fall einschlägiger Texte oder Äußerungen, wie die von Peter Struck zu den Aufgaben der Bundeswehr, die auf stark polarisierte Diskurszusammenhänge verweisen, helfen Sie zudem bei der Zuordnung zu politischen oder gesellschaftlichen Lagern. Sie sind damit in methodischer Hinsicht ein Baustein der indiziengestützten Deutung des kommunikativen Sinns einzelner Beiträge.

Intertextuelle Bezüge geben aber nicht nur Hinweise für die Rekonstruktion eines Deutungshintergrunds, sie werden von den Forenteilnehmern auch als kommunikative Ressourcen auf vielfältige Weise verwendet. Im hier genannten Beispiel hat die erste Bezugnahme die Funktion des Belegs für die argumentativ eingesetzte Behauptung, dass die in Frage kommenden Personen „keine Lust dazu haben selber ihr Land im Ernstfall zu verteidigen". Im zweiten Fall wird mit der Bezugnahme ebenfalls eine Behauptung gestützt, nämlich die, dass die Soldaten häufig als therapiebedürftige Frührentner enden und auch diese Behauptung wird als Argument gebraucht. Obwohl die Beweisführung eine wichtige Rolle bei der Bezugnahme auf andere Texte spielt, kommen neben Beleghandlungen noch eine ganze Reihe weiterer Handlungszusammenhänge in Frage, von denen einige in Abschnitt 3.3.1 exemplarisch analysiert werden.

Zusammenfassend besteht die zentrale Aufgabe der Behandlung intertextueller Phänomene in der Forenkommunikation einerseits darin, ihre Begünstigung und spezifischen Realisationsformen in Bezug zum Medienformat ‚Leserforum' und seinen Konfigurationsvarianten zu setzen und andererseits ihren Einfluss auf das kommunikative Verhalten der Forenteilnehmer und seiner Bedingungen sowohl in rezeptiver als auch in produktiver Perspektive zu beschreiben.

2.3.4   Multimodalität

Kommunikation wird als *multimodal* bezeichnet, wenn von den Kommunikationspartnern neben der Ressource Sprache gleichzeitig auch semiotische Mittel anderer Art zur Erzeugung kommunikativen Sinns verwendet werden. Dabei ist die Art dieser Mittel ausschlaggebend dafür, dass der jeweils mit ihnen realisierten kommunikativen (Teil-)Handlung ein bestimmter Modus zugeschrieben wird. Diese Zuschreibung erfolgt jedoch nicht aufgrund inhärenter Eigenschaften und objektivierbarer Abgrenzungen, sondern aufgrund der Relevanz dieser Eigenschaften für bestimmte Kommunikationsgemeinschaften. In diesem Zusammenhang bemerken Kress et al., dass

> the question of whether X is a mode or not is a question specific to a particular community. As laypersons we may regard visual image to be a mode, while a professional photographer will say that photography has rules and practices, elements and materiality quite different from that of painting and that the two are distinct modes.   (Kress et al. 2000, 43)

Diese Annäherung an den Multimodalitätsbegriff macht bereits deutlich, dass die notwendigen theoretischen Werkzeuge zur Beschreibung von multimodaler Kommunikation problemlos in den bisher erarbeiteten handlungstheoretischen Werkzeugkasten eingepasst werden können (vgl. auch Fritz 2017, 126), da, wie zu Beginn von Abschnitt 2.2 bereits erörtert, auch in der dort entwickelten texttheoretischen Perspektive im engeren Sinn nicht der Text selbst mit seinen Eigenschaften, sondern vielmehr seine kommunikative Verwendung als zentrale Kategorie angenommen wird. Der schriftliche Text als Produkt ist in dieser Konzeption nur *eine* semiotische Ressource zur Erzeugung kommunikativen Sinns, die mit anderen Ressourcen kombiniert werden kann. Bucher (2007, 52) weist in diesem Zusammenhang darauf hin, dass dieser Ansatz, welcher Kommunikation insgesamt als multimodales Phänomen begreift, den Rahmen dafür bereitstellt, verschiedene parallel verlaufende Theoriediskussionen wie Bildtheorien, Theorien zum Verhältnis von Text und Bild, Designtheorien und Theorien zur Multimedialität zu synchronisieren.

Die in der Kommunikation verwendeten Mittel können mit einer großen Zahl differenzierter Modi kategorisiert werden, zu denen u.a. Fotografie, Malerei, Zeichnung, ikonografische Darstellung, Film, Animation, interaktive Grafik, Musik, Töne, aber auch Blicke, Gesten, Mimik, Intonation usw. gehören. Auch die Sprache als Modus bringt in ihrer geschichtlichen Entwicklung den schriftlichen Text und mit seiner materiellen Gestaltung verknüpfte Modi hervor, welche seine kommunikative Leistungsfähigkeit weitreichend ergänzen.[43] Zu diesen gehören lokales Arrangement (Absatzgliederung, Tabellen, Listen, Marginalien), Typographie, Farbe, Navigationsmittel (Verweise, Inhaltsverzeichnisse, Indizes), Überschriften und konventionelle, z.T. abstrahierte Kurzformen wie das onlinesprachliche „@:". In dieser Betrachtungsweise ist beispielsweise auch der deiktische Gebrauch eines Demonstrativpronomens im Verbund mit einer hinweisenden Geste („*der* spielt nicht bei uns mit!") oder der Einsatz mimischer oder prosodischer Mittel zur Verdeutlichung von Sarkasmus („das hast du wirklich *ganz toll* gemacht!") als ein Fall multimodaler Kommunikation zu beschreiben. Deutlich wird hierbei auch, dass bestimmte kommunikative Handlungen, etwa Aufforderungen, unter geeigneten Bedingungen, z.B. als Teil einer etablierten sozialen Praxis,[44] in unterschiedlichen Modi realisiert werden können.

Dabei sollte jedoch nicht aus dem Blick geraten, dass jeder Modus sein jeweils eigenes, in seiner Materialität angelegtes kommunikatives Potenzial und seine spezifischen Bedingungen der Kombination mit anderen Modi in sich trägt. Bucher warnt deshalb davor, die verschiedenen Modi der Kommunikation vorschnell gleichzusetzen (vgl. Bucher 2007, 52) und Bateman plädiert für die Berücksichtigung der durch ihre Materialität bedingten spezifischen kommunikativen Potenziale einzelner Modi in ihrem Zusammenwirken:

---

[43]   Die historische Entwicklung dieser ‚Multimodalität des Schriftbildes' rekonstruiert Illich (1991) anhand der scholastischen Schreib- und Darstellungspraxis im frühen 12. Jahrhundert. Für eine exemplarische Darstellung multimodaler Gestaltungsmittel in gedruckten Pflanzenmonographien des 16. Jahrhunderts und ihrer kommunikativen Funktionen vgl. Gloning (2015).

[44]   Vgl. auch PU §8

[...] semiotic modes will always bring with them the 'textural' resistances of their materialities. Combining semiotic modes must then respond to the issue of matching and reconciling differences in material affordances. This promises interesting new sources of insight for just which combinations of modes may 'work' and which may not, and why [...] Bateman 2016, 51[45]

Für die Beschreibung von Forenkommunikation ist der Aspekt der Multimodalität in mehrfacher Hinsicht relevant. Das ergibt sich bereits aus dem Umstand, dass sich die Leserforen in Onlinezeitungen in einem textuellen Umfeld befinden, das man als digitale und vernetzte Weiterentwicklung des gedruckten Vorbilds Zeitung auffassen kann. Wie bereits im letzten Abschnitt angedeutet, spielen die Faktoren Delinearisierung, Modularisierung und Textdesign und damit die Deutung von Teiltextzusammenhängen und multimodalen Darstellungsmitteln durch den Leser bereits für die Entwicklungsstufe der Zeitung vor Ankunft des Internets eine wichtige Rolle (vgl. Bucher/Blum 1998). Die Formen der Multimodalität sind beim Übergang in die digitale Umgebung durch die veränderten technisch-medialen Möglichkeiten und die Etablierung neuer Darstellungskonventionen allerdings noch um ein Vielfaches erweitert worden. Dies birgt für den Forenteilnehmer, der auch gleichzeitig Leser des journalistischen Primärtextes ist, je nach Erfahrung im Umgang mit den neuen Darstellungsformen neue Herausforderungen bei der Kohärenzbildung im Zuge seiner selektiven und interaktiven Rezeption.

Neben dem journalistischen Angebot und dem ihn umgebenden, nur wenige Klicks entfernten Textkosmos ist vor allem auch der Forenverlauf selbst im Verbund mit seiner Darstellungsumgebung ein multimodaler Text, den die Leser einerseits rezipieren, an dessen Produktion und damit an dessen multimodaler Gestaltung sie aber andererseits auch beteiligt sind. Hieraus ergeben sich für die Forenkommunikation spezifische Multimodalitätsaspekte, die als Gegenstand der Untersuchung in Frage kommen:

(i) Im Medienformat Leserforum finden sich fest verankerte multimodale Gestaltungsmittel zur Realisation kommunikativer Aufgaben im Zusammenhang mit der Darstellung des Forenverlaufs. Zu diesen Aufgaben gehören u.a. die Kennzeichnung interaktiver Elemente zur Steuerung der Verlaufsdarstellung, die Kenntlichmachung hierarchischer Bezüge zwischen einzelnen Beiträgen oder die Auszeichnung zitierter Rede in den Beiträgen der Kommentatoren. Von besonderem Interesse

---

[45] Bei dem hier von Bateman angesprochenen Aspekt der materiell bedingten Affordanzen muss ergänzend berücksichtigt werden, dass mit der Entwicklung von elaborierten Aufzeichnungstechniken wie der Fotografie und vor allem als Konsequenz der audiovisuellen Digitalisierungstechnik manche der vormals analogen Materialitäten mithilfe der neuen Techniken simuliert werden können und sich ihre Affordanzen dabei zumindest teilweise von der physischen Materialität ablösen.

sind hier rekonstruierbare Verstehensprobleme, welche auf die fehlerhafte oder ausbleibende Deutung multimodaler Elemente hinweisen sowie ihre Konsequenzen für die Kommunikation.

(ii)   In begrenztem Rahmen stehen den Beitragsautoren in den Foren Mittel zur multimodalen Gestaltung ihrer Beiträge zur Verfügung. Ein Ziel der Untersuchung besteht darin, Formen der Nutzung dieser Mittel zu katalogisieren und das resultierende kommunikative Potenzial zu beschreiben.

(iii)   Das relativ enge Spektrum multimodaler Elemente bei der Beitragsgestaltung wird ergänzt durch die Möglichkeit, im Beitragstext technische Verweise auf Webadressen außerhalb des Leserforums zu realisieren. Da sich hinter diesen Verweisen multimodale Ressourcen aller Art befinden können, ermöglichen diese intertextuellen Bezüge den Beitragsautoren die mittelbare Koordination des Beitragstexts mit Bildern, Filmen, Musik und anderen komplexen multimodalen Ressourcen zur Realisation ihrer kommunikativen Absichten.

(iv)   Das Forum ist zudem ein Ort, an dem Verstehensprobleme und kollektive Lösungsstrategien im Umgang mit multimodalen Texten, etwa mit den journalistischen Primärtexten oder anderen Angeboten im vernetzten Textkosmos, gewissermaßen aus der ersten Reihe beobachtet werden können.

Im folgenden Kapitel werden anhand von Fallstudien ausgewählte Aspekte der vorgestellten theoretischen Konzeption und ihre Anwendung in der konkreten Analyse von Forenkommunikation vorgestellt.

3. Grundstrukturen der Forenkommunikation

Im folgenden Kapitel soll auf der Grundlage der im letzten Kapitel eingeführten theoretischen und methodischen Überlegungen ein Überblick über die Grundstrukturen der Forenkommunikation in Onlinezeitungen und über Verfahren ihrer Analyse und Beschreibung gegeben werden. Dieser Überblick dient einerseits dazu, die wichtigsten kommunikativen Bereiche systematisch zu dokumentieren, in denen die Verfügbarkeit von Leserforen im Kontext von Onlinepressetexten zu einer qualitativ neuen Rezeptionssituation und zu einer umfangreichen Erweiterung des Handlungsspielraums der Leser und damit zu weitreichenden Veränderungen der Bedingungen geführt hat, unter denen sich Pressekommunikation vollzieht. Und andererseits dient er dazu, die im letzten Kapitel eingeführte handlungstheoretische Konzeption auf ihre Belastbarkeit, ihre Anwendbarkeit und auf ihren praktischen Nutzen für die Analyse komplexer kommunikativer Domänen hin zu überprüfen.

Bei dieser Darstellung werde ich eine Doppelstrategie verfolgen, indem ich in jedem thematischen Abschnitt den im Fokus stehenden kommunikationstheoretischen Aspekt zunächst anhand exemplarischer Analysen ausgewählter Beiträge, Beitragscluster, Forenverläufe und größere Textverbünde vorstelle. Im Anschluss folgt dann jeweils ein zusammenfassender und verallgemeinernder Überblick über das Spektrum verwandter Formen und Ausprägungen, die in der gesamten untersuchten Textbasis anzutreffen sind.

3.1 Textgrundlagen und Aufbau der exemplarischen Analysen

Zunächst werden in Abschnitt 3.2 am Beispiel der konkreten Realisation des in Abschnitt 2.3.1 beschriebenen Medienformats ‚Leserforum' in der Onlinezeitung *Tagesspiegel* die veränderten und deutlich erweiterten technisch-medialen Rahmenbedingungen der Partizipation, die das vernetzte digitale Umfeld für die Pressekommunikation bietet, vorgestellt. Der Fokus liegt dabei auf den sich hieraus ergebenden Voraussetzungen für die kommunikative Nutzung durch die Leser. Diese betreffen sowohl die in den Darstellungsformen und Auswahlmöglichkeiten begründeten Rezeptionsbedingungen als auch die technische Unterstützung und Limitierung bei dem Verfassen von Kommentaren. Nach einer detaillierten Beschreibung der im konkreten Fall resultierenden Affordanzen werden abweichende Realisationsvarianten von Onlineforen in der untersuchten Textbasis und ihre Konsequenzen für die kommunikativen Rahmenbedingungen erörtert. Ergänzend werden außerdem einige Hinweise

auf die im *Tagesspiegel* und in anderen Onlinezeitungen gängige Moderationspraxis, ihre Folgen für die Forenkommunikation und ihre Wahrnehmung durch
die Leser diskutiert.

Im Anschluss werden in Abschnitt 3.3 Formen der kommunikativen Nutzung des so eröffneten Interaktionsraumes (vgl. Abschnitt 2.3.2) anhand eines
Kommentars des Chefredakteurs des *Tagesspiegel*, Lorenz Marolt, zu den gescheiterten Verhandlungen über eine Koalitionsbildung nach den Bundestagswahlen 2017 und des sich daran anschließenden Forenverlaufs untersucht. Die
Konzentration auf diesen Forenverlauf erfolgt aus zwei Gründen: Erstens erleichtert die fortgesetzte analytische Bearbeitung des gleichen komplexen
kommunikativen Zusammenhangs dem Leser das Nachvollziehen der teilweise subtilen, hermeneutisch fundierten Beschreibungen. Und zweitens ist
dieser 356 Beiträge umfassende Forenverlauf sehr gut geeignet, exemplarisch
viele Aspekte forenspezifischer kommunikativer Aktivitäten von Lesern und
ihren Zusammenhang mit den weitergehenden Zielen der Forenkommunikation einerseits und den ihnen zugrundeliegenden Voraussetzungen andererseits zu zeigen. Zu diesem Zweck werden zunächst prototypische funktional-
thematische Bausteine sowie deren Kombinierbarkeit zu umfangreicheren
Texteinheiten in Kommentaren im direkten Anschluss an den Primärtext illustriert. Anschließend werden Beispiele für forentypische Muster der Interaktion
zwischen den Forenteilnehmern anhand dialogischer und polyloger Sequenzen
unterschiedlicher Komplexität vorgestellt. Teil dieser Beschreibung sind unter
anderem die wichtigsten Grundfunktionen der einzelnen Forenbeiträge, ihr
funktionaler und formaler Aufbau sowie ihr kommunikativer Zusammenhang
mit anderen Beiträgen. Ergänzend werden die Bedeutung von gemeinsamer
Kommunikationsgeschichte und von Nutzeridentitäten illustriert sowie Phänomene der Lagerbildung im Forenverlauf erörtert.

Im Zuge der exemplarischen Analyse dieser Kommentare werden zudem
zentrale Gegenstände der Leserkritik am journalistischen Ausgangstext vorgestellt. Für die Bewertung der Qualität journalistischer Texte spielen die kommunikativen Prinzipien, an denen sich die Verfasser orientieren bzw. nach
Auffassung der Leser orientieren sollten, eine zentrale Rolle. Da die Gültigkeit, Gewichtung und angemessene Formen der Realisation dieser Prinzipien
sowohl vom Thema als auch von der Textsorte des Ausgangstexts abhängig
sind, verdeutlicht dieses Beispiel vor allem einige mögliche Formen der Kritik
an Kommentaren zu Themen des innenpolitischen Tagesgeschehens. Kommunikative Prinzipien und Kritik an der Berichterstattung zu anderen Themen,
insbesondere zu Konfliktereignissen, werden außerdem in Abschnitt 3.5 behandelt.

Abschnitt 3.4 beschäftigt sich im Anschluss mit der Bedeutung von foren-spezifischen Text-Text-Bezügen für die Rezeptionssituation und das kommunikative Handeln der Forenteilnehmer. Hierfür werden eine Reihe journalistischer Onlinetexte untersucht, die im Zusammenhang mit den gewalttätigen Protesten und deren Folgen im Umfeld des Gipfeltreffens der G20-Staaten in Hamburg im Juli 2017 publiziert und kommentiert wurden. Im Fokus stehen zunächst die umfangreichen Text-Text-Bezüge sowohl in den journalistischen Ausgangstexten als auch in den Kommentaren der angeschlossenen Foren sowie die sich hieraus ergebenden Möglichkeiten der medialen Einbettung von Forenkommentaren und -verläufen in Kontroversen und Debatten, die sich über verschiedene On- und Offlinemedien erstrecken.

Viele der intra- und intermedialen Bezüge entstehen begünstigt durch den vernetzten Charakter und die Machart von Onlinezeitungen (vgl. Wiesinger 2010, 309ff. u. Abschnitt 2.3.3) und die niederschwellige, unmittelbare Verfügbarkeit einer Vielzahl von Onlinezeitungen mit großen thematischen Überschneidungen. Zunehmend werden außerdem journalistische Angebote über mehrere mediale Plattformen integriert.[46] Diese veränderte Rezeptionssituation führt einerseits dazu, dass Leser von Onlinezeitungen sich häufig einen Überblick über Parallelberichterstattung oder -kommentierung verschaffen können und damit auch über mögliche alternative Sichtweisen auf den Berichtsgegenstand sowie über weitläufigere thematische Zusammenhänge und zusätzliche gegenstandsbezogene Informationen unterrichtet sind. In der Analyse wird sichtbar, inwiefern dieser erweiterte Überblick als Deutungshilfe und als Grundlage kommunikativer Züge der Forenteilnehmer wirksam wird.

Andererseits schaffen die informationstechnische Vernetzung der Medienangebote sowie die Unterstützung der Einbindung von technischen Verweisen in die Leserkommentare die Voraussetzung dafür, dass von den Lesern explizit Bezüge zu anderen Texten hergestellt werden. Von besonderem Interesse sind in der exemplarischen Analyse die funktionalen Aspekte von Zusammenhängen zwischen Texten sowohl in der Berichterstattung als auch in der onlinespezifischen Kommentierung durch die Leser. Nachvollziehbar werden hier auch kommunikative Strategien im Streit um Sichtweisen auf berichtete Ereignisse und die von den Forenteilnehmern angewandten Verfahren zu ihrer Einführung und Verteidigung. Im Rahmen dieser mehrere Onlinezeitungen umfassenden Analyse wird auch der Debattenpodcast als ein neu eingeführtes

---

[46] Als Beispiel hierfür kann die Verschmelzung des TV-Nachrichtensenders N24 mit den Print- und Onlineausgaben der *Welt* aus dem Verlagshaus Axel Springer zum 18. Januar 2018 gelten. Unter dem gemeinsamen Namen *Welt* wird das journalistische Angebot seither in den drei Kanälen Print, Digital und TV parallel europaweit publiziert. (vgl. MP 01)

Interaktionsangebot vorgestellt, in der Redakteure und Herausgeber mit neuen Formen der Interaktion mit dem Leser experimentieren.

Der folgende Abschnitt 3.5 beschäftigt sich mit der Bedeutung kommunikativer Prinzipien für die Forenkommunikation. Zunächst werden hier anhand von Belegen aus den untersuchten Verläufen Prinzipien der Forenkommunikation vorgestellt und systematisiert, an denen die Teilnehmer sich orientieren und deren Beachtung sie im Fall ihrer Verletzung auch von den anderen Teilnehmern einklagen. Dabei wird deutlich, dass Leserforen von Onlinezeitungen ein Ort sind, an dem umfangreiche Aushandlungs- und Stabilisierungsprozesse für Konventionen in diesem Bereich des kommunikativen Haushalts stattfinden. In einem zweiten Schritt werden dann Prinzipien der Pressekommunikation aus Sicht der Leser anhand von Einwänden in den Forenverläufen rekonstruiert, wobei die Analyse sich thematisch auf den Bereich der Konfliktberichterstattung bezieht. Zentrales Ereignis sind die kriegerischen Auseinandersetzungen in der syrischen Stadt Aleppo im Dezember 2016. Die Bewertung der Qualität journalistischen Handelns durch die Leser orientiert sich stark an den behandelten Themen und damit der gesellschaftlichen Funktion der jeweiligen Sparten der Berichterstattung. So zeichnet sich gute Sportberichterstattung beispielsweise durch andere Merkmale aus als vorbildliche Berichterstattung zu sozialpolitischen Themen oder zu bewaffneten Konflikten. Im Zusammenhang mit den Berichten über Konfliktereignisse, zu denen sowohl militärische Aktionen zwischen Staaten als auch Zusammenstöße zwischen Demonstranten und der Polizei gehören, scheint allgemein das Prinzip der Unparteilichkeit von zentraler Bedeutung zu sein. Offene und verdeckte Parteinahme sowie die Einnahme von Perspektiven und Fortführung von Narrativen, die bestimmten Konfliktparteien zugerechnet werden können und deren Interessen vertreten, stoßen hier teilweise auf erbitterten Widerstand in der Leserschaft.

3.2   Das Medienformat ‚Leserforum' und die Rahmenbedingungen der Forenkommunikation

Ein wichtiger Faktor, der Einfluss auf die neue Rolle des Lesers als Textproduzent und aktiver Kommunikationsteilnehmer hat, sind die im Medium der Onlinezeitung und im Medienformat des Leserforums angelegten Rahmenbedingungen. Diese beziehen sich einerseits auf die sich fortlaufend weiter entwickelnden technischen Werkzeuge und Prozesse, mithilfe derer die einzelnen Zeitungen jeweils mit kleineren oder größeren Variationen den Lesern das

Verfassen und Veröffentlichen von Kommentartexten ermöglichen. Andererseits formulieren die Redaktionen häufig explizite Regeln und Prinzipien, beim *Tagesspiegel* beispielsweise „Community Richtlinien", bei der *FAZ* „Richtlinien für Lesermeinungen", bei der *taz* „Netiquette" und bei *Spiegel Online* „So wollen wir debattieren" recht uneinheitlich betitelt, an denen sich die Leser beim Kommentieren orientieren sollen. Die Befolgung dieser Richtlinien entscheidet in Fällen moderierter Forendiskussion über die Veröffentlichung oder gegebenenfalls auch über die Löschung von Kommentaren, bei wiederholten Verstößen auch über die Sperrung von Benutzerkonten. Ein weiterer Aspekt der Moderation ist die vorgelagerte Entscheidung des Autors oder der Redaktion, welche journalistischen Ausgangstexte überhaupt mit einem Forum versehen werden. Darüber hinaus haben die Form der Darstellung des Forenverlaufs und die Wahlmöglichkeiten der Forenteilnehmer in Bezug auf diese Darstellung Folgen für die Rezeption und das kommunikative Handeln der Leser. Im Folgenden sollen eine Momentaufnahme dieser Rahmenbedingungen sowie kommunikationsrelevante Konsequenzen, die sich aus ihnen ergeben, am Beispiel des Kommentarbereichs des Berliner *Tagesspiegels* und seiner Nutzung im Kontext eines journalistischen Kommentars vorgestellt werden.

3.2.1   Schritte bis zum Leserkommentar

Wie in allen untersuchten Onlinezeitungen befindet sich auch beim *Tagesspiegel* der Kommentarbereich unterhalb der journalistischen Primärtexte. Er ist als ein zweispaltiger, modular organisierter Einstieg in die Diskussion zum jeweiligen journalistischen Textangebot angelegt. In der linken Spalte wird der Leser zunächst über die Anzahl der bereits verfassten Forenbeiträge informiert und explizit zur Teilnahme an der Diskussion aufgefordert. Die Darstellung des nächsten Moduls hängt davon ab, ob der Leser bereits im Forum angemeldet ist. Ist dies nicht der Fall, erscheint hier ein Hinweis darauf, dass nur registrierte und angemeldete Nutzer an der Diskussion teilnehmen können. Zusätzlich gibt es die zugehörigen Möglichkeiten, sich mit einem bestehenden Konto anzumelden oder ein neues Konto zu registrieren. Ist der Leser bereits angemeldet, so erscheint stattdessen ein Eingabefeld, mit dem direkt ein Kommentar eingegeben werden kann. Darunter folgt die Darstellung des Forenverlaufs. Es wird zunächst nur ein Teil des zuletzt verfassten Kommentars im aktuellen Forum angezeigt, um das Interesse an der Diskussion zu wecken. Darunter befindet sich schließlich eine Schaltfläche, mit der der gesamte Forenverlauf angezeigt werden kann. In der rechten Spalte werden außerdem Anreißer mit Bildern, Überschriften und Verweisen zu den drei aktuell meistdiskutierten Artikeln angeboten (vgl. Abb. 2).

Abb. 2: Modularer Einstieg in das Benutzerforum des *Tagesspiegel*

Ein wichtiges Merkmal aller Forenangebote in den untersuchten Onlinezeitungen ist die verpflichtende Registrierung eines Leserkontos zur Überprüfung der Gültigkeit der angegebenen E-Mail-Adresse oder die Anmeldung mit einem Konto bei bestimmten sozialen Netzwerken wie *Facebook* oder *Twitter*. Hintergrund dieser Zugangsbeschränkung ist, dass Konten in sozialen Netzwerken ebenfalls obligatorisch mit einem E-Mail-Konto verknüpft sind und daher überprüft werden kann, ob der Nutzer Zugang zu diesem E-Mail-Konto hat. Dies soll verhindern oder zumindest erschweren, dass ein Leser beliebig viele verschiedene Identitäten annehmen kann, etwa um fingierte Dialoge mit sich selbst im Forum zu erzeugen oder eine Reihe fiktiver Leser eine bestimmte favorisierte Sichtweise auf ein Thema vertreten zu lassen. Ein weiterer Effekt dieser Maßnahme besteht darin, dass selbst bei einem Verzicht auf die Verwendung eines Klarnamens sowohl für die anderen Forenteilnehmer als auch für den Administrator des Forums eine erkennbare kontinuierliche Benutzeridentität entsteht, mit der eine Kommunikationsgeschichte verknüpft werden kann.

Aus einer technischen Perspektive bedeutet das zudem, dass alle bisher veröffentlichten und archivierten Kommentare eines jeweiligen Lesers gebündelt angezeigt werden können. Beim *Tagesspiegel* ist dieses Kommentararchiv, geordnet nach dem Erscheinungsdatum der Ausgangsartikel, öffentlich einsehbar. Es wird zusammen angezeigt mit einem Bild des Nutzers (sofern vorhanden), einigen freiwilligen Angaben aus dem Benutzerprofil wie personenbezogenen Daten, E-Mail-Adresse und kleinen Texten zur Selbstcharakterisierung („Über mich", „Was ich mag", „Was ich nicht mag") sowie einer Statistik des eignen Nutzungsverhaltens. Auch bei sehr aktiven und seit langer Zeit registrierten Lesern des *Tagesspiegel* werden Bilder oder personenbezogene Informationen von diesen jedoch nur äußerst selten angegeben, so dass Profilname, Kommentargeschichte und Nutzungsstatistik hier die relevanten Informationen darstellen (vgl. Abb. 3). Dennoch ermöglichen die auf dieser Seite zusammengestellten Informationen den Mitdiskutanten, sich bei Bedarf ein Bild über ihren Kommunikationspartner und sein bisheriges kommunikatives Verhalten, seine thematischen Interessen und sogar typische von ihm vertretene Sichtweisen zu machen.

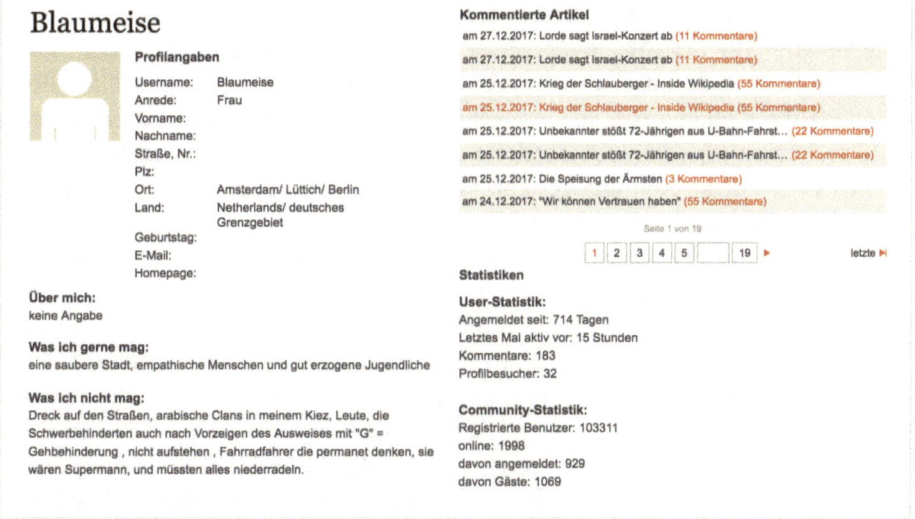

Abb. 3: Profildaten der Benutzerkonten im *Tagesspiegel*-Forum

Für die Mitdiskutanten ist besonders die Möglichkeit der eindeutigen Identifikation des jeweiligen Kommentators über einen längeren Zeitraum und über verschiedene Forenverläufe hinweg von Bedeutung. Durch sie entsteht zwischen über längere Zeit aktiven Nutzern eine gemeinsame Kommunikationsgeschichte, auf die in vielfältiger Weise Bezug genommen wird und die eine wichtige Wissensressource für das Verständnis und die Bewertung von einzelnen Forenbeiträgen darstellt. Sie beeinflusst unter Umständen auch die Bereitschaft zur Interaktion mit dem jeweiligen Forenteilnehmer und die Grundhaltung, die ihm entgegengebracht wird. Insbesondere, wenn die Benutzerstatistik ihn als einen Neuling ausweist, der sich erst kürzlich registriert hat und nun seinen ersten Kommentar hinterlässt, wird gelegentlich seine Motivation oder bei konfrontativen Beiträgen seine „Satisfaktionsfähigkeit" in Frage gestellt. Einige Beispiele für die Bezugnahme auf und Relevanz von kommunikationsgeschichtlichen Aspekten werden in Abschnitt 3.3.4 gegeben.

3.2.2   Vorgaben und Unterstützung bei der Kommentargestaltung

Bei der Erstellung von Kommentaren sind die Leser auf programmische Eingabewerkzeuge angewiesen, die ihnen von der Webanwendung der jeweiligen Onlinezeitung für diesen Zweck zur Verfügung gestellt werden. Diese Schnittstellen unterscheiden sich sowohl im Umfang der unterstützten Funktionen, wenn es etwa um typografische Gestaltung, Formen der Bezugnahme oder Verweise auf andere Texte geht, als auch in der Distribution der Orte, von denen aus sie aufgerufen werden können. Beim *Tagesspiegel* wird an zwei Stellen die Möglichkeit angeboten, einen Kommentar zu hinterlassen. Die erste befindet sich unterhalb des Primärtextes am Kopf des dargestellten Forenverlaufs. Kommentare, die hier erfasst werden, befinden sich anschließend auf der ersten Hierarchieebene des Forenverlaufs und können daher, sofern nichts gegen diese Deutung spricht, prototypisch als Kommentare mit direktem Bezug zum Artikel verstanden werden. Entsprechend lautet die Kennzeichnung auf dem Button zum Absenden des verfassten Textes „Kommentieren". Ein Link am unteren Ende der Forenverlaufsdarstellung befördert den Leser wieder zu diesem Eingabeformular. Die zweite Stelle befindet sich innerhalb des Forenverlaufs am Ende eines jeden bereits veröffentlichten Kommentars und die Schnittstelle dort ist im Gegensatz zur ersten mit der Kennzeichnung „Antworten" versehen. Hier erfasste Kommentare werden dem Bezugskommentar hierarchisch untergeordnet.[47] An dieser Stelle muss festgehalten werden, dass die Kennzeichnung der Beiträge als *Kommentare* bzw. als *Antworten* sich zunächst nur auf die technische Funktion bezieht, die sich aus dem Ort ihrer Erfassung im Webangebot ergibt. Über die tatsächliche kommunikative Funktion der einzelnen Beiträge und ihren Zusammenhang untereinander ist damit noch nichts gesagt (vgl. dazu auch Fritz 2011, 239). Diese zu beschreiben ist das Ziel der Abschnitte 3.3.1 bis 3.3.3.

---

[47]   Die terminologische Differenzierung von „Kommentaren" (Beiträge mit direktem Bezug zum Ausgangsangebot) und „Antworten" (Beiträge mit Bezug zu Kommentaren bzw. anderen Antworten) findet sich auch in anderen prominenten Onlineangeboten mit angeschlossen Nutzerforen wie etwa *YouTube* oder in Foren von sozialen Netzwerken wie *Facebook*.

Da nicht nur Kommentare, also Leserbeiträge mit direktem Bezug zu dem Ausgangstext, beantwortet werden können, sondern jede Antwort ihrerseits auch wieder beantwortet werden kann, können von einem Leserbeitrag ausgehend verzweigte Hierarchien entstehen. Die Darstellung solcher Beitragshierarchien im Forenverlauf ist eine Aufgabe, die in allen Online-Diskussionsforen gelöst werden muss und für die in den untersuchten Onlinezeitungen unterschiedliche Ansätze gewählt wurden. Die Lösung, für die sich der *Tagesspiegel* entschieden hat und die daraus resultierenden Konsequenzen für die kommunikative Nutzung werden im nächsten Abschnitt näher beschrieben.

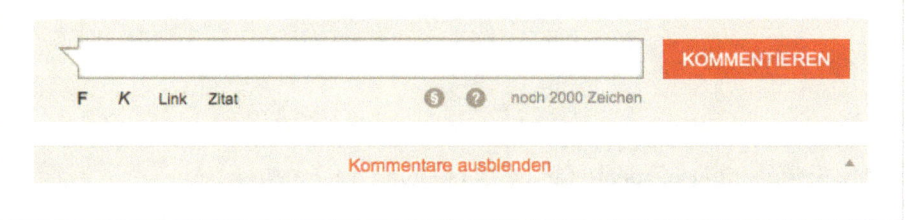

Abb. 4: Eingabeformular für Kommentare am Kopf des Forenverlaufs

Der Funktionsumfang bei der Erstellung der Kommentare wird in Abb. 4 deutlich, in der die Eingabemaske für Kommentare mit Bezug zum journalistischen Ausgangstext dargestellt ist. In einem Feld, das einer Sprechblase in einem Comic nachempfunden ist, kann der Kommentartext erfasst werden. Darunter befinden sich auf der linken Seite Werkzeuge zur Textbearbeitung. Zur typografischen und satztechnischen Gestaltung stehen die Möglichkeit der Fettung („F"), der Kursivierung („K") sowie die Kennzeichnung von Zitaten („Zitat") zur Verfügung. Darüber hinaus können Hyperlinks erfasst werden („Link"), die Verweise auf angebotsinterne und externe Webadressen ermöglichen. Auf der rechten Seite befinden sich für die Kommentierung relevante Informationen. Neben Verweisen auf die Community-Richtlinien, die mit einem Paragraphensymbol verknüpft sind, und erklärenden Hinweisen zum Funktionsumfang des Kommentarbereichs („Community Funktionen") wird hier der noch verfügbare Platz angezeigt, der pro Beitrag auf 2000 Zeichen beschränkt ist.

3.2.3   Darstellung des Forenverlaufs

Der Forenverlauf wird unterhalb der Schnittstelle zur Kommentarerfassung angezeigt (vgl. Abb. 5). Der Leser erhält hier die Möglichkeit, über Schaltflächen umfangreich auf die Darstellung Einfluss zu nehmen. Einige dieser Schaltflächen beziehen sich auf die Darstellung des gesamten Verlaufs, andere nur auf Ausschnitte. Zunächst besteht die Möglichkeit, den gesamten Forenverlauf ein- und auszublenden. Allerdings ist auch bei ausgeblendeten Kommentaren immer noch der neueste Beitrag sichtbar. Bei eingeblendeten Kommentaren werden auf einer Seite zehn Kommentare auf der ersten Hierarchieebene untereinander angezeigt. Wenn ein Forenverlauf mehr als zehn solcher Kommentare umfasst, kommt eine Paginierung hinzu, mit der im Verlauf geblättert werden kann.

Abb. 5: Steuerungselemente für die Darstellung des Forenverlaufs

Darüber hinaus werden bei eingeblendeten Kommentaren zwei weitere globale Steuerungsmöglichkeiten aktiviert. Standardmäßig sind die im vorangegangenen Abschnitt erwähnten Antworten auf Kommentare nicht sichtbar. Stattdessen befindet sich unter jedem Beitrag mit Antworten eine eigene Schaltfläche zum Einblenden derselben, die zudem über die Anzahl der vorhandenen Antworten informiert. Mit „+ alle Antworten anzeigen" im Kopfteil des Verlaufs können die Antworten für alle Kommentare auf der aktuellen Seite eingeblendet werden. Da manche Kommentare eine größere Anzahl an Antworten mit mehreren Hierarchieebenen beinhalten, kann sich dadurch die angezeigte Textmenge im Forum vervielfachen.

Die zweite Wahlmöglichkeit bezieht sich auf die Sortierung der Beiträge. Hierbei können zunächst die Kommentare zum Ausgangstext auf der ersten Hierarchieebene chronologisch aufsteigend („Älteste zuerst") oder absteigend („Neueste zuerst") sortiert werden, wobei letztere Sortierung voreingestellt ist. Diese umgekehrte chronologische Anordnung ist für manche Leser trotz der Datumsangaben in jedem Beitrag offenbar nicht unmittelbar erkennbar. Die fehlgeleitete Annahme, dass die Leserichtung der zeitlichen Entwicklung des Forenverlaufs entspricht, kann beim Verstehen z.B. der thematischen Entwicklung oder der Rolle argumentativer Züge im Forenverlauf zu Problemen führen. So schreibt ein Leser, der sich offensichtlich die neuesten Kommentare zuerst anzeigen lässt, am 24.11.2017 eine Antwort auf den in diesem Forum zuerst veröffentlichten Beitrag von 20.11.2017:

(25)   von Kabil 24.11.2017, 09:01 Uhr

Antwort auf den Beitrag von GrussUndKuss 20.11.2017, 18:15 Uhr

Ihren Beitrag habe ich gestern Nacht noch nach Ladenschluss gelesen. Der
beste Beitrag ganz am Schluss. Mehr ist nicht zu bemerken. [...]   (TS 01)

Eine dritte wählbare Sortierungsvariante ist gekennzeichnet mit der Bezeichnung „Chronologisch". In dieser Darstellung werden ebenfalls die neuesten
Beiträge zuerst angezeigt, allerdings werden sie nun aus ihrer beitragsbezogenen Antworthierarchie herausgelöst. Der Zusammenhang mit vorangegangenen dialogischen oder polylogen Antwortsequenzen (vgl. Abschnitt 3.3) und
dem Ausgangskommentar ist hier nicht mehr ohne weiteres nachvollziehbar.

Für die Darstellung der Beitragshierarchie, die sich aus der Nutzung der
Antwortfunktion (im Kontrast zur Kommentarfunktion) ergibt, können von
den Forenanbietern unterschiedliche Verfahren gewählt werden. Diese variieren in den Leserforen verschiedener Onlinezeitungen vor allem hinsichtlich
des Grades der Explizitheit und der Reichweite, mit der die Bezugsrelationen
der Beiträge gekennzeichnet sind. Der *Tagesspiegel* hat sich hierbei für einen
Mittelweg entschieden: Antworten zu Kommentaren werden unterhalb des
Kommentars eingerückt dargestellt. Antworten auf Antworten jedoch werden
ebenfalls in einer Nebenordnung auf dieser zweiten Hierarchieebene angezeigt, so dass zumindest satztechnisch nicht kenntlich gemacht wird, ob sich
eine Antwort auf einen Kommentar oder eine vorangegangene Antwort bezieht. Dies wird lediglich mit dem formalen Baustein der Bezugskennzeichnung, welcher Autor und Veröffentlichungszeitpunkt des Bezugsbeitrags
nennt, explizit gemacht. Die Zuordnung der einzelnen Beiträge innerhalb einer
komplexeren Bezugsstruktur wird dadurch recht unübersichtlich, wie Abb. 6
zeigt (die Kommentartexte wurden der Übersichtlichkeit halber nachträglich
entfernt).

In alternativen Darstellungsformen wird entweder ganz auf die satztechnische Unterscheidung von Hierarchieebenen verzichtet (wie etwa bei *Spiegel
Online*) oder es werden alle Hierarchieebenen durch Einrückung ausgezeichnet (wie bei der *Süddeutschen,* die ebenso wie die *Frankfurter Rundschau* eine
externe Forensoftware namens *Disqus* verwendet, welche für die Darstellung
verantwortlich ist). Letztere Darstellungsform erhöht den Überblick über die
Kommunikationsgeschichte insbesondere bei dialogischen Sequenzen im
Kontext polyloger Verläufe erheblich, da sie leicht erkennbar als nicht unterbrochene „Beitragstreppen" auftreten (vgl. Abb. 7).

Abb. 6: Reduzierte Kennzeichnung der Hierarchieebenen im *Tagesspiegel*

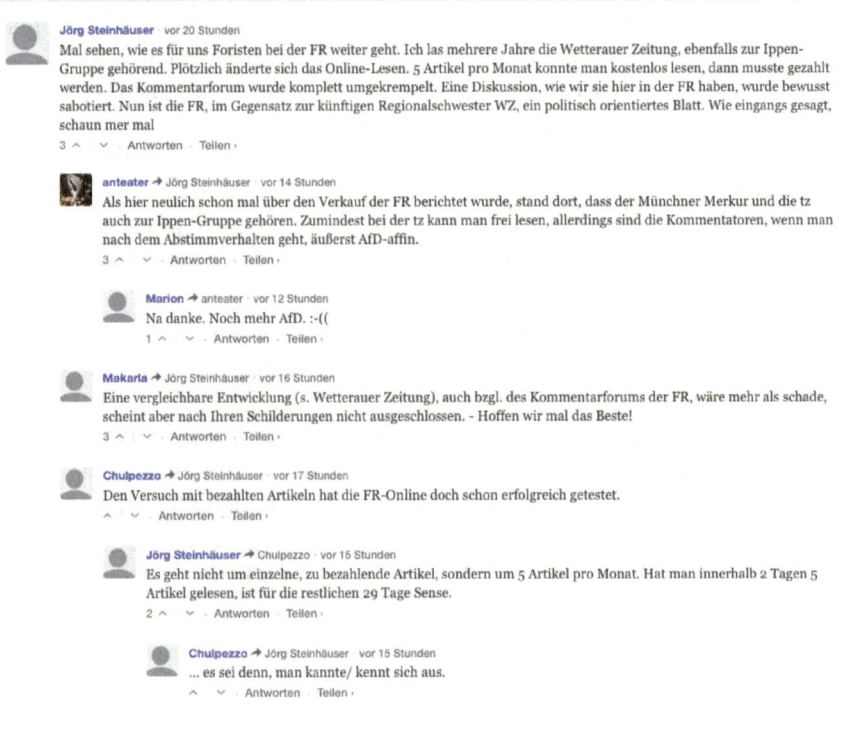

Abb. 7: Gestufte Darstellung aller Hierarchieebenen (*Frankfurter Rundschau*)

Die Beiträge selbst setzen sich zusammen aus einer Reihe formaler Bausteine, die ihrerseits über den Text hinaus eine Reihe multimodaler Gestaltungsmittel aufweisen (vgl. Abb. 8). Der erste Baustein befindet sich im Kopfteil der Beiträge. Dort wird der Name des Autors sowie der Zeitpunkt der Erfassung des Beitrags genannt. Der Name ist hierbei gleichzeitig ein Hypertextlink, der zur Profilseite des Forenteilnehmers (s.o.) führt. Hinter dem Autorennamen befindet sich zudem ein Symbol, dass mithilfe seiner Farbe (grau oder grün) anzeigt, ob der jeweilige Nutzer aktuell den *Tagesspiegel* in seinem Browser geöffnet hat und somit möglicherweise ohne zeitliche Verzögerung direkt angesprochen werden kann. Diese Information trägt erheblich zur Entstehung chatähnlicher Sequenzen bei, da beispielsweise möglicherweise notwendige Klärungs- oder Begründungszüge nicht mit der gleichen Dringlichkeit bei der Beitragserstellung antizipiert werden müssen, wenn das Gegenüber in der Lage ist, Einwände oder Nachfrage gegebenenfalls direkt vorzubringen.

Abb. 8: Darstellung eines einzelnen Forenbeitrags

Falls es sich bei einem Beitrag um eine Antwort im oben diskutierten technischen Sinn handelt, so folgt ein zweiter formaler Baustein, mit dem der jeweilige Bezugstext angegeben wird. Auch hier wird der Name des jeweiligen Verfassers sowie der Zeitpunkt der Eingabe angezeigt. Hinzu kommt ein roter Pfeil als interaktives Beitragselement, mit dem der Bezugstext in voller Länge eingeblendet werden kann (vgl. Abb. 9). Unterhalb des zweiten formalen Bausteins folgt dann der Bereich, in dem der Text des Beitrags dargestellt wird. Hierbei sind, wie bei der Vorstellung der Eingabeumgebung bereits gezeigt, einige typografische Formatierungen zur Hervorhebung möglich. Ein letzter formaler Baustein besteht in der Darstellung von Zitaten, die mit dem weiter oben gezeigten Verfahren eingefügt werden und über eine Umrahmung sowie eine textliche Kennzeichnung als Zitat verfügen.

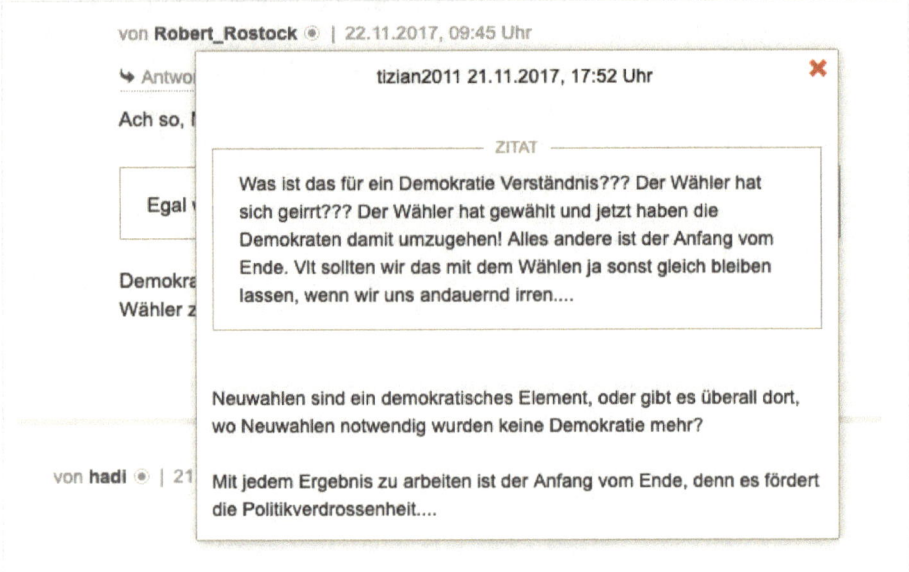

Abb. 9: Beitrag mit eingeblendetem Bezugstext

3.2.4   Community-Richtlinien

Alle untersuchten Onlinezeitungen verpflichten ihre Leser auf die Einhaltung von spezifischen Regeln und Prinzipien, die gewissermaßen eine kommunikative Hausordnung für die Nutzung der interaktiven Bereiche des Webangebots darstellen. Die Einhaltung dieser Regeln gilt als Bedingung für die Veröffentlichung von Kommentaren bzw. die Teilnahme an den Foren insgesamt, sie sind daher auch mit Sanktionen bewehrt. Diese werden in den „Community-Richtlinien" des *Tagesspiegels* wie folgt formuliert:

(26)   5. Freischalten von Kommentaren

Kommentare, die lediglich darauf abzielen, provokativ den sachlichen Austausch von Argumenten innerhalb einer Debatte zu stören schalten wir nicht frei.

[…]

14. Anspruch auf Veröffentlichung besteht nicht

Ein Anspruch auf Veröffentlichung besteht nicht. Wer mehrfach oder grob gegen die Richtlinie verstößt, kann von unseren Debatten ausgeschlossen werden.

Die Aspekte des kommunikativen Handelns der Forenteilnehmer, die in den Community-Richtlinien thematisiert werden, gehören aus texttheoretischer Perspektive heterogenen Kategorien an. Zunächst wird an mehreren Stellen die Grundfunktion des Forums aus Sicht der Redaktion genannt. Der kommunikative Nutzen, die Zweckmäßigkeit und Angemessenheit der Leserbeiträge wird hier auf die Realisation dieser intendierten Grundfunktion bezogen:

(27) Ziel unserer Moderation ist es, den Rahmen für **einen sachlichen Austausch von Argumenten** zu schaffen. […] Kommentare, die lediglich darauf abzielen, provokativ **den sachlichen Austausch von Argumenten innerhalb einer Debatte** zu stören schalten wir nicht frei. [...] sollen [...] zur **Debatte** passen [...] kann von **unseren Debatten** ausgeschlossen werden. [Herv. D.K.]

Was genau als „sachlicher Austausch von Argumenten" in einer Debatte gilt oder was die Redaktion unter einer Debatte im Kontext von Onlineberichterstattung überhaupt versteht, wird im Rahmen der Richtlinien nicht näher erläutert. Es ist zwar naheliegend anzunehmen, dass hier an den kontroversen Austausch von konkurrierenden Sichtweisen, Ergänzung von thematisch relevanten Informationen sowie begründungsbedürftige Einordnung des Berichtsgegenstands in größere Zusammenhänge usw. gedacht ist, die Wahl kommunikativer Züge und passender sprachlicher Mittel bleibt jedoch einer impliziten „Debattentheorie" überlassen, über die Forenteilnehmer in variierenden Graden verfügen. Es werden allerdings explizit bestimmte Arten kommunikativer Handlungen als unerwünscht gekennzeichnet:

(28) **Stigmatisierungen** aufgrund von Abstammung, Weltanschauung, religiöser Zugehörigkeit, Nationalität, Geschlecht, sexueller Orientierung sowie sozialem Status dulden wir nicht. [...] Kommentare, die auf eine pauschale oder persönliche **Herabwürdigung** abzielen, werden nicht veröffentlicht. [...] **Verleumdungen** und andere justitiable Äußerungen wie auch offensichtlicher **Geschichtsrevisionismus** werden nicht veröffentlicht. [...] Inhalte, die vordergründig dem Zweck der **Werbung** dienen, werden nicht veröffentlicht. [Herv. D.K.]

Während an den genannten Stellen festgelegt wird, *was* die Forenteilnehmer, bezogen auf die Grundfunktion des Forums, machen sollen bzw. was sie nicht machen dürfen, wird an anderen Stellen darauf hingewiesen, *wie* sie sich allgemein kommunikativ verhalten sollen. Hier werden mit anderen Worten kommunikative Prinzipien formuliert, an denen sich die Leser beim Verfassen ihrer Kommentare orientieren sollen:

(29) Wir legen Wert darauf, dass sich Benutzer auf Tagesspiegel Online **mit Respekt** begegnen. Ziel unserer Moderation ist es, den Rahmen für einen **sachlichen** Austausch von Argumenten zu schaffen. [...] Sie verpflichten sich, **keine obszönen, pietätlosen, menschenverachtenden** oder **gewaltverherrlichen-**

den Inhalte zu verfassen. [...] Kommentare, die lediglich darauf abzielen, **provokativ** den **sachlichen** Austausch von Argumenten innerhalb einer Debatte zu stören schalten wir nicht frei. [...] Beiträge sollen **thematisch zur Debatte passen, verständlich** formuliert sein und möglichst **den Grundregeln der Rechtschreibung und Grammatik folgen.** [...] erfolgen Benachrichtigungen [...] lediglich auf **höfliche** Anfrage. [Herv. D.K.]

Besonderen Stellenwert hat beim *Tagesspiegel* das Prinzip der Sachlichkeit, das an drei Stellen explizit eingefordert wird. In Abschnitt 9 „Sachliche Kritik" wird das Prinzip zudem mit einer bestimmten Handlungsform, dem Kritisieren, verknüpft. Dort heißt es:

(30)   9. Sachliche Kritik

Kritik an unseren Artikeln wissen wir zu würdigen. Diese sollte ebenfalls sachlich formuliert sein und unseren Richtlinien entsprechen.

Einige andere Abschnitte der Richtlinien betreffen die urheberrechtlichen Voraussetzungen des kommunikativen Handelns sowie medienspezifische ethische Aspekte. Insbesondere der Punkt „Mehrfachaccounts", also die (nicht gekennzeichnete) Veröffentlichung von Beiträgen unter mehreren Namen, zielt auf eine für Onlineforen typische Form der Täuschung ab, die in mündlicher Kommunikation unmöglich und in verwandten schriftlichen Kommunikationsformen wie etwa dem Leserbrief zumindest sehr selten anzutreffen sind. Die geforderte Voraussetzung einer gültigen E-Mail-Adresse in Abschnitt 16 dient, wie bereits beschrieben, der Vermeidung oder zumindest Erschwerung dieser Praxis.

(31)   7. Nutzungsrechte

Mit Abgabe eines Kommentars verpflichten Sie sich, nur Inhalte zu veröffentlichen, für die Sie die Nutzungsrechte besitzen. Das Zitieren von urheberrechtlich geschützten Werken ist nur erlaubt, wenn Sie kürzere Auszüge davon verwenden und dies entsprechend durch Nennung des Urhebers kenntlich machen.

[...]

11. Mehrfachaccounts

Mehrfachaccounts bergen die Gefahr einer Diskussionsverzerrung und sind deshalb nicht erwünscht.

[...]

16. E-Mail-Adresse

Um an den Debatten teilnehmen zu können, muss man sich mit einer gültigen E-Mailadresse registrieren. [...]

3.2.5   Moderationspraxis

Wie alle Foren im Untersuchungskorpus setzt auch der *Tagesspiegel* Moderatoren ein, welche die Einhaltung der Community-Richtlinien überwachen und gegebenenfalls die im letzten Abschnitt erwähnten Gegenmaßnahmen – Nichtfreischaltung bzw. Löschung von Kommentaren und Sperrung von Benutzerkonten – ergreifen. Die *Tagesspiegel*-Redaktion geht mit der eignen Moderationspraxis recht offen um. In der Jubiläumsausgabe „70 Jahre Tagesspiegel" widmet sie sich beispielsweise unter dem Titel „Eine Zensur findet nicht statt" der Frage: „Wie können wir die Debattenkultur verbessern".[48] Dort wird das Selbstverständnis der Redaktion als regulierender Gastgeber für sachliche, argumentative Debatten formuliert, welche das Ziel haben, „das Internet für einen aufklärerischen öffentlichen Diskurs nutzbar zu machen" (ebd.). Es wird aber auch auf das Hausrecht verwiesen, in dessen Durchsetzung die Redaktion keine Zensur, sondern vielmehr eine notwendige Qualitätskontrolle sieht:

(32)   Zu einem Diskurs, wie wir ihn uns vorstellen, gehören gewisse Regeln. Liberal heißt nicht anarchisch. [...] Auf der anderen, sich weniger um die Debattenqualität als um die Meinungsfreiheit sorgenden Seite kommen Beschwerden über „Zensur" in den Foren der Medien, auch bei Tagesspiegel.de. Wir schreiben „Zensur" hier bewusst in Anführungsstrichen, weil der Begriff zwar häufig verwendet wird, wir ihn aber in unserem Zusammenhang nicht für angebracht halten. [...] Eine Zensur findet in Deutschland nicht statt, jeder darf seine Meinung frei äußern. Das heißt nicht, dass sich jeder überall und jederzeit und zu allem auf jede beliebige Art äußern kann. Der Tagesspiegel lädt Leser ein, auf seiner Online-Seite und in seinen Social-Media-Auftritten zu diskutieren. Das heißt nicht, dass wir jede Äußerung zulassen.   (TS 03)

Der Artikel diskutiert auch die Geschichte der Moderationspraxis beim *Tagesspiegel* und kontrastiert sie mit der Handhabung bei anderen Onlinezeitungen. Zunächst sei das Forum offen und gänzlich ohne Moderation betrieben worden. Aufgrund vieler im Sinne der Community-Richtlinien unerwünschten Kommentare sei man dann zunächst dazu übergegangen, unerwünschte Kommentare von den Online-Redakteuren nach der Veröffentlichung löschen zu lassen. Mittlerweile arbeite ein eigenes Community-Team an der Moderation der Foren und sichte alle Beiträge bereits vor ihrer Veröffentlichung.

Im untersuchten *Tagesspiegel*-Forenverlauf dieser exemplarischen Analyse gibt es keine konkreten Hinweise auf nicht veröffentlichte Kommentare oder anderweitige Eingriffe durch die Moderatoren. Ein Beispiel für solche Indizien

---

[48]   Vgl. TS 03; Reflexive Texte zum Thema Forenmoderation finden sich – ihrerseits jeweils ausführlich kommentiert – beim Tagesspiegel wiederkehrend, etwa zwei Jahre früher, im Juni 2013, vgl. TS 04

in Forenbeiträgen, die auf nicht kenntlich gemachte Eingriffe durch einen Moderator schließen lassen, hier ironisch *redaktionelle Betreuung* genannt, gibt jedoch der Kommentar bei *Spiegel Online* in Beleg (33):

(33)   Neandiausdemtal 12.2.2019, 16:35

   2. Dachte ich mir!

   Dachte mir schon, dass mein erster Kurzkommentar der redaktionellen Betreuung zum Opfer fällt. Zu Recht, „Dreck" darf man die Rechten auch nicht nennen, sind ja immerhin doch Menschen. Allerdings ist der US-amerikanische Begriff „White Trash" verbreitet und dort anerkannt.

   Zum Artikel. […]   (SO 05)

Dass die einschränkende Moderation von Kommentaren auch beim *Tagesspiegel* zur täglichen Praxis gehört, zeigen allerdings die Reaktionen einiger mutmaßlich rechts-konservativ orientierter Leser des *Tagesspiegels*, die sich selbst als „islamkritisch" verstehen und deren frühere Beiträge häufig nicht freigeschaltet oder deren Benutzerkonten gelöscht wurden. Sie nahmen diese Vorfälle 2011 zum Anlass, in anderen Foren oder auf eigens eingerichteten Blogs mit vielsagenden Namen wie „DiskursKorrekt im Tagesspiegel"[49] oder „Zensurenspiegel"[50] in polemischer Weise über ihre Erfahrungen und Schriftwechsel mit dem Community-Team zu berichten. Ähnliche Erfahrungen machen ebenso eher links-liberal orientierte Leser in den Foren anderer Onlinezeitungen. So publiziert ein enttäuschter Kommentator verschiedener Medien in seinem eigenen Blog „Ansichten eines Realitätsverkenners"[51] eine bemerkenswerte Menge von Beiträgen, die von den Moderatoren der jeweiligen Onlinezeitungen und Social-Media-Foren gelöscht wurden. Er bemerkt in seiner Einleitung hierzu:

(34)   Hier sammele ich mal einen Großteil meiner Kommentare zu Themen, die mich interessieren. In erster Linie sind es Kommentare zu den Spon-Artikeln (Spiegel-Online), weil leider bei Spon ein Großteil der Kommentare nicht veröffentlicht werden und ich das einfach schade finde, um die Mühe die ich mir gemacht habe.

Ebenso beschweren sich Forenteilnehmer von *focus.de* im Forum von *stern.de* über ähnliche Fälle der für sie nicht nachvollziehbaren Ablehnung bzw. Löschung von Kommentaren, bei denen sie informationspolitische Absichten im Hintergrund sehen, wie der Kommentar in Beleg (35) und die Antworten darauf zeigen:

---

[49] DK 01
[50] ZS 01
[51] RV 01

(35)   a2d2   Frage Nummer 6222

Warum wirft Focus-Online viele Zuschriften raus, Stern u. Spiegel aber
nicht...???

...schreibe nun seit einigen Jahren in den Foren, hier beim Stern, Spiegel und
Focus-Online. Wenn ich ähnliche Stellungnahmen hier und im Spiegel rein-
stelle, geht zu 95% alles klar, bei FOCUS kommt jeder 2. Kommentar zurück.

Ist die Zensur bei Focus „rechter, wie Rechts", oder seid Ihr und die Anderern
einfach „liberaler" ??? [...]   (ST 01)

(36)   volkeru   28.04.2016 - 14:13:41 Uhr

Nicht nur Focus Online betreibt Zensur nach Gutsherrenart, Welt Online ist da
kein bisschen besser. Es sind halt von großen, konservativen Medienmogulen
beherrschte Zeitschriften, in denen vorwiegend staatstragende Meinungen veröffentlicht werden sollen, die dadurch aber leider eben auch gutem Journalismus widersprechen.

So hat Focus zum Beispiel in seiner Netiquette die Bestimmung, dass alle Meinungen, die andere vorverurteilen, verboten sind. Jede Form der Kritik an anderen Personen kann immer aber auch als Vorverurteilung gewertet werden.
Mit dieser „Totschlag-Klausel" kann man also jeden Kommentar löschen, der
unliebsam ist. Und das wird auch fleißig getan. [...]   (ST 01)

(37)   Skorti   01.06.2016 - 13:19:56 Uhr

Ihr habt nicht die Meinung des Focus vertreten und somit gegen die Netiquette
verstoßen. Als man beim Focus noch mit Pseudonym schreiben konnte, hatte
ich auch noch kommentiert. Selbst freundliche Hinweise, dass bestimmte Artikel nun im Verlauf von 3 Jahren zum achten Mal auf der Hauptseite auftauch-
ten, ohne eine Aktualisierung durchgemacht zu haben, verstießen gegen die
Netiquette und wurden abgelehnt.   (ST 01)

(38)   Tobias_Claren   01.06.2016 – 14:12:24 Uhr

arte.tv zensiert auch ohne Not.

Ja, da gibt es unlogische ideologische Gründe für eine Ablehnung von Texten
die in keinster Weise als Rechts oder Linksradikal zu werten sind.

Der Artikel: http://info.arte.tv/de/grossbritannien-eugenik-bei-samenbanken

Erwünscht bzw. durchgelassen werden wohl NUR Eugenik-feindliche Kommentare. So als wäre das selbstverständlich, und gäbe es beim Thema Eugenik
nur eine richtige Ansicht. So als wäre Eugenik automatisch die negative (Tö-
tungen) Nazi-Eugenik mit Zwang. Nein, Eugenik kann vom Konzept her auch
zutiefst menschenfreundlich und links(liberal) sein.   (ST 01)

Diese Leserreaktionen geben einerseits einen Einblick in die Schwierigkeiten
bei der Auslegung und Anwendung der Community-Richtlinien und ihrer Begründung im Einzelfall. Andererseits machen sie deutlich, dass es in der Praxis
in vielen Onlineforen journalistischer Angebote in erheblichem Umfang zu einer

Vorauswahl der eingereichten Kommentare kommt und der beobachtbare Forenverlauf als das Ergebnis eines für die Teilnehmer wenig transparenten Selektionsprozesses betrachtet werden muss.[52] Insbesondere die von zensierten Lesern häufig geäußerte Überraschung bzw. Verärgerung über nicht veröffentlichte Kommentare deuten darauf hin, dass unerfahrenere Forenteilnehmer aufgrund der spurlosen Entfernung der Kommentare[53] in der Regel davon ausgehen, dass es im Kontrast zum Leserbrief nicht zu einer Vorauswahl der veröffentlichten Kommentare durch die Redaktion kommt und der Forenverlauf daher als einigermaßen repräsentativ für das Spektrum von Perspektiven auf den Berichtsgegenstand innerhalb der Leserschaft gelten kann. Der Kontrast zwischen den Erwartungen in der Leserschaft bezüglich dieser Repräsentativität auf der einen Seite und der intransparenten Moderationspraxis auf der anderen ist daher häufig Ausgangspunkt für den Vorwurf der informationspolitisch motivierten Manipulation der öffentlichen Kommunikation.

Diese Vorwürfe können bis auf sehr seltene Ausnahmen nicht in den betreffenden Foren selbst geäußert und diskutiert werden, da sie in der Regel ebenfalls von den jeweiligen Moderatoren entfernt werden. Wie bereits gezeigt, weichen betroffene Forenteilnehmer daher gelegentlich auf andere Medien aus, um die als willkürlich wahrgenommene Moderationspraxis zu dokumentieren und anzugreifen. So beschwert sich ein Forenteilnehmer von *Zeit Online* im Forum von *netzpolitik.org* über die Willkür der Moderationspraxis und ihre von ihm wahrgenommene Unvereinbarkeit mit den dortigen Community-Richtlinien und Zielsetzungen. Auffällig ist dabei auch der Hinweis auf die wiederholte Verletzung des aus seiner Sicht für die Moderation relevanten Prinzips der Neutralität:

(39)   elle supreme sagt:

17. August 2016 um 21:34 Uhr

Wenn man keine festgeschriebenen Regeln hat, ist man bequemerweise auch an keine Regeln gebunden. Die Moderationspolitik der Zeit sticht da meiner Erfahrung nach besonders heraus, wo insbesondere „differenzierte Argumentation" und „themennahe Diskussion" gefordert werden, fleißig zensiert wird, während bestimmte Kommentare auch mit dem größten Bullshit, null Argumenten und Informationsgehalt und samt übelster Vorurteile stehen bleiben, solange sie sich bloß gegen die richtigen Gruppen richten. Selten eine weniger neutrale Moderation als dort gesehen.   (NP 01)

---

[52] *Netzpolitik.org* berichtete im August 2016 im Anschluss an eine freiwillige Umfrage, dass auf *sueddeutsche.de* vor der Schließung der Kommentarfunktion im Jahr 2015 im Schnitt jeder zehnte Kommentar gelöscht wurde, bei *taz.de* wurde teilweise sogar jeder fünfte Kommentar gelöscht oder versteckt. (vgl. NP 02)

[53] Eine Ausnahme bildet hier das Forum von *Zeit Online*, in dem gesperrte Kommentare als solche gekennzeichnet, unleserlich gemacht und mit einem Hinweis auf Nichteinhaltung der Community-Richtlinien versehen werden.

Ausreichend dokumentierte Fälle wie in den Belegen (40) und (41) bieten zudem die Gelegenheit, die Begründung der Moderatoren für die Entfernung bestimmter Kommentare unabhängig zu überprüfen. In (40) gibt beispielsweise der Leser eines politischen Blogs in einem Leserbrief seine Erfahrungen mit dem Forum des Onlineangebots der ARD wieder, in dem er sich zu einer Sendung mit dem Thema „Grundrente und Alterssicherung" geäußert hat. Dabei zitiert er nicht nur seinen gelöschten Erstbeitrag, sondern auch seine anschließende detaillierte Bitte um die Nennung der Gründe für die Löschung, die ihrerseits ebenfalls gelöscht wurde. In (41) dokumentiert ein Teilnehmer des Forums von *tagesschau.de* im Forum des Onlinemagazins *Telepolis* die Löschung seines Kommentars zu einem Nachrichtenbeitrag. Beide ergänzen ihre Dokumentation der Vorgänge mit dem Vorwurf der informationspolitisch motivierten Manipulation.[54]

(40)   11.02.18 20:43

> In welcher Welt leben wir eigentlich? Die MdBs bekommen automatisch jedes Jahr eine Diätenerhöhung plus Erhöhung ihrer Pensionsansprüche. Nun entscheiden sie über die Rente von Menschen, die ihr Leben lang gearbeitet haben und mit ihren Steuern die MdBs finanzieren. Ein besonderes „Highlight" ist in dieser Talkshow Johannes Vogel, der Sprecher für Arbeit und Rente bei der FDP, ein ausgesprochener „Experte" für Arbeit und Rente, der nie in seinem Leben einer praktischen Tätigkeit nachgegangen ist, wie man seiner Biografie entnehmen kann: Zivildienst, Studium, Politik und Führungskraft bei der Bundesagentur für Arbeit.

> Wie soll mit solchen Leuten ein gerechtes Rentenniveau erreicht werden? Wann gibt es endlich eine Bürgerversicherung wie in Österreich und der Schweiz, in die alle einzahlen? Aber wer sägt schon den Ast ab, auf dem man so schön bequem sitzt?

> 12.02.18 8:58

> Mein Kommentar vom 11.02.18 20:43 wurde nicht veröffentlicht, weil er gegen die Netiquette verstößt. Gegen welchen Punkt der Netiquette? Ich habe nur nachprüfbare Fakten, also die Wahrheit geschrieben und daraus logische Schlüsse gezogen. Die Biografie von Johannes Vogel entnahm ich der Webseite des Bundestages. Die Quelle hatte ich auch noch angegeben. Johannes Vogel, der nur gegen die Rentenaufwertung für Arme von Herrn Heil wettert, verspricht Frau Holtkotte nach seiner Version aber eine um über 100€ höhere Rente? Wie soll diese Rentenberechnung denn funktionieren? Was ich davon halte, darf ich wegen der Netiquette nicht schreiben. Verstößt eigentlich dieser Satz auch schon gegen die Netiquette? Ich dachte eigentlich, wir leben in einem Land der hochgelobten westlichen Werte, wie der Meinungsfreiheit. Mit dieser Masche ist es leicht, jede unerwünschte Meinung abzuwürgen. [...]   (NS 01)

---

[54]   Für weitere Belege zu dieser Praxis und die Perspektive der Nutzer auf diese Vorgänge vgl. FT 01

(41)   D.o.S. (mehr als 1000 Beiträge seit 05.10.2011)
25.11.2016 18:06

Abermals Zensur im Tagesschau-Forum bzgl White Helmets

Gerade heute ist wieder ein Lobes-Artikel für die Weißen Helme auf tages-schau.de: http://www.tagesschau.de/ausland/weisshelme-nobelpreis-101.html

Folgender Kommentar mit einen Link zu dem hier beim TP-Artikel verlinken Fake-Video wurde nicht freigeschaltet:

> *Neues Video zur Glaubwürdigkeit der White Helmets*
>
> *https://www.youtube.com/watch?v=GfwMGHkBIqk*
>
> *In diesem Video sieht man wie 2 Helfer der white helmets sich über einen angeblichen Verletzten beugen. Nur bewegen die sich 22 Sekunden lang keinen Millimeter. Dann plötzlich fangen die „Helfer" an zu „helfen", der Verletzte beginnt sich zu bewegen und zu schreien. Das Ganze ist also offensichtlich eine gestellte Rettung.*

Der Artikel verstößt gegen keinerlei Forumsregeln bei der Tagesschau. Hier geht [es] offensichtlich um Unterdrückung von Informationen - sprich Zensur.

(TP 01)

Diese Form der Moderation in vielen Leitmedien bleibt bei den betroffenen Lesern nicht ohne Auswirkung auf das Nutzungsverhalten. Meyen (2018b) weist auf diese Entwicklung hin und zitiert auf seinem medienwissenschaftlichen Blog „Medienrealität" stellvertretend einen Nutzer, der bei *Telepolis* frustriert kommentiert:

(42)   Ich hab's bei der Welt als Kommentator aufgegeben. Ich hab's bei der Zeit als Kommentator aufgegeben. Die Moderatoren machen es einem reichlich schwer, eine Meinung zu vertreten, die die Spekulationen der Journalisten in Frage stellen.   (MR 01)

Über diese anekdotischen Belege hinaus gibt es jedoch noch eine Reihe weiterer Hinweise darauf, dass jenseits der Einhaltung der Netiquette noch andere Faktoren auf die Moderationspraxis einwirken. So kann ein zusätzlicher Indikator in der Einschränkung der Kommentierbarkeit von Artikeln insgesamt in Abhängigkeit von den behandelten Themen gesehen werden. Es handelt sich hier um eine Form der ‚Metamoderation‘, die der Informatiker David Kriesel korpusgestützt anhand der Berichterstattung im Nachrichtenmagazin *Spiegel Online* für ausgewählte Themengebiete in den Jahren 2014 bis 2016 analysiert hat.[55] Ein auffälliger Befund unter vielen anderen bestand dabei darin, dass die Kommentierbarkeit von Artikeln zum Themenbereich des Konflikts in Syrien im Jahr 2014 noch bei 70% lag, nach dem deutschen Kriegseintritt Ende 2015

---

[55]   TP 02

jedoch auf 30% fiel, obwohl das Interesse an diesem Thema in der Leserschaft stark gestiegen war. Andere journalistische Onlineangebote wie beispielsweise die *Süddeutsche Zeitung* gehen noch einen Schritt weiter und haben ihre Leserforen unterhalb der redaktionellen Texte als Reaktion auf Kommentare von Nutzern zu bestimmten Themen, allen voran die Berichterstattung der Ukraine-Krise,[56] ganz abgeschafft. Obwohl dieser direkte Zusammenhang von Mitarbeitern der *Süddeutsche Zeitung* bestritten wird und die Gründe für die Forenschließung immer noch kontrovers diskutiert werden,[57] lässt sich zumindest festhalten, dass in der Zeit vor diesem Schritt die Berichterstattung auf *sueddeutsche.de* zum Ukrainekonflikt in den eigenen Foren stark in der Kritik stand,[58] ihr an vielen Stellen von den Lesern ausführlich belegt widersprochen wurde und sie regelmäßig um argumentativ abgestützte alternative Deutungsangebote und Einordnungsversuche ergänzt wurde.

Fasst man die Einbindung des Medienformats ‚Leserforum' in das Medium ‚Online-Zeitung' auf Grundlage der in den vorangegangenen Abschnitten beschriebenen Aspekte zunächst als die Eröffnung eines technisch-medialen Möglichkeitsraums auf, so spezifizieren die in diesem Abschnitt skizzierten Rahmenbedingungen, die sich aus der Praxis der Moderation ergeben, den Möglichkeitsraum hinsichtlich der Handlungsmöglichkeiten und Verstehensgrundlagen.

---

[56] Diese Kritik betraf nicht nur die *Süddeutsche Zeitung* sondern viele Leitmedien, unter anderem auch die Informationsangebote der *ARD*, der von ihren Zuschauern „Einseitigkeit zu Lasten Russlands, mangelnde Differenziertheit sowie Lückenhaftigkeit" vorgeworfen wurde und die deswegen im Juni 2014 von ihrem Programmbeirat für unausgewogene und tendenziöse Berichterstattung gerügt wurde. In einem Bericht des *Deutschlandfunk* mit dem Titel „Rebellion der Leser", der zwei Monate vor der Forenschließung bei *sueddeutsche.de* erschien, heißt es hierzu: „Für ihre Berichterstattung über die Krise in der Ukraine müssen deutsche Medien viel Kritik einstecken. Zu einseitig, zu russlandkritisch heißt es tausendfach in Leserkommentaren vieler Nachrichtenportale. Auch Medienexperten und Russlandkenner beklagen massive Fehler. Die Redaktionen geraten zunehmend unter Rechtfertigungsdruck." (vgl. DF 01)

[57] In ähnlicher Weise entschied sich auch die *Deutsche Welle* im August 2018 dazu, die Kommentarfunktion auf ihrer Website abzuschalten. Zur Begründung der Entscheidung durch die Redaktion vgl. DW 01. Meyen (2018a) bringt in seiner Analyse der Begründung eine häufig von Forenteilnehmern geäußerte Kritik an diesem rekurrenten Begründungsmuster auf den Punkt, wenn er schreibt: „Es geht nicht um das Niveau. Es geht darum, die „Deutungshoheit" zu behalten (Schreyer 2018: 179). Es geht darum, das Sprachrohr der Macht zu retten – genau wie in den Debatten um Fake News, Hate Speech, Verschwörungstheorien. Kommt zurück zu den ‚richtigen' Nachrichten. Dort wird euch gesagt, was ihr zu glauben habt. Ohne Kommentar."

[58] Für eine ausführliche Diskussion des Zusammenhangs zwischen der Kritik an der Ukraineberichterstattung und der Forenschließung vgl. TP 03

3.3   Handlungsformen und Beitragssequenzen im Interaktionsraum Leserforum

Beiträge in Leserforen sind in den meisten Fällen keine selbständigen Texte, die isoliert rezipiert werden, denn sie verfügen aufgrund ihres Entstehungsprozesses, der an die technisch-medialen Eingabewerkzeuge gebunden ist, systematisch über einen auch über das Seitenlayout nachvollziehbaren Bezug zu mindestens einem weiteren, auf der gleichen Seite dargestellten Text, nämlich zu dem journalistischen Primärtext. Ein über diese gemeinsame Anordnung hinausgehender Bezug ist damit jedoch noch nicht sichergestellt, denn ein Leser könnte die Gelegenheit auch dazu zweckentfremden, im Kontext eines journalistischen Textes zusammenhangslos etwa Werbung für eine Dienstleistung zu machen oder ein Heiratsgesuch zu veröffentlichen. In der Regel beziehen sich die Beiträge jedoch auch in kommunikativer Hinsicht auf den Primärtext oder einen seiner Aspekte, wobei vielfältige und zum Teil subtile Spielarten der Bezugnahme zu beobachten sind. In vielen Fällen sind Forenbeiträge darüber hinaus Teil einer kohärenten Beitragssequenz und stehen dadurch außerdem in einem kommunikativen Zusammenhang mit einer Reihe weiterer vorangegangener und nachfolgender Textbeiträge im Forenverlauf, die für ihr Verständnis relevant sein können. Für Beiträge auf der ersten Hierarchieebene (im *Tagesspiegel* „Kommentare" genannt), die sich auch kommunikativ auf den Primärtext beziehen, lassen sich zwar einige wiederkehrende Grundfunktionen sowie typische Realisierungsvarianten beobachten. Insbesondere die Funktion(en) von Forenbeiträgen auf tieferen Hierarchieebenen (im *Tagesspiegel* „Antworten" genannt) und damit die kommunikativen Aufgaben, die lokal gelöst werden müssen, hängen jedoch von ihrer jeweiligen kommunikativen Rolle in der Handlungssequenz ab, von der sie ein Teil sind.

Im Folgenden sollen beispielhaft einige prototypische Beiträge und Beitragssequenzen unterschiedlicher Komplexität im Forenverlauf zu Lorenz Maroldts *Tagesspiegel*-Kommentar zu den gescheiterten Koalitionsverhandlungen 2017 im Hinblick auf ihre innere Handlungsstruktur und ihren äußeren kommunikativen Zusammenhang beschrieben werden. Ergänzend werden außerdem Beiträge und Sequenzen im Kontext anderer journalistischer Primärtexte aus der untersuchten Textbasis diskutiert, um die Breite des Spektrums möglicher Handlungsformen zu zeigen und den Zusammenhang des funktionalen Profils eines Forenverlaufs mit thematischen und funktionalen Aspekten des Primärtexts zu illustrieren. In Abschnitt 3.3.1 wird zunächst das heterogene Spektrum wiederkehrender Handlungsformen in Forenbeiträgen erster Ordnung rekonstruiert und vorgestellt. Anschließend werden zu dessen Systematisierung zentrale Aspekte des kommunikativen Zusammenhangs untersucht, in dem diese Handlungsformen stehen. Abschnitt 3.3.2 beschäftigt sich dann mit den bestimmenden Faktoren, die Auswahl, Kombination und Sequenzierung funktional-thematischer Bausteine zu größeren textuellen Einheiten in Beiträgen erster Ordnung steuern. In Abschnitt 3.3.3 werden diese Beiträge dann in ihrem sequenziellen Zusammenhang mit anderen Forenbeiträgen beschrieben. Zu diesem Zweck werden zweischrittige und komplexere dialogische und polyloge Interaktionsstrukturen beschrieben und visualisiert und es wird die Rolle untersucht, welche die Orientierung der Forenteilnehmer an in anderen Kommunikationsbereichen etablierten Kommunikationsformen für polyloge Interaktionsstrukturen spielt. Abschnitt 3.3.4 behandelt abschließend Aspekte der Entwicklung von Teilnehmeridentitäten und einer gemeinsamen Kommunikationsgeschichte als kommunikative Ressource.

3.3.1 Wiederkehrende Handlungsformen in Kommentaren der ersten Hierarchieebene

Als Ausgangspunkt soll die Gruppe jener Beiträge erster Ordnung im Forenverlauf vorgestellt werden, die als „Kommentar" in der Eingabemaske unterhalb des Primärtextes erfasst wurden.[59]

Einen ersten wichtigen Bestandteil der Analyse bilden dabei jene wiederkehrenden und damit typischen Handlungsformen, die als Grundfunktion von ganzen Beiträgen oder größeren Abschnitten gelten können. Wie in Abschnitt 2.2.3 dargestellt, sind diese Handlungsformen häufig komplex strukturiert und aus für die übergeordnete Handlung relevanten Teilhandlungen zusammengesetzt. Hierzu gehören im untersuchten Forenverlauf etwa Behauptungen, die mit Belegen gestützt werden, Vorwürfe, die anschließend spezifiziert werden, Bewertungen, deren zugrundeliegende Bewertungsprinzipien explizit gemacht werden oder auch Argumentationen, die neben Bausteinen zur Formulierung von Thesen und Argumenten auch Konzessivzüge enthalten können. Diese komplexen Handlungen können ihrerseits wieder zu bestimmten kommunikativen Zwecken kombiniert werden, beispielsweise wenn auf einen Vorschlag eine Argumentation folgt, welche eine implizite vorschlagsspezifische Sprecherfestlegung, etwa hinsichtlich der Zweckmäßigkeit der vorgeschlagenen Handlungsweise, stützen soll. Darüber hinaus spielen bei der funktionalen Beschreibung *indem*-Zusammenhänge eine wichtige Rolle. Bewertungen können beispielsweise einerseits durch den Gebrauch von explizit bewertenden Ausdrücken wie *gut, schlecht, schön, miserabel, hervorragend, 1A* usw. vollzogen werden.[60] Andererseits kann jedoch auch ein Text implizit als schlecht

---

[59] Alle Belege in diesem Abschnitt: TS 01
[60] Zum Gebrauch von Bewertungsausdrücken und seiner kommunikationsanalytischen Beschreibung vgl. Fritz 1986, 272ff.

bewertet werden, *indem* einer oder mehrere seiner Aspekte in einer bestimmten Hinsicht *kritisiert* werden. Zusammenhänge der erwähnten Art sind daher für die folgende Beschreibung der funktional-thematischen Bausteine der Forenbeiträge und die Verwendung von handlungskennzeichnenden Ausdrücken maßgeblich.

Ein zweiter, hiermit theoretisch verknüpfter Analyseaspekt ergibt sich aus spezifischen Handlungsformen wie etwa jenen des Kritisierens und des Einklagens, für die kommunikative Prinzipien (vgl. Abschnitt 2.2.5) konstitutiv sind. Für das Bewerten spielen wiederum Bewertungsprinzipien eine grundlegende Rolle und in Argumentationen werden Schlussprinzipien entweder vorausgesetzt oder explizit angegriffen und verteidigt. Aus diesem Grund ist die funktionale Beschreibung dieser Handlungsmuster nicht von den für sie relevanten Prinzipien zu trennen.

Der dritte Bestandteil der Analyse in diesem Abschnitt ist die Beschreibung des kommunikativen Bezugs zum Primärtext, welcher auf ganz unterschiedliche Arten gegeben sein kann. Neben der direkten Bezugnahme mit Ausdrücken wie *Artikel, Text, Kommentar* usw., beispielsweise im Zusammenhang mit Bewertungshandlungen, sind häufig auch funktionale Bezüge zu finden, etwa wenn auf eine im Text gestellt Frage geantwortet oder eine im Text eingenommene Position kritisiert wird. Insbesondere im Fall von journalistischen Kommentaren, deren Verfasser wie im untersuchten Text namentlich gekennzeichnet ist, wird der Bezug oft auch durch die Nennung des Autorennamens hergestellt. Gegenstand ist dabei häufig ein Aspekt des kommunikativen Handelns des Verfassers. In anderen Fällen wird in den Forenbeiträgen wiederum ein Aspekt des thematischen Raums, der durch den Primärtext eröffnet wird, aufgegriffen, ohne einen unmittelbaren funktionalen Zusammenhang zum diesem herzustellen. Im diskutierten Text kommen als thematische Teilaspekte beispielsweise in Frage: die bundespolitische Lage, Perspektiven für die Regierungsbildung nach den gescheiterten Koalitionsverhandlungen, die Zukunft der SPD, das Handeln der Bundeskanzlerin, die Berichterstattung zu den Koalitionsverhandlungen, die Geschichte von Parteien, das deutsche Wahlsystem usw. Beiträge auf tieferen Hierarchieebenen können sich zudem etappenweise thematisch vom Primärtext entfernen, so dass der thematische Bezug hier in manchen Fällen nur durch die Rekonstruktion entlang dieser Etappen möglich ist.

Ein erster wiederkehrender funktional-thematischer Baustein in den Kommentaren ist das Bewerten des Primärtexts. In manchen Fällen macht dieser kurze Baustein den gesamten Beitrag aus, wie in (43) und (44):

(43)   Danex 21.11.2017, 08:49 Uhr

      Ein schöner Artikel, dem ich nur zustimmen kann.

(44)   drwhox 21.11.2017, 11:23 Uhr

     1A! Sehe ich genau so!

(45)   G.J.Bouwhuis 21.11.2017, 18:17 Uhr

     Sehr gute[r] Artikel. Völlig richtig. Eine Unverschämtheit, so ist es. Ich bin froh, das[s] es viele Journalisten gibt die dies so deutlich sagen. [...]

Der Bezug zum Primärtext geschieht hier auf unterschiedliche Weise. Während in (43) und (45) im Rahmen elliptischer Konstruktionen mit indefiniten Kennzeichnungen (*[Dieser Text ist] Ein schöner Artikel, [Dieser Text ist ein] Sehr guter Artikel*) explizit auf den Text Bezug genommen wird, geschieht dies in (44) mittelbar durch die Verwendung von *so* zur Bezugnahme auf die im Text ausgedrückte Sichtweise. Diese Form der Bezugnahme im zweiten Satz dient – neben der Tatsache, dass es sich um einen Kommentar auf der ersten Hierarchieebene handelt – als ein weiteres Indiz dafür, dass die Bewertung *1A* im ersten Satz sich auf den Artikel bezieht. In (45) wird wie in (44) der Ausdruck *so* verwendet, hier wird jedoch zudem spezifiziert, auf welchen Aspekt der Sichtweise des Verfassers der Leser sich bezieht, nämlich auf die Bewertung von Neuwahlen als Unverschämtheit. Alle drei Forenbeiträge sind funktional nach dem gleichen Schema aufgebaut: Zuerst wird der gesamte Primärtext explizit positiv bewertet (*schöner, 1A, Sehr guter*) und es folgt jeweils eine kurze Begründung für diese Bewertung, die darin besteht, dass der jeweilige Leser der vom Verfasser vertretenen Sichtweise zustimmt.

Die hier als Begründung für die Bewertungen geäußerte Zustimmung kommt auch als eigenständiger oder texteröffnender Baustein vor, mit dem etwa in (46) und (47) der Beitrag jeweils begonnen wird. In (46) folgt darauf eine Präzisierung im Hinblick auf die geäußerte Position, welcher der Leser zustimmt, in (47) folgt der Zustimmung, in der mit einem Zitat und wiederum mit *So* auf die Sichtweise Bezug genommen wird, eine sarkastische Bemerkung, mit der dem FDP-Politiker Christian Lindner die Verantwortung für das Scheitern der Verhandlungen gegeben wird:

(46)   rowal 21.11.2017, 11:43 Uhr

     Ich stimme Herrn Maroldt eindeutig zu. Die „große" Koalition mag nicht die beste Lösung sein – sie ist aber gegenwärtig die einzige realistische. [...]

(47)   nakotiker 21.11.2017, 13:16 Uhr

     Zitat: Neuwahlen wären eine Unverschämtheit

     So sieht das aus! Aber wenn Herr Lindner das aus eigener Tasche bezahlt, wäre es zumindest wirtschaftlich ausgeglichen. [...]

Im Gegensatz zu den Bewertungshandlungen in den Belegen (43) bis (45), die mit expliziten Bewertungsausdrücken realisiert wurden, folgen Textbewertungen weitaus häufiger daraus, dass ein oder mehrere Textaspekte kritisiert werden. Im vorliegenden Forenverlauf werden beispielsweise in mehreren Beiträgen von Maroldt verwendete Äußerungsformen thematisiert, auf welche die Leser mit den Ausdrücken *Wortwahl*, *Formulierung* und *Ausdrucksweise* sowie durch den Gebrauch von Anführungen bezugnehmen. Konkret kritisiert wird dabei vor allem die Bezeichnung der möglichen Folgen des strategischen Verhaltens der SPD während der Koalitionsverhandlungen als *Unverschämtheit*. Manche Leser kritisieren noch einige weitere damit im Zusammenhang stehende Formulierungen, wie in den Belegen (48) bis (52) deutlich wird. Die Belege (50) und (51) geben dabei Hinweise auf ein kommunikatives Prinzip, das nach Ansicht der Leser hier durch den Gebrauch dieser Ausdrücke verletzt worden ist, welches man in einem ersten Zugriff als *Prinzip der angemessenen Graduierung der Ausdrucksweise* bezeichnen könnte.

(48)   CruiserBruno 20.11.2017, 18:19 Uhr

Ihre Wortwahl, Herr Maroldt, ist unverschämt! [...]

(49)   somaseliger 20.11.2017, 18:52 Uhr

Die Formulierung in der Überschrift irritiert mich.

Unverschämtheit passt hier überhaupt nicht. [...]

(50)   zikade77 21.11.2017, 10:32 Uhr

Verstehe die Aufregung nicht. Was wäre so schlimm an Neuwahlen? Unverschämtheit? Guter Mann, das ist doch bloße Stimmungsmache übelster Art [...]

(51)   satyr 21.11.2017, 10:38 Uhr

„Unverschämtheit". „Dekadenz", „Unfähigkeit"

Ach Herr Maroldt, jetzt übertreiben Sie aber

maßlos, unangemessen, unseriös.

(52)   anepo 20.11.2017, 19:38 Uhr

Was bitte an Neuwahlen ist „unverschämt"?

Zitat: Vor diesem Hintergrund ist die Drohung mit Neuwahlen nicht nur unanständig und gefährlich für die politische Kultur, sondern diskreditiert auch das einzige Regierungsszenario,

Wieso, Herr Maroldt, ist für sie ein demokratisches Verfahren eine „Drohung", „unanständig" und „gefährlich für die politische Kultur"? [...]

Die in (51) konkret geäußerte Kritik der Maßlosigkeit bzw. Unangemessenheit wird an anderer Stelle mit deutlich indirekteren sprachlichen Mitteln realisiert, wie etwa in (53):

(53) Yoni 21.11.2017, 11:29 Uhr

> Es fehlen eigentlich noch die Vergleiche mit der Weimarer Republik oder ein Verweis auf italienische Verhältnisse. Und natürlich der Spruch von den vaterlandslosen Gesellen.

In ironischer Zuspitzung wird hier dem Verfasser empfohlen, zusätzlich gängige Topoi der alarmistischen Kommentierung (*Weimarer Republik*) und der Beschimpfung (*vaterlandslose Gesellen*) in seinen Kommentar aufzunehmen. Als eine Bewertungshandlung kann man die Kritik in den vorangegangenen Belegen unter der Bedingung beschreiben, dass folgendes Bewertungsprinzip gilt: Wenn ein Text das kommunikative Prinzip der angemessenen Graduierung der Ausdruckweise verletzt, dann ist er schlecht. Der Handlungszusammenhang besteht dann darin, dass die Leser den Text bewerten, *indem* sie ihn in einer bestimmten Hinsicht kritisieren.

Ein weiterer funktionaler Baustein in Kommentaren erster Ordnung sind Einwände, etwa gegen den unpassenden Gebrauch rhetorischer Mittel. In (54) wird die metaphorische Redeweise über die Weigerung der SPD, in die Regierung zu gehen, als das Fallenlassen eines heißen Gegenstandes von einem Forenteilnehmer als *nicht schlüssiges Bild* bezeichnet. Wie bereits in (52) wird hier nach dem Eröffnungszug die technisch unterstützte Möglichkeit des Zitats genutzt, um den kritisierten Textteil zur Bezugnahme in den eigenen Beitrag einzubinden.

(54) Hanebutt 20.11.2017, 18:55 Uhr

> So sehen Bilder aus, die nicht schlüssig sind:
>
> *Zitat: „Wer sich um politische Verantwortung bewirbt, darf sich nicht drücken, wenn er sie in den Händen hält." Und die SPD? Könnte sie plötzlich wieder in den Händen halten, aber sie ist ihr zu heiß. Sie lässt sie fallen und nimmt Neuwahlen nicht nur in Kauf, sondern redet sie geradezu herbei.*
>
> Die SPD hat die politische Verantwortung nicht in den Händen, sondern die beiden Unionsparteien. Und die beiden Parteien, die zusammen mit den Unionsparteien die Schwampel bilden wollten. Somit kann die SPD diese Verantwortung nicht fallen lassen. [...]

Der Leser bestreitet zunächst die Behauptung im Primärtext, dass die SPD die politische Verantwortung in den Händen hält und schließt dann eine Schlussfolgerung an (*somit kann die SPD diese Verantwortung nicht fallen lassen*), die auf einem impliziten analytischen Urteil beruht (*man kann nur etwas fallen lassen, das man in den Händen hält).* Diese Schlussfolgerung dient dann ihrerseits als Argument für den im ersten Satz geäußerten Einwand, während die hierbei vorausgesetzte triviale Schlusspräsupposition (*wenn die SPD die Verantwortung nicht fallen lassen kann, dann ist die zitierte metaphorische Wendung nicht schlüssig*) ebenfalls implizit bleibt. Der hier vorgebrachte Einwand bezieht sich also sowohl auf den unpassenden Gebrauch eines sprachlichen Mittels als auch auf die vom Textautor vorausgesetzte Deutung der politischen Situation.

Anders liegt der Fall bei Beiträgen, die sich auf die sachliche Richtigkeit von berichteten oder implizierten Sachverhalten beziehen und somit im direkten Zusammenhang mit der (Nicht)Beachtung des Wahrheitsprinzips stehen. Wie in Beleg (54) im Zitatblock erkennbar wurde, wirft Maroldt der SPD vor, sie *red[e Neuwahlen] geradezu herbei*, in seinem Text finden sich jedoch keine Belege für diese Behauptung. Der Leser muss also annehmen, dass der Autor sich dabei auf seinen Überblick über die von SPD-Mitgliedern gemachten Äußerungen der letzten Tage zu diesem Thema stützt. Genau darauf bezieht sich der Forenteilnehmer in dem Kurzbeitrag (55), mit dem er dem Verfasser widerspricht:

(55)   halfbrain 22.11.2017, 12:17 Uhr

> Wenn Sie die Entwicklung intensiver verfolgt hätten, würden Sie lesen, dass die SPD eben NICHT Neuwahlen präferiert, sondern eine Minderheitsregierung (offensichtlich) unterstützen würde.

Mit seinem Gegenvorwurf, dass Maroldt die Entwicklung nicht verfolgt habe, und vor allem mit dem Ausdruck *würden sie lesen* deutet der Kommentator an, dass es publizierte Belege dafür gibt, dass SPD-Mitglieder sich für die Tolerierung einer Minderheitsregierung ausgesprochen haben, was in direktem Widerspruch mit Maroldts Behauptung steht.

Eingeklagt wird das Wahrheitsprinzip noch deutlicher in (56) im Zusammenhang mit einer indirekten Redewiedergabe Maroldts, die ohne Quellenangabe erfolgt (*lautet es*). Diese Handlung wird zusätzlich mit dem *fake-news*-Topos in Verbindung gebracht, der neben der sachlichen Unrichtigkeit der Redewiedergabe auch eine Täuschungsabsicht nahelegt, worauf auch die Bewertung der Darstellung als *dreist* hindeutet.

(56)   Leser-Meier 21.11.2017, 10:19 Uhr

> Es war zu erwarten, und es ist auch keineswegs unlauter, dass sich die Meinungsmacher nun an die SPD wenden und ihr nahelegen, sich an den Sondierungstisch zu begeben.

> Nur sollte das mit Argumenten und nicht mit dreisten, nachgerade wahrheitswidrigen (fake news, anyone?) Worten geschehen.

Zitat: Nur wenn Merkel abtritt, lautet es, könnte es sein, dass sich die SPD doch noch zu Gesprächen mit der Union bequemt. (Maroldt)

Schulz hat in seinem gestrigen Statement sehr deutlich klargestellt, dass eine etwaige GroKo für ihn nicht infrage kommt und sich das auch nicht ändere, wenn sich Frau Merkel zurückzieht (gleichlautend war die Aussage von Frau Nahles). Vielmehr hat er betont, dass Merkel den Wählerauftrag bekommen habe "und niemand sonst". Das vermeldete auch der Tagesspiegel.

Umso erstaunlicher, dass Herr Maroldt nun die Information streut, die SPD denke an eine Ablösung von Frau Merkel zwecks Vorbereitung des Eintritts in eine neuerliche GroKo.

Auch hier wird die Zitatfunktion gebraucht, um auf die relevante Äußerung Maroldts Bezug zu nehmen und auch dieses Beispiel ist so aufgebaut, dass auf den Eröffnungszug des Vorwurfs (*mit dreisten, nachgerade wahrheits-widrigen Worten*), in dem das verletzte Prinzip genannt wird, zunächst ein Zitat folgt und dann eine Begründung für den Vorwurf. Diese Begründung setzt sich zusammen aus zwei Teilen: Im ersten Teil wird belegt, dass der propositionale Gehalt der indirekten Redewiedergabe bezüglich der Ver-handlungsstrategie der SPD nicht zutrifft. Der Nachweis erfolgt hier in Form zweier ebenfalls indirekter Redewiedergaben, die Maroldts Darstellung wi-derlegen, diesmal allerdings mit überprüfbaren Quellenangaben. Der Hin-weis im zweiten Teil der Begründung, dass diese Belegäußerungen auch im *Tagesspiegel*, also im gleichen Medium, berichtet wurden, kann als Stützung des weitergehenden Vorwurfs der absichtlichen Täuschung (*fake news*) ver-standen werden, wenn man voraussetzt, dass Tagesspiegelredakteure norma-lerweise über die hauseigene Berichterstattung zu den Themen ihrer Texte informiert sein sollten.

Eine mit den letzten beiden Belegen verwandte Kritik am Primärtext be-zieht sich nicht auf das Prinzip der Wahrheit, sondern auf die Prinzipien der Relevanz und der Vollständigkeit. Anstelle der Behauptung unwahrer Sach-verhalte wird in (57) und (58) die Auslassung relevanter Sachverhalte kriti-siert, die nach Auffassung der Leser dem Zweck dient, eine bestimmte Sicht-weise zu stützen. In dem untersuchten Forenverlauf kritisieren zwei Teilneh-mer erneut, dass Maroldt mögliche Neuwahlen als *Unverschämtheit* bewer-tet. Sie weisen zu diesem Zweck auf die im Text unerwähnte Tatsache hin, dass die Mehrheit der Wähler sich in der aktuellen politischen Situationen Neuwahlen wünscht und belegen dies mit Quellenangaben (in den Hinwei-sen auf den *ARD-DeutschlandTrend* und *Umfragen, über die heute Morgen verschiedene ÖR berichtet haben*) sowie Zitaten.

(57)   spreeathen 21.11.2017, 09:56 Uhr

Unverschämt, diese Wähler!

Laut ARD-DeutschlandTrend sprechen sich 63 Prozent der Bundesbürger FÜR NEUWAHLEN aus:

Zitat: Sollte es nicht zur Neuauflage einer Großen Koalition kommen, spre-chen sich 29 Prozent der Befragten dafür aus, dass die Union eine Minderheitsregierung bildet (+9 Punkte im Vergleich zu Anfang No-vember). 63 Prozent sind dagegen für Neuwahlen (-12).

Sind die jetzt alle politisch dekadent und unverschämt, Herr Maroldt?

(58)   nubone 21.11.2017, 09:16 Uhr

So so. Laut Umfragen, über die heute Morgen verschiedene ÖR berichtet ha-ben, wünschen mehr als 50% der Bürger (wenn auch von Merkel immer nur „Menschen" genannt) Neuwahlen und nur ca. 30% eine Minderheitsregie-rung. Eine erneute GroKo wollen angeblich nur 9%.

Diese wurde eindeutig abgewählt. Und eine Schwampel wurde nicht eindeu-tig gewählt. Aber der Autor hielte Neuwahlen eine Unverschämtheit. Ver-mutlich, weil ihm persönlich hinterher das Ergebnis nicht passen könnte?

Kritisiert wird hier, dass der Autor eine mit seiner Charakterisierung und Argumentation unvereinbare, für die Beurteilung der Situation jedoch rele-vante Tatsache unerwähnt lässt. Im Hintergrund steht dabei die Annahme, dass die Forderung nach einem demokratischen Verfahren, das von der Mehrheit der Wähler gewünscht wird, nicht als Unverschämtheit gelten kann, wenn man basale demokratische Prinzipien wie das Mehrheitsprinzip akzeptiert. Bereits die Andeutung dieses Widerspruchs (*So so, Aber*) und die Suggestivfrage in (57) (*Sind die jetzt alle politisch dekadent und unver-schämt, Herr Maroldt?*) kann man daher auch als den impliziten Vorwurf einer elitären, antidemokratischen Haltung verstehen. Noch deutlicher er-kennbar wird dieser Vorwurf in (58) in der Deutung (*Vermutlich, weil ihm persönlich hinterher das Ergebnis nicht passen könnte?*), vor allem anhand der Formulierungen *ihm persönlich* und *passen*.

Neben dieser auf Berichtsfakten bezogenen Kritik, die zusätzlich eine in-formationspolitische Dimension besitzt, da aus Sicht der Leser die als un-wahr kritisierten Behauptungen oder unterschlagenen Informationen die strategischen Absichten des Autors stützen, werden in den Kommentaren ge-legentlich auch inhaltliche Fehler des Primärtexts kritisiert, die nicht in ei-nem unmittelbar erkennbaren strategischen Zusammenhang stehen oder die-ser zumindest nicht thematisiert wird, wie in (59):

(59)   Nordmann_berlin 21.11.2017, 13:35 Uhr

Das war wohl nichts:

Zitat: ... und das Wort des Bundespräsidenten, selbst Sozialdemokrat, macht ...

Mit dem Antritt des Amtes (Bundespräsident) ruht die Parteimitgliedschaft! Und falls Ihnen der Name Weizäcker (Richard von) noch was sagt, der hat seine Mitgliedschaft in der CDU auch nicht wieder aufgenommen.

Also können Sie doch nur schreiben, dass er aktuelle Bundespräsident Sozialdemokrat **war**.

Erneut wird zunächst nur angedeutet, dass der Text einen sachlichen Fehler enthält und dann der betreffende Textteil des Artikels mithilfe der Zitatfunktion wiedergegeben. Im Anschluss folgt dann zunächst ein Begründungsbaustein, der einen möglichen Einwand gegen die Kritik (etwa, dass die Parteimitgliedschaft während der Präsidentschaft nur pausiert) antizipiert und mit einem Gegenbeispiel entkräftet. Erst dann wird in Form einer Schlussfolgerung, eingeleitet mit dem Ausdruck *Also*, der eigentliche Kritikpunkt – die Unangemessenheit der Kennzeichnung von Steinmeier als Sozialdemokrat – explizit gemacht. Auch hier bleibt die Schlusspräsupposition implizit, die man folgendermaßen formulieren könnte: *wenn jemand aktives Parteimitglied der SPD ist, dann und nur dann gilt er als Sozialdemokrat.* Das bleibt nicht ohne Folgen. Die Bedeutung dieser impliziten Präsupposition für den weiteren Verlauf der Kommunikation im Forum zeigt sich in der Antwort auf (59).

(60)   (anonym) 21.11.2017, 13:46 Uhr

Antwort auf den Beitrag von Nordmann_berlin 21.11.2017, 13:35 Uhr

Und Sie glauben wirklich, dass man seine politische Gesinnung mit dem Erhalt der Ernennungsurkunde zum Bundespräsidenten aufgibt? Das nennt man blauäugig!

Für den Forenteilnehmer in (60) gilt offenbar die Annahme: *wenn jemand über eine sozialdemokratische Gesinnung verfügt, gilt er (unabhängig von seiner Parteimitgliedschaft) als Sozialdemokrat.* Er unterstellt die Akzeptanz dieser Annahme auch dem Autor von (59) und kommt daher zu dem Schluss, dass jener annehmen müsse und habe sagen wollen: *wenn jemand seine Parteimitgliedschaft beendet, legt er auch die entsprechende Gesinnung ab.* Diese Schlusspräsupposition greift er dann an, indem er sie als naiv kritisiert. Diese kurze Sequenz illustriert die Relevanz der Konstellation von Annahmen über die Gültigkeit von Schlusspräsuppositionen und über diesbezügliche Annahmen seitens des Kommunikationspartners.[61] Sie bilden in diesem Beispiel neben anderen Verlaufsmöglichkeiten die Grundlage für eine mögliche Auseinandersetzung über die Gebrauchsbedingungen des Ausdrucks *Sozialdemokrat* und strukturieren mithin den weiteren Forenverlauf.

---

[61]   Zur kommunikativen Relevanz divergierender Annahmen über die Gültigkeit von Schlusspräsuppositionen und ihrer Aushandlung vgl. Heringer et al. 1977, 265ff.

In einigen der vorangegangenen Belege wurde der Primärtext von den Lesern bewertet und im Hinblick auf verschiedene kommunikative Prinzipien kritisiert. Gegenstand war also die Qualität des kommunikativen Handelns im Hinblick auf Konventionen der Textproduktion, welche die journalistische Praxis regeln. Dem gegenüber stehen Kommentare, die den Text im Hinblick auf die dort zum Ausdruck gebrachte Position kritisieren. Maroldt verstößt hier also in erster Linie in seiner Rolle als Demokratieteilnehmer im Hinblick auf seine politische Position gegen das Gebot des Anstands und des Respekts vor politischer Entscheidungsfreiheit politischer Parteien. Diese Kritik an seiner Haltung wird jedoch in manchen Fällen verknüpft mit der Kritik an dem Aspekt, dass er diese Position in seiner Rolle als Journalist im Rahmen eines redaktionellen Kommentars äußert, was in (61) und (62) deutlich wird:

(61)   w.heubach 21.11.2017, 08:42 Uhr

Den Kommentar empfinde ich als Unverschämtheit

Soll sich die SPD - immerhin die älteste demokratische Partei Deutschlands - völlig selbst aufgeben, nur damit Frau Merkel Kanzlerin bleiben kann? [...]

(62)   FiffiKronsbein2 21.11.2017, 09:39 Uhr

Ganz schön überheblich von einem TSP-Redakteur, die SPD zwingen zu wollen, eine Koalition mit einer Union einzugehen, unter deren Führung sie bekanntlich eine sozialdemokratische Politik nicht ernsthaft umsetzen kann.

Erneut wird der Text selbst und die in ihm erhobene Forderung gegenüber der SPD als eine *Unverschämtheit* bezeichnet und dem Autor Überheblichkeit vorgeworfen. Insbesondere in (62) wird zudem explizit gemacht, dass die Zuschreibung von Überheblichkeit an das zu erwartende Rollenverhalten eines Redakteurs des *Tagesspiegel* geknüpft ist. Begründet wird dieser Vorwurf jedoch in beiden Fällen in einem eigenen funktionalen Baustein, in dem die aus Sicht der Leser nicht zumutbaren Folgen dieser Forderung für die SPD erläutert werden. Im Hintergrund dieser Vorwürfe steht die Auffassung, dass der Autor in diesem Kommentar den ihm zur Verfügung stehenden Spielraum zur Darstellung der eigenen Sichtweise verlassen hat und sein Text in unzulässiger Weise informationspolitisch motiviert ist. Diese Auffassung wird von einigen anderen Lesern geteilt und auch explizit zum Ausdruck gebracht, wie in (63):

(63)   agrobat 21.11.2017, 10:07 Uhr

Zitat: Neuwahlen wären eine Unverschämtheit

... genau so, wie es ihr text auch sein könnte, ...

ist es aber nicht, sondern einfach „machtpolitik" vom feinsten! neuwahlen passen ihnen, hr. maroldt, nicht in den kram, warum auch immer, das enthalten sie dem leser vor. stattdessen hantieren sie mit begriffen (Dekadenz, dramatisch, politischer Dekadenz, Unverschämtheit, peinlicher Wettbewerb, unanständig und gefährlich) die der politischen realität überhaupt nicht entsprechen. […]

Der Forenteilnehmer wirft Maroldt vor, nicht die politische Lage zu kommentieren, sondern mit seinem Text *Machtpolitik* zu betreiben mit dem erkennbaren Ziel, die von ihm persönlich unerwünschte Option von Neuwahlen zu delegitimieren und diese damit zu verhindern. Begründet wird dieser Vorwurf damit, dass die Forderung für einen Kommentar unzureichend argumentativ gestützt sei (*warum, […] das enthalten sie dem leser vor*) und stattdessen polemische und unsachgemäße Formulierungen gebraucht würden.

Funktional eng verwandt und mit einem ähnlichen Textaufbau kritisiert auch der Leser in (64) die informationspolitisch motivierte Textgestaltung und auch hier wird die für einen Kommentar unzureichende argumentative Stützung von Bewertungen (*eigenartige Logik, Beliebigkeitspolitik, den eigenen Interessen nutzend*) kritisiert:

(64)   brezel 21.11.2017, 09:06 Uhr

Eine sehr eigenartige Logik, welche Sie vertreten Herr Maroldt…

„So richtig es war…(vor 8 Wochen)…, … so falsch ist es jetzt.."

Das ist Beliebigkeitspolitik, lediglich den eigenen Interessen nutzend, dienend… haben die anderen gefälligst sich ausschließlich an meinen Interessen zu orientieren. (Unter dem Mäntelchen eines staats-er-tragenden Journalismus… a la eines L. Maroldt) […]

Sehr konkret wird dem Verfasser sein strategisches kommunikatives Handeln im Primärtext auch in (65) vorgeworfen.

(65)   bullenalltag 21.11.2017, 17:00 Uhr

Zitat: *Wer sich um politische Verantwortung bewirbt, darf sich nicht drücken, wenn er sie in den Händen hält.*

Mit anderen Worten: Sie Herr Maroldt wollen also diese Verantwortung bei der SPD abladen, wo doch die Jamaikaner danach gegiert haben. […]

Maroldt wird dort vorgeworfen, in seinem Text daran zu arbeiten, die Verantwortung für die Situation nach den gescheiterten Koalitionsverhandlungen der SPD zuzuschieben und die anderen Akteure zu entlasten. Die Bezugnahme auf die politischen Lager lässt hier außerdem die Deutung zu, dass dem Autor auch vorgeworfen wird, gegen das Prinzip der Unparteilichkeit zu verstoßen. Noch deutlicher kommt dies in (66) zum Ausdruck, in dem der Leser Maroldt deutlich einem politischen Lager (*Angst, dass SPD, Linke und AfD dann die Gewinner sind*) zuordnet:

(66)   Humpenproletarier 21.11.2017, 10:06 Uhr

Zitat: *Neuwahlen wären eine Unverschämtheit*

hat hier jemand Angst, daß SPD, Linke und AfD dann die Gewinner sind? Da diese nicht an diesem Urlaubsinsel-Theater teilgenommen haben und eventuell die Bevölkerung von dieser Konstellation auch gar nichts hält?

Der Vorwurf der Parteilichkeit trifft häufig jedoch nicht nur den Autor des Primärtexts, sondern auch die gesamte Zeitung. Der Primärtext wird dann als ein (weiteres) Indiz dafür gewertet, dass im *Tagesspiegel* insgesamt das Prinzip der Unparteilichkeit missachtet wird.

(67)   (anonym) 21.11.2017, 09:14 Uhr

... und Schuld daran ist nur die SPD ...

Ohne diese Losung wäre es wohl nicht der Tagesspiegel?

Man könnte auch mal kritisch beleuchten wie die CDU unter der Führung von Merkel in den letzten drei Koalitionen vornehmlich den eigenen Koalitionspartner weg gemessen hatte. […]

(68)   ralffrh 21.11.2017, 13:19 Uhr

Es ist wieder bezeichnend, da können sich die Neocons von Christsozialen, Christdemokraten, magentafarbenen Muppets und Grünen nicht einigen, schmeißen sich Sack und Seil vor, aber hier im gefühlten CDU-Parteiblatt, sind die Sozialdemokraten schuld, diejenigen, die nicht dabei waren beim huldvoll Winken vom „königlichen Balkon“. […]

(69)   riegel 21.11.2017, 10:39 Uhr

Alle Äußerungen der Politiker sollten schon als Wahlkampf einzuordnen sein. Dementsprechendes gilt auch für die Zeitungen, die über ihre Herzensparteien berichten. Fehlersuche einseitig, das kann man im TS exemplarisch verorten...

In den Beiträgen (67) bis (69) wird dieser Vorwurf mit jeweils unterschiedlichen sprachlichen Mitteln zum Ausdruck gebracht (*diese Losung, CDU-Parteiblatt, einseitig*). Gestützt wird er dann in den ersten beiden Belegen mit verwandten Zügen. In (67) schließt sich an den Vorwurf die Forderung nach der Behandlung eines relevanten Themas an (*Man könnte auch mal [...] beleuchten*). Setzt man voraus, dass eine unparteiische Berichterstattung die Behandlung auch dieses Themas einschließen würde, kann man die Feststellung, dass der *Tagesspiegel* eben dieses Thema nicht behandelt, als eine Begründung für den vorangegangenen Vorwurf der Parteilichkeit verstehen. In (68) wird der als parteiisch kritisierten Position (*die Sozialdemokraten sind schuld*) eine Beschreibung der Situation vorangestellt, welche eine andere Bewertung stützen würde. Auch hier kann man die Situationsbeschreibung als eine Begründung für den Vorwurf der Parteilichkeit deuten, wenn man annimmt, dass eine

Thematisierung des beschriebenen Sachverhalts relevant für eine unparteiische Berichterstattung ist. In (69) schließlich wird die Annahme, dass einige Zeitungen *Herzensparteien* haben und für diese mit ihrer Berichterstattung und Kommentierung Wahlkampf betreiben als Allgemeinplatz vorausgesetzt. Anschließend wird der *Tagesspiegel* bei eben diesen Zeitungen eingereiht.

Neben der spezifisch an dem Primärtext, an Lorenz Maroldt als dessen Autor oder an dem *Tagesspiegel* als publizierendes Medienunternehmen geäußerten Kritik dient in manchen Beiträgen der Text auch als Grundlage für eine allgemeinere Medienkritik. Gegenstand kann dabei sowohl die politische Ausrichtung der Leitmedien (in Forenverläufen häufig auch als „Mainstream-Presse" bezeichnet) sein, als auch deren journalistisches Selbstverständnis. Beispiele hierfür sind die Belege (70), (71) und (72).

(70)   BRCI 21.11.2017, 09:46 Uhr

> Na, da ist wohl Unruhe in die Redaktionsstuben eingekehrt. Läuft nicht so geschmiert wie sonst? Was ist eigentlich verloren durch Lindners Rückzug? keine noch neoliberalere Wirtschaftspolitik? Kein beschleunigter Sozialabbau, der als Eigenverantwortung verkauft wird? […]

(71)   Hanebutt 21.11.2017, 09:30 Uhr

> Ein Artikel, der exemplarisch zeigt, in welchem Maße der Journalismus meint, Meinung gestalten und den Parteien, wenn es ihnen wichtig erscheint, vorgeben zu können, wie sie zu handeln haben.

> Der Journalismus als oberste Gewalt.

> Dabei hat er eigentlich die dienende Funktion, die der Steinmeier nun meint von den Parteien einfordern zu müssen.

> Der Journalismus hat wertfreier Vermittler zwischen Politik und Bevölkerung zu sein. Statt dessen agiert er wie ein Oberzensor.

(72)   (anonym) 21.11.2017, 10:20 Uhr

> Für eine Tageszeitung (ob Papier oder online) macht mir der Tagesspiegel langsam zu viel Politik und berichtet und recherchiert zu wenig. Gestern mehrfach Frau Siletschow mit einer „Abrechnung" gegen Herrn Lindner. Heute dieser Artikel. Das betreute Denken hört nicht auf. Doch wir Leser können selbst denken. Wenn ihr, liebe Journalisten, unbedingt selbst so massiv Politik machen wollt, dann habt ihr die Legitimation dazu erst, wenn ihr euch auch zur Wahl stellt und ein Mandat habt.

Kritisiert werden hier über Lorenz Maroldt hinaus die *Redaktionsstuben*, der *Journalismus* sowie die *lieben Journalisten* im Hinblick auf ihre neoliberal orientierte informationspolitische Ausrichtung sowie auf ihre wiederholten Versuche, mit ihrer Berichterstattung bzw. Kommentierung aktiv in die Tagespolitik einzugreifen. Ein Bezug zu konkreten einzelnen Aspekten des

Primärtexts wird dabei nicht hergestellt, stattdessen wird eine Deutung der weitergehenden Absichten des Autors als exemplarisch für das kommunikative Handeln von Journalisten, Redakteuren und Herausgebern im Allgemeinen unterstellt.

Eine letzte Gruppe von Beiträgen oder Beitragsteilen, die sich funktional und thematisch auf den Primärtext beziehen, sind jene, die eine im Text geäußerte inhaltliche Position oder einen dort behaupteten Sachverhalt thematisieren. Ein im funktionalen Aufbau typischer Vertreter dieser Gruppe ist in Beleg (73) wiedergegeben, in dem Vorwurfshandlungen eine wichtige Rolle spielen:

(73)   ickebins 21.11.2017, 09:21 Uhr

> Zitat: *Wenn Merkel weg ist, ist damit noch kein einziges inhaltliches Problem*
> *gelöst, das der SPD im Wahlkampf wichtig zu sein schien. Tatsächlich*
> *stand Merkel fast keinem davon ernsthaft im Weg.*
>
> Lieber Herr Maroldt, das stimmt nicht. Und das wissen Sie auch. Merkel steht
> elementaren inhaltlichen Positionen unverrückbar im Weg. Die SPD zum Sün-
> denbock des Versagens der Kanzlerin zu machen, eine Regierung mit den
> Wahl„gewinnern" zu bilden, ist lächerlich.

Zunächst zitiert der Forenteilnehmer auch hier wieder die Passage des Primärtexts, in dem der zur Disposition stehende Sachverhalt formuliert wird. Anschließend bestreitet er die zitierte Deutung der politischen Lage und nimmt eine gegenteilige Perspektive auf den Gegenstand ein. Das Bestreiten der Darstellung im Primärtext dient hier als Grundlage für den weiterführenden Vorwurf des unzulässigen informationspolitischen Handelns des Verfassers. Mit dem letzten Satz wirft der Leser ihm vor, die SPD *zum Sündenbock* zu machen. Die vorangegangene Äußerung *Und das wissen Sie auch* kann in diesem Zusammenhang so verstanden werden, dass der Leser Maroldt vorwirft, die kritisierte Perspektive auf den Sachverhalt (*Merkel stand der Lösung inhaltlicher Probleme der SPD nicht im Weg*) in seinem Text in opportunistischer Weise und gegen besseres Wissen als Grundlage für seinen Vorwurf gegenüber der SPD einzunehmen.

Beleg (74) verdeutlicht im Kontrast dazu recht gut, welche Rolle die Kommunikationsform des Argumentierens[62] und ihre konstitutiven Handlungsmuster in Kommentaren mit Bezug zu Positionen spielen können, die der Verfasser im Ausgangstext äußert.

---

[62]   Grundlage für die Diskussion dieses Handlungsmusters ist nicht (ausschließlich) die logische Dimension von Argumentationen, sondern vor allem seine Einbettung in soziale Zusammenhänge und kommunikative Praktiken zur Bearbeitung strittiger Punkte. Diese Perspektive schließt an Toulmins folgende Definition an: „The Term *argumentation* will be used to refer to the whole activity of making claims,

(74)   der_schoeneberger 20.11.2017, 20:44 Uhr

Ja und Nein -

Ja, Neuwahlen wären eine „Unverschämtheit" - der Bürger hat eine Wahl getroffen, und aus der müssen die Abgeordneten nun halt irgendetwas machen.
Schließlich kann man ja nicht so lange abstimmen lassen, bis das Ergebnis endlich genehm ist...

(Nebenbei: was wäre denn, wenn eine Neuwahl das letzte Ergebnis exakt reproduzieren würde? Noch eine Neuwahl? Und wenn die wieder...?)

Nein, die SPD steht hier nicht in erster oder zweiter Verantwortung. Mit der
Regierungsbildung beauftragt ist nun mal die Union, und in deren Feld liegt
der Ball. Wenn die es nicht hinkriegt, ihre Traumkonstellation durchzubringen,
dann muss sie halt etwas anderes probieren. Und wenn das (GroKo reloaded)
auch nicht klappt, dann muss sie sich halt noch etwas anderes überlegen. Und
wenn Garnichts klappt, dann muss sie eben als Minderheitsregierung walten.

Oder aber den eigenen Bankrott offen zugeben und einen Kanzler unterstützen,
der nicht aus dem Unionslager stammt - wäre auch noch ein Ausweg.

Jedenfalls finde ich den Ansatz, es sei die staatsbürgerliche Pflicht der SPD,
der Union die Kanzlerschaft zu sichern, ziemlich abstrus...

Der Leser strukturiert seinen Beitrag anhand seiner Deutung der zwei zentralen Thesen in Maroldts Kommentar, von denen eine auf seine Zustimmung,
die andere auf Ablehnung trifft. Zunächst gibt er mit einem kleinen ‚Advance
Organizer' einen Hinweis darauf, dass in dem Text aus einer Sicht sowohl
richtige wie falsche Positionen vertreten werden. Danach werden in zwei thematischen Blöcken zunächst diese Thesen zustimmend (*Ja, Neuwahlen wären
eine Unverschämtheit*) bzw. ablehnend (*Nein, die SPD steht hier nicht...*) paraphrasiert und diese Zustimmung bzw. Ablehnung der Thesen anschließend
argumentativ gestützt. Dabei werden im ersten Abschnitt die für Argumenta-

---

challenging them, backing them up by producing reasons, rebutting those reasons
and so on." (Toulmin et al. 1984, 14). Die Regeln und Konventionen, die Argumentationen organisieren, hängen dabei von den äußeren Argumentationszusam-
menhängen und dem übergeordneten Zweck der kollektiven Aktivität ab. Toulmin
bemerkt dazu: „Human argumentation [...] has a whole range of distinct functions.
For example, the quality of legal reasoning is judged by its relevance and its power
to support a judgement on behalf of a given charge or defense; the quality of busi-
ness reasoning is determined by its power to guide policy discussions; [...] While
certain very broad rules of 'rational procedure' apply to arguments in all these forums, many of the more specific rules of procedure [...] that govern arguments in
one area or another are relevant only to, say, the proceedings in a law court rather
than a scientific meeting, or the other way around." (ebd., 16).

tionen konstitutiven Züge nacheinander mit einzelnen Satzhandlungen vollzogen. Nach der Formulierung der These folgt das Argument: Neuwahlen wären *deshalb* eine Unverschämtheit, *weil die Abgeordneten durch die Wahl der Bürger verpflichtet sind, eine praktikable Lösung zu finden.* Diesen argumentativen Baustein abschließend wird noch die stützende normative Schlusspräsupposition explizit gemacht: *Man darf nicht so lange abstimmen lassen, bis das Ergebnis genehm ist.* Insbesondere der Ausdruck *genehm* wird hier dazu verwendet, den politischen Akteuren, die das Wahlergebnis bislang nicht konstruktiv in eine Regierungsbildung umsetzen wollen, eine ungerechtfertigte Anspruchshaltung und mangelnde Demut bzw. unzureichendes Verantwortungsbewusstsein vorzuwerfen. Diese Charakterisierungen sind es, die in der Argumentation die Kennzeichnung als *unverschämt* rechtfertigen sollen.[63]

Ergänzend zu diesem ersten funktionalen Abschnitt reicht der Leser noch einen zweiten argumentativen Baustein nach, der sich ebenfalls gegen mögliche Neuwahlen richtet. Während jedoch der erste, auf eine normative Annahme gestützte argumentative Baustein recht explizit versprachlicht ist, stützt sich der in Parenthese gesetzte zweite auf eine pragmatische Grundlage und erfordert etwas mehr Deutungsarbeit. Die hier implizierte These könnte man etwa folgendermaßen formulieren: *Neuwahlen wären nicht zielführend*, während das Argument darin besteht, dass Neuwahlen je nach Ergebnis die Sachlage unverändert lassen. Damit paraphrasiert der Leser ein Argument aus dem Ausgangstext ohne Kennzeichnung und gibt es gewissermaßen als sein eigenes aus. Dort heißt es:

> Ihnen wird mitgeteilt: Macht's gefälligst beim nächsten Mal besser. Aber was? Ein paar Prozentpünktchen mehr für die SPD, damit die aus Ihrer Schmoll-Ecke kommt? Und wenn es dann immer noch nicht reicht: gleich nochmal?

Bemerkenswerterweise geschieht eine solche nicht gekennzeichnete Übernahme dieses Arguments in verschiedenen Spielarten an mehreren Stellen im Forenverlauf, wie beispielsweise in (75) und (76):

(75)   sundaykid 20.11.2017, 18:19 Uhr

Neuwahlen?

Etwa so: […]

Und dann? Neuwahlen, Neuwahlen, Neuwahlen, ...

---

[63]   Auffällig ist dabei auch, dass die Gültigkeit der Schlusspräsupposition vom Beitragsautor als geteilte *Common Sense*-Annahme vorausgesetzt wird, diese jedoch ebenfalls angegriffen werden könnte. Sie müsste dann ihrerseits argumentativ verteidigt werden und stellt somit einen möglichen Anlagerungspunkt für dialogische oder polyloge Anschlusssequenzen im Forenverlauf dar.

(76)   Nanu-Nana 21.11.2017, 09:20 Uhr

Neuwahlen sind keine Unverschämtheit - blöd nur, wenn nochmal ein ähnliches Ergebnis dabei heraus kommt. Was dann? Wählen bis der Arzt kommt?

In diesem Abschnitt wurde bislang das sprachliche Handeln der Forenteilnehmer in Kommentaren auf der ersten Ebene mit funktionalen oder thematischem Bezug zu Lorenz Maroldts Kommentar (entweder durch Bezugnahme auf den Text, persönliche Ansprache des Autors, direkte Thematisierung einzelner Handlungsaspekte oder durch Bezugnahme auf einen Textabschnitt mithilfe eines Zitats), zur journalistischen Praxis des *Tagesspiegel* oder zu den Medien insgesamt vorgestellt. Kommentare mit einem solchen Bezug machen etwas mehr als ein Drittel der gesamten Kommentare erster Ordnung des Forenverlaufs aus. Dem gegenüber stehen jene Kommentare, die als Beiträge in der übergeordneten Debatte zum Thema ‚Koalitionsbildung nach der Bundestagswahl' verstanden werden können. Als solche können sie sich auf thematische Aspekte des Texts, allgemeine Positionen im Diskurs oder konkrete Äußerungen und Handlungen anderer Diskursteilnehmer beziehen.

Bezogen auf Teilthemen des Primärtextes (das Handeln einzelner Akteure innerhalb des politischen Prozesses der Regierungsbildung, mögliche Verlaufsformen, Ursachen für bestimmte Entwicklungen usw.) können hier wiederkehrende spezifische Handlungsformen beschrieben werden. Hierzu gehören unter anderem Erklärungen wie in (77):

(77)   Tsotsi 21.11.2017, 08:57 Uhr

Warum wohl scheut die SPD eine neue GroKo ?

Deswegen:

Zitat: *Ich wüsste nicht, was ich hätte anders machen sollen*

Sie würde auch in einer Neuauflage wieder untergebuttert werden. Denn: Wer sich mit Merkel ins Bett legt, kommt darin um!

Desweiteren finden sich häufig auch mehrfachadressierte Vorwürfe, die sich beispielsweise im ersten Satz von (78) sowohl gegen Martin Schulz als auch die SPD als Partei richten. Ebenso verhält es sich mit Bewertungen, hier der charakterlichen und politischen Kompetenzen von Martin Schulz, welcher abwertend als *Selbstdarsteller* charakterisiert wird und im zweiten Satz zudem zum Zweck der negativen Bewertung mit anderen Größen der Parteigeschichte verglichen wird. In diesem Fall kann die Bewertung von Schulz als unzureichender Parteivorsitzender mit mangelndem Charisma und ohne Sinn für pragmatische Lösungen wiederum als Erklärung für den mit dem vorangegangenen Satz ausgedrückten Sachverhalt verstanden werden.

(78)   ideologophob 21.11.2017, 12:22 Uhr

> [...] Die einst große Volkspartei SPD verkommt unter dem wuseligen Wür-
> selener Ideologen Martin Schulz zu einem unbedeutenden links-politischen
> Debattierclub. Selbstdarsteller Schulz ist weit entfernt von jenen pragmatisch-
> charismatischen SPD-Größen Brandt, Schmidt, Schröder.

Gelegentlich kommt es auch zu Schmähungen von einzelnen Personen oder ganzen Gruppierungen. In (79) wird die schwierige politische Lage dazu genutzt, um der Partei *Die Grünen* Prinzipienlosigkeit und Opportunismus zu unterstellen. Dieser funktionale Baustein der Schmähung ist seinerseits komplex intern strukturiert. Mit dem ersten Satz wird zunächst eine Verlaufsvariante der politischen Ereignisse als einzig mögliche prognostiziert. Anschließend werden in diesem kontrafaktischen Szenario Vermutungen über das Handeln (*alles schwammig versprechen*) und die Intentionen (*an die Macht kommen*) des geschmähten Gruppenakteurs angestellt. Zuletzt wird diesem Akteur dann noch Verantwortungslosigkeit vorgeworfen, mit welcher das prognostizierte Handeln und die Annahmen über die dahinterstehende Motivation begründet werden.

(79)   jego2015 21.11.2017, 09:20 Uhr

> Die einzigen die derzeit mit Merkel zusammen regieren könnten wären die
> Grünen. Sie würden scheinheilig erst einmal alles schwammig versprechen nur
> um an die Macht zu kommen. Schuld sind bei denen eh immer die anderen.

Da es im Zusammenhang mit den Koalitionsverhandlungen auch um die Frage geht, wie die beteiligten Akteure nun weiter verfahren sollen, spielen Forderungen im Forenverlauf an mehreren Stellen eine Rolle. In Beleg (80) wird etwa die Forderung erhoben, Neuwahlen als *Ultima Ratio* zu handhaben. Sie wird anschließend damit begründet, dass die Wähler dann im Fall von Neuwahlen überlegter ihre Stimme neu vergeben können.

(80)   curtiusrufus 21.11.2017, 15:35 Uhr

> Neuwahlen erst, wenn gar nichts mehr geht. Unterdessen haben die Wähler ge-
> nügend Zeit, sich ein Bild zu machen.

Verwandt mit dem funktionalen Baustein der Forderung sind Vorschläge für das weitere Vorgehen der politischen Akteure, die wie in Beleg (81) ergänzend spezifiziert werden können.

(81)   Einmaligkeit 21.11.2017, 15:29 Uhr

> [...] Die CDU kann sich ja jetzt schon mit dem Bundespräsidenten auf eine
> Minderheitsregierung einigen. Dann können sie bei Gesetzesvorhaben immer
> noch mit der SPD absprechen.

Oder es könnte sogar der Fraktionszwang aufgehoben werden und die Abgeordneten könnten wirklich selbst entscheiden ob sie einem Gesetz zustimmen oder nicht. Das wird sicher nicht Realität aber es wäre zumindest theoretisch möglich.

Befunde zu den Kommentaren erster Ordnung

Die vorangegangene Zusammenstellung von zentralen funktional-thematischen Bausteinen in den Kommentaren auf der ersten Hierarchieebene gibt einen Überblick über das Spektrum möglicher Eröffnungszüge[64] in der Forenkommunikation. Die nachfolgende unvollständige Aufzählung soll zunächst die Vielfalt und Breite dieser Zugmöglichkeiten illustrieren, im Anschluss daran werden diese dann anhand kommunikativer Parameter systematisiert.

(i)   Bewertung von Handlungen, Handlungsmöglichkeiten, politischen Akteuren und des Primärtexts

(ii)   Einwände gegen Aspekte sprachlicher Handlungen des Primärtextautors, anderer Forenteilnehmer oder von Diskursteilnehmern

(iii)   Bestreiten von im Text behaupteten Sachverhalten oder vorausgesetzten Schlusspräsuppositionen

(iv)   Vorwürfe gegenüber dem Verfasser des Primärtexts, Medieninstitutionen oder politischen Akteuren

(v)   Vermutungen bezüglich des strategischen Kalküls von Handelnden

(vi)   Deutungen der politischen Situation

(vii)   Zurückweisung von solchen Deutungen

(viii) Zustimmung zu im Primärtext geäußerten Deutungen, Erklärungen, Begründungen, Bewertungen, Forderungen usw.

(ix)   Wiederholung/Paraphrase zum Zweck der Zustimmung

(x)   Widerspruch gegen im Primärtext geäußerte Deutungen, Erklärungen, Begründungen, Bewertungen usw.

(xi)   Ablehnung von im Text geäußerten Forderungen

(xii)   Einwände gegen im Text geäußerte Positionen z.B. hinsichtlich der Vereinbarkeit mit anderen Positionen, geteilten Annahmen oder allgemeingültigen Normen

(xiii) Kritik am journalistischen Selbstverständnis

---

[64]   Übergeordnete funktional-thematische Bausteine in Forenbeiträgen auf der ersten Hierarchieebene können, sofern nachfolgende Beiträge im Forum auf sie Bezug nehmen, als *erste* Züge des jeweiligen Kommunikationsverlaufs im Forum betrachtet werden. Falls ein funktionaler Bezug zum Primärtext gegeben ist, müssen sie zwar als *zweite* kommunikative Züge verstanden werden, da sie bereits eine Reaktion auf den Primärtext und somit auf die komplexe sprachliche Handlung seines Verfassers darstellen. Im Folgenden werden jedoch beide Arten als *Eröffnungszüge* bezeichnet.

(xiv)   Kritik am strategischen Handeln des Verfassers

(xv)   Kritik verschiedener Aspekte des Texts bzw. des journalistischen
        Handelns im Hinblick auf kommunikative Prinzipien wie
        – Wahrheit
        – thematische Relevanz
        – Vollständigkeit
        – Höflichkeit
        – Angemessenheit der Ausdrucksweise
        – rhetorische Qualität
        – Unparteilichkeit
        – Sachlichkeit

(xvi)   Allgemeine Medienkritik

(xvii) Informationspolitische Interpretationen des Primärtexts

(xviii) Erklärungen von politischen Ereignissen

(xix)   Begründungen von politischen Handlungen

(xx)   Schmähungen von politischen Akteuren oder Gruppen

(xxi)   Prognosen bezüglich der Entwicklung der politischen Situation und er-
        wartbarer Handlungen von Akteuren

(xxii) Vorschläge (Themenvorschläge für die Berichterstattung, Vorschläge
        für Handlungsmöglichkeiten politischer Akteure)
        usw.

Dieser Überblick über die wichtigsten übergeordneten funktional-thematischen Bausteine in Beiträgen erster Ordnung gibt bereits deutliche Hinweise
auf die Faktoren, die für das breite Spektrum möglicher Eröffnungszüge in
Leserforen von Onlinezeitungen ausschlaggebend sind, und leistet damit einen
wichtigen Beitrag zur Rekonstruktion des kommunikativen Zusammenhangs,
in dem kommunikative Handlungen in Forenkommentaren vollzogen werden.
Während einige dieser Eröffnungszüge universellen Charakter besitzen und in
Forenverläufen zu einer großen Bandbreite journalistischer Texte vorkommen
können, sind andere stärker durch den behandelten Gegenstand – hier: ein er-
gebnisoffener innenpolitischer Prozess – und den Primärtexttyp – hier: ein
journalistischer Kommentar – bestimmt.

Eröffnung eines thematischen Raums durch den Primärtext

Zur Beschreibung dieses kommunikativen Zusammenhangs kann zunächst der
thematische Raum herangezogen werden, der mit dem journalistischen Primärtext eröffnet wird. Dieser stellt den Forenteilnehmern Redegegenstände
zur Verfügung, über die sie sich im assoziierten Forum auf thematisch relevante Weise äußern können. Hierzu gehören zunächst alle allgemeinen Aspekte, die mit den kommunikativen Akten des Verfassens und der Veröffent-

lichung eines Primärtexts im Medium Onlinezeitung sowie mit der gesellschaftlichen Funktion von Presse- oder Medienkommunikation zusammenhängen. Unabhängig von der Art des Berichts- oder Kommentargegenstands
des Primärtexts ergeben sich als mögliche Themen für Eröffnungszüge in den
Foren daraus

(i)   Eigenschaften des Texts und seines Gebrauchs wie
        – im Text vollzogene Handlungen
        – Wortgebrauch
        – thematischer Aufbau
        – Wissensvoraussetzungen
        – Darstellungsformen
        – usw.
(ii)   die Qualität des Texts in verschiedenen Bewertungsdimensionen
(iii)   andere Texte zum gleichen Thema (z.B. Parallelberichterstattung)
(iv)   im Text geäußerte Positionen
(v)   das informationspolitische Handeln des Verfassers
(vi)   vorangegangene Texte des Verfassers
(vii)   Positionen, die der Verfasser in früheren Texten geäußert hat
(viii) die Vita und der soziale Status des Verfassers
(ix)   die Moderationspraxis im Forum
(x)   die politische Ausrichtung des herausgebenden Medienunternehmens
(xi)   informationspolitische Aspekte der Medienkommunikation allgemein
        usw.

Innerhalb dieser Gruppe sind wiederum Aspekte wie (i) bis (iii) in Forenverläufen zu allen journalistischen Texttypen denkbar. Die Äußerung von persönlichen Positionen, welche das Teilthema (iv) ermöglicht, verstößt außerhalb
von meinungsbetonten und evaluativen Texttypen gegen texttypspezifische
kommunikative Prinzipien und ist damit häufig Anlass für Kritik durch die
Leser (vgl. hierzu auch die Belege (10) und (11) in Kap. 2). Aspekte (v) bis
(viii) wiederum erhalten durch (iv) erst ihre thematische Relevanz, da z.B. die
Einnahme einer spezifischen Sichtweise als informationspolitisches Handeln
gedeutet werden kann. Von dort ist der Weg dann nicht mehr weit zu Teilthemen wie (ix) bis (xi). In Forenverläufen zu weiterverarbeiteten Agenturmel-
dungen und Kurzberichten sind die Aspekte (iv) bis (xi) daher deutlich seltener
zu finden als in Kommentaren oder Hintergrundberichten.

   Ergänzend zu diesen vom Thema des Primärtexts unabhängigen Gegenständen der Forenkommunikation ergeben sich weitere thematische Aspekte aus
dem Berichts- oder Kommentargegenstand bzw. aus dem diskursiven Kontext,
in welchen dieser eingebettet ist. Primärtexte, die in einem thematischen Zusammenhang mit einer größeren öffentlichen Debatte stehen, etwa weil sie einen ihrer Teilaspekte behandeln, eröffnen den Lesern zudem den gesamten

thematischen Raum dieser Debatte für die Forenkommunikation.[65] Die Art des Gegenstandes bestimmt dabei die für die Forenkommunikation naheliegenden Teilaspekte, so dass aus typologischer Perspektive ein Zusammenhang zwischen typischen Forenverläufen und Thementypen von Primärtexten angenommen werden kann.

Dabei sind die in Eröffnungsbeiträgen möglichen Teilthemen nicht auf jene beschränkt, die im Text explizit genannt oder angedeutet werden. Vielmehr kommen alle Gegenstände in Betracht, die im thematischen Wissen der Leser in einem Zusammenhang mit den im Text genannten Geständen stehen. Wie bereits in Abschnitt 2.2.2 diskutiert, sind diese Zusammenhänge nicht objektiv im Text gegeben, sie sind vielmehr ein Bestandteil des thematischen Verstehens der Forenteilnehmer, weshalb es gelegentlich zu Einwänden gegen die thematische Relevanz von Forenbeiträgen und im Anschluss daran in einigen Fällen auch zu ihrer Aushandlung kommt. Beleg (82) aus dem Forenverlauf eines journalistischen Kommentars zu einem Autounfall eines älteren Verkehrsteilnehmers zeigt einen solchen Einwand. Der Teilnehmer bestreitet die thematische Relevanz eines vorangegangenen Beitrags zum Thema *altersabhängige Preise für KFZ-Versicherungen* als relevantes Teilthema des im Forenverlauf übergeordneten Themas *Fahrtüchtigkeit im Alter*. Stattdessen argumentiert der Forenteilnehmer für die Annahme eines thematischen Zusammenhangs dieses Aspekts mit einem anderen Globalthema, nämlich *Entsolidarisierung der Gesellschaft*. Auffällig ist hier, dass der Leser mit seinem Einwand eben dieses neue Thema der gesellschaftlichen Solidarität in den Forenverlauf einbringt und damit einen neuen Anlagerungspunkt für zukünftige Beiträge bereitstellt.

(82)   purple 07.05.2016, 21:58

> 156. Das ist schwierig
>
> *Zitat*   „*haben längst reagiert. Einfach mal den Beitragsrechner bei HUK24 anwerfen und das eigene Auto durchrechnen. Einmal mit Halteralter = 40 Jahre und einmal 70. Tadah! Warum ist Vertrag für den Halter mit 70 Jahren teurer? Weil sie mehr Unfälle verursachen. Sogar fast mehr als die gescholtene Gruppe der Fahranfänger.*"
>
> aber <u>ein anderes Thema</u>. Unsere Gesellschaft sollte eine solidarische Gesellschaft sein. Risiken individuell zu berechnen ist das Gegenteil von solidarisch. Wenn sie z. B. mit einem Handicap geboren sind können sie zwar nichts dafür - aber sie können sich eine Krankenversicherung nicht mehr leisten - das ist <u>die Entsolidarisierung der Gesellschaft</u>.   (SO 06)

---

[65]   Hierzu könnten beispielsweise Globalthemen wie *Klimawandel*, *Dieselskandal*, *Brexit* oder auch der *G20-Gipfel* gehören, s.u.

Im Fall der gescheiterten Koalitionsverhandlungen, die Lorenz Maroldt im *Tagesspiegel* kommentiert, handelt es sich um ein innenpolitisches Großereignis. Daher sind, wie die exemplarische Analyse zeigt, zunächst alle beteiligten politischen und medialen Akteure, Gruppenakteure[66] wie politische Parteien, Gewerkschaften oder Medieneinrichtungen, deren sprachliches und nichtsprachliches Handeln, Einstellungen, Intentionen, Interessenslagen usw. thematisierbar. Hinzu kommen Teilthemen wie Geschichte und Funktionsweise des politischen Systems der BRD, verwandte Ereignisse wie vorangegangene Bundestagswahlen oder Wahlen in anderen Ländern sowie Ursachen für Phänomene der dritten Art, wie etwa das Wahlergebnis. Da es sich bei den Koalitionsverhandlungen zum Kommentarzeitpunkt um einen nicht abgeschlossenen Prozess handelt, können außerdem alternative Handlungsoptionen und zukünftige Verlaufsmöglichkeiten sowie sich daraus ergebende Folgen thematisiert werden.

Ein direkter Vergleich mit den thematischen Aspekten eines Forenverlaufs zu einem Bericht, der einen anderen Gegenstandstyp behandelt, kann sowohl die Gemeinsamkeiten als auch die Unterschiede in den Thematisierungsanlässen aufzeigen, die sich jeweils ergeben. Ein solcher Forenverlauf mit einem anderen Gegenstandstyp ist jener aus der exemplarischen Analyse in Abschnitt 3.5. Er gehört zu einem Bericht über die notwendig gewordene Korrektur der Zahl von Polizisten, die bei Demonstrationen während des G20-Gipfels im Juli 2017 verletzt wurden. Dieser Forenverlauf zeigt zunächst, dass auch hier über ein spezifisches Teilthema (*falsche Angaben der Polizei zu den Verletztenzahlen*) der gesamte thematische Raum der G20-Debatte mit seinem bedeutendsten Teilthema (*die gewaltsamen Proteste am 7. Juli*) eröffnet wird. Ergänzend

---

[66] Eine Voraussetzung dafür, von einem *Gruppenakteur* sprechen und sein Handeln zum Gegenstand von Lob, Vorwürfen, Bewertungen usw. machen zu können, besteht – analog zum individuellen Akteur – in seiner Verstehbarkeit und der Interpretierbarkeit seiner Handlungen. Tollefsen bezeichnet (mit Rückgriff auf Dennett 1987) diese Konstruktion als die Einnahme einer ‚intentional stance' gegenüber der Gruppe und bemerkt dazu: „The nature of intentionality is revealed in our practice of making sense of others. If the assumption of rationality is justified, then we are dealing with an agent who has a pattern of belief and thought that is governed by the same norms of intelligibility. […] We assume that the group has a unified perspective – a rational point of view – and that it shares our norms of rationality. Once the assumption of rationality and a rational point of view is in place, we attribute beliefs, intentions, and desires to groups in the same way we do to individuals. […] These attributions are then the basis for explanation and prediction of the actions of groups." (Tollefsen 2015, 103f.; zum Begriff der *kollektiven Intention* vgl. auch Searle 2010, 42ff.; Schweikard/Schmid 2016). Für die Kommunikation über Institutionen wie Unternehmen, politische Parteien, staatliche Institutionen wie Ministerien, Polizei usw. als Gruppenakteure spielen zusätzlich deren institutionalisierte Entscheidungsfindungsprozesse und ihre interne Kompetenzdistribution eine Rolle. Zur Konzeptualisierung der *eigenen* Gruppe als Akteur vgl. Gilbert 1989, 154ff.

zu den oben aufgeführten allgemeinen Teilthemen (i) bis (iii) werden, wie im vorangegangenen Verlauf, auch gesellschaftliche Folgen des zentralen Ereignisses, sprachliche und nichtsprachliche Handlungen, Einstellungen, Interessenslage und Intentionen von politischen Akteuren thematisiert. Aspekte (iv) bis (viii) sind in diesem Verlauf zwar nicht zu finden, da es sich um die Weiterverarbeitung einer Agenturmeldung ohne einen namentlich genannten Verfasser handelt. Jedoch spielen die Teilthemen *Glaubwürdigkeit der Polizei, Glaubwürdigkeit der Berichterstattung, journalistischer Umgang mit Quellen und offiziellen Dokumenten, Verharmlosung bzw. Dramatisierung der Gewalt in den Medien* und *Einseitigkeit der Berichterstattung* eine wichtige Rolle, weshalb informationspolitische Aspekte wie (ix) bis (xi) im Forenverlauf dennoch stark vertreten sind.

Der deutlichste Kontrast zum thematischen Profil des vorangegangenen Forenverlaufs ergibt sich aus zwei Aspekten des zentralen Debattengegenstands: Es handelt sich einerseits nicht um ein andauerndes, sondern um ein vergangenes und damit abgeschlossenes Ereignis. Und andererseits handelt es sich nicht um einen politischen Vorgang, sondern um ein Konfliktereignis mit zwei oppositionellen Konfliktparteien, bei dem über den Topos der exzessiven Gewalt Fragen der Sicherheit und der Normverletzung im Mittelpunkt stehen. Im Zusammenhang mit diesem Ereignistyp ergeben sich im Forenverlauf auch auf einer höheren Abstraktionsstufe thematische Schwerpunkte, die im Forenverlauf zu den Koalitionsverhandlungen keine oder kaum eine Rolle gespielt haben. Hierzu gehören:

(i)   der Verlauf des Ereignisses
(ii)   wie das Ereignis auch hätte verlaufen können
(iii)   Zusammenhang mit parallelen Ereignissen
(iv)   Folgen des Ereignisses für die Beteiligten
(v)   Erlebnisse von Mitgliedern der Konfliktparteien
(vi)   Verhaltensnormen
(vii)   Normverstöße bzw. Straftaten durch Mitglieder der Konfliktparteien
(viii) Planung und Vorbereitung des Ereignisses
(ix)   Politische Verantwortlichkeit für die Eskalation
        usw.

Die Abhängigkeit der Thematisierungsanlässe vom Gegenstandstyp des journalistischen Primärtexts darf jedoch andererseits nicht zu eng aufgefasst werden. Man könnte beispielsweise annehmen, dass in der Forenkommunikation zu einem populärwissenschaftlichen Bericht über die zunehmende Ausbreitung des Jakobskreuzkrauts parteipolitische Themenaspekte keine Rolle spielen sollten. Wie Belege (83) und (84) aus dem Forum von *welt.de* zu einem entsprechenden Artikel im Ressort „Wissenschaft" jedoch zeigen, sind die Thematisierungsstrategien der Forenteilnehmer ausgesprochen vielseitig und anpassungsfähig, wenn es darum geht, ihre favorisierten Gesprächsgegenstände in den Forenverlauf einzubringen und zu legitimieren.

(83)   Frank L., vor 7 Monaten

> Dann empfehle ich das diejenigen die kosten für die Bekämpfung dieser Pflanze zahlen, die sie bestellt haben. Und das sind die 13% der Wähler, die für ein weiter so bei einem ungebremsten ausstoss von co2 durch kohlekraft eintreten. Aber letztendlich darf es der arme Michel wieder ausbaden.
>
> (WE 01)

(84)   V. W., vor 7 Monaten

> Ein wichtiger Artikel: Gerade an den linken Rändern deutscher Straßen beobachte ich in letzter Zeit vermehrt rote und grüne Giftpflanzen, die existenzbedrohend zu sein scheinen. Abhilfe schafft da z.B. das blaue Blaukraut aus Bayern. […]
>
> (WE 01)

Da der Artikel auf *welt.de* zwei Wochen nach der Bundestagswahl erschienen ist, illustriert Beleg (83) zusätzlich, dass die gegenwärtige Konjunktur von Themen im kommunikativen Haushalt der Onlinezeitungsleser Einfluss auf thematische Relevanzurteile und damit auf die Akzeptanz von Forenbeiträgen dieser Art haben kann. Themen, denen die Forennutzer in ihrem Alltag oder im Rahmen ihrer Mediennutzung aktuell an vielen Stellen begegnen, können leichter und mit weniger Gegenwehr auch in Forenverläufen zu entlegeneren Gegenstandsbereichen untergebracht werden. Das Wortspiel in (84) ist mit seiner elaborierten Metaphorik, welche das Fundament für die thematische Brücke von der Pflanzenkunde zur Parteipolitik bildet, ein Beispiel für die sprachliche Kreativität der Forennutzer bei der Verfolgung ihrer kommunikativen Ziele.

Weiterführende kommunikative Ziele der Forenkommunikation

Ein weiterer Aspekt der Beschreibung des kommunikativen Zusammenhangs, in dem Forenbeiträge stehen, sind ihre funktionalen Bezüge. Wie in Abschnitt 2.2.4 diskutiert, erscheint es wenig sinnvoll, Forenbeiträge als einen Texttyp im Sinne eines Typs rekurrenter komplexer Texthandlungen zu beschreiben. Wie die exemplarische Analyse zeigt, kann für sie bereits auf der ersten Hierarchieebene ein breites und heterogenes Spektrum von Grundfunktionen beschrieben werden, welches sie für ein Systematisierungsverfahren, wie es beispielsweise im Fall der journalistischen Texttypen naheliegend ist (vgl. Schröder 2003; Bucher 1986), ungeeignet erscheinen lässt. Diese funktionale Offenheit resultiert aus dem Umstand, dass für Forenbeiträge – wiederum im Kontrast etwa zum Spektrum journalistischer Texttypen – kein eng spezifizierter Verwendungszusammenhang angegeben werden kann. Die soziale Praxis, in die das Kommentieren in Foren von Onlinezeitungen eingebunden ist, könnte man versuchsweise als themenbezogene Deliberation bezeichnen, die dem übergeordneten Zweck dient, eine rationale, informierte und im Hinblick auf Normen und Werte orientierte Öffentlichkeit herzustellen, die ihrerseits als Grundlage für die demokratische Teilhabe wirkt (vgl. zum Deliberationsbegriff in diesem Zusammenhang auch Jakobs 2014). Trotz dieses sehr offen formulierten übergeordneten Zwecks der Forenkommunikation können die Grundfunktionen von Kommentaren erster Ordnung fünf weiterführenden kommunikativen Zielen zugeordnet werden. Diese sind:

(i)   Etablierung und Diskreditierung von Sichtweisen und Narrativen
(ii)   Legitimierung und Delegitimierung von gesellschaftlichen und politischen Gruppen und von sie repräsentierenden Akteuren
(iii)   Argumentation für und gegen Handlungsoptionen gesellschaftlicher und politischer Akteure und Interessensgruppen
(iv)   Auseinandersetzung um gesellschaftliche Normen und Ziele
(v)   Text- und Medienkritik

Die Forenbeiträge, mit denen die Teilnehmer diese weiterführenden Ziele verfolgen, sind im Hinblick auf die angewandten Vertextungsstrategien äußerst flexibel und die Auswahl, Anordnung und sprachliche Gestaltung funktionaler und thematischer Bausteine erfolgt häufig nicht in Anlehnung an etablierte orientierende Textmuster, sondern auf der Grundlage textstrukturierender Eigenschaften einzelner Handlungsmuster und lokaler kommunikativer Anforderungen.

Dieser Befund widerspricht grundlegend der auch in aktuellen textlinguistischen Arbeiten vertretenen Auffassung, dass jeder Text als Exemplar eines bestimmten Texttyps realisiert wird und die Orientierung an Textmustern daher mit der schriftlichen Kommunikation untrennbar verknüpft ist. Diese starke Annahme formulieren Brinker/Cölfen/Pappert in der aktuellsten Auflage ihres Standardwerks folgendermaßen:

> Der konkrete Text erscheint **immer** als Exemplar einer bestimmten Textsorte. Wir können sagen, dass sowohl unsere Textproduktion als auch unsere Textrezeption **im Rahmen von Textsorten** erfolgt. Den Textsorten kommt somit eine fundamentale Bedeutung für die kommunikative Praxis zu. [Herv. D.K.]
> Brinker/Cölfen/Pappert 2018, 133

Schon ein kursorischer Blick auf die Texte in Onlineforen zeigt, dass diese Auffassung nicht haltbar ist. Würde man an ihr festhalten, so müsste aus ihr entweder folgen, dass Forenteilnehmer sich bei der Erstellung ihrer Texte an einer unüberschaubar großen Menge von äußerst flexiblen Texttypen orientieren oder dass es sich bei Forenbeiträgen schlicht nicht um Texte handelt. Da beide Annahmen theoretisch unbefriedigend sind, erscheint die Systematisierung der kommunikativen Faktoren, welche für die Vielfalt und Variationsbreite der Forenbeiträge verantwortlich sind, als eine vielversprechendere Strategie.

Aufgrund der gezeigten funktionalen Offenheit kommt dem kommunikativen Prinzip der thematischen Relevanz als produktiver, organisierender und regulierender Faktor für eröffnende Forenbeiträge eine besondere Bedeutung zu. Aus den Aspekten des weiter oben beschriebenen thematischen Raums, der mit dem journalistischen Primärtext eröffnet wird, ergibt sich jeweils ein Spektrum spezifischer sprachlicher Handlungsmöglichkeiten, wie die folgenden Beispiele exemplarisch zeigen:

(i)   *Handlungen* von politischen Akteuren können unter anderem begründet, kritisiert, bewertet oder als weitergehende Handlungen einer bestimmten Art gedeutet werden, sie können mit Handlungsalternativen verglichen werden, es können Prognosen über Folgen der Handlung geäußert werden, sie können Anlass für Vorwürfe[67] sein usw.

(ii)   *Ereignisse* als Gegenstände sprachlicher Handlungen bieten wiederum die Möglichkeit, zu behaupten, dass sie stattgefunden haben, ihren Verlauf zu schildern, sie zu beschreiben, ihre Ursachen zu nennen, sie zu bezweifeln, sie zu belegen, ihren Zusammenhang mit anderen Ereignissen zu verdeutlichen, sie als Ereignisse einer bestimmten Kategorie zu deuten, solche Deutungen anzugreifen usw.

(iii)   Ungelöste *Probleme* bieten die Möglichkeit, ihren Zusammenhang mit Ereignissen, Sachverhalten und Zielen zu zeigen, Vorschläge und Einwände gegen diese zu machen, Forderungen zu erheben, Bedingungen für die Problemlösung zu formulieren, für Handlungsoptionen zu argumentieren, vor drohenden Gefahren zu warnen usw.

---

[67]   Für Vorwürfe spielt die Verantwortlichkeit des Beschuldigten eine konstitutive Rolle. Vorwürfe gegenüber Gruppenakteuren wie etwa politischen Parteien deuten daher darauf hin, dass ihnen von den Kommunikationsteilnehmern moralische Verantwortlichkeit zugemessen wird. Die Verantwortlichkeit der Gruppe ist dabei von der geteilten Verantwortung der Mitglieder zu trennen. Tollefsen erläutert hierzu am Beispiel des Handlungstyps ‚Genozid', dass jedes Gruppenmitglied zwar einen Beitrag zur Gruppenhandlung leistet und somit eine Teilverantwortung trägt, die Gruppenhandlung aber etwas anderes als die Summe der Einzelhandlungen darstellt und deshalb einer notwendigen eigenen moralischen Bewertung unterliegt: „No individual can commit genocide. Rather, genocide is a group act. […] Individuals contribute to genocide by committing various individual actions, but their contributions are not themselves genocide. But surely genocide is a morally culpable act so, if no individual is capable of committing genocide, we must, in order to be able to acknowledge the moral valence of the action, attribute responsibility to the group (the nation, tribe, etc.)." (Tollefsen 2015, 114f.)

Im folgenden Abschnitt werden zunächst die aus diesen Handlungsmustern resultierenden funktional-thematischen Bausteine und mögliche Verfahren der Kombination zu größeren monologischen textuellen Einheiten dargestellt, mit denen komplexe sprachliche Handlungen vollzogen werden. In dem daran anschließenden Abschnitt werden dann polyloge Interaktionsmuster und relevante Strukturierungsprinzipien vorgestellt sowie die Bedeutung von Grundstrukturbeschreibungen als Vergleichsobjekte für die Polyloganalyse diskutiert.

3.3.2   Kombinatorik funktional-thematischer Bausteine und resultierende Ausbaustufen von Forenbeiträgen

Das bisher erarbeitete Verfahren zur Systematisierung des breiten und heterogenen Spektrums übergeordneter Grundfunktionen von Forenbeiträgen der ersten Hierarchieebene bestand darin, zunächst ihren Zusammenhang mit dem durch den Primärtext eröffneten thematischen Raum zu zeigen und sie dann auf einen Kanon weiterführender kommunikativer Ziele der Forenkommunikation im politikjournalistischen Umfeld zu beziehen. Im Folgenden sollen darauf aufbauend nun die Faktoren beschrieben werden, die einerseits einen Einfluss auf die Auswahl, Kombination und Sequenzierung funktional-thematischer Bausteine zu größeren textuellen Einheiten haben und andererseits sowohl für die Vielfalt als auch die Musteraspekte von Realisationsvarianten verantwortlich sind. Zu diesem Zweck wird zunächst ein typischer Forenbeitrag mittleren Umfangs aus dem bereits vorgestellten Verlauf im *Tagesspiegel*[68] analysiert und in seine funktionalen Bausteine zerlegt. Dabei soll gezeigt werden, wie die einzelnen Handlungstypen aufgrund ihrer inneren Struktur, insbesondere der für sie konstitutiven Regeln bezüglich der Sprecherfestlegungen, den Textaufbau organisieren. Anschließend werden Variationen in den Ausbaustufen einzelner Beiträge gezeigt. Dieser Schritt bereitet mit der Diskussion möglicher Anlagerungspunkte, auf welche im Forenverlauf von anderen Teilnehmern kommunikativ reagiert werden kann, die Darstellung der Orientierung an Grundstrukturmustern bei der Beschreibung funktional kohärenter Polylogsequenzen vor.

Zu Beginn erscheint es für die Analyse des ersten Forenbeitrags hilfreich, den relevanten Ausschnitt des kommunikativen Zusammenhangs, in dem er steht, kurz zu skizzieren. Anlass für den Kommentar von Lorenz Maroldt war das Verhalten der SPD unmittelbar nach den gescheiterten Koalitionsverhandlungen, an denen die SPD nicht teilgenommen hatte. Da sich innerhalb der Partei viele Mitglieder gegen eine Fortsetzung der großen Koalition ausgesprochen

---

[68]   TS 01

hatten, waren in Interviews von SPD-Politikern Neuwahlen als denkbarer Schritt auf dem Weg zur Regierungsbildung ins Gespräch gebracht worden. Bereits im Leadsatz des Primärtexts thematisiert der Verfasser dieses kommunikative Handeln der SPD und bewertet die entsprechenden Äußerungen von SPD-Politikern als dekadent und kompromissunfähig:

(85)　Jetzt wie die SPD über Neuwahlen zu sprechen, sie sogar herbeizureden, zeugt nur von Dekadenz und der Unfähigkeit zum Kompromiss. Ein Kommentar. Von LORENZ MAROLDT

Die Überschrift des journalistischen Kommentars, *Neuwahlen wären eine Unverschämtheit*, kann vor diesem Hintergrund so verstanden werden, dass nicht (nur) potenzielle Neuwahlen selbst sondern vor allem die fahrlässige Inkaufnahme von Neuwahlen und damit das kommunikative Handeln der SPD von Maroldt als unverschämt bewertet wird. In (86), einem Kommentar erster Ordnung, nimmt zunächst die Leserin *carolina* mit einem Einwand auf diese Bewertung Bezug, anschließend wird dieser Einwand mit weiteren funktionalen Bausteinen gestützt:

(86)　carolina 20.11.2017, 18:52 Uhr

(1.1) Also, diese Ausdrucksweise

(1.2) Zitat: Neuwahlen wären eine Unverschämtheit

(1.1f.) ist unangebracht.

(1.3) Es ist doch verständlich und nachvollziehbar, dass die SPD sich nach diesem Wahlergebnis, nicht erneut in diese SPD-Zerkleinerungs-Koalition begeben will. (1.4) Ganz abgesehen davon, dass die Gemeinsamkeiten einer solchen Koalition nach einer Legislaturperiode weitestgehend „abgearbeitet" sein dürften.

(2.1) Warum denn nicht das tun, (2.2) was in anderen Demokratien Europas schon funktioniert hat, (2.1f.) eine Minderheits-Regierung? (2.3) „Noch nie gemacht" ist doch kein Argument, (2.4) und auch wenn das dann sicher keine Lösung für eine volle Legislaturperiode wäre, (2.5) so würde sich für „den Wähler" in einer solchen Konstellation durch die wechselnden Mehrheiten deutlicher als in einer erneuten Schwarz-Rot-Koalition zeigen, wo die Unterschiede der Parteien liegen. Das erleichtert dann die Wahlentscheidung beim nächsten Mal.

(3.1) Aber auch Neuwahlen mit Merkel und Schulz als Spitzenkandidaten würde die Situation wahrscheinlich noch schlimmer (im Sinne von mehr Stimmen für die AfD) machen.

Der Forenbeitrag kann in drei funktionale Blöcke (hier ergänzend durch Seitenlinien und Dezimalnotation gekennzeichnet) unterteilt werden. Die Leserin

eröffnet den ersten Block mit einem Einwand gegen Maroldts Bewertungshandlung (1.1). Zu diesem Zweck wird mithilfe der Zitatfunktion die entsprechend gekennzeichnete Überschrift in den Satz, mit dem der Einwand gemacht
wird, in Form einer engen Apposition zu *Ausdrucksweise* integriert (1.2). Man
könnte die mit diesem Satz vollzogene Handlung auch als einen Einwand anderer Art verstehen, etwa wenn man annimmt, dass die Forenteilnehmerin sagen wollte, dass Maroldts Ausdrucksweise in irgendeiner Weise ungeeignet
sei, um die intendierte Bewertung vorzunehmen, oder dass der Gebrauch des
Ausdrucks gegen ein kommunikatives Prinzip für journalistische Kommentare
verstößt. Die explizite Bezugnahme der Leserin auf die *Ausdrucksweise* des
Verfassers legt insbesondere die letztere Annahme auch zunächst nahe. Es
spricht aber einiges für die erste Deutung, da sie im weiteren Verlauf des Texts
stattdessen Gründe dafür gibt, dass die Bewertungshandlung selbst im Hinblick auf den Bewertungsgegenstand und nicht etwa der Aspekt der gewählten
Äußerungsform aus ihrer Sicht unangemessen ist.

Im zweiten funktionalen Baustein des ersten Blocks, der auch mit der Absatzgliederung korrespondiert, werden zur Stützung zwei Gründe für den
Einwand gegen die Bewertung gegeben. Zunächst wird hierzu das Verhalten
der SPD erklärt (1.3), indem durch den Gebrauch eines kreativen charakte-
risierenden Kompositums (*SPD-Zerkleinerungs-Koalition*) ein naheliegen-
der Grund für die Oppositionspräferenz in der SPD genannt wird – in diesem
Fall der politische Schaden, den sie durch die Fortsetzung der Koalition da-
vontragen würde. Ausschlaggebend dafür, dass dieser Zug als Begründung
für den Einwand gelten kann, sind zwei Normen und ihre relative Gewichtung:

Erste Norm: *Politische Akteure besitzen das Recht auf Maßnahmen zu ihrer*
                Selbsterhaltung.
Zweite Norm: *Politische Akteure haben die Pflicht, an einer Regierungsbil-*
                dung mitzuwirken, wenn sie den Auftrag dazu vom Wähler er-
                halten haben.
Gewichtung: *Das Recht von Parteien auf Selbsterhaltung wiegt schwerer als*
                ihre Pflicht zur Regierungsbildung.

Der Gewichtung der Normen kommt im Hinblick auf Maroldts Bewertung
deshalb eine zentrale Bedeutung zu, weil diese im Hinblick auf die Handlungsmöglichkeiten der SPD miteinander im Konflikt stehen. Akzeptiert man die
hier formulierte Gewichtung, bildet sie für Entgegnungen auf Vorwürfe die
Grundlage für das Bestreiten der Verantwortlichkeit. Die zweite Norm war
auch die Grundlage für einen kommunikativen Zug in dem weiter oben diskutierten Beitrag (50), in dem der Leser die Pflicht der SPD zur Regierungsbil-

dung zurückgewiesen hatte, indem er den mit dem Konditionalsatz ausgedrückten Sachverhalt der zweiten Norm bestritt, nämlich, dass sie den Auftrag
dazu vom Wähler erhalten habe (*mit der Regierungsbildung beauftragt ist nun
mal die Union*).

Ergänzend zu dieser normativen Begründung,[69] begründet die Verfasserin
von (86) ihren Einwand anschließend in einem zweiten Satz pragmatisch mit
der Vermutung, dass die Voraussetzungen (*Gemeinsamkeiten*) für eine erfolgreiche Fortsetzung der Regierungskoalition nicht gegeben seien (1.4). Zusam-
mengenommen könnte man den Einwand gegen die Bewertung als *Unverschämtheit* im ersten funktionalen Block daher so explizieren:

*Wenn die SPD mit ihrer Handlungsweise ein ihr zustehendes Recht wahr-
nimmt und wenn eine entgegengesetzte Handlungsweise nicht erfolgverspre-
chend ist, dann kann die Handlungsweise der SPD nicht als Unverschämtheit
bewertet werden.*

Ein produktiver Aspekt für die kommunikative Dynamik im weiteren Forenverlauf besteht an dieser Stelle darin, dass die Gültigkeit der vorausgesetzten
Normen und ihrer Gewichtung oder die Plausibilität von Vermutungen nachfolgend von anderen Forenteilnehmern thematisiert und angegriffen werden
können. Der Konflikt zwischen den beiden oben formulierten Normen ist den
Lesern bewusst und etliche der funktionalen Bausteine in den Forenbeiträgen
beziehen sich auf den Streit um die angemessene Gewichtung, wie Beleg (61)
weiter oben sowie die Belege (87) bis (89) illustrieren.

(87)   Raubritter 20.11.2017, 18:34 Uhr

Das ist nicht ganz so einfach, lieber Herr Maroldt. Die SPD hat - vielleicht -
verstanden, dass sie als Wurmfortsatz der CDU in vier Jahren völlig entbehrlich
wäre. Und Zeiten, in denen wir den eigenen Untergang als Preis für die Loyalität zum Land fordern, sind gerade nicht (und kommen hoffentlich auch nie
wieder). […]

(88)   carnet 21.11.2017, 09:49 Uhr

[…] Hier geht es nicht nur um die SPD, hier geht es darum, eine Regierungs-
fähige Mehrheit zu bekommen. Und das geht jetzt nur noch mit der SPD. […]

---

[69]   Hier fällt auf, dass analog zu Beleg (50) zuerst ein normatives und dann ein prag-
matisches Argument gegeben wird. In beiden Fällen handelt es sich um eine Spielart der komplexen Argumentation, hier der multiplen Argumentation. Diese liegt
vor, wenn beide Argumente voneinander unabhängig sind und auch für sich stehen
könnten. Hiervon zu unterscheiden sind die Formen der koordinierten (vgl. vor-
letzter Absatz von Beleg (32)) und subordinierten (vgl. Analyse von Beleg (30))
komplexen Argumentation. (zur Analyse komplexer Argumentation vgl. van
Eemeren et al. 2002, 64f.)

(89)   scriba 21.11.2017, 11:20 Uhr

> [...] CDU und SPD haben viele Stimmen verloren, richtig, doch reichen die
> Sitze weiterhin aus für eine Parlamentsmehrheit. DAS ist der Wählerwille - und
> genau dieser wird von den Parteien jetzt missachtet. Viele Kommentarschrei-
> ber_innen sind offenbar mit diesem egozentrischen und unverantwortlichen
> Parteienverhalten einverstanden.

Im zweiten funktionalen Block von (86) argumentiert die Forenteilnehmerin
dann für die Handlungsoption einer Minderheitsregierung. Hierfür schlägt sie
zunächst diese Handlungsmöglichkeit mit einem gebräuchlichen Formulierungsmuster vor (*Warum denn nicht x-en?*) (2.1) und stützt diesen Zug bereits
im gleichen Satz mit einem ersten Argument, nämlich dem, dass es für die
vorgeschlagene Handlungsoption erfolgreiche Vorbilder gebe (2.2). Anschließend antizipiert sie zwei mögliche Einwände gegen ihren Vorschlag und entkräftet diese nacheinander. Dem ersten möglichen Einwand erkennt sie ohne
Begründung den Argumentstatus ab (2.3). Das zweite Argument konzediert
sie in einem ersten Zug (2.4) und kontert es danach mit einem Gegenargument
für die Minderheitsoption (2.5: *wechselnde Mehrheiten verbessern auch bei
baldigen Neuwahlen die Orientierung des Wählers*).

Der funktionale Bezug des dritten und letzten Blocks (3.1) ist etwas schwie-
riger zu deuten. Für sich genommen kann er offensichtlich als ein Argument
gegen Neuwahlen verstanden werden. Die Einleitung mit *Aber auch* legt dabei
jedoch kontrafaktisch nahe, dass diese negativ bewertete Handlungsoption
eine nebengeordnete Ergänzung zu einer direkt vorangegangenen, ebenfalls
negativ bewerteten Handlungsoption darstellt. Hier scheint ein Sequenzie-
rungsproblem vorzuliegen, denn dieser Baustein wäre zwischen den ersten
beiden funktionalen Blöcken sehr viel kohärenzfreundlicher platziert. Der
Gang der Argumentation könnte dann so beschrieben werden, dass die Leserin
zwar gegen eine Koalitionsfortsetzung argumentiert, daraus resultierende
Neuwahlen für sie *aber auch* keine geeignete Lösung darstellen. Der darauf-
folgende argumentativ gestützte Vorschlag, eine Minderheitsregierung zu bilden, könnte in dieser Sequenzierung dann als Ausweg aus diesem vermeintli-
chen Dilemma verstanden werden. Möglicherweise hat die Leserin die Bausteine auch in dieser durch die syntaktischen Verknüpfungsmittel suggerierten
Reihenfolge verfasst, bei der Erstellung im unübersichtlichen Eingabefeld vor
dem Absenden dann aber den Überblick über den Textaufbau verloren. In der
vorliegenden Sequenzierung hätte zur Herstellung funktionaler Kohärenz der
Baustein beispielsweise mit *Für diesen Vorschlag spricht auch, dass* eingeleitet werden können, obwohl auch diese Variante ungünstiger als die alternative
Sequenzierung erscheint, da so immer noch das attraktive rhetorische Mittel
des Scheindilemmas verlorenginge.

Strukturierungsprinzipien für Forenbeiträge erster Ordnung

Anhand dieser exemplarischen Analyse eines prototypischen Forenbeitrags und einiger ergänzender Beispiele aus diesem und anderen Forenverläufen sollen anschließend fünf Organisationsfaktoren für Forenbeiträge erster Ordnung verdeutlicht werden:

(i)   Handlungszusammenhänge und Regelaspekte der in Bezugstexten wie dem Primärtext realisierten sprachlichen Handlungsmuster strukturieren die Auswahl funktionaler Bausteine in reaktiven Forenbeiträgen.

(ii)   Regelaspekte für die übergeordneten sprachlichen Handlungsmuster in komplexen funktionalen Bausteinen von Forenbeiträgen steuern deren innere Handlungsstruktur.

(iii)   Da in der Forenkommunikation zu politischen Themen häufig strittige Positionen geäußert werden, spielen Züge mit Stützungsfunktion wie das Belegen, die Angabe von Gründen, Erklärungen, Argumente usw. eine dominante Rolle.

(iv)   Im Anschluss an beitragseröffnende funktional-thematische Bausteine bietet der thematische Zusammenhang zusätzliche Anlagerungspunkte für ergänzende Bausteine, häufig ohne konkreten funktionalen Bezug zum Rest des Beitrags oder zum Primärtext.

(v)   Die durch die Affordanzen des Medienformats begründeten interaktionalen Eigenschaften der Forenkommunikation (Möglichkeiten hochfrequenter Beitragsfolgen, geringer zeitlicher Versatz der Beiträge, mögliche zeitliche Kopräsenz der Kommunikationspartner) eröffnen die Möglichkeit, auf antizipatorische Züge, wie sie für monologische Texte charakteristisch sind, zu verzichten. Daraus folgt, dass mögliche Anschlusszüge nicht innerhalb eines Beitrags, sondern im Polylog kollaborativ bzw. kompetitiv von zwei oder mehreren Forenteilnehmern gemacht werden können.

(i)   Handlungszusammenhänge im Bezugstext als Ressource der Beitragsstrukturierung

Maroldts Begründung für seine Bewertungshandlung in der Überschrift des Primärtexts (*Neuwahlen wären eine Unverschämtheit*), auf die sich die Leserin in (86) mit ihrem ersten funktionalen Block bezieht, ist ein Vorwurf gegenüber der SPD, nämlich der, dass sie beabsichtige, die Regierungsverantwortung, welche sie von den Wählern übertragen bekommen habe, fallen zu lassen. Auf diesen Vorwurf wurde auch schon von einem anderen Forenteilnehmer in Beleg (30) reagiert. Dort zitiert der Leser den relevanten Ausschnitt aus dem Primärtext. Er enthält zunächst das Zitat einer von Bundespräsident Steinmeier formulierten Norm und anschließend den auf diese Norm bezogenen Vorwurf Maroldts: ,*Wer sich um politische Verantwortung bewirbt, darf sich nicht drücken, wenn er sie in den Händen hält.'* [...] *Sie [die SPD] lässt sie [die Verantwortung] fallen und nimmt Neuwahlen [...] in Kauf.* Die Illokutionsstruktur des relevanten Handlungszusammenhangs im Primärtext kann also beschrieben werden als

> Das Handeln der SPD bewerten
> *<und dann>*
> die Bewertung begründen
>> *<indem>*
>> Eine Norm zitieren
>> *<und dann>*
>> der SPD einen Vorwurf machen

Dieser Handlungszusammenhang ist dafür verantwortlich, dass parallel zu seiner *indem*-Struktur der Einwand gegen die Bewertung realisiert werden kann, *indem* der ihrer Begründung zugrundeliegende Vorwurf angegriffen wird. Einen Vorwurf kann man aufgrund der für ihn konstitutiven Regeln bezüglich der Festlegungen des Vorwerfenden angreifen, indem man entweder 1) den behaupteten Sachverhalt bestreitet, 2) die Gültigkeit der zugrunde gelegten Norm anzweifelt oder 3) die Verantwortlichkeit des Handelnden zurückweist (vgl. Abschnitt 2.2.1). Zwei dieser Züge wurden im Zusammenhang mit Einwänden gegen die Bewertung in einigen der bisher diskutierten Belege bereits gezeigt: Einerseits wurde der Sachverhalt bestritten wie in (54) (*Die SPD hat die politische Verantwortung nicht in den Händen, sondern die beiden Unionsparteien*) und in (74) (*Mit der Regierungsbildung beauftragt ist nun mal die Union*). Andererseits wurde die Verantwortlichkeit zurückgewiesen wie in (86) (*SPD-Zerkleinerungs-Koalition*) und in (87) (*den eigenen Untergang als Preis für die Loyalität zum Land*), indem jeweils gezeigt wurde, dass das vorgeworfene Verhalten gerechtfertigt ist, da es unzumutbare Folgen für die eigene Partei verhindert.

Umgekehrt können sich Forenteilnehmer aber auch der negativen Bewertung im Primärtext anschließen, indem sie die Gültigkeit der für den begründenden Vorwurf relevanten Norm bestätigen und diese einklagen, wie dies etwa in (90) geschieht. Der Leser bezieht sich hier auf die weiter oben erwähnte zweite Norm und spezifiziert sie, indem er eine Ausnahmebedingung für ihre Gültigkeit angibt:

(90)   CarlBerlin 21.11.2017, 11:54 Uhr

> Die SPD hat nicht verstanden, dass es einer inhaltlichen Begründung bedarf, um eine Koalitionsoption unter demokratischen Parteien nicht wahr zu nehmen.

Mit diesem Zug führt der Leser einerseits den neuen thematischen Aspekt der *inhaltlichen Begründung* in den Forenverlauf ein und behauptet andererseits, dass die SPD keine solche inhaltliche Begründung für das Abweichen von der Norm geliefert habe. Dieser Beleg verdeutlicht neben der Parallelität der Handlungszusammenhänge in Primärtext und Forenbeitrag wiederum das in solchen Zügen enthaltene Potenzial für relevante Anschlusskommunikation, da nach diesem Beitrag von den übrigen Forenteilnehmern sowohl über die Gültigkeit dieser Spezifizierung der Norm als auch über das Zutreffen der Behauptung mit den hierfür jeweils gebräuchlichen funktionalen Bausteinen gestritten werden kann.

(ii)   Regelaspekte von Handlungsmustern und funktionale Beitragsstruktur

Wie bereits im letzten Abschnitt am Handlungsmuster des Vorwurfs sichtbar geworden ist, legen sich Sprecher und Schreiber beim Vollzug sprachlicher Handlungen regelhaft auf bestimmte Annahmen fest, da ihre Äußerungen ohne diese Festlegungen nicht in der intendierten Weise verstehbar wären (vgl. hierzu auch Abschnitt 2.2.1). Selbst bei Handlungen nach grundlegenden Mustern wie dem Behaupten von Sachverhalten sind die Sprecher an die Übernahme bestimmter Festlegungen (in diesem Fall bezüglich ihrer Annahmen über das Zutreffen des behaupteten Sachverhalts und die Herkunft ihres Wissens) gebunden (vgl. auch Alston 1964, 42f.). Da diese regelhaften Festlegungen bei kompetitivem sprachlichem Handeln mögliche Angriffspunkte für die Kommunikationspartner darstellen, antizipieren Verfasser von Texten solche Angriffszüge, und arbeiten daran, ihre Position bereits im Voraus zu stärken. In Beleg (91) ist der funktionale Aufbau des Beitrags durch einige der Festlegungen strukturiert, die der Verfasser mit zwei funktional übergeordneten Forderungen eingeht:

(91)   allegra 21.11.2017, 11:06 Uhr

(1) Nie wieder GroKo

(1.3) Der Stimmenanteil der SPD hat sich seit 1998 halbiert. Die größten Verluste hatte die Partei nach der Beteiligung an der großen Koalition von 2005-2009, und nach leichter Erholung 2013 nun, trotz einiger politischer Erfolge in den letzten vier Jahren, Absturz auf 20,5%. (1.2) Der erneute Einstieg in eine große Koalition würde wohl den Abstieg in die Bedeutungslosigkeit besiegeln. (1.2.1) Die Chance, die Politik in Deutschland maßgeblich sozialdemokratisch zu gestalten, würde die SPD mit der erneuten Beteiligung an einer großen Koalition endgültig aufgeben. (1.1) Nur in der Opposition kann die SPD ihr Profil als Volkspartei zurückgewinnen, (2) allerdings nur mit neuer Personalie. (2.1) Nach wie vor bin ich davon überzeugt, dass Martin Schulz nicht der richtige Mann an der Spitze der SPD ist. (2.1.1) Während des Wahlkampfes ist er nie konkret geworden, was seine Vorstellungen für eine sozialdemokratische Politik betrifft, er hat sich wenig überzeugend immer auf vage Andeutungen beschränkt. (2.2) Der Grund für meine Wahlentscheidung gegen die SPD war Martin Schulz.

Der Leser fordert in (1) dass die SPD nicht in eine große Koalition eintreten dürfe und (2) dass es personelle Veränderungen bei der SPD geben müsse. Jemand, der ein bestimmtes Vorgehen *fordert*, legt sich dabei regelhaft u.a. darauf fest, (i) dass er Gründe nennen kann, die für dieses Vorgehen sprechen (etwa die Nützlichkeit des Vorgehens im Hinblick auf gemeinsam akzeptierte Ziele) und (ii) dass er Gründe nennen kann, die gegen ein alternatives Vorgehen sprechen (diese zweite konstitutive Festlegung unterscheidet die *Forderung* beispielsweise vom verwandten Handlungsmuster *Vorschlag*). Eine andere regelhafte Festlegung bei Forderungen ist, (iii) dass das geforderte Vorgehen überhaupt möglich ist bzw. dass nichts Grundlegendes dagegen spricht. Dies wird daran sichtbar, dass der Fordernde auf den Einwand, dass das geforderte Vorgehen nicht möglich sei, entweder diesen Einwand entkräften oder seine Forderung zurücknehmen muss. Während Festlegung (iii) im Fall von (91) keine Rolle spielt, sind die Festlegungen (i) und (ii) für seinen funktionalen Aufbau bestimmend, wie eine kurze Analyse zeigt.

Seine Forderung in (1) stützt der Verfasser zunächst mit der Angabe eines Grundes, der für das geforderte Vorgehen spricht (1.1). Mit (1.2) gibt er ergänzend einen Grund, der gegen ein alternatives Vorgehen spricht, indem er eine Prognose über die Folgen dieser Alternative anstellt. Obwohl mit dem Ausdruck *Bedeutungslosigkeit* diese prognostizierte Verlaufsmöglichkeit bereits negativ bewertet wird, spezifiziert der Verfasser diese Bewertung in (1.2.1), indem er noch weitere sich ergebende negative Folgen (*Chance endgültig aufgeben*) nennt. Bedeutsam für die funktionale Struktur des Beitrags ist, dass der Verfasser an dieser Stelle mit seiner Prognose aus (1.2) wiederum neue, zum Handlungsmuster *Prognose* gehörende Festlegungen eingeht, nämlich u.a., dass er Indizien nennen kann, die für die Wahrscheinlichkeit des prognostizierten Verlaufs sprechen. Diese Indizien zur Stützung seiner Prognose hat er bereits im vorangehenden funktionalen Baustein (1.3) genannt, indem er dort den Verlauf der Stimmenentwicklung der letzten Bundestagswahlen für die SPD als Koalitionspartner der CDU dargestellt hat.

Zur Stützung seiner Forderung (2) nennt der Verfasser einen Grund für das geforderte Vorgehen, indem er den SPD-Vorsitzenden Martin Schulz im Hinblick auf seine Eignung als Parteivorsitzender bewertet (2.1). An dieser Stelle strukturiert die Bewertungshandlung den weiteren Aufbau des Beitrags, da sich der Verfasser mit ihr u.a. darauf festlegt, dass er Gründe für die Bewertung angeben kann, was er dann mit (2.1.1) auch tut. Dabei setzt er die subor-

dinierten Bewertungsprinzipien voraus, (i) dass vage Äußerungen im Wahlkampf schlecht sind bzw. dass konkrete Äußerungen gut sind und (ii) dass
Parteivorsitzende, die im Wahlkampf in diesem Sinn schlechte Äußerungen
machen, ebenfalls schlecht sind. Als einen zweiten Grund für die Bewertung
von Schulz kann man (2.2) verstehen, wenn man den Grund für die Wahlentscheidung des Verfassers als Indiz dafür wertet, dass andere Wähler ebenfalls
wegen Schulz die SPD nicht wählen. In einem erweiterten Verständnis könnte
man diesen Baustein zugleich als Erklärung für einen Teil des in (1.3) geschil-
derten Verlaufs deuten.

Diese Analyse illustriert die Dynamik, die sich aus den Regelaspekten von
Handlungsmustern für den Textaufbau ergibt. Ankerpunkt für die komplexe
Texthandlung in (91) waren die beiden Forderungen, die ihrerseits durch den
Primärtext als funktional und thematisch kohärente Beiträge zur Debatte im
Forum ermöglicht wurden. Regelaspekte wie die mit diesem Handlungsmuster
verbundenen Festlegungen sowie die bei nachfolgenden Zügen vorausgesetzten Schluss- oder Bewertungsprinzipien wirkten dann beitragsstrukturierend
für die stützenden und antizipatorischen Züge auf den unteren Hierarchieebenen. Ein wichtiger Faktor für die Vielfalt von Beitragsformen in Leserforen ist
darin zu sehen, dass die Möglichkeiten der Textgestaltung äußerst flexibel
sind, und zwar sowohl im Hinblick auf die Auswahl strukturierender Regelaspekte (im Analysebeispiel wurde beispielsweise die Festlegung (iii) nicht gestützt) als auch im Hinblick auf Realisierungsvarianten, etwa bezüglich der
Wahl sprachlicher Mittel oder der Sequenzierung von übergeordneten Handlungen und Stützungszügen.

(iii)   Zur Bedeutung von Zügen mit stützender Funktion

Die in Abschnitt 3.3.1 aufgeführten weitergehenden Funktionen der Forenkommunikation geben bereits mit ihren handlungskennzeichnenden Ausdrücken (*Etablieren, Diskreditieren, Legitimieren und Delegitimieren, Argumentieren, Kritisieren*) einen deutlichen Hinweis darauf, dass kompetitives sprachliches Handeln konstitutiv für die kommunikative Praxis in Leserforen ist.
Dies gilt zwar in besonderem Maß für Foren im Kontext politischer Berichterstattung, aber auch in anderen Themengebieten wie der Sportberichterstattung oder der Wirtschaftsjournalistik gibt es in der Leserschaft häufig diver-
gierende Perspektiven und damit Anlass zur Auseinandersetzung. Neben dem
Angriff spielt dabei die Verteidigung der eigenen Position eine zentrale Rolle,
weshalb Züge mit stützender Funktion einen Großteil der funktionalen Bausteine der Forenkommunikation ausmachen. Im Folgenden sollen daher einige
Prototypen stützender Züge und ihr Zusammenhang mit den zu stützenden
Handlungen vorgestellt werden.

Argumentationen sind immer dann anzutreffen, wenn in der Kommunikation Auffassungen strittig sind und Kommunikationsteilnehmer andere überzeugen wollen.[70] Hierzu gehören Fälle, in denen Sprecher etwa eine Behauptung bestreiten, eine Bewertung als unzutreffend angreifen, eine Erklärung als inadäquat verwerfen, eine Prognose als nicht plausibel bezeichnen, eine Forderung als nicht zweckdienlich ablehnen usw. Journalistische Kommentare wie der Primärtext der exemplarischen Analyse bieten den Forenteilnehmern daher häufig vielfältige Gelegenheiten zur Argumentation. Diese ist häufig komplex strukturiert, denn in vielen Fällen werden die Argumente ihrerseits ebenfalls mit weiteren argumentativen Zügen gestützt. In Beleg (92) wird beispielsweise die Angemessenheit einer Deutung im Primärtext angegriffen und die entgegengesetzte Deutung mit verschachtelten Stützungszügen unterschiedlicher Art abgesichert.

(92)   coroner 21.11.2017, 13:24 Uhr

Zitat: „Merkel muss weg" - das ist nur Selbstzweck

(1) Mitnichten ist das nur Selbstzweck.

(2.1) Merkel ist die Ursache einiger großer Probleme nicht nur in Deutschland, sondern auch in der EU (2.1.1) (Flüchtlingskrise, Bildungskrise, Austeritätspolitik, Brexit, ...).

(2.2) Aufgrund ihres monarchischen Politik-Stils und der Tatsache, dass die meisten Medien ihr treu ergeben sind, wird sie mit den Problemen nur nicht öffentlich in Verbindung gebracht.

(3.1) Hier ein sehr interessanter Artikel über die Ära Merkel aus der FAZ

(3.2) http://plus.faz.net/feuilleton/2017-11-16/d5637e1d071d2d6c6afa36c6091d3fcc/?GEPC=s3

(3.3) Der Autor ist nicht irgendwer, sondern Wolfgang Streeck, Direktor emeritus am Max-Planck-Institut für Gesellschaftsforschung in Köln.

(4.1) Bei einem derart formidablen Verlust der CDU/CSU von 8.6 % bei der Bundestagswahl

(4.1.1) https://www.welt.de/politik/deutschland/article168883713/Alle-Ergebnisse-und-Grafiken-der-Bundestagswahl-im-Ueberblick.html

(4.1f.) hätte ein anderer Politiker schon längst die Verantwortung übernommen und wäre als Parteivorsitzender und Kanzlerkandidat der CDU zurückgetreten. (4.2) Nicht so Frau Merkel. (4.3) Die CDU, (4.3.1) in der sie in den letzten

---

[70]   Toulmin et al. formulieren diese Rahmenbedingung für Argumentationen folgendermaßen: „In practical affairs, the task of argumentation is not so much to *give* the hearer an opinion about some topic he had no opinion about before as to *change* his opinion by producing reasons for him to give up his former opinion in favor of a new one." (Toulmin et al. 1984, 107)

Jahrzehnten mehrere vielversprechende Politiker kalt gestellt hat, (4.3f.) scheint geradezu gelähmt hinter ihr zu stehen.

(5.1) Frau Merkel ist bekannt für ihren problematischen Alleingang, z.B. bei der Aufnahme von ca. einer Million Flüchtlingen ohne vorherige Konsultation des Parlaments oder der EU-Nachbarländer. (5.2) Sie hat sich dadurch einen Nimbus erworben (genauer: erkauft mit den Geldern der Einzahler in unsere Sozialsysteme) als Mama aller Jünglinge des „arabischen Frühlings".

(6) Kein Mensch weiß, was sie sich in einer kommenden Legislaturperiode noch einfallen lassen wird. Merkel ist unberechenbar.

Maroldts Äußerung *das ist nur Selbstzweck* versteht der Verfasser von (92) offenbar so, dass die Forderung der SPD nicht inhaltlich zu begründen sei und von ihr nur aus strategischen Gründen ins Feld geführt werde. Um seine entgegengesetzte Deutung der Situation im funktionalen Baustein (1) zu stützen, gibt der Leser zunächst mit der Behauptung in (2.1) ein Argument aufgrund des impliziten Schlussprinzips SP1: *Wenn jemand die Ursache großer Probleme ist, dann ist die Forderung nach seiner Entlassung inhaltlich begründet.* Das Argument (2.1) stützt er dann seinerseits zuerst mit einer Aufzählung von Beispielen (2.1.1), die als Fälle der Verursachung von Problemen gelten sollen, und anschließend mit der Behauptung (2.2). die als antizipatorische Erwiderung auf den möglichen Einwand *in der öffentlichen Debatte ist ein anderes Bild von Kanzlerin Merkel vorherrschend* verstanden werden kann. Die Behauptung dient dann als Erklärung für den im Einwand geäußerten und konzedierten Sachverhalt und verfolgt den Zweck, den Widerspruch zwischen der Behauptung 2.1 und dem antizipierten Einwand aufzulösen. Die Struktur bis zu diesem Punkt kann man daher folgendermaßen beschreiben: Die Erklärung (2.2) und die Beispiele (2.1.1) stützen das Argument (2.1) während dieses die Deutung in (1) stützt.[71]

Mit den Abschnitten (3.1) bis (3.3) wird ein zweites Argument zur Stützung der Deutung (1) gegeben. Zu diesem Zweck wird ein Artikel verlinkt (*Merkel – ein Rückblick. Die Ära Merkel geht zu Ende. Zum Glück, denn sie steht für den sinnentleerten Machterhalt einer Monarchin.*) der auf Grundlage von SP1 ebenfalls als komplexes Argument für (1) gelten kann. Da es sich hier um eine Form des Autoritätsarguments handelt, stützt der Leser dieses wiederum mit einem weiteren Zug (3.3), in dem Belege für die Autorität der Quelle (*Direktor emeritus am Max-Planck-Institut*) gegeben werden.

---

[71] Es handelt sich hier um einen Fall multipler Argumentation, den van Eemeren et al. als „subordinative Argumentation" bezeichnen (vgl. van Eemeren et al. 2002, 64ff.).

(4.1) stellt ein weiteres, funktional komplex strukturiertes Argument für (1) dar. Zunächst wird die Behauptung des *formidablen Verlusts* mit einem integrierten Beleg gestützt (4.1.1), der in Form eines Verweises auf einen Artikel auf *welt.de* erfolgt. Anschließend wird dieser Verlust als valider Grund für einen Rücktritt gedeutet. Anschließend dient (4.3) als Erklärung für die nach (4.2) anschließbare Frage, warum dieser Rücktritt noch nicht erfolgt ist. Der in Erklärung (4.3) behauptete Sachverhalt wird dann seinerseits wieder erklärt, und zwar mit dem Relativsatzattribut (4.3.1) (*[Merkel hat] mehrere vielversprechende Politiker [kaltgestellt]*). In dieser subordinierten Erklärung kann man ein weiteres Argument zur Stützung von (1) sehen, wenn man annimmt, dass Parteivorsitzende ihre Position aufgrund ihrer fachlichen Eignung und nicht aufgrund taktischen Geschicks innehaben sollten.

Die folgenden Abschnitte (5.1) bis (6) stellen wiederum zwei weitere Argumente zur Stützung der Deutung in (1) dar. Grundlage hierfür sind (i) eine Bewertung (*problematisch*) sowie (ii) eine Kritik (*unberechenbar*).

Zusammenfassend zeigt diese Analyse anschaulich, welchen Stellenwert stützende Züge für den funktionalen Aufbau von Forenbeiträgen in politischen Kontexten besitzen. In stützender Funktion können u.a. Behauptungen, Belege, Erklärungen, Deutungen, Beispiele, Zitate, Verweise usw. gebraucht werden. Dabei können sie sowohl nebengeordnet auftreten, wie die fortgesetzte Reihe von Argumenten zur Stützung von Deutung (1) in Beleg (92) zeigt, als auch untergeordnete ‚Stützungstreppen' bilden, wie im analysierten Beispiel in den Abschnitten 2, 3 und 4 zu sehen war. Diese flexible Kombinatorik ist im Verbund mit den kommunikativen Anforderungen des Argumentierens in der Lage, komplexe Handlungsstrukturen zu erzeugen.

(iv)   Thematische Anlagerungspunkte zur Beitragsergänzung

Neben den bisher diskutierten funktionalen Bezügen zu Handlungen im Primärtext oder anderen Forenbeiträgen, den Regelaspekten von übergeordneten Handlungsmustern im eigenen Beitrag und den vielfältigen Anschlussmöglichkeiten für Züge mit Stützungsfunktion sind in vielen Fällen auch thematische Anlagerungspunkte mitverantwortlich für komplexe Beitragsformen. Dies soll an zwei Beispielen erläutert werden.

(93)   Pincorrect 20.11.2017, 19:10 Uhr

(1) Neuwahlen? Ich bin dafür. Bin ich jetzt auch unverschämt? Gut, ich schäme mich auch nicht für meinen Wunsch.

(2) Ich habe noch einen Wunsch: (2.1) möge die SPD sich endlich ganz offiziell abwenden von den Seeheimern und ihren „Projekten" á la Agenda 2010. (2.2) Möge die CDU sich von grünen Inhalten wieder hin zur Christlichkeit bewegen. (2.3) Mögen die Grünen und die FDP unter ferner liefen versumpfen,

möge im Westen die Linke ein paar mehr Stimmen holen. (2.4) Und sei das alles auch nur als Gegengewicht zum Neoliberalismus unter Macron in Frankreich.

Das ist mehr als ein Wunsch, ich sehe es selbst. Na und?

In (93) bezieht sich der Leser zunächst in dem funktionalen Baustein (1) auf die Bewertung der Möglichkeit von Neuwahlen als *Unverschämtheit*. Mit einem Wortspiel bringt er dabei seine Präferenz für Neuwahlen als *Wunsch* ins Spiel. Im funktionalen Baustein (2) nutzt er diese Formulierung dann als Aufhänger, um eine Serie von Wünschen für die politische Entwicklung zu äußern. Diese hängen thematisch lose mit der Debatte über die Wahlergebnisse zusammen, da in (2.1) und (2.2) mutmaßliche Ursachen für den Stimmenverlust der beiden Parteien angesprochen werden und in (2.3) Präferenzen für zukünftige Wahlergebnisse geäußert werden. In (2.4) wird der Wunsch nach dieser Entwicklung begründet. Funktional besteht kein erkennbarer (oder zumindest kein offensichtlicher) Zusammenhang zwischen den Bausteinen (1) und (2), und auch thematisch spielt die Neuwahloption aus (1) in Baustein (2) keine Rolle. Als kohärenter Text erscheint die Bausteinsequenz lediglich über ihren gemeinsamen thematischen Bezug zum übergeordneten Thema *Wahlergebnisse und ihre Ursachen*.

Ein ähnlicher Fall liegt vor in Beleg (94) aus einem *Spiegel Online* Forenverlauf zu den falschen Angaben über die Zahl verletzter Polizisten bei den G20 Protesten. Der dort zitierte *dirkozoid* hatte seinerseits direkt auf den Primärtext reagiert, in dem mitgeteilt wurde, dass die Polizei zu hohe Verletztenzahlen angegeben hatte.

(94)   keksen 15.07.2017, 15:02

> *Zitat von dirkozoid:*
>
>> *„Davon darf man noch 130 hessische Beamte abziehen, die sich mit ihrem eigenen Reizgas verletzt haben? Von der Argumentation, die z.B. Herr Bosbach in hysterischer Art und Weise Gebrauch gemacht hat, bleibt nicht viel übrig. Die Zahl der verletzten Demonstranten dürfte weit höher liegen, während die eigentlichen Chaoten ja ungestört das Schanzenviertel zerlegen durften. "*
>
> (1) Ganz recht. Blutige Gesichter friedlicher Demonstranten inklusive. Ich finde es erschreckend, wie einseitig in den letzten Tagen berichtet wurde.
>
> (2) Eigentlich habe ich Scholz immer geschätzt. Aber die Aussage, Polizeigewalt gäbe es nicht und das seien alles „Helden", finde ich unmöglich.

Der zitierte Leser kritisiert an der Berichterstattung bis zum Zeitpunkt der Korrekturmeldung, dass über zu viele verletzte Polizisten und über zu wenige verletzte Demonstranten berichtet wurde. Der Leser *keksen* stimmt in (94) dieser

Einschätzung in Baustein (1) zu und begründet damit seine Bewertung der Berichterstattung als *einseitig*. Über die thematische Brücke der *Polizeigewalt* schließt er dann den funktionalen Baustein (2) an, in dem die Äußerung eines verantwortlichen Politikers bewertet wird. Auch in diesem Beispiel ist der thematische Anlagerungspunkt entscheidend für den Ausbau des Beitrags, der funktionale Zusammenhang zwischen (1) und (2) ist dennoch etwas enger als in (93), wenn man annimmt, dass mit (2) die Auffassung aus (1), dass viele Demonstranten unter exzessiver Polizeigewalt zu leiden hatten, und damit in einem weitergehenden Verständnis die Zustimmungshandlung aus (1) wiederholt werden soll.

Diese Graduierung des funktionalen Bezugs ist charakteristisch für den Textaufbau vieler Forenbeiträge. Während die thematische Kohärenz durch übergeordnete Gegenstände der jeweiligen Debatte in den meisten Fällen eindeutig gegeben ist, kann man den funktionalen Zusammenhang gelegentlich nur durch aufwendige Deutungsarbeit und auf der Basis weitergehender Verständnisse rekonstruieren.

(v)   Verzicht auf antizipatorische Züge bei der Beitragsgestaltung

Die dem Medienformat „Leserforum" eigenen Bedingungen der Textproduktion und -rezeption erzeugen eine Form der schriftlichen Kommunikation, die zugleich einige Eigenschaften mündlicher Kommunikation aufweist und sie zu einer Art „written conversation" (Marcoccia 2004, 116; vgl. auch Abschnitt 2.2.3) werden lässt. Eine dieser Eigenschaften besteht in der partiellen Kopräsenz von Schreibern und Lesern zum Zeitpunkt der Textveröffentlichung. Für Verfasser von Forenbeiträgen erster Ordnung liegt aufgrund dieser Kopräsenz die Annahme nahe, dass in dem Moment der Freischaltung ihres Beitrags dieser unmittelbar von einer größeren Gruppe potenzieller Leser wahrgenommen wird. Da diese ihrerseits ebenfalls ohne Verzögerung einen Beitrag veröffentlichen können, besteht für sie in einem gewissen zeitlichen Rahmen die Möglichkeit, auf den Ursprungsbeitrag zu reagieren, etwa um Einwände zu machen, ein Gegenargument zu geben oder Klärungsfragen zu stellen. Im Forum des *Tagesspiegel* wird allen Kommunikationsteilnehmern zudem im Beitragskopf symbolisch angezeigt, ob der Verfasser eines Beitrags aktuell online ist (vgl. Abschnitt 3.2.3, Abb. 5), so dass bei Antworten auf Beiträge gegenwärtig eingeloggter Leser bedingt von einer ‚erfolgreichen Zustellung' ausgegangen werden kann.

Diese Konfiguration der Kommunikationssituation eröffnet Forenteilnehmern die strategisch und ökonomisch attraktive Möglichkeit, für ihre Züge auf antizipatorische Stützungshandlungen oder auch Spezifizierungen, Präzisierungen, Beispiele usw. zu verzichten. Diese würden im Fall eines postalischen

Leserbriefs ihre kommunikativen Erfolgschancen deutlich erhöhen, da dort auf Einwände, Rückfragen und dergleichen nach der Veröffentlichung nicht mehr reagiert werden kann. Wenn im Kontrast dazu in einem Leserforum die Äußerung eines anderen Forenteilnehmers eine Stützungshandlung, eine Präzisierung des eigenen Beitrags oder einen ähnlichen Zug notwendig macht, kann dieser ggf. in einem Folgebeitrag zeitnah und auf den konkreten Einwand bezogen realisiert werden. Darüber hinaus bietet der Verzicht auf antizipatorische Züge im ersten Anlauf die verlockende jedoch riskante Möglichkeit, beispielsweise unzulässige Verallgemeinerungen oder auch schwer belegbare Behauptungen zu platzieren, ohne sich dafür rechtfertigen zu müssen, sofern dies nicht von einem anderen Forenteilnehmer eingefordert wird. Die Belege (95) bis (97) zeigen einen Verlaufsausschnitt, der aus einem solchen kommunikationsstrategisch motivierten Verzicht auf die Konkretisierung eines Vorwurfs und einem darauffolgenden Gegenvorwurf resultiert. Die kurzen zeitlichen Abstände (26min., 16min.) deuten dabei darauf hin, dass sich die beiden Verfasser ihrer medial vermittelten Kopräsenz bewusst waren.

(95)   riegel 21.11.2017, 09:47 Uhr

Die FDP ist schuld, weil sie die Verhandlungen abgebrochen hat?

Ich kann auch das Regieren verweigern, indem ich bei den Verhandlungen mit unglaublichen Forderungen sitzenbleibe und damit signalisiere - so wird regiert oder gar nicht!

Nicht jeder der bei Verhandlungen am Tisch sitzen bleibt, muss deshalb wirklich mit anderen regieren wollen - sieh Grüne.

[…]

(96)   Muellers 21.11.2017, 10:13 Uhr

Antwort auf den Beitrag von riegel 21.11.2017, 09:47 Uhr

> *Zitat: Ich kann auch das Regieren verweigern, indem ich bei den Verhandlungen mit unglaublichen Forderungen sitzenbleibe und damit signalisiere - so wird regiert oder gar nicht.*

Welche „unglaublichen" Forderungen haben die Grünen denn gestellt?

Unglaublich finde ich, wie hier manche meinen, ihre Ressentiments nicht mal mehr konkretisieren zu müssen. An Argumente natürlich gar nicht zu denken.

(97)   riegel 21.11.2017, 10:29 Uhr

Antwort auf den Beitrag von Muellers 21.11.2017, 10:13 Uhr

> *Zitat: Welche „unglaublichen" Forderungen haben die Grünen denen gestellt?*

> Es mag ja sein, dass Anhänger der Grünen diese Argumente anders einordnen, aber deshalb dürfen das z.B. die FDP ebenfalls anders in einer Verhandlung sehen.

> Wo steht geschrieben, dass man keine Verhandlungen abbrechen darf? Bei den Grünen – oder hat man sich darauf geeinigt, nicht abbrechen zu dürfen bis man eine Regierung gebildet hat?

Zunächst fällt an dieser Sequenz auf, dass der Leser sich mit seinem Beitrag (95), obwohl dieser formal auf der ersten Hierarchieebene als Kommentar zum Primärtext erstellt wurde, nicht auf diesen, sondern auf einen anderen Forenbeitrag bezieht. Erkennbar wird dies daran, dass im Primärtext der FDP kein Vorwurf für das Abbrechen der Koalitionsverhandlungen gemacht wird, wohl aber in einem Forenbeitrag erster Ordnung, der 17 Minuten früher und 12 Beiträge weiter oben im Verlauf veröffentlicht wurde. Dort heißt es:

(98)   provinzler 21.11.2017, 09:30 Uhr

> Es gibt noch andere, die sich drücken. Zuallererst natürlich die FDP, weil die die Jamaika-Sondierungen abgebrochen hat. […]

Auf diesen Vorwurf des Sich-drückens reagiert der Verfasser von (95) ohne eine explizite Bezugnahme auf (98) mit dem Gegenvorwurf, dass die Grünen in den Verhandlungen aus strategischen Gründen *unglaubliche Forderungen* gestellt hätten, da sie nicht an einer Regierungsbildung interessiert gewesen seien. Dabei verzichtet er auf eine Spezifizierung, worin diese behaupteten *unglaublichen Forderungen* konkret bestanden haben sollen. In (96) wird dieser unspezifische Gegenvorwurf angegriffen, indem ein Beleg für den behaupteten Sachverhalt gefordert wird. Anschließend wird eben jener Verzicht auf einen Beleg in (95) als Verstoß gegen die Kommunikationsmoral im Forum (*wie manche hier meinen*) kritisiert. Im Hintergrund scheint dabei zu stehen, dass der Verzicht auf Belege für verallgemeinernde oder überzeichnende Vorwürfe als unzulässige Kommunikationsstrategie angesehen wird, da dies die Last der Beweissicherung und damit der Sachverhaltsklärung zugunsten der eigenen informationspolitischen Agenda auf die anderen Forenmitglieder verschiebt. In der Erwiderung in (97) wird dann auch deutlich, dass der Verfasser nicht in der Lage oder daran interessiert ist, den in seinem Vorwurf enthaltenen Sachverhalt zu konkretisieren. Stattdessen beruft er sich zunächst darauf, dass das Lager der FDP das Verhalten der Grünen ebenso einschätzt wie er und verteidigt danach erneut das Verhandlungsverhalten der FDP, indem er die Norm des ursprünglichen Vorwurfs (*man darf Koalitionsverhandlungen nicht abbrechen*) angreift.

Der Verzicht auf antizipatorische Züge birgt jedoch noch weitere Risiken, wie der nachfolgende Ausschnitt aus einer Sequenz in den Belegen (99) bis (103) zeigt:

(99)   annimei 21.11.2017, 11:47 Uhr

Warum ist man im Willi-Brandt-Haus so scharf darauf, sich so schnell wie möglich die 15%-Klatsche einzufangen?

(100) Exilleser 21.11.2017, 12:09 Uhr

Antwort auf den Beitrag von annimei 21.11.2017, 11:47 Uhr

wann jetzt? wenn man in die GroKo geht oder es nicht tut? was meinen Sie mit Ihrem Post?

(101) CarlBerlin 21.11.2017, 12:29 Uhr

Antwort auf den Beitrag von Exilleser 21.11.2017, 12:09 Uhr

Wenn man die Haltung einnimmt, nicht mit der CDU über eine mögliche Regierung sprechen zu müssen, obwohl diese eine Mehrheit hätte. Also prinzipiell darauf verzichtet, eigene Inhalte durchsetzen zu wollen. Wer als Wähler so etwas möchte, kann auch die LINKE wählen, da gibt das im Original.

[…]

(102) Exilleser 21.11.2017, 16:25 Uhr

Antwort auf den Beitrag von CarlBerlin 21.11.2017, 12:29 Uhr

danke für die Erläuterung ihres Posts...können sie doch nächstes mal gleich machen und nicht nur etwas in alle Richtungen Deutbares schreiben

inhaltlich ist als Gegenposition zu Ihrer genug gesagt, was eher auch meine Meinung trifft, so brauche ich das hier nicht zu wiederholen.

(103) Exilleser 21.11.2017, 16:32 Uhr

Antwort auf den Beitrag von Exilleser 21.11.2017, 16:25 Uhr

sehe grad, es war gar nicht ihr eigener Post, den sie erläutern...

Die Forenteilnehmerin *annimei* bewertet zunächst in ihrem Eröffnungsbeitrag das Verhalten der SPD als ungeschickt und langfristig strategisch ungünstig. Schon dieses Verständnis erfordert eine angemessene Deutung, für die der Leser wissen u.a. muss, dass das Willy-Brandt-Haus die Parteizentrale der SPD ist und was mit der *15%-Klatsche* gemeint ist. Darüber hinaus verzichtet sie sowohl auf eine genauere Erläuterung, welches Verhalten sie mit ihrer Bewertung meint, als auch auf eine Begründung für diese Bewertung. In (100) verlangt *Exilleser* eben diese unterlassene Erläuterung, da er den Beitrag nicht versteht. In (101) reicht dann ein anderer Leser, nämlich *CarlBerlin*, sowohl eine Erläuterung als auch eine Begründung nach und schließt sich damit der Bewertung aus (99) an. Darüber hinaus nutzt er dabei jedoch die Gelegenheit, in beiden funktionalen Bausteinen seine Sichtweise zum Ausdruck zu bringen (*die SPD verzichtet darauf, eigene Inhalte durchzusetzen, die LINKE ebenso*), die er bereits in einigen anderen Beiträgen des Verlaufs geäußert hat. Möglicherweise wollte *annimei* diese Perspektive gar nicht vertreten, Beitrag (102) zeigt aber, dass die beiden Beiträge (99) und (101) als Ausdruck einer kohärenten Position verstanden werden können. Obwohl es sich an dieser Stelle im Hinblick auf die Autorenschaft zuerst um ein Missverständnis handelt, das *Exilleser* in (103) dann noch bemerkt, zeigt dieses Beispiel, auf welche Weise unterlassene antizipatorische Stützungs- oder Klärungszüge eine argumentative Flanke öffnen (*etwas in alle Richtungen Deutbares*), die von anderen Forenteilnehmern ausgebeutet werden kann.

3.3.3   Strukturierungsprinzipien polyloger Foreninteraktion

Wie im zweiten Kapitel diskutiert, kann das Zusammenspiel eines journalistischen Primärtexts mit seinem gesamten Forenverlauf als ein Polylog aufgefasst werden und stellt somit mehr dar, als nur eine unzusammenhängende Ansammlung von einzelnen Textbeiträgen. Die jeweiligen Zusammenhänge zwischen Primärtext, einzelnen Beiträgen und Beitragssequenzen sind dabei auf verschiedenen kommunikationsanalytischen Ebenen beschreibbar und bilden die Grundlage für die Rekonstruktion von Interaktionsstrukturen unterschiedlicher Komplexität im Polylog.

Ein globaler Zusammenhang zwischen allen Textbeiträgen eines solchen Polylogs ist bereits auf den ersten Blick durch die formalen Aspekte der Präsentation aller Teiltexte auf einer Browserseite sowie durch multimodale Darstellungselemente zur Verdeutlichung der Beitragshierarchie erkennbar, wobei die Beitragsfolge in segmentierten Forenverläufen ggf. noch mit der Möglichkeit des Blätterns versehen ist. Über diesen zusammenhangstiftenden formalen Rahmen hinaus sind größere und kleinere Sequenzen von Beiträgen jedoch auch Bestandteile charakteristischer Interaktionsstrukturen und daher durch variierende funktionale und thematische Beziehungen zueinander gekennzeichnet. Im Anschluss sollen nun diese Interaktionsstrukturen und Verfahren ihrer Analyse und Beschreibung vorgestellt werden.

Dazu werden zunächst die einfachsten binären Interaktionen beschrieben, die entweder aus (i) einem thematischen Aspekt des Primärtexts und einem darauf bezogenen unbeantworteten Beitrag erster Ordnung oder (ii) einem funktional-thematischen Baustein im Primärtext und einem unbeantworteten Beitrag erster Ordnung bestehen. Dabei werden wie in den beiden Abschnitten zuvor zunächst die Forenbeiträge erster Ordnung[72] behandelt, diesmal jedoch nicht im Hinblick auf prototypische übergeordnete Handlungsmuster wie in

---

[72]   Alle Belege in diesem Abschnitt: TS 01

Abschnitt 3.3.1 oder bezogen auf Ausbaustufen und Strukturierungsprinzipien wie in Abschnitt 3.3.2. Sie werden hier vielmehr als zweite Züge einer kommunikativen Interaktion im Hinblick auf ihren funktional-thematischen Zusammenhang mit dem Primärtext analysiert. Anschließend werden dann (iii) umfangreichere dialogische und polyloge Interaktionsstrukturen untersucht, visualisiert und ihr Zusammenhang mit rekurrenten Kommunikationsformen beschrieben.

(i)   *Unbeantwortete Eröffnungszüge ohne funktionalen Bezug zum Primärtext*

Die einfachsten Interaktionsmuster ergeben sich aus Eröffnungszügen auf der ersten Hierarchieebene, die im weiteren Forenverlauf unbeantwortet bleiben. Dabei ist die Tatsache, dass sie unbeantwortet bleiben zunächst nur ein empirischer Befund *ex-post* zur Kategorienbildung, da der Verfasser zum Zeitpunkt der Beitragserstellung nicht wissen kann, ob sein Beitrag eine Antwort erhalten wird oder nicht. Auch sind in der Analyse keine eindeutigen Hinweise darauf erkennbar, warum manche Beiträge erster Ordnung unbeantwortet bleiben und andere nicht. Intuitive Erklärungsversuche, wie etwa die Annahme, dass vor allem besonders kontroverse, emphatische formulierte oder mit der Mehrheitsmeinung verträgliche oder unverträgliche Beiträge kommentiert werden, lassen sich zumindest nicht bestätigen.[73] Die am wenigsten spezifische Variante der unbeantworteten Eröffnungsbeiträge stellen wiederum jene Beiträge dar, die ohne einen funktionalen Bezug zum Primärtext diesen lediglich als Thematisierungsanlass verwenden und daher selbst funktional völlig offen sind. Diese Beiträge können zudem in unterschiedlicher thematischer Distanz zu den Gegenständen des Primärtexts stehen und entweder lediglich einen Gegenstand des übergeordneten thematischen Zusammenhangs behandeln wie in (104) oder einen im Primärtext behandelten Teilaspekt aufnehmen wie in (105).

(104)   Westpreussen 20.11.2017, 19:36 Uhr

> Vielleicht sollten wir doch mal über ein Mehrheitswahlrecht nachdenken. Die Zeit der Volksparteien und somit der klaren Mehrheiten (Union und FDP bzw. SPD und Grüne oder FDP) scheint vorüber. Ansonsten müssen wir eben mit Schwarz-Rot leben. Was so schlimm nun auch wieder nicht ist.

---

[73] Wahrscheinlicher erscheint die Hypothese, dass Teilnehmeridentitäten (vgl. Abschnitt 3.3.4), die gemeinsame Kommunikationsgeschichte und eingespielte Interaktionsgewohnheiten von miteinander vertrauten Forenteilnehmern Einfluss auf die Beantwortungswahrscheinlichkeit haben.

Dieser unbeantwortete Eröffnungsbeitrag hat (abgesehen von der schwachen Argumentation für eine große Koalition) keinen direkten funktionalen Bezug zum Primärtext und behandelt auch einen gesonderten Gegenstand (*Wahlrecht*), der dort nicht vorkommt. Das Thema des Primärtexts gehört jedoch zum übergeordneten thematischen Zusammenhang *Bundestagswahl*, von welchem der Aspekt des gültigen *Wahlrechts* wiederum als ein Teilthema gesehen werden kann. Einen engeren thematischen Bezug zum Primärtext weist hingegen der folgende Beleg auf:

(105)   topinambur 21.11.2017, 12:54 Uhr

stell' Dir vor es ist Neuwahl .... und niemand geht hin!

Obwohl hier das Thema *Neuwahl* explizit aufgenommen wird, weist dieser Beitrag gar keinen funktionalen Bezug zu kommunikativen Handlungen im Primärtext auf. Stattdessen scheint sich der Leser mit einem Wortspiel über die unangemessene Aufregung über das Thema im Kontrast zur Bedeutung von Themen wie *Krieg* lustig zu machen.

Im Allgemeinen sind jedoch auch die unbeantworteten Eröffnungszüge funktional auf die in Abschnitt 3.3.1 herausgearbeiteten weiterführenden Funktionen der Kommunikation in Leserforen bezogen, weshalb sich viele der in jenem Abschnitt beschriebenen funktional-thematischen Bausteine in diesen Beitragstypen wiederfinden können.

(ii)   Unbeantwortete Eröffnungszüge mit funktionalem Bezug zum Primärtext

Ein etwas komplexeres Interaktionsmuster liegt bereits dann vor, wenn Leser sich in einem unbeantworteten Eröffnungszug funktional auf eine Handlung im Primärtext beziehen. Wie weiter oben bereits erwähnt (vgl. Abschnitt 3.3.1, Fn. 66), sind diese Eröffnungszüge zwar auf der ersten Hierarchieebene des Forenverlaufs angesiedelt, sie können jedoch als *zweite kommunikative Züge* einer Interaktionssequenz verstanden werden, da sie eine Reaktion auf die komplexe sprachliche Handlung des Primärtextverfassers darstellen. Prototypische Abfolgen von Handlungen, die im Primärtext und einem Forenbeitrag erster Ordnung realisiert sind, könnte man daher auch als *Elementarsequenzen* der Forenkommunikation bezeichnen. Die Eröffnungszüge dürfen dabei nicht mit dem gesamten Eröffnungsbeitrag verwechselt werden, auch wenn in manchen Fällen der gesamte Beitrag nur aus dem Eröffnungszug besteht. Wie in den vorangegangenen Abschnitten gezeigt, werden solche Züge einerseits häufig mit untergeordneten funktionalen Bausteinen gestützt, so dass sie über eine komplexe innere Handlungsstruktur verfügen, und andererseits können sie über thematische Anlagerungspunkte ergänzt werden. Die Beschreibung der Elementarsequenzen bezieht sich daher auf die übergeordneten reaktiven Handlungsmuster innerhalb von Forenbeiträgen und ihren funktionalen Bezug zu Handlungen im Primärtext. Im Folgenden sollen – wiederum aus dem Forenverlauf im *Tagesspiegel* zum Thema der Regierungsbildung – einige Beispiele für solche Elementarsequenzen gegeben werden.

(i)   Einen Sachverhalt behaupten – den Sachverhalt bestreiten

(106)   halfbrain 22.11.2017, 12:17 Uhr

> Wenn Sie die Entwicklung intensiver verfolgt hätten, würden Sie lesen, dass die SPD eben NICHT Neuwahlen präferiert, sondern eine Minderheitsregierung (offensichtlich) unterstützen würde.

Der Forenteilnehmer reagiert hier auf die Behauptung im Primärtext, *dass die SPD Neuwahlen präferiert,* indem er den Sachverhalt bestreitet. Dieses Beispiel zeigt recht deutlich, dass der Beitrag, obwohl er nur einen einzigen Satz umfasst, nicht ausschließlich aus dem reaktiven kommunikativen Zug des Bestreitens besteht, auch wenn dieser im Beitrag funktional übergeordnet und damit für das Sequenzmuster konstitutiv ist. Im Zuge des Bestreitens wird ergänzend ein alternativer Sachverhalt behauptet (*sondern...*) und stützend die Existenz eines Belegs für diesen alternativen Sachverhalt angedeutet (*würden Sie lesen*).

(ii)   (Eine politische Situation) deuten – die Deutung bestreiten

(107)   spreeathen 20.11.2017, 18:31 Uhr

> Die Situation ist ganz dieselbe
>
> *Zitat: Die parlamentarische Demokratie lebt auch von einer starken, konstruktiven Opposition; die anzuführen, ist keine Schande, grundsätzlich nicht, und mit einem miesen Wahlergebnis im Rücken und einer radikalen Konkurrenz vor Augen erst recht.*
>
> *Aber die Situation hat sich dramatisch geändert...*
>
> Was hätte sich denn seit gestern Abend „dramatisch geändert"?
>
> Die Jamaika-Sondierungen sind geplatzt - mehr auch nicht. Das Wahlergebnis der SPD ist genau dasselbe wie vor drei Tagen oder vor vier Wochen.
>
> Und die AfD wäre mit ihrem Wahlergebnis die stärkste Oppositionspartei, wenn die SPD doch noch in eine Große Koalition eintreten würde.
>
> Also, Herr Maroldt, was hat sich denn nun dramatisch geändert?

In diesem Beleg besteht der weitergehende kommunikative Sinn von Maroldts Deutung der aktuellen Situation darin, das frühere Handeln der SPD zu legitimieren bzw. das aktuelle Handeln zu delegitimieren. Um diese Delegitimierung anzugreifen, bestreitet der Forenteilnehmer Maroldts Deutung der aktuellen Situation. Anschließend stützt er seine eigene Deutung argumentativ mit einer Reihe von Feststellungen. Gegenstand von Deutungen in diesem Sequenzmuster können neben Situationen u.a. auch Ereignis- oder Handlungsaspekte sein, beispielsweise wenn das Handeln eines politischen Akteurs als Kurskorrektur oder ein Ereignis als Ereignis eines bestimmten Typs oder als Ausnahme von der Regel gedeutet wird.

(iii)   (Einem Akteur) einen Vorwurf machen – anderen Akteuren einen oder mehrere (Gegen)vorwürfe machen

(108)   provinzler 21.11.2017, 09:30 Uhr

> Es gibt noch andere, die sich drücken. Zuallererst natürlich die FDP, weil die die Jamaika-Sondierungen abgebrochen hat. Dann Frau Merkel, die es ablehnt, eine Minderheitsregierung zu bilden. […]

In (108) wird auf den Vorwurf im Primärtext reagiert, die SPD drücke sich vor der Regierungsverantwortung, indem anderen Akteuren Gegenvorwürfe, hier des gleichen Inhalts, gemacht werden. Dieses typische Sequenzmuster verweist bereits deutlich auf die Rolle von Vorwürfen bei der Lagerbildung im Forenverlauf und der kommunikative Sinn des Gegenvorwurfs lässt sich besonders gut aus dieser Lagerperspektive rekonstruieren. Er besteht zunächst darin, das eigene Lager gegen den Vorwurf abzusichern, indem zwar der vorgeworfene Sachverhalt konzediert, eine für den Vorwurf konstitutive Norm jedoch angegriffen wird. Dies geschieht dadurch, dass mit dem Gegenvorwurf zum Ausdruck gebracht wird, dass die Akteure des antagonistischen Lagers die relevante Norm ebenfalls missachten. Dieser Zug hat zwei Konsequenzen, welche die ursprünglich beschuldigte Partei entlasten, falls der Gegenvorwurf im weiteren Verlauf nicht argumentativ entkräftet werden kann: (i) Die Bedeutung der Norm für die Gemeinschaft wird geschwächt und (ii) dem ursprünglich Vorwerfenden wird mit Rückgriff auf eine häufig anzutreffende Reaktionsstrategie auf der Grundlage der als Maximen formulierten Redewendungen *Wer im Glashaus sitzt, sollte nicht mit Steinen werfen* und – in Anlehnung an Johannes 8,7 – *Wer unter Euch ohne Sünde ist, der werfe den ersten Stein*, die moralische Berechtigung zu diesem Vorwurf aberkannt.

(iv)   Einem Akteur einen Vorwurf machen – dem vorwerfenden Verfasser einen Gegenvorwurf machen

(109)   Rumpler 21.11.2017, 13:16 Uhr

> Die FDP darf Spielchen spielen und die SPD ist schuld? Unverschämt sind Sie, Herr Maroldt. Etwas anderes ist es nicht, jetzt hier die SPD zum Sündenbock machen zu wollen. […]

Bei diesem Muster handelt es sich im Grunde um eine Variation von Sequenz-muster (iii). Die Entlastung des im Primärtext Beschuldigten erfolgt auch in (109) mit einem Gegenvorwurf. In diesem Fall solidarisiert sich der Forenteil-nehmer ebenfalls mit einer Partei und wirft dem Verfasser des Primärtexts auf der Grundlage des für Sequenzmuster (iii) beschriebenen Normzusammen-hangs vor, dieser Partei einen unberechtigten und deshalb *unverschämten* Vor-wurf gemacht zu haben.

Eine letzte Familie von Sequenzmustern (v) bis (vii), die hier anhand der Belege (110) bis (112) vorgestellt werden soll, hängt mit der argumentativen Auseinandersetzung um Handlungsoptionen politischer Akteure im Anschluss an Forderungen zusammen:

(v)   Ein bestimmtes Vorgehen fordern – diese Forderung zurückweisen

(110)   allegra 21.11.2017, 11:06 Uhr

        Nie wieder GroKo! [...]

(vi)   Ein bestimmtes Vorgehen fordern – sich der Forderung anschließen

(111)   rowa1 21.11.2017, 11:43 Uhr

        Ich stimme Herrn Maroldt eindeutig zu. Die „große" Koalition mag nicht die beste Lösung sein – sie ist aber gegenwärtig die einzige realistische.

(vii)   Ein bestimmtes Vorgehen fordern – gegen diese Forderung argumen-tieren

(112)   loddib 21.11.2017, 09:42 Uhr

        Wäre es politisch zu verantworten weitere 4 Jahre in die GroKo zu gehen, da-nach auf unter 20% abzusacken und die AFD weiter zu stärken? Im Schatten von Merkel kann man nur verlieren...

Ein wiederkehrender Zug in journalistischen Primärtexten, insbesondere in vom Verfasser persönlich verantworteten Texttypen wie Kommentaren und Analysen, besteht darin, von politischen Akteuren eine bestimmte Handlungs-weise zu fordern. Die Gruppe von auf Forderungen im Primärtext aufbauenden Beitragssequenzmustern ist jedoch keineswegs auf Forenverläufe zu journa-listischen Kommentaren und Analysen beschränkt. Denn einerseits eröffnet auch die Wiedergabe von Forderungen Dritter im Primärtext, etwa im Kontext eines Berichts oder einer Meldung, den Forenteilnehmern die Möglichkeit re-aktiver Züge aus dieser Sequenzmusterfamilie und andererseits kann eine se-lektive Wiedergabe von diskursrelevanten Forderungen informationspolitisch gedeutet werden, wodurch aus Sicht der Leser die berichteten Forderungen Dritter zugleich als Forderungen des Verfassers, oder zumindest als eine Be-fürwortung der jeweiligen Forderungen, erscheinen.

Die zentralen Sequenzmuster sind hier (v): Forderung/Zurückweisung und (vi): Forderung/Zustimmung. Wie an anderer Stelle bereits diskutiert, ermöglicht die innere Struktur von Forderungshandlungen und die mit ihnen verbundenen Festlegungen antizipatorische Züge zu deren Stützung, die häufig strukturierend in Ausbaustufen von (v) und (vi) wirken. In vielen Fällen ist auch das Sequenzmuster (vii): Forderung/Gegenargumentation anzutreffen. Hier erfolgt die Zurückweisung von Forderungen nicht explizit, sondern ausschließlich durch das Anführen von Argumenten, die gegen das geforderte Vorgehen sprechen, wie in (112) – der *indem*-Zusammenhang mit dem Handlungsmuster der Zurückweisung muss dabei von den Lesern erschlossen werden.

(iii)   Komplexere dialogische und polyloge Sequenzen

Mit der Redeweise von ‚dialogischen und polylogen Sequenzen' sind hier aufeinander bezogene Äußerungsfolgen unterschiedlicher Länge von zwei oder mehreren Forenteilnehmern gemeint. Hierzu gehören auch zeitlich versetzte Äußerungen, die über mehrere Beiträge anderer Teilnehmer hinweg funktional aufeinander Bezug nehmen. Diese Bezüge sind durch die Nutzung der Antwortfunktion prototypisch im Hierarchiebaum der Forendarstellung nachzuvollziehen, sie können aber auch zwischen diskontinuierlichen Beitragspaaren erster Ordnung bestehen. Die Bandbreite von möglichen resultierenden Interaktionsmustern ist dabei groß und reicht von kurzen dialogischen Beitragswechseln zu komplex strukturierten polylogen Beitragshierarchien mit sieben oder mehr Teilnehmern (vgl. auch Abb. 10).

Die kürzesten, zweischrittigen dialogischen Sequenzen spiegeln die im letzten Abschnitt vorgestellten Handlungssequenzmuster zu einem großen Teil wider, wobei hier an die Stelle der kommunikativen Handlung im Primärtext jene eines Forenteilnehmers in einem Beitrag erster Ordnung tritt. Aus dem bereits vorgestellten breiten Spektrum möglicher übergeordneter funktional-thematischer Bausteine in Beiträgen erster Ordnung ergibt sich ein entsprechend breites Spektrum möglicher reaktiver Züge, für das hier stellvertretend die Zustimmung dargestellt werden soll. In Abschnitt 3.3.2 wurde anhand von Beleg (86) detailliert die argumentative Stützung eines Einwands gegen eine Bewertung im Primärtext analysiert. Beleg (113) zeigt nun die daran anschließende Reaktion eines Forenteilnehmers, die als Zustimmung sowohl zur Bewertungshandlung als auch der sie stützenden Argumentation verstanden werden kann.

(86)   carolina 20.11.2017, 18:52 Uhr

    Also, diese Ausdrucksweise

    Zitat: Neuwahlen wären eine Unverschämtheit

    ist unangebracht. [...]

(113)   ratso 21.11.2017, 10:03 Uhr

> Antwort auf den Beitrag von carolina 20.11.2017, 18:52 Uhr
>
> Dem kann ich nur zustimmen.

Das Handlungsmuster des Zustimmens wurde bereits in der Liste möglicher funktional-thematischer Bausteine in Beiträgen erster Ordnung in Abschnitt 3.3.1 als Reaktion auf den Primärtext genannt (*(viii) Zustimmung zu im Primärtext geäußerten Deutungen, Erklärungen, Begründungen, Bewertungen, Forderungen usw.*). Das Beispiel verdeutlicht, dass in Forenbeiträgen auf den unteren Hierarchieebenen analog dazu neben vielen anderen der reaktive funktional-thematische Baustein *Zustimmung zu in Forenbeiträgen geäußerten Deutungen, Einwänden, Bewertungen, Argumentationen ... usw.* ebenfalls möglich ist.

Dialogische Interaktionssequenzen mit zwei Kommunikationspartnern kommen im Forum jedoch nicht nur als zweischrittige Muster vor und in vielen Fällen entwickeln sich auch längere Beitragswechsel. Wie bereits in Abschnitt 2.3.2 erläutert, sind die dialogischen Sequenzen hierbei durch eine Reihe spezifischer Merkmale gekennzeichnet, die sie von anderen Dialogformen unterscheiden, da sie im Rahmen eines thematisch gebundenen, digital-schriftlich archivierten und öffentlich zugänglichen Polylogs stattfinden. Da die Schreiber sich beim Verfassen ihrer Beiträge der stillen Mitleserschaft bewusst sind, können einige oder auch alle Forenleser unter Umständen Mit- oder auch Hauptadressaten der jeweiligen Äußerungen sein (zu diesem Phänomen der 'double articulation of interaction' vgl. Abschnitt 2.3.2).

Ein anderes spezifisches Merkmal solcher Zwiegespräche im Polylog ist, dass der kommunikative Austausch der beiden Parteien in keiner Weise exklusiv ist und die Dialogpartner auch im Hinblick auf ihr Rederecht nicht gegenüber anderen Polylogteilnehmern privilegiert sind. In der gesamten Textbasis findet sich kein einziger Beleg dafür, dass Gesprächspartner einer dialogischen Sequenz um Nichteinmischung bitten und es können jederzeit Dritte in den Beitragswechsel einsteigen. Oft finden sich jedoch auch in polylogen Sequenzen mit mehreren Teilnehmern Abschnitte, in denen ein Dialogpaar in der gegenseitigen Bezugnahme trotz Unterbrechungen durch Dritte weitgehend stabil bleibt. Von Interesse sind hierbei u.a. die kommunikativen Faktoren, die zum Erhalt oder der Auflösung dialogischer Bezugnahme im Polylog beitragen. Eine andere wiederkehrende Verlaufsform besteht wiederum darin, dass in einer dialogischen Sequenz einer der Forenteilnehmer aussteigt, seine kommunikative Rolle im jeweiligen Muster (z.B. die des Vorwerfenden in einer Vorwurfssequenz oder die des Antagonisten in einer Argumentation) jedoch von einem anderen Forenteilnehmer fortgeführt wird.

Zusammenfassend weisen längere dialogische und polyloge Beitragssequenzen unter anderem folgende charakteristischen Eigenschaften auf:

(i)   Längere ausschließlich dialogische Sequenzen sind äußerst selten zu finden, da häufig nach einem kurzen dialogischen Wechsel weitere Gesprächspartner hinzutreten. Diese können sich mit ihren Beiträgen auch auf zurückliegende Züge im Dialog beziehen, wodurch eine Vielzahl komplexer Interaktionsstrukturmuster möglich wird.

(ii)   Reaktive Beiträge beziehen sich oft nur auf elementare funktionale Bausteine, einzelne Handlungen oder Handlungsaspekte komplexerer Vorgängerbeiträge.[74] Es kommt zudem häufig zu unvermittelten kommunikativen Abbrüchen, die nur in Ausnahmefällen thematisiert oder als solche gekennzeichnet werden.

(iii) Es kommt gelegentlich zur Übernahme von bereits besetzten Dialogrollen durch neue Forenteilnehmer, so dass ein Partner gegen einen anderen getauscht wird oder eine Rolle parallel von mehreren Teilnehmern ausgefüllt wird.

(iv)   Dialogische Kommunikationsformen, wie das der Vorwurfskommunikation oder der Argumentation, werden in ihrem Verlauf von mehr als zwei Forenteilnehmern realisiert, welche in die jeweiligen Rollen des Musters schlüpfen (vgl. zur Konstruktion des *collective antagonist* auch Lewiński 2011, 1091ff.).

Im Folgenden sollen zunächst einige der typischen emergenten Interaktionsstrukturen visualisiert und diskutiert werden. Anschließend wird beispielhaft die Überlagerung und Fragmentierung von an rekurrenten Kommunikationsformen orientierten Beitragssequenzen sowie die flexible Rollenverteilung und -übernahme im Polylog beschrieben.

(i)   Interaktionsstrukturen im Polylog

Abbildung 10 zeigt einige ausgewählte Interaktionsstrukturen in polylogen Sequenzen mit mehr als zwei Teilnehmern. In der Darstellung entspricht die vertikale Anordnung dem zeitlichen Verlauf der Beitragserstellung, während die Teilnehmer über die Farben bzw. Buchstaben der Beitragselemente identifiziert sind. Mit den horizontalen Einzügen wird die hierarchische Ordnung angezeigt und die Verbindungslinien verweisen auf die konkreten Bezüge zwischen Beiträgen, die über die Antwortfunktion im Forum erzeugt wurden.

---

[74]   Solche selektiven Reaktionszüge sind in der Forenkommunikation ubiquitär und werden nur äußert selten kritisiert. Vgl. im Kontrast dazu das Vollständigkeitsprinzip (Fritz 2008, 111f.: „point-by-point principle") in den Kontroversen der frühen Neuzeit, welches die Kontroversenpartner dazu verpflichtet, jeden vorangegangenen Argumentationspunkt zu behandeln.

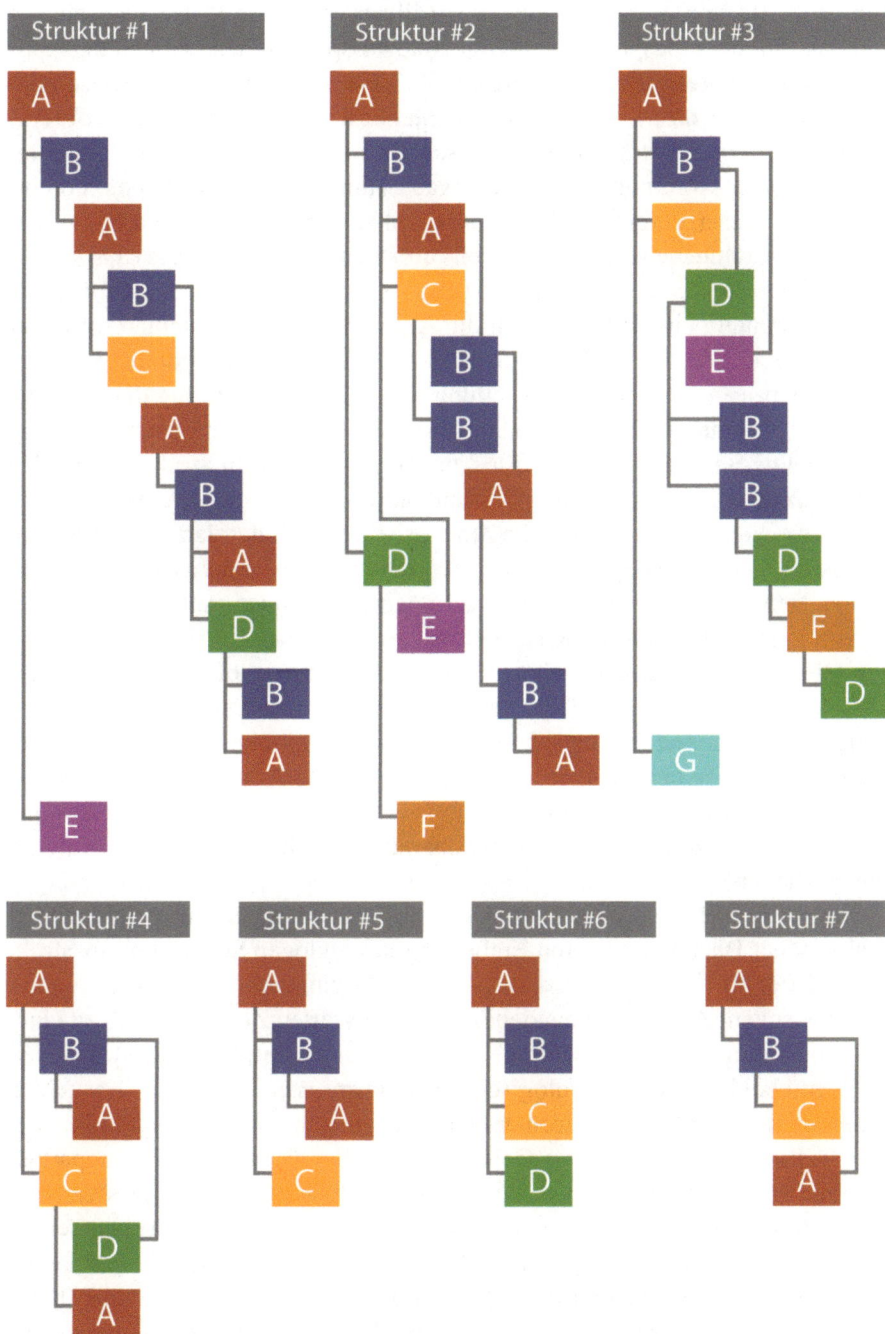

Abb. 10: Interaktionsstrukturen ausgewählter Polylogsequenzen

Ein erster Befund dieser Visualisierung illustriert einige Konsequenzen, die sich aus den oben besprochenen, *Tagesspiegel*-spezifischen Darstellungsoptionen für den Forenverlauf (vgl. Abschnitt 3.2.3, Abb. 5) ergeben: Diese können dazu führen, dass Forenteilnehmer unter bestimmten Bedingungen die Aktualität von Forenbeiträgen falsch einschätzen und zudem bereits stattgefundene Anschlusskommunikation nicht wahrnehmen. Es gehört zu den Voreinstellungen dieser Forenumgebung, dass Antworten zu Kommentaren auf der ersten Hierarchieebene (hier die jeweils eröffnenden [A]-Beiträge) ausgeblendet sind. Diese können sequenzbezogen oder global eingeblendet werden und einige Forenteilnehmer lassen sich die Antworten auf Kommentare offenbar nicht anzeigen, so dass sie lediglich die Forenbeiträge erster Ordnung zu sehen bekommen. Eine zweite Voreinstellung sieht für die Sortierung der Beiträge vor, dass die neuesten Beiträge zuerst also umgekehrt chronologisch angezeigt werden. Die Beiträge von [E] in Struktur #1 und von [G] in Struktur #3 stellen ein typisches hieraus resultierendes Interaktionsmuster dar. Sie erfolgen erst zwei bzw. drei Tage nach dem Eröffnungsbeitrag und der daran anschließenden polylogen Sequenz, bei welcher der zeitliche Abstand zwischen den einzelnen Beiträgen durchschnittlich nur 15 Minuten beträgt. Aufgrund einer bei ihnen eingestellten chronologischen Sortierung und der ausgeblendeten polylogischen Antwortsequenz nehmen die Forenteilnehmer offenbar nicht wahr, dass der Eröffnungsbeitrag (i) nicht mehr „frisch" ist und eine Reaktion durch andere Teilnehmer daher unwahrscheinlich wird (vgl. hierzu auch den auf der gleichen Ursache beruhenden Irrtum in Beleg (1) in Abschnitt 3.2.3) und (ii) dass bereits eine umfassende Diskussion zu diesem Beitrag stattgefunden hat. Es ist für Beiträge dieses Typs daher charakteristisch, dass sie keine Antwort mehr erhalten.

Ein zweiter Befund bezieht sich auf die Strategien der Aufrechterhaltung dialogischer Bezüge und deren Einbettung in polylogen Sequenzen. In Struktur #1 ist deutlich erkennbar, dass es sich zu Beginn um einen exklusiven Dialog zwischen [A] und [B] handelt. Nach dem vierten Zug kommt es zu einer Unterbrechung durch Teilnehmer [C], die jedoch von [A] und [B] ignoriert wird und beide setzen ihr dialogisches Sequenzmuster fort. Nach dem achten Zug kommt es dann erneut zu einer Unterbrechung durch Teilnehmer [D]. Diesem Teilnehmer gelingt es im Gegensatz zu [C] jedoch, beide Dialogpartner zu einer Reaktion zu bewegen. Die Ursache hierfür liegt darin, dass der Beitragswechsel zwischen [A] und [B] in einer argumentativen Auseinandersetzung um eine Position besteht. Da [D] sich einerseits der Argumentation von [B] anschließt aber gegenüber [A] einen Konzessivzug macht, haben beide Parteien ein Interesse daran, an den Zug von [D] anzuschließen, um ihre eigene Position zu stärken: [B] schließt sich der Positionierung von [D] an und [A] versucht, die Konzession für ihre Zwecke zu deuten und auszubeuten.

Die Aufrechterhaltung des dialogischen Bezugs in Struktur #2 verläuft auf eine andere Weise. Auch hier wird der eröffnende Austausch zwischen [A] und [B] nach dem dritten Zug durch einen kurzen Einwurf von [C] unterbrochen. Dieser wird diesmal jedoch nicht ignoriert, sondern [B] lässt sich auf einen möglichen parallelen Austausch mit zwei Gesprächspartnern ein. Während [C] nach der Antwort seinen Beitragswechsel mit [B] beendet, setzen [A] und [B] ihren dialogischen Austausch fort. Zwei weitere Unterbrechungen von [D] und [E] nach dem siebten Zug, die sich auf die ersten beiden Züge von [A] und [B] beziehen, bleiben diesmal unbeantwortet und [B] setzt unbeirrt seinen Dialog mit [A] für zwei weitere Beiträge fort. In dieser Sequenz scheint ein Faktor für die Aufrechterhaltung des Dialogmusters zu sein, dass der Beitrag von [C] nur einen kurzen, thematisch entlegenen polemischen Einwurf darstellt, während [A] und [B] sich in einem umfangreichen argumentativen Austausch befinden. Im Verlauf entwickeln sie dabei ein zunehmend besseres Verständnis der Position und der zentralen Argumente des jeweils anderen. Bei dem Beitrag von [E] handelt es sich ebenfalls um eine detaillierte Argumentation, die sich zwar thematisch auf den Austausch zwischen [A] und [B] bezieht, jedoch auf keine der beiden von [A] und [B] gegebenen Argumente eingeht und deshalb für eine Antwort vermutlich zu wenig „common ground" aufweist. [B] zieht es deshalb vor, den an ihn gerichteten Beitrag von [E] zu ignorieren und erneut auf seinen etablierten Argumentationspartner [A] zu antworten.

Besonders interessant ist in dieser Sequenz der Beitrag von [D]. Dieser nutzt den Eröffnungsbeitrag als Thematisierungsanlass und Begründung für einen Vorwurf gegenüber dem Verfasser des Primärtexts, hat darüber hinaus jedoch keinen funktionalen Bezug zum Eröffnungsbeitrag. Die Reaktion von [F] am Ende der Sequenz hat ihrerseits einen vorwurfsspezifischen funktionalen Bezug zu [D]s Beitrag. Diese Sequenz kann daher als ein Beispiel für die Überlagerung von zwei Kommunikationsformen (hier: Argumentation und Vorwurfskommunikation) als Strukturierungsprinzip für Forenpolyloge gesehen werden.

Eine dritte Variante des dialogischen Bezugs ist in Struktur #3 zu sehen. Während hier die Beiträge von [C], [E] und [G] unbeantwortet bleiben, sind vor allem die Interaktionen zuerst zwischen [B] und [D] und dann zwischen [A] und [D] von Interesse. Ausgangspunkt für die Entstehung der ersten dialogischen Sequenz ist eine beleidigende Herabsetzung der Argumentation von [B] durch [D] (*manchmal kommentieren Foristen auch ohne tieferen Sachverstand*), gefolgt von einer Zurechtweisung, gegen die [B] sich mit zwei aufeinanderfolgenden Zügen wehrt. Dieser Doppelzug 6+7 kommt dadurch zustande, dass [B] – vermutlich aufgebracht durch den herabsetzenden Ton von [D] – zunächst versucht, schnell einen Einwand gegen seine Argumentation zu entkräften, um sein Gesicht zu wahren. Nach einer kurzen Bedenkzeit schließt er dann einen zweiten Zug an, um sich weiter zu verteidigen. Diese Sequenz ist ein Indiz für die bereits in Kapitel 2 erwähnte, von Dahlberg beschriebene eingeschränkte Reflexivität[75] in Online-Debatten (vgl. auch Abschnitt 2.3.2):

> [...] Internet debates also have a number of characteristics that could be seen as retarding the operation of reflexivity, most notably the bite-sized postings often involved, the non-linear structure of conversations, and the rapidity of the exchanges.   Dahlberg 2001, *Reflexivity*

In diesem Fall scheint die Ursache für die „rapidity of exchange" in der Emotionalität von [B] zu liegen. Hierfür gibt es auch Indikatoren im Beitragstext wie das Ausrufezeichen in dem nur zwei Sätze umfassenden Beitrag 6 (*Das war kein Kommentar, das war Meinungsmache. Das ist etwas ganz anderes!*) sowie die Thematisierung der Emotionen des Gesprächspartners in Beitrag 7 (*Ich scheine ja den Nagel auf den Kopf getroffen zu haben. [...]*). Am Ende dieses Austauschs schließt der Verfasser des Eröffnungsbeitrags [A], der die gesamte Sequenz bis zu diesem Punkt lesend verfolgt hat, einen argumentativen Beitrag an und [D] steigt nun in einen Dialog mit [A] ein.

In der Textbasis finden sich etliche Belege dafür, dass Verfasser von Forenbeiträgen keinen besonderen Wert auf Vollständigkeit oder Wohlgeformtheit ihrer Texte legen und daher vor dem Absenden auf eine Reflexion ihres Textaufbaus oder ein gründliches Korrekturlesen verzichten. Dies wird besonders in dem Strukturmerkmal der Doppelbeiträge wie im letzten Beleg sichtbar, für das hier noch zwei gekürzte Beispiele in den Belegen (114) bis (117) folgen. Aufschlussreich ist dabei auch der kurze zeitliche Abstand zwischen den Beiträgen:

(114)   Robert_Rostock 22.11.2017, 09:29 Uhr

       Antwort auf den Beitrag von tizian2011 21.11.2017, 17:52 Uhr [...]

(115)   Robert_Rostock 22.11.2017, 09:45 Uhr

       Antwort auf den Beitrag von tizian2011 21.11.2017, 17:52 Uhr

       Ach so, Nachtrag: [...]

(116)   Exilleser 21.11.2017, 16:25 Uhr

       Antwort auf den Beitrag von CarlBerlin 21.11.2017, 12:29 Uhr

       danke für die Erläuterung ihres Posts [...]

---

[75]   Gemeint ist hier das gründliche Durchdenken von Argumenten sowie das vorsichtige Abwägen von Beiträgen vor ihrer Veröffentlichung.

(117)   Exilleser 21.11.2017, 16:32 Uhr

Antwort auf den Beitrag von Exilleser 21.11.2017, 16:25 Uhr

sehe grad, es war gar nicht ihr eigener Post, den sie erläutern...

Die Strukturen #4 bis #7 zeigen ergänzend einen Ausschnitt aus der Vielfalt möglicher Interaktionsstrukturen selbst kürzerer Sequenzen. Während diese Form der abstrakten Visualisierung sowohl einen guten Überblick über die Stabilität bzw. Volatilität dialogischer Beziehungen in polylogen Beitragssequenzen geben kann als auch erste Hinweise auf charakteristische „Polylogsackgassen" liefert, eignet sie sich schon aufgrund der unüberschaubaren Vielzahl von Strukturmöglichkeiten nicht für eine Strukturtypenbildung, da sie keine Rückschlüsse auf die kommunikativen Faktoren für die emergenten Strukturen zulässt. Hierfür muss das konkrete sprachliche Handeln in den Beiträgen sowie sein Zusammenhang mit zugrundeliegenden Kommunikationsformen und deren für das Medienformat Leserforum charakteristischen Verlaufsformen in den Blick genommen werden.

(ii)   Selektive Reaktionszüge, Rollenübernahme

Die folgende polyloge Sequenz gibt ein Beispiel für die sehr oft anzutreffende selektive Reaktion auf kleinere funktionale Bausteine komplexer Eröffnungsbeiträge in Forenbeiträgen zweiter Ordnung. Sie veranschaulicht außerdem die Möglichkeit der flexiblen Übernahme von Dialogrollen durch wechselnde Forenteilnehmer im Polylog.

(118)   JoRo 21.11.2017, 12:24 Uhr

Das war ja zu erwarten. **Jetzt soll die SPD wieder, wie nach der letzten Wahl, die Kohlen aus dem Feuer holen** [Herv. D.K.], „aus staatspolitischer Verantwortung". Schon vergessen, wer sich am Sonntag spätnachts aus dem Staub gemacht hat? Wie war es da mit der „staatspolitischen Verantwortung"?

Herr Maroldt hat unrecht, zu behaupten, die GroKo sei nicht abgewählt worden. Die Mehrheit der Wähler wollte nach allen Umfragen eine weitere GroKo eindeutig nicht. Übrigens war die auch einer der Gründe für das gute Abschneiden der AfD.

Wollen wir wirklich eine Opposition unter Führung der Deutschnationalen?

Warum ist eine Minderheitsregierung aus Schwarz-Grün, toleriert von der SPD, so eine Horrorvorstellung? Die könnte in jedem Fall mehr bewegen als eine sich gegenseitig blockierende Jamaika-Koalition. Sollte die SPD erneut in die GroKo-Falle gehen, wird sie beim nächsten Mal untrer 20% rutschen und die AfD kommt auf wenigstens 18 %. Opposition ist Mist, regieren um jeden Preis aber auch.

Eine weitere GroKo bringt das Land nicht weiter. Merkel sollte sich einen Ruck geben. Eine Minderheitsregierung würde auch disziplinierend auf die CSU wirken. Das ist sicher ein Wagnis, aber immer noch besser als waghalsige Neuwahlen, bei denen die AfD der Gewinner sein dürfte.

(119)   Regina_de_Mabillon 21.11.2017, 12:43 Uhr

Antwort auf den Beitrag von JoRo 21.11.2017, 12:24 Uhr

Zitat: Jetzt soll die SPD wieder, wie nach der letzten Wahl, die Kohlen aus dem Feuer holen, „aus staatspolitischer Verantwortung".

Nun. Da verbinde ich mit dem Wahlabend 2013 eine gänzlich andere Wahrnehmung. Damals hatte die SPD auch die Option auf Rot-Rot-Grün im Bund und ist ohne Not in eine große Koalition eingestiegen.

(120)   gewissensfrage 21.11.2017, 12:54 Uhr

Antwort auf den Beitrag von Regina_de_Mabillon 21.11.2017, 12:43 Uhr

Sie meinen Frau Wagenknecht hätte dem zugestimmt?

(121)   Nordmann_berlin 21.11.2017, 13:20 Uhr

Antwort auf den Beitrag von gewissensfrage 21.11.2017, 12:54 Uhr

Man hätte es probieren müssen! Dann wäre auch Ihre Frage beantwortet worden.

Diese Beitragsfolge zeigt zum einen recht eindrücklich, wie kleine funktionale Bausteine als Bestandteile komplexer Texthandlungen in Eröffnungsbeiträgen herauspräpariert und zum verlaufsstrukturierenden Gegenstand von reaktiven Beiträgen werden. Sie illustriert außerdem, wie dialogische Eröffnungssequenzen einen argumentativen Raum eröffnen können, in dem dann andere Forenteilnehmer argumentative Rollen übernehmen können.

Im komplex strukturierten Eröffnungsbeitrag (118) wird zunächst die Forderung gegenüber der SPD aus dem Primärtext zurückgewiesen, dann das Wahlergebnis gedeutet, mit einer rhetorischen Frage vor einer Oppositionsführung der AFD gewarnt und schließlich für eine Minderheitsregierung und gegen eine große Koalition argumentiert. Die darauf antwortende Leserin geht jedoch in (119) auf keinen einzigen dieser übergeordneten funktionalen Aspekte des Eröffnungsbeitrags ein. Stattdessen thematisiert sie mithilfe der Zitatfunktion eine untergeordnete Deutung der politischen Situation nach der letzten Bundestagswahl (in (118) hervorgehoben) und widerspricht dieser Deutung. Um den Widerspruch zu stützen gibt sie anschließend hierfür eine Begründung. Im darauffolgenden Antwortbeitrag (120) wird als Reaktion auf diesen Widerspruch dann ein Einwand gegen die alternative Deutung gemacht, mit dem gleichzeitig die Deutung im Eröffnungsbeitrag gestützt wird. Bemerkenswert ist hier, dass dieser Einwand nicht vom Autor des Eröffnungsbeitrags

JoRo gemacht wird, obwohl es dessen Aufgabe gewesen wäre, seine Deutung zu verteidigen, sondern von einem dritten Forenteilnehmer namens *gewissensfrage*, der dem ersten zu Hilfe eilt. Den vierten Beitrag der Sequenz (121) kann man wiederum als eine Stützung des Widerspruchs in Beitrag (119) verstehen, wenn man annimmt, dass die SPD die Koalitionsvariante Rot-Rot-Grün gar nicht erst in Betracht gezogen habe und daher zum Zeitpunkt der Entscheidung für die große Koalition noch gar keine *Kohlen aus dem Feuer* geholt werden mussten.

Der Polylog entwickelt sich also nach einem funktional komplex strukturierten Eröffnungsbeitrag zu einer ausschließlichen Auseinandersetzung um die Angemessenheit einer untergeordneten Deutung aus dem Eröffnungsbeitrag, in der es zu einer Koalition von *JoRo* und *gewissensfrage* auf der einen Seite und *Regina_de_Mabillon* und *Nordmann_berlin* auf der anderen kommt. Sowohl diese selektive Reaktion auf kleine funktionale Bausteine von Eröffnungsbeiträgen (insbesondere unter Verwendung der Zitatfunktion) als auch die Übernahme von dialektischen Argumentationsrollen durch mehrere Forenteilnehmer auch in kürzeren Sequenzen sind für die Forenkommunikation im Kontext politischer journalistischer Texte und die Organisation dort stattfindender Polyloge charakteristisch.

(iii)   Grundstrukturen von Kommunikationsformen als Mittel der Analyse und Beschreibung von Polylogen

Wie in Abschnitt 2.2.1 dargestellt, können Grundstrukturen von Kommunikationsformen durch Abstraktion als Vergleichsobjekte für die Analyse und Beschreibung konkreter kommunikativer Vorgänge gewonnen werden.[76] Ein wichtiger Aspekt dieser Grundstrukturenbeschreibung ist, dass stattgefundene Kommunikationen nicht als das sequenzielle Abarbeiten von orientierenden Grundstrukturen-Skripts verstanden werden dürfen. Vielmehr sind es die Regelaspekte von kommunikativen Zügen wie Vorwürfen oder Vorschlägen, die bestimmte spezifische Anschlusszüge ermöglichen, andere verschließen und damit strukturierend auf den Verlauf der kommunikativen Interaktion wirken. Dabei kann man in Gesprächen häufig beobachten, dass sich verschiedene

---

[76] Zur Verdeutlichung der Rolle, die Grundstrukturen von Kommunikationsformen als Vergleichsobjekte für die Analyse spielen können, verweisen Fritz/Muckenhaupt auf §130 der Philosophischen Untersuchungen: „Unsere klaren und einfachen Sprachspiele sind nicht Vorstudien zu einer künftigen Reglementierung der Sprache, – gleichsam erste Annäherungen ohne Berücksichtigung der Reibung und des Luftwiderstands. Vielmehr stehen die Sprachspiele da als *Vergleichsobjekte*, die durch Ähnlichkeit und Unähnlichkeit ein Licht in die Verhältnisse unserer Sprache werfen sollen. (Wittgenstein 1967, §130)" (Fritz/ Muckenhaupt 1984, 54).

Grundstrukturen überlagern oder auch Bestandteil voneinander werden. Naheliegende Einbindungen sind beispielsweise Argumentationen für Vorschläge innerhalb von Planungskommunikationen oder das Beweisen von Behauptungen innerhalb von Vorwurfskommunikationen.

Für die Beschreibung von Interaktionssequenzen in Polylogen kann der Rückgriff auf solche Grundstrukturbeschreibungen in mehrfacher Hinsicht gewinnbringend eingesetzt werden. Ein Hauptgedanke ist dabei, den kommunikativen Austausch in polylogen Sequenzen im Licht eines Musters wie der Planungs- oder der Vorwurfskommunikation zu sehen, um einen Überblick über die funktionalen Bezüge der Beiträge zu gewinnen. Damit soll nicht gesagt sein, dass es sich bei solchen Beitragssequenzen tatsächlich beispielsweise um Planungs- oder Vorwurfskommunikationen handelt. Fundamentale Unterschiede zeigen sich bereits darin, dass sowohl der Praxiszusammenhang als auch der Sinn der Kommunikation und die praktischen Konsequenzen bzw. Ergebnisse jeweils andere sind, wie in den folgenden Abschnitten auch deutlich wird. Dennoch zeigen sich in Beitragsfolgen, die an im o.g. Sinn *atypische* Pseudovorwürfe, -vorschläge oder andere mustereröffnenden Züge anschließen, einige charakteristische Eigenschaften von Dialogverläufen, die im Anschluss an Eröffnungszüge in *typischen* Vorwurfs- und Planungskommunikationen stattfinden. Deutlich wird in der Analyse auch, dass zu diesen Grundstrukturbeschreibungen Teilnehmerrollen gehören, die in polylogen Beitragssequenzen dynamisch besetzt und auch von mehr als einer Person übernommen werden können.[77]

Zur Illustration dieses Beschreibungsverfahrens werden im Folgenden die kommunikativen Züge innerhalb einer polylogen Beitragsfolge exemplarisch auf der Folie der Grundstruktur der Vorwurfskommunikation[78] analysiert. Dabei wird auch erkennbar, wie der Forenverlauf zum Wechsel in eine Planungskommunikation ansetzt, dort aber nach zwei Zügen abbricht. Die Redeweise von *Vorwürfen*, *Vorschlägen*, *Planungskommunikation* usw. in diesem Abschnitt ist dabei im oben diskutierten Sinn zu verstehen.

---

[77] Die Grundlage hierfür kann in der Identifikation der Teilnehmer mit einem Lager im Diskurs gesehen werden, wofür sich Vorwürfe gegen politische Parteien wie im analysierten Beispiel in besonderem Maß anbieten. Sehr ähnliche Effekte der Lagerbildung sind auch in der exemplarischen Analyse in Abschnitt 3.4 zu finden.

[78] Für die Beschreibung der Grundstrukturen der Vorwurfskommunikation vgl. Muckenhaupt 1978, 14ff.; Fritz/Hundsnurscher (1975); Für die Beschreibung der Grundstrukturen des Gemeinsamen Planens vgl. Fritz 1975; Fritz 1982, 224ff.; Fritz/Muckenhaupt 1984, 55ff.

(122)   CarlBerlin 21.11.2017, 11:54 Uhr

Die SPD hat nicht verstanden, dass es einer inhaltlichen Begründung bedarf, um eine Koalitionsoption unter demokratischen Parteien nicht wahr zu nehmen.

(123)   Pressekritiker2 21.11.2017, 12:07 Uhr

Antwort auf den Beitrag von CarlBerlin 21.11.2017, 11:54 Uhr

Na und? Sollte ja im Zweifel kein Problem sein. Hat ja ein Christian Lindner auch mit wenig Aufwand hinbekommen.

(124)   Exilleser 21.11.2017, 12:08 Uhr

Antwort auf den Beitrag von CarlBerlin 21.11.2017, 11:54 Uhr

sie hat aber m.E. die Wähleraussage der Abwahl der GroKo sehr richtig verstanden!

(125)   CarlBerlin 21.11.2017, 12:14 Uhr

Antwort auf den Beitrag von Pressekritiker2 21.11.2017, 12:07 Uhr

Nein, Herr Lindner kann sich zugute halten, dass er immerhin vier Wochen sondiert hat. Das ist eine völlig andere Grundlage, als das Njet der SPD ohne jeglichen inhaltlichen Austausch.

(126)   pete_314 21.11.2017, 12:27 Uhr

Antwort auf den Beitrag von CarlBerlin 21.11.2017, 12:14 Uhr

Meinen Sie nicht, dass das 4 Jahre während Schlucken-müssen merkelscher Kröten genug inhaltlicher Austausch war?

(127)   brezel 21.11.2017, 12:31 Uhr

Antwort auf den Beitrag von CarlBerlin 21.11.2017, 11:54 Uhr

(Nur) Weil Sie es noch nicht vernommen haben, ist ihr Vorwurf...

völlig deplatziert, wenn Sie der SPD vorwerfen: „dass es einer inhaltlichen Begründung bedarf, um eine Koalitionsoption unter demokratischen Parteien nicht wahr zu nehmen."

Hier die Begründung von Martin Schulz:

„Weder 2005 noch 2009 oder 2013 hat es eine ehrliche und tiefergehende Debatte über die Gründe der damaligen Wahlniederlagen gegeben und es sind auch keine echten Konsequenzen gezogen worden.....Strukturell, organisatorisch, inhaltlich und strategisch hat sich unsere Partei seitdem nicht ausreichend weiterentwickelt."

(128)   CarlBerlin 21.11.2017, 12:33 Uhr

Antwort auf den Beitrag von pete_314 21.11.2017, 12:27 Uhr

Selbstmitleid ist extrem unsexy. Es wird ja nach Neuwahlen nicht besser. In welcher Konstellation wünscht die SPD ihre Inhalte denn dann umzusetzen? R2G (Never, ever), doch wieder eine Groko?

(129)   gewissensfrage 21.11.2017, 12:59 Uhr

Antwort auf den Beitrag von CarlBerlin 21.11.2017, 12:33 Uhr

In Rheinland-Pfalz gibt es z.B. eine Ampel.

(130)   bgrabe02 21.11.2017, 13:12 Uhr

Antwort auf den Beitrag von CarlBerlin 21.11.2017, 11:54 Uhr

Die SPD hat verstanden, das die Wähler eine Regierung rechts der Mitte wollen und sie nur in der Opposition eine Chance hat, neue Konzepte als Antwort zu entwickeln.

Ihre aktuellen Konzepte werden nie mehr Mehrheitsfähig sein!

Was übrigens für das gesamte linke Spektrum gilt.

Mit den Zielen kann man noch konform gehen, aber nicht mit den Konzepten dazu. die mehrheitlich als gescheitert angesehen werden.

(131)   Kabil 23.11.2017, 21:22 Uhr

Antwort auf den Beitrag von CarlBerlin 21.11.2017, 12:14 Uhr

Dr, Merkel hatte wie lange zum inhaltlichen Austausch mit der SPD Zeit und hat ihn wie genutzt?

Diese zehn Beiträge und acht Verfasser umfassende polyloge Sequenz wird *prima facie* mit einer Behauptung eröffnet, die jedoch unter bestimmten Bedingungen als Vorwurf verstanden werden kann, wie die Bezugnahme eines Forenteilnehmers im Polylog auf diese Handlung mit *ihr Vorwurf* in (127) auch deutlich macht. Grundlage hierfür ist, dass in (122) eine Norm ausgedrückt wird (*Demokratische Parteien müssen Koalitionsoptionen wahrnehmen, wenn sie keine inhaltlichen Gründe nennen (können), die dagegensprechen*). Der Verfasser des Eröffnungsbeitrags müsste nun für seine Behauptung, dass die SPD diese Norm *nicht verstanden* hat, Beweise oder mindestens Indizien nennen können. Dass er dies nicht tut, legt den Schluss nahe, dass aus seiner Sicht eine allgemein bekannte Handlung der SPD, nämlich das Ansteuern von Neuwahlen, ein Indiz für den behaupteten Sachverhalt darstellt. Daraus folgt wiederum, dass die SPD aus seiner Sicht mit dem Ansteuern von Neuwahlen gegen eine Norm verstößt, wodurch die Behauptung als ein Vorwurf verstanden werden kann. Akzeptiert man diese Deutung als Vorwurf, folgt daraus regelhaft (neben einer ganzen Reihe anderer Festlegungen), dass der Verfasser sich darauf festlegt,

(i)   dass er annimmt, dass die SPD die Koalitionsoption nicht wahrnehmen will (Sachverhalt)

(ii)   dass er annimmt, dass die SPD keine Begründung für das Nichtwahrnehmen der Koalitionsoption genannt hat. (Sachverhalt)

(iii)   dass er annimmt, dass die oben diskutierte Norm gilt. (Norm)

(iv)   dass er annimmt, dass es keine (ausreichenden) Gründe für das Nichtwahrnehmen der Koalitionsoption gibt. (Verantwortlichkeit)

(v)   dass er annimmt, dass die SPD prinzipiell in der Lage ist, die Koalitionsoption anzunehmen. (Verantwortlichkeit)

Die nachfolgenden reaktiven zweiten Züge beziehen sich nun auf diese Festlegungen. In (123) versucht der Teilnehmer *Pressekritiker2* mit Bezug auf (iii) den Vorwurf zu entkräften, indem er die Norm zwar vordergründig akzeptiert, zugleich aber andeutet, dass (a) eine Begründung erst zum Zeitpunkt einer verbindlichen Ablehnung der Koalitionsoption (*im Zweifel*) gegeben werden muss und (b) die inhaltlichen Ansprüche an eine solche Begründung mit Blick auf die Begründung der FDP (*mit wenig Aufwand hinbekommen*) nicht sehr hoch sein können.

In (124) nennt ein dritter Teilnehmer *Exilleser* zunächst mit Bezug auf Festlegung (iv) einen Grund für das Nichtwahrnehmen der Koalitionsoption und bringt damit eine konkurrierende Norm ins Spiel, die einen Bezug zu (iii) herstellt. Dieser Zug ist ebenso wie (123) dazu geeignet, eine für die Kommunikationsform typische Normdiskussion (vgl. Fritz/Hundsnurscher 1975, 91), beispielsweise über die Gültigkeit von Normhierarchien, zu eröffnen.

Der nächste Beitrag auf der Ebene der zweiten Züge ist (127), in dem ein vierter Forenteilnehmer *brezel* mit Bezug auf (ii) den behaupteten Sachverhalt bestreitet und die Begründung für das Nichtwahrnehmen der Koalitionsoption in der Form der direkten Redewiedergabe nennt.

In Beleg (130) nennt ein fünfter Teilnehmer *bgrabe*, ebenfalls auf der Ebene der zweiten Züge des Musters, einen strategischen Grund für die Koalitionsverweigerung und bezieht sich damit auf die Festlegung (iv). Selbst wenn die für den Vorwurf relevante Norm gilt, kann die SPD nicht zu einer Großen Koalition verpflichtet werden, wenn *sie nur in der Opposition eine Chance hat, neue Konzepte [...] zu entwickeln [und i]hre aktuellen Konzepte [...] nie mehr Mehrheitsfähig sein [werden]*. Damit bezieht sich der Teilnehmer auf die Verantwortlichkeit der SPD für die vorgeworfene Handlung und eröffnet die Möglichkeit einer anschließenden Rechtfertigungssequenz, in der beispielsweise der Grad der Verbindlichkeit der gültigen Norm im konkreten Fall ausgehandelt wird.

Bis zu diesem Punkt der Analyse haben also vier verschiedene Forenteilnehmer zweite Züge als Reaktion auf den Eröffnungszug in (122) von *CarlBerlin* gemacht, die als Erwiderungen auf einen Vorwurf verstanden werden können. Auf der Ebene der dritten Züge des Musters bezieht sich der Verfasser des Eröffnungsbeitrags in (125) dann auf den bereits diskutierten Normangriff in (123). Dort wurde die Begründung der FDP für den Ausstieg aus den Koalitionsverhandlungen als leichtfertig und wenig fundiert charakterisiert, so dass die Norm aus (122) geschwächt würde, wenn der FDP nicht ebenfalls ein Vorwurf gemacht würde. Um die Norm zu stützen, greift der Verfasser von (125) daher die Charakterisierung der Begründung an (*vier Wochen sondiert, völlig andere Grundlage*). Darauf folgt als vierter Zug und als Reaktion auf (125) in (126) wiederum eine Zurückweisung der Verantwortlichkeit der SPD für das ihr vorgeworfene Handeln, indem ein ausreichender Grund dafür genannt wird (*das 4 Jahre währende Schlucken-müssen merkelscher Kröten*). Dieser Zug wird jedoch nicht vom Verfasser des zweiten Zugs *Pressekritiker2* gemacht, sonder *pete_* führt die Sequenz hier fort. Parallel dazu erfolgt in einem weiteren vierten Zug in dieser Sequenz (131), wiederum von einem neuen Teilnehmer, ein Gegenvorwurf, der ebenfalls darauf abzielt, die Norm zu schwächen.

Alle bisher diskutierten kommunikativen Züge der Sequenz können zurückgeführt werden auf die zentralen Festlegungen, die der Verfasser von (122) mit seinem Vorwurf eingegangen ist. Sie gehören damit zum typischen Spektrum von Zügen und Verlaufsformen der Vorwurfskommunikation, deren Grundstrukturbeschreibung hier einen Überblick über das kommunikative Handeln im Polylog vermitteln konnte. Ergänzend dazu zeigt das Beitragspaar (128) und (129) auf der Ebene der 3. und 4. Züge, wie der Übergang von einer Kommunikationsform in eine andere erfolgen kann. Als Reaktion auf das Bestreiten der Verantwortlichkeit in (126) schwenkt der Verfasser des Eröffnungsbeitrags von seiner bisherigen kommunikativen Strategie der Stützung seines Vorwurfs in (128) um in eine Spielart der Planungskommunikation, indem er eine Problemsituation skizziert. Anstelle von Zügen, die mit der Schuld oder Verantwortlichkeit für vergangenes Handeln zusammenhängen, werden nun Züge im Zusammenhang mit zukünftigen Handlungsmöglichkeiten möglich, die als Problemlösungen in Frage kommen. Entsprechend reagiert ein Forenteilnehmer in (129) mit einem Vorschlag – ein für die Kommunikationsform des gemeinsamen Planens konstitutiver Zug –, indem er einen Präzedenzfall für eine Handlungsoption nennt. Von hier aus könnten im weiteren Verlauf für die Kommunikationsform des gemeinsamen Planens relevante Züge wie Gegenvorschläge, Zustimmungen, Ablehnungen und Bewertungen von Vorschlägen usw., angeschlossen werden, nach (129) bricht diese Sequenz jedoch unvermittelt ab.

Der analysierte Polylogausschnitt illustriert, welche Rolle die Orientierung an etablierten Kommunikationsformen für die Analyse kommunikativer Interaktion unter den technisch-medialen Bedingungen des Medienformats Leserforum spielen können. Dabei zeigt sich, dass diese Form der Kommunikation in zentralen Aspekten Gemeinsamkeiten mit der Einbindung von Kommunikationsformen in andere Bereiche der sozialen Praxis aufweist. Es sind aber auch einige auffällige Unterschiede zu beobachten. Hierzu gehören vor allem die Freiheit und gängige Praxis, auf funktional komplexe Beiträge hochgradig selektiv zu reagieren und dabei auch übergeordnete Texthandlungen zu ignorieren. Zudem kommt es regelmäßig zum Abbruch von Kommunikationsverläufen an ungewöhnlichen und – bezogen auf den Zweck der Kommunikation – unproduktiven Sequenzpositionen.

Einen Faktor, der einen Beitrag zur Entwicklung dieser forenspezifischen Kommunikationsmoral leistet, kann man darin sehen, dass bei dieser Form der medial vermittelten *written conversation* die Möglichkeiten der Sanktionierung von Verstößen gegen relevante kommunikative Prinzipien äußerst begrenzt sind. Forenteilnehmer, deren Verhalten in einer *face-to-face*-Kommunikation im Grice'schen Sinn als unkooperativ gelten würde (beispielsweise wenn sie einen kleinen untergeordneten Teilaspekt eines Redebeitrags herauspicken und den übergeordneten kommunikativen Sinn, den der Sprecher beabsichtigt, ignorieren würden), haben aufgrund der Vielzahl potenzieller Kommunikationspartner und der hohen Beitragsfrequenz selten Konsequenzen in ihrer Kommunikationsgemeinschaft zu befürchten.[79] Kommunikative Prinzipien werden in der Forenkommunikation daher auch vor allem in Bezug auf kommunikatives Handeln außerhalb des Forums, also jenes von Journalisten, Politikern, Sportlern usw. thematisiert und verhandelt.

Ein weiterer Faktor, der hier relevant erscheint, liegt darin, dass medial vermittelte Kommunikationsformen im Hinblick auf die resultierenden Ergebnisse und Konsequenzen von der sozialen Praxis entkoppelt sind, die sie thematisch behandeln. Anhand der in der Analyse diskutierten Vorwurfskommunikation lässt sich diese Entkopplung gut verdeutlichen. Vorwürfe, die formalisiert in einem institutionellen Kontext wie einer Gerichtsverhandlung oder auch informell, etwa im Rahmen von Familienstreitigkeiten, kommunikativ bearbeitet werden, haben dort notwendigerweise (im Fall der Gerichtsverhandlung) oder zumindest prototypisch (im Fall von Familienstreitigkeiten) charakteristische Ergebnisse und Konsequenzen für die Kommunikationsteil-

---

[79] Dieser Sachverhalt hängt auch mit der graduellen Anonymität in der Forenkommunikation zusammen. Für die Entwicklung einer Kommunikationsmoral innerhalb von Leserforen spielen persistente Teilnehmeridentitäten (vgl. Abschnitt 3.3.4) als Grundlage für Sanktionsmöglichkeiten daher eine wichtige Rolle.

nehmer wie etwa Haftstrafen, Freisprüche, Taschengeldentzug, Wiedergutma-
chungshandlungen oder Entschuldigungen. Im Kontrast dazu haben Vorwurfskommunikationen in Onlineforen kaum oder keine konkreten sozialen
Konsequenzen im o.g. Sinn. Die Folgen der Kommunikation bestehen hier e-
her darin, bestimmte Normen oder Ziele zu etablieren sowie Bewertungen und
Deutungen im Diskurs zu verankern, etwa die, dass eine bestimmte Handlung
als Handlung eines bestimmten Typs oder als Verstoß gegen eine bestimmte
Norm gilt. Diese Effekte sind dabei nicht das Resultat einer einzelnen Interaktion, sie stellen sich erst als kumulatives Ergebnis einer Vielzahl von Interaktionen ein, in denen entsprechende Normen, Ziele, Bewertungen und Deutungen vertreten werden.

Diese Eigenschaften sind auch bei forenspezifischen Verlaufsformen anderer Kommunikationsformen zu beobachten. Weiter oben wurden die Züge in
den Belegen (128) und (129) beispielsweise als mögliche Eröffnung einer Sequenz beschrieben, die Ähnlichkeiten mit einer Planungskommunikation aufweist. Diese Art der Beschreibung kann dadurch gerechtfertigt werden, dass
für die Planungskommunikation typische Züge und Sequenzmuster zu beobachten sind. Charakteristisch für das gemeinsame Planen in anderen sozialen Kontexten ist jedoch, dass die Kommunikationsteilnehmer – oder eine
Teilgruppe von ihnen – sich am Ende auf eine Handlungsoption einigen und
diese dann auch selbst durchführen. Der unbegründete vorzeitige Abbruch einer Planungssequenz würde in diesen Zusammenhängen als unkooperativ gelten, da das Planen dort in der Regel dem Zweck dient, den besten Vorschlag
auch in die Tat umzusetzen oder zumindest einem Dritten konkret zu empfeh-
len. Die „Planungen" in Forenverläufen, in diesem Beispiel bezüglich der
Handlungsoptionen von politischen Akteuren, können dieses Ziel hingegen
nicht realistisch verfolgen, worüber sich die Forenteilnehmer auch im Klaren
sind. In Beleg (132), der am Ende einer weiteren längeren Sequenz dieser Art
steht, wird deutlich, dass die Planungsaktivitäten deshalb auch ohne Perspektive auf eine tatsächliche Umsetzung des Ergebnisses erfolgen.

(132) 2010ff 21.11.2017, 12:09 Uhr

>   Antwort auf den Beitrag von Robert_Rostock 21.11.2017, 11:45 Uhr

>   […] Das sind alles interessante Vorschläge. Das Problem nur: Wer setzt es um?
>   Wer lässt es Wirklichkeit werden? […]

Die nachfolgende, stark gekürzte Sequenz (133) bis (136) zeigt abschließend
zentrale konstitutive Züge (Vorschlag, Zustimmung, Einwand, Spezifizierung,
Konzession) innerhalb eines Planungsverlaufs, der als solcher auch thematisiert wird (134: *Netter Plan!*) sowie die charakteristische Einbettung von Argumentationen (136) in die Planungskommunikation.

(133)   nochnefrage 20.11.2017, 20:49 Uhr

[…] Soll die CDU doch ein personelles und konzeptionelles Angebot machen, vielleicht kommt die SPD zu einem anderen Entschluss.

Angebot beispielsweise:

Steuerlich finanzierte Volksrente wie in Dänemark, Steuereform mit Grundfreibetrag von 12.000 € und 10% bis 24.000, 20% bis 40.000, 30% bis 60.000, 40% bis 80.000, ... dem könnte die SPD doch kaum widerstehen.

Finanzierung? CO2-Emissionen besteuern

(134)   der_schoeneberger 20.11.2017, 21:31 Uhr

Antwort auf den Beitrag von nochnefrage 20.11.2017, 20:49 Uhr

Ich finde Ihr Angebot sehr sympathisch und würde sofort mein Kreuzchen dafür machen.

Aber der Punkt

Zitat: Finanzierung? CO2-Emissionen besteuern

- da hakt es schon. Emissionen besteuern? Das kostet Arbeitsplätze! Aaaaaaarbeitsplätze!!! Schon wäre zumindest die IG BCE dagegen, vermutlich auch die IG Metall. Und damit ist die SPD: draußen. Netter Plan, klappt aber nicht, weil - Aaaarbeitsplätze! […]

(135)   nochnefrage 21.11.2017, 08:28 Uhr

Antwort auf den Beitrag von der_schoeneberger 20.11.2017, 21:31 Uhr

Abgaben / Arbeitsplätze

Das muss natürlich ein Paket sein: Wer die EkSt senkt, gibt den Arbeitnehmern mehr - und das nutzt auch den Unternehmen. Die nächste Tarifrunde kann um den Steueranteil geringer ausfallen.

Aber, ja: Es gibt bei den Unternehmen auch hier Gewinner und Verlierer.

(136)   aladin1 21.11.2017, 14:00 Uhr

Antwort auf den Beitrag von der_schoeneberger 20.11.2017, 21:31 Uhr

Zitat: Das kostet Arbeitsplätze! Aaaaaaarbeitsplätze!!!

Leider haben Sie mit ihrer Sicht recht. Doch ich kann dieses Argument Aaaaaaarbeitsplätze!!! nicht mehr hören.

Die IG BCE sorgt sich in erster Linie um die Arbeitsplätze ihrer Funktionäre. […] Lässt die SPD sich weiter von der IG BCE erpressen, ist sie nicht wert, gewählt zu werden.

Die Arbeitsplätze in der Braunkohle sind auf keinen Fall zu retten. Je länger die Schließung der Tagebaue sich hinzieht, um so mehr Steuermilliarden werden in den Tagebaulöchern verschwinden.

Im Übrigen sind die meisten Arbeitsplätze in der Braunkohle nicht spezifisch für die Kohle. Es sind Maschinenschlosser, Elektriker, Kraftfahrer, Sekretärinnen etc, also Berufe, die auch ausserhalb der Braunkohle gefragt sind.

3.3.4   Kommunikationsgeschichte und Teilnehmeridentitäten

Im letzten Abschnitt wurde darauf hingewiesen, dass die Identifizierung von Teilnehmern über längere Zeiträume und mehrere Forenverläufe hinweg eine Grundbedingung für die Entwicklung wirksamer kommunikativer Prinzipien der Forenkommunikation darstellt. Ein Teilnehmer, der wiedererkannt werden kann und deshalb bei einem Verstoß gegen solche Prinzipien in der Zukunft mit Konsequenzen oder gar Sanktionen seiner Kommunikationsgemeinschaft rechnen muss, ist stärker motiviert, sich an solchen Prinzipien zu orientieren und diese gegenüber anderen zu verteidigen. Dieser Gedanke steht auch im Hintergrund, wenn nahezu alle Leserforen von Onlinezeitungen mittlerweile auf der Anmeldung mit an E-Mail-Adressen gekoppelte Nutzerkonten bestehen. Auf schwere Verstöße gegen die Forumsrichtlinien wie rassistische, verfassungsfeindliche oder gewaltverherrlichende Äußerungen, schwere Beleidigungen usw. können Moderatoren auf diese Weise wirksame Strafen bis hin zum Ausschluss verhängen. Aber auch wenn Nutzer sich unterhalb dieser Schwelle unkooperativ verhalten, beispielsweise weil sie kryptisch formulieren, unnötig lange Beiträge erstellen, ständig thematisch abschweifen oder, wie oben gezeigt, Interaktionen regelmäßig abrupt abbrechen, können andere Forenteilnehmer sich ein Bild von ihrem Gegenüber machen und diesem ggf. mit der gebotenen Vorsicht entgegentreten bzw. ganz auf eine Interaktion verzichten. Umgekehrt kann ein fortgesetztes positives Kommunikationsverhalten, wenn es mit einem identifizierten Teilnehmer in Verbindung gebracht wird, zu einem Vertrauensvorschuss und damit zu besseren Chancen auf einen kommunikativen Erfolg führen. Auch dieser umgekehrte Effekt wird nicht nur in den Forenverläufen, sondern auch im Verhältnis der Teilnehmer zur Forenmoderation sichtbar – dort wird sogar die Verknüpfung der Online-Identität mit der realen Identität der Leser diskutiert. Da das so gewonnene Vertrauen in die Kommunikationsmoral der registrierten Teilnehmer die Überwachungsarbeit der Redaktion erheblich erleichtern könnte, wird die Gewährung von Status- und Kommunikationsprivilegien als Anreiz in Erwägung gezogen. So schreibt der *Tagesspiegel* in einem Artikel zur Verbesserung der Debattenkultur im eigenen Onlineangebot:

> Wir denken derzeit über weitere Möglichkeiten der Registrierung nach. Das so genannte PostIdent-Verfahren zum Beispiel wäre eine sichere Lösung, um die Identität von Debattenteilnehmern zu verifizieren. [...] Das wäre ein etwas umständlich wirkender, aber Vertrauen weckender Registrierungsprozess, dessen

Teilnehmer auch belohnt werden sollten. Kommentare von Nutzern, die der Redaktion ihre Identität preisgeben, könnten dann zum Beispiel doch ohne Moderation veröffentlicht werden. Eine Art Premium-User ist denkbar.   (TS 03)

An manchen Stellen der untersuchten Textbasis[80] gibt es deutliche Hinweise darauf, dass die Identifizierung der Teilnehmer über ihre E-Mail-Adresse an Grenzen stößt und manche Nutzer sich mit einigem Aufwand darum bemühen, unter mehreren Identitäten gleichzeitig Beiträge zu veröffentlichen. Da nicht alle Forenteilnehmer dabei so ungeschickt vorgehen, wie jener in den beiden folgenden Belegen, ist von einer gewissen Dunkelziffer auszugehen.

(137)   wider-die-fressefreiheit 21.11.2017, 12:50 Uhr

Antwort auf den Beitrag von bgrabe02 21.11.2017, 12:18 Uhr

Die Lucke-AFD, aber auch die Frauke Petrys und Alexander Gaulands, (der Petry während ihrer Schwangerschaft diese kühle Blondine Weidel vor die Nase setzte) ..diese sich immer noch im Aufwind wähnende, vielleicht aber ja auch schon wieder sich im Abwind befindende AFD ist ja eine Art „spin-off" der alten CDU aus der Zeit, b e v o r Merkel sich dran gemacht hatte, Adenauer, Erhardt u. Kohl ziemlich zu „sozialdemokratisieren" - der evangelischen Pastorentochter war sie wohl nicht sozial genug aufgestellt. D a s aber haben konservative Kräfte im Lande genutzt u. Dregger-Vertrauter Gauland hat sich jetzt scheint's eine Machtbasis geschaffen, die irgendwann mal wieder, in der Zeit nach Merkel, zum möglichen konservativen Partner der CDU werden **könnte** - eher jedenfalls als die sich aktuell wieder auf ihre Ursprünge besinnende SPD....

(138)   ueberblicker 21.11.2017, 15:44 Uhr

Antwort auf den Beitrag von Robert_Rostock 21.11.2017, 11:10 Uhr

Träumen Sie weiter: der Beifall der AFD für die FDP macht den Liberalen Angst d a v o r, auch sie könnten in die rechte Ecke gedrängt werden - dahin wollen sie nicht. Mit einer CDU/CSU o h n e Merkel könnte ich mir allerdings einiges vorstellen, das ist noch Zukunftsmusik. Auch und vor allem für die AFD: D i e wollen Merkel j a g e n, sich nicht mit ihr verbünden...Sie soll möglichst **neue Flüchtlinge anlocken** - dann schlüge bald die Stunde der Alternativen und die CDU guckte dahin, wo keiner gern gucken möchte nach Wahlen - **durch die Röhre**....

Bei den Autoren *wider-die-fressefreiheit* und *ueberblicker* in den Belegen (137) und (138) handelt es sich mit hoher Wahrscheinlichkeit um die gleiche Person, darauf verweisen zumindest etliche Indizien wie der idiosynkratische Gebrauch von Sperrungen, Fettungen und Gedankenstrichen. Offenbar wurde das Benutzerkonto nach dem ersten Beitrag gelöscht und ein neues angelegt, um in der gleichen Polylogsequenz unter anderem Namen erneut einen Beitrag

---

[80]   Alle Belege in diesem Abschnitt, sofern nicht anders vermerkt: TS 01

zu veröffentlichen. Danach wurde auch dieses zweite Konto wieder gelöscht, so dass der Nutzer vermutlich noch unter anderen Namen Beiträge veröffentlicht.

Neben der Entwicklung einer effektiven Kommunikationsmoral haben persistente Teilnehmeridentitäten jedoch noch andere Konsequenzen für die Forenkommunikation. Sie ermöglichen darüber hinaus in Subgruppen der Forencommunity die Entstehung einer kollektiven Kommunikationsgeschichte. Diese gemeinsame Geschichte bildet eine wichtige Wissensressource bei der Deutung und Bewertung von Forenbeiträgen. Einen Hinweis auf das regelmäßige Zusammentreffen dreier Forenteilnehmer liefert Beleg (139):

(139)   13ryce 21.11.2017, 16:48 Uhr

>   Antwort auf den Beitrag von Exilleser 21.11.2017, 16:31 Uhr

>   *Zitat: Exilleser 16:31 Uhr Antwort auf den Beitrag von yoda 16:07 Uhr*

>   *good point!*

>   Sie scherzen.

>   Ich habe vielmehr den Eindruck, dass unser guter Yoda heute nicht recht in Form ist. […]

Die Formulierung *unser guter Yoda* deutet darauf hin, dass dieser sowohl dem Beitragsverfasser *13ryce* als auch dem angesprochenen *Exilleser* wohlbekannt ist. Ein Blick in das Profil der drei Teilnehmer verrät, dass es sich bei *Yoda* mit 15.471 Beiträgen und einer Frequenz von 3,9 Beiträgen pro Tag sowohl um einen äußerst aktiven wie auch alteingesessenen Teilnehmer handelt. Dass auch *13ryce* (5.950 Beiträge, 4,5B/T) und *Exilleser* (2.948 Beiträge, 0,85 B/T)[81] regelmäßige Teilnehmer mit hohen Beitragszahlen sind, stärkt die obige Annahme. Die Mutmaßung des Verfassers, dass *unser guter Yoda heute nicht recht in Form ist*, lässt vermuten, dass bei der Bewertung von *Yodas* Beitrag die gemeinsame Kommunikationsgeschichte eine Rolle spielt, da *Yoda* in *13ryces* Erinnerung normalerweise in besserer Form ist und beispielsweise schlüssiger argumentiert oder weniger empfindlich reagiert, weshalb *13ryce* ihm an dieser Stelle mit Nachsicht begegnet. Auch die Entgegnung auf *Exillesers* Zustimmung zu *Yodas* Beitrag (*Sie scherzen*) kann so verstanden werden, dass der Verfasser mit einer anderen Reaktion gerechnet hätte und somit auch über Annahmen bezüglich des regulären kommunikativen Verhaltens von *Exilleser* verfügt.

Ein ähnlicher Fall liegt in Beleg (140) vor. In einem vorangegangenen Beitrag hatte der Leser *Paternoster* auf einen Beitrag von *Bantmut* reagiert. Dieser wiederum hatte von Martin Schulz Konsequenzen aus der Wahlniederlage der

---

[81]   Alle Zahlen: Stand 25.3.2019

SPD gefordert. *Paternoster* hatte seinerseits darauf hingewiesen, dass auch die Bundeskanzlerin Konsequenzen aus dem ebenfalls schlechten Wahlergebnis der CDU ziehen müsse.

(140)   Kabil 23.11.2017, 22:09 Uhr

> Antwort auf den Beitrag von Paternoster 21.11.2017, 12:16 Uhr

> Ja, so hätte das unser lieber Bantmut in seinem Kommentar fassen müssen, sähe er auf beiden Seiten gleich gut.

Zunächst fällt auf, dass parallel zum Formulierungsmuster im letzten Beleg (*unser guter Yoda*) hier mit *unser lieber Bantmut* auf den Forenteilnehmer Bezug genommen wird. Damit werden (i) das Bewusstsein einer Kommunikationsgemeinschaft mit geteilten Erfahrungen (*unser*) und (ii) die Akzeptanz des Teilnehmers *Bantmut* und das ihm entgegengebrachte Wohlwollen (*lieber*) zum Ausdruck gebracht sowie (iii) eine charakteristische kommunikative Eigenschaft von *Bantmut* (seine parteiische Perspektive) kritisiert. Der Verfasser verwendet hier sein Wissen über *Bantmuts* kommunikatives Verhalten in der Vergangenheit, um dessen Argument zu entkräften und sich einen strategischen Vorteil zu verschaffen, wobei er sich nicht nur an *Paternoster,* sondern in zweiter Instanz auch an die übrigen Leser des Forums richtet. Gerade jene, die keine gemeinsame Kommunikationsgeschichte mit *Bantmut* haben, können *Kabils* Einschätzung von *Bantmuts* Parteilichkeit nicht ohne weiteres überprüfen.

Zur gemeinsamen Kommunikationsgeschichte können aber auch Wissensbestände über das Verhalten in der Vergangenheit von Teilnehmern mit antagonistischen Positionen gehören, welche Einfluss darauf haben, welche kommunikativen Züge diesen zugebilligt werden. Dies wird sichtbar in den Belegen (141) und (142), in denen *uwemohrmann* die Forderung von *dieDefinatorin* bezüglich einer Regierungsbeteiligung der SPD zurückweist. Für diese Zurückweisung nennt er kein inhaltliches Argument, stattdessen spricht er spezifisch dieser Forenteilnehmerin wiederholt und emphatisch (*ausgerechnet, lächerlich*, Fettung von *Sie*) die Berechtigung ab, diese Forderung zu äußern.

(141)   uwemohrmann 20.11.2017, 18:58 Uhr

> Antwort auf den Beitrag von dieDefinatorin 20.11.2017, 18:26 Uhr

> ausgerechnet **Sie** [Herv. im Original] jammern nach der SPD in der Regierung. Einfach lächerlich, mehr ist zu Ihrer Kaffeesatzleserei nicht zu sagen

(142)   uwemohrmann 20.11.2017, 20:21 Uhr

> […] Nochmals, dass ausgerechnet Sie nach einer SPD in der Regierung jammern, ist lächerlich

Später in diesem Polylog gibt der Teilnehmer in Beleg (143) dann auch in einer Antwort auf den Beitrag eines Dritten die Begründung für diesen Zurückweisung an.

(143)   uwemohrmann 21.11.2017, 07:12 Uhr

Antwort auf den Beitrag von der_schoeneberger 20.11.2017, 20:52 Uhr

genauso sehe ich das auch. Vor allem hier im Forum und bei einem Teil der Medien, die jahrelang über die SPD hergezogen waren und die als das Übel der Welt betrachtet haben, sind jetzt am jammern.

Mit *hier im Forum* bezieht er sich dabei offensichtlich u.a. auf *dieDefinatorin*, worauf auch die Wiederholung des Ausdrucks *jammern* hinweist. Der Grund für die Zurückweisung der Forderung liegt in dem Wissen über vergangene Angriffe auf die SPD seitens der Forenteilnehmerin. Dieser kommunikationsgeschichtliche Aspekt disqualifiziert die Teilnehmerin aus Sicht des Verfassers für Forderungen gegenüber der SPD.

Ein letzter Beleg aus einem anderen Forenverlauf im *Tagesspiegel* zeigt, dass die Bezugnahme auf die gemeinsame Kommunikationsgeschichte auch zu persuasiven Zwecken genutzt werden kann. In Beleg (144) möchte der Forenteilnehmer *narrow* seinen Kommunikationspartner dazu bringen, kritischer mit den im Primärtext berichteten Sachverhalten umzugehen. Zu diesem Zweck erinnert er sein Gegenüber auf schmeichelnde Weise daran, dass dieser normalerweise kritischer sei. Man kann dies als den Versuch sehen, seinen Gesprächspartner „bei der Ehre zu packen" und damit zu einer neuen Evaluation der Berichtszusammenhänge zu bringen. Beleg (145) zeigt jedoch, dass *uwemohrmann* das Manöver durchschaut und den Manipulationsversuch abwehrt. Die Antwort gibt zusätzlich einen Hinweis darauf, dass (i) der Teilnehmer seinerseits aufgrund der gemeinsamen Kommunikationsgeschichte ein anderes kommunikatives Verhalten von *narrow* erwartet hätte und (ii) er einem oder mehreren anderen ihm bekannten Forenteilnehmern dieses Verhalten zugetraut hätte.

(144)   narrow 24.02.2019, 11:59 Uhr

Antwort auf den Beitrag von uwemohrmann 24.02.2019, 08:30 Uhr

Ich hab Sie aber schon mal kritischer mit Verlautbarungen im [Tagesspiegel] wie dieser der aktuellen Opposition: Maduro hat Hilfsgüter anzünden lassen - wohl eher eine PM der hier offensichtlich schon vorab von USA und Redaktion zur Regierung gekürten Opposition - umgehen gesehen.   (TS 02)

(145)   uwemohrmann 24.02.2019, 12:34 Uhr

Antwort auf den Beitrag von narrow 24.02.2019, 11:59 Uhr

Das ist ja nun mal wieder ein billiger Versuch abzulenken.

Bin ich eigentlich viel mehr von anderer Seite gewohnt...   (TS 02)

Die vorangegangenen Belege illustrieren die weitreichende Bedeutung, welche der Bildung von Teilnehmeridentitäten und den daraus resultierenden kommunikationsgeschichtlichen Wissensbeständen der Teilnehmer als Ressource für das sprachliche Handeln in Leserforen und das Verständnis von Beiträgen zukommt.

3.4 Zur kommunikativen Bedeutung forenspezifischer Text-Text-Bezüge

Ankerpunkt für die hier vorgestellte Debatte ist die journalistische Weiterverarbeitung einer Agenturmeldung der *dpa* zur Zahl der beim G20-Einsatz in Hamburg verletzten Polizisten. In allen sieben Zeitungen der untersuchten Textbasis gibt es einen oder mehrere Texte unterschiedlichen Typs, die sich entweder direkt auf diese Agenturmeldung oder zumindest auf die darin vermittelten Sachverhalte und Ereignisse beziehen. Bereits der Zusammenhang zwischen Agenturmeldung und Bericht gibt einen Hinweis darauf, dass Text-Text-Bezüge in der Praxis eine wichtige Rolle für journalistische Texte spielen. Im konkreten Fall ergeben sich aus der unmittelbaren kommunikativen Vorgeschichte der Agenturmeldung sowie aus thematisch verbundenen parallelen kommunikativen Ereignissen vielfältige Möglichkeiten des direkten oder impliziten Bezugs auf andere Texte, und zwar sowohl für die Journalisten bei der Produktion der Primärtexte als auch für die Leser in den angeschlossenen Kommentarbereichen. Während in den journalistischen Berichten selbst einige dieser möglichen Textbezüge realisiert werden, findet sich in den Leserkommentaren ein Vielfaches an Verweisen auf andere Texte und kommunikative Ereignisse in anderen Medienformaten in unterschiedlichen funktionalen Zusammenhängen.

Ausgangspunkt für die Debatte über die Zahl verletzter Polizisten ist eine Pressemitteilung der Polizei Hamburg vom 9.7.2017 (146), die den Titel trägt: *POL-HH: 170709-5. G20-Gipfel in Hamburg, Fortschreibung des Einsatzgeschehens.* Die Polizei gibt in dieser Mitteilung die Zahl verletzter Polizisten mit 476 an, wobei in dem Text nicht konkret gesagt wird, zu welchem Zeitpunkt oder im Rahmen welcher Einsätze diese Verletzungen erfolgten.

(146)   Hamburg (ots) - Um 20:46 Uhr blockierten ca. 150 Personen die Fahrbahn im Bereich der Juliusstraße/Lippmannstraße. Im hinteren Bereich der Straße befanden sich zudem mehrere schwarz gekleidete und vermummte Personen.

In der Roten Flora hielten sich zunächst ca. 200 Personen auf, von denen viele schwarz gekleidet waren. Zusätzlich hielten sich ca. 100 Jugendliche in diesem Umfeld auf. Diese warfen gelegentlich Böller auf die Einsatzkräfte und versuchten, diese zu provozieren. […]

Um 22:52 Uhr wurden Polizeikräfte am Schulterblatt mit Gegenständen beworfen, woraufhin Wasserwerfer eingesetzt wurden.

[...]

Um 23:11 Uhr wurden in der Lippmannstraße/Lerchenstraße Unrat und in der Max-Brauer-Allee Betonklötze auf Fahrbahn gezogen.

[...]

Um 04:47 Uhr befanden sich zwei Aktivisten in Höhe der BAB-Baustelle Stellingen auf einem Baukran. Die beiden Aktivisten stiegen freiwillig in den Rettungskorb der Feuerwehr.

Seit dem 22.06.2017 sind insgesamt 186 Personen vorläufig fest- und 225 Personen in Gewahrsam genommen worden.

Die Zahl der verletzten Polizeibeamtinnen und -beamten erhöhte sich auf 476.

Eine Bilanz des Gesamteinsatzes wird heute im Rahmen der ab 13:00 Uhr im Polizeipräsidium stattfindenden Pressekonferenz gezogen (vgl. Pressemitteilung 170708-9.). (PP 01)

Die von der Polizei gewählte Darstellung lässt zwei verschiedene Deutungen zu. Die Angabe der Verletztenzahl folgt einerseits am Ende eines langen, minutiösen Protokolls der Protestereignisse in der Nacht vom 7. auf den 8. Juli, welches um 20:46 Uhr beginnt und um 4:47 Uhr endet. Andererseits wird mit der Zeitangabe „Seit dem 22.06.2017" im Satz zuvor der thematische Bezugsrahmen auf den gesamten Einsatz ausgeweitet und auch die Themenangabe in der Überschrift „Fortschreibung des Einsatzgeschehens" deutet auf einen Ergänzungszusammenhang hin. Man könnte daher die Angabe der Verletztenzahlen durchaus als Bilanz des gesamten Einsatzes bis zu diesem Zeitpunkt verstehen. Offensichtlich liegt durch die Art der Darstellung jedoch die Interpretation nahe, dass es sich bei den Verletzungen der Polizisten um Folgen der Auseinandersetzungen in jener Nacht handelt – eine Annahme, die später auch viele Forenteilnehmer machen.

Dieser Pressebericht und die dazugehörige Pressekonferenz bilden die Basis für zahlreiche Berichte zu den Ausschreitungen vom 7.7.2017, welche die eben erwähnte Deutung der Verletztenzahl verfestigen. Als Beispiel dient die relevante Stelle in Beleg (147) aus einem Bericht bei *Focus Online* vom 9.7.2017, der in Form eines in umgekehrter zeitlicher Abfolge verfassten Live-Tickers zum Thema der Polizeibilanz des G20-Einsatzes erscheint:

(147)   13.48 Uhr: Dudde zeigt bei der Pressekonferenz Bilder **von dem Einsatz am Freitagabend im Schulterblatt** [Herv. D.K.]. Auf den Bildern ist zu erkennen, wie sich eine Gruppe von Menschen auf einem Dach aufhalten. Die Polizei will unten gerade weiter vorgehen. Dann ist zu sehen, wie von oben ein Molotow-Cocktail auf die Polizisten geworfen wird.

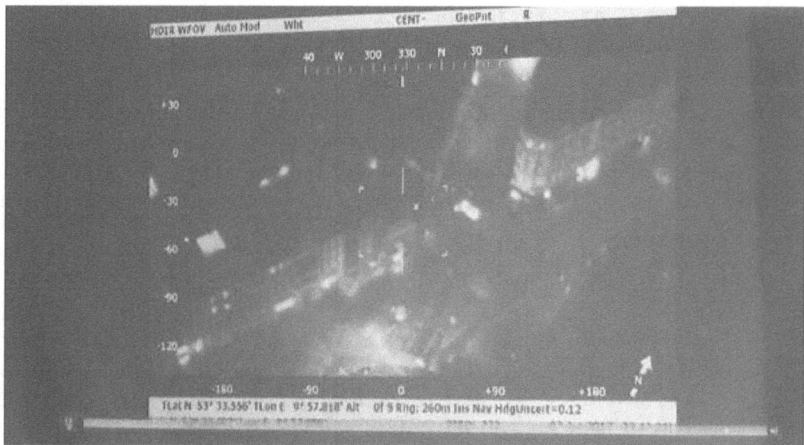

Die Polizei zeigt bei der Bilanz-Pressekonferenz Aufnahmen aus ihren Kameras.

476 verletzte Polizisten und 186 Festnahmen

13.40 Uhr: Dudde sagt, es habe insgesamt 476 verletzte Polizisten gegeben und 186 Festnahmen.

13.35 Uhr: Einsatzleiter Dudde spricht nun über **den Gewaltexzess am Freitagabend im Bereich Pferdemarkt, Schulterblatt** [Herv. D.K.] [...] (FC 01)

Die Mitteilung der Verletztenzahl ist hier eingebettet in die eröffnende thematische Kennzeichnung *spricht nun über die Gewaltexzesse am Freitagabend* und den Anschluss *zeigt [...] Bilder vom Einsatz am Freitagabend im Schulterblatt*. Thema der beiden Abschnitte sind offenbar die Ereignisse vom Freitagabend, insofern kann man als Leser annehmen, dass in dem mittleren Abschnitt ebenfalls ein thematischer Aspekt jener Ereignisse behandelt wird und somit die Verletztenzahl sich aus eben diesen Ereignissen ergibt. Verstärkt wird dieser Eindruck noch dadurch, dass im Text direkt über der gefetteten Zwischenüberschrift *476 verletzte Polizisten und 186 Festnahmen* ein Bild aus der Präsentation der Polizei platziert ist. Es zeigt das Schulterblatt bei Nacht in Höhe der Roten Flora und hat die Anmutung einer Aufnahme mit einem Nachtsichtgerät. Am unteren Rand, direkt vor dem Gebäude der Roten Flora, könnte man in dieser Darstellung brennende Barrikaden vermuten.

Diese weitverbreitete Lesart zur Herkunft der Verletzungen findet sich an verschiedenen Stellen in den Kommentarbereichen zu den Berichten wieder, in einigen Fällen wird auch thematisiert, dass die Berichterstattung selbst diesen Eindruck weiter verstärkt hat, wie etwa von *Spiegel Online* Lesern in (148) und (149) formuliert:

(148)   Hatch99 15.07.2017, 14:19

77.

[...] Ich dachte bisher auch, dass fast 500 Polizisten direkt oder indirekt von gewalttätigen Demonstranten verletzt worden wären, hat vielleicht niemand so direkt gesagt, aber der Eindruck wurde mir recht deutlich vermittelt. [...]

(SO 07)

(149)   sch123 15.07.2017, 14:01

56. Skandalös

[...] Aber so wie es in vielen Medien (ohne Richtigstellung der Polizei!) dargestellt wurde, musste der oberflächlich informierte Leser den Eindruck haben, dass es sich um ~500 stärker verletzte Polizisten handelt, es wurde suggeriert, dass diese Verletzungen alle auf Gewalt durch Demonstranten zurückzuführen sind. Die Darstellung von Politikern und Polizei („noch nie dagewesene Gewalt" „Beamten in Lebensgefahr" „Bürgerkriegsähnliche Zustände" usw. ...) befeuerten die Hysterie zusätzlich. [...]

(SO 07)

Diese dominante Interpretation der Verletztenzahlen wird dann am 14. Juli von einem umfangreichen Bericht des investigativen Nachrichtenportals *Buzzfeed News* in Frage gestellt. Dort heißt es:

(150)   Von den offiziell 476 bei G20 verletzten Polizisten wurden deutlich weniger Beamte während der Proteste verletzt, als bisher angenommen. Mehr als die Hälfte der Verletzungen meldeten die Polizisten schon vor den Protesten. Das geht aus Anfragen von BuzzFeed News an alle 16 Landespolizeibehörden und die Bundespolizei hervor.

[...]

„Die Verletzten-Zahl muss dringend relativiert und eingeordnet werden", sagt auch Rafaehl Behr, Professor an der Akademie der Polizei in Hamburg. „Es gab zum Beispiel allein am Freitag mehrere Dutzend Beamte, die wegen Dehydrierung als verletzt gemeldet wurden." Oft melden sich auch nach den Einsätzen noch Beamte als verletzt, um für den Fall nicht absehbarer Spätfolgen als Dienstunfall abgesichert zu sein.

[...]

Die Recherchen zeigen damit, dass die von Stadt und Polizei Hamburg verbreiteten Zahlen über verletzte Polizisten extrem interpretationsbedürftig sind – und ohne die entsprechenden Hintergründe einen falschen Eindruck erwecken.

(BF 01)

Dieser Bericht wurde von der Presseagentur *dpa* zu einer Agenturmeldung verarbeitet, die ihrerseits nun als Grundlage für Berichte und Meldungen in allen sieben Zeitungen der untersuchten Textbasis diente. In diesem Zusammenhang ergibt sich folgende Verteilung von Meldungen, Berichten und angeschlossenen Kommentarbereichen bzw. themenrelevanten Foren:

Zeitung	Beitragsform	Leserbeteiligung
Spiegel Online	Bericht	Forum
taz	Bericht	Forum
Die Welt	Bericht	Forum
Frankfurter Rundschau	Meldung / Bericht	– / Forum
FAZ	Meldung	–
Zeit	Meldung	–
Süddeutsche	Meldung	Themengebundene Diskussion zur Verharmlosung der G20-Proteste

Tabelle 1: Berichte und Meldungen auf Grundlage der *dpa*-Meldung

Die Leserdiskussion in den Foren und die dort vertretenen Positionen wurden dann ihrerseits zum Gegenstand von Folgetexten in verschiedenen Medien, teilweise aber auch in den Zeitungen selbst. So erschien beispielsweise am 12.7.2017 in *Spiegel Online* eine Kolumne von Sascha Lobo mit dem Titel „Die G20 Randale und das Netz: World Wide Wut", deren zentrale Beobachtung in dem Abschnitt (151) gut wiedergegeben ist:

(151) In einigen Diskussionen wird jede, nicht vor Wut kochende Äußerung als Verharmlosung gesehen. Oder die Bemerkung, dass man in einem Rechtsstaat andere Maßstäbe an Polizisten legen muss als an kriminelle Randalierer. Das bedrückende Muster: Abwesenheit von Wut wirkt verdächtig, der Wunsch zu differenzieren gilt als Mittäterschaft. [...]

Je existenzieller die Lage scheint, umso mehr Menschen glauben, genau jetzt müsse man sich bekennen, andere zum Bekenntnis zwingen und fehlende Bekenntnisse als feindliche Handlung werten. (SO 08)

Auch dieser Beitrag war mit einem Kommentarbereich versehen und man kann die dort stattfindende Diskussion in Teilen als eine Fortführung der zuvor erwähnten Debatte auffassen. Die Intensität der Diskussion in diesem Fall hat darüber hinaus dazu geführt, dass *Spiegel Online* mit dem „Debatten-Podcast" ein neues Medienformat erprobt, dessen erste Ausgabe aufgrund ihres thematischen Bezugs wiederum als Folgetext in der G20-Debatte verstanden werden kann. Diese Debattenpodcasts sind regelmäßig erscheinende Hörangebote, die sich mit vorangegangenen Beiträgen von *Spiegel Online*-Kolumnisten und den sie begleitenden Leserreaktionen in deren angeschlossenen Kommentarforen beschäftigen. Debattenpodcasts können mit Hilfe eines in der Website implementierten Players wie eine Audiodatei abgespielt werden. Eingebettet ist dieser Player in einen kurzen Text, der mit Dachzeile, Headline, Vorspann und Bildern samt Bildunterschrift selbst wie ein Artikel aufgemacht ist und in dem zunächst kurz die Kernthesen der Ausgangskolumne zusammengefasst werden. Danach werden die wichtigsten Reaktionen der Leser im Kommentarforum zur Kolumne zusammenfassend dargestellt. In dem Audiotext zitiert der Autor der Kolumne dann ausgewählte Reaktionen der Leser und bezieht ausführlich zu ihnen Stellung. Den Anfang in dieser neuen Reihe macht der Autor der Kolumne „Mensch-Maschine" Sascha Lobo, in (152) sind die zentralen Stellen der Vorstellung dieses neuen Formats wiedergegeben:

(152)   Unter dem Titel „World Wide Wut" hat sich Sascha Lobo am Mittwoch der Frage gewidmet, zu welch emotional getriebenen Reaktionen die G20-Krawalle von Hamburg in den sozialen Netzen geführt haben. Die Bilder schwarz gekleideter Gruppen, die durch Wohnstraßen marodierten und offenbar wahllos Autos anzündeten und Fenster einschlugen, hätten einen „emotional getriebenen Extremismus des Einzelnen" hervorgekehrt, schrieb er. Lobo zitiert Nutzer, die bei Facebook fordern: „Abschlachten das Pack", „zur Strafe selbst anzünden", „Erschießen ist zu gnädig". [...]

Mehr als 300 Leser hat dieser Text dazu angeregt, im Forum von SPIEGEL ONLINE über dieses Thema zu diskutieren, einen Kommentar oder ihre Meinung zu hinterlassen. In seinem neuen Debatten-Podcast reagiert Lobo auf einige ausgewählte Leserstimmen - hier können Sie sich die erste Folge anhören.

[...]

Während Lobo auch reichlich Zustimmung erfährt, gehen einige Leser hart mit seinen Worten ins Gericht. Etwa, wenn ein Forumsnutzer Verständnis für die Rage jener fordert, die fürchten, dass womöglich auch bald ihr Auto brennen könnte. Schließlich habe man eine „emotionale Verbundenheit mit seinem Auto". [...]

Und schließlich wird Sascha Lobo vorgeworfen, dass er sich selbst manipulieren lasse und dass er aus einzelnen Kommentaren „ein pauschales Bild der ‚deutschen Öffentlichkeit'" konstruiere.

Auf all diese Kritikpunkte geht Lobo in seinem Podcast ein.   (SO 09)

Dieses neue Format ist in vielfacher Hinsicht interessant. Einerseits verdichtet es das ohnehin enge Geflecht von Text-Text-Bezügen, die wie oben gezeigt in diesem Fallbeispiel anzutreffen sind und die für journalistische Texte im vernetzen digitalen Umfeld charakteristisch sind. Andererseits wird in der Interaktion zwischen Redakteur und Leser hiermit gewissermaßen der institutionelle Rahmen für „dritte Züge", also für Reaktionen seitens der Autoren der journalistischen Ausgangstexte auf Reaktionen der Leser bereitgestellt. Sollte sich dieses Format etablieren und von anderen Onlinezeitungen übernommen werden, könnte es einen Ausgangspunkt für die Entwicklung echter Dialogizität in der Pressekommunikation werden, auch wenn viele Nutzer zu Beginn in dieser Hinsicht noch skeptisch sind. Im Forum zu diesem ersten Debattenpodcast werden jedoch auch einige Vorschläge zur Entwicklung des neuen Formats gemacht. Diese zielen darauf ab, den Aspekt der Dialogizität weiter

auszubauen, vor allem mit dem Ziel, die Positionen der Leser stärker reprä-
sentiert zu sehen. So formuliert ein Leser:

(153) […] Das Wort Debattenpodcast ist ein interessantes. Ich denke bei einer Ein-
Mann-Show kann man höchstens erwarten, dass _über_ Debatten gesprochen
wird. Das ist leicht misszuverstehen. Falls das Wort doch so gemeint ist, dass
hier eine Debatte stattfinden soll, dann ist es zumindest eine sehr asymmetri-
sche: Kolumne -> Kommentar -> Podcastantwort -> ? Es ist schwierig sich
vorzustellen, wie da ein Konsens entstehen soll, selbst wenn Sascha sich sehr
Mühe gibt. - Ich denke ich würde mir wünschen, dass da noch eine zweite Person sitzen würde (Sixtus evtl?). Zumindest doch um ein bisschen die Position
des Kommentierenden einzunehmen, auf dessen Anmerkung Sascha in einem
zehnminütigen Vortrag eingeht.   (SO 09)

Zu den Folgetexten im weiteren Sinn gehören außerdem unter anderem thematisch verknüpfte Exemplare des relativ jungen, im Kontext der Debatte um
„Fake News" entstandenen Texttyps ‚Faktencheck‘, wie beispielsweise ebenfalls bei *Spiegel Online* unter dem Titel „G20 Mythen: Vorwürfe, Verschwörungstheorien, Fakten"[82] oder auf der *Faktenfinder*-Website der ARD *Tagesschau* unter „Nach Hamburger G20-Gipfel: Viele Fragen sind noch offen"[83]
sowie Diskussionen zum Thema der Verharmlosung der Proteste wie im Forum der *Süddeutschen Zeitung*. Auch Texte wie beispielsweise ein Kommentar von Katja Thorwarth in der *Frankfurter Rundschau* mit dem Titel „Die
‚Welt‘ der Doppelmoral",[84] der sich mit den informationspolitischen Absichten und Strategien der Zeitung *Die Welt* in Bezug auf deren G20-Berichter-
stattung auseinandersetzt, kann als ein Folgetext verstanden werden, da das
Thema der Relativierung der Gewalt im Zusammenhang mit den Protesten in
der dortigen Forendiskussion wiederum zentralen Stellenwert hat.

Im Folgenden sollen die Kommentarverläufe unter den ersten vier Berichten aus Tabelle 1 auf verschiedene rezeptions- und produktionsrelevante kommunikative Aspekte hin untersucht und beschrieben werden. Der Schwerpunkt
liegt dabei jedoch auf einem Bericht bei *Spiegel Online* vom 15.07.2017 mit
dem Titel *Viel weniger verletzte Polizisten als von der Polizei angegeben* über
die Ergebnisse der *Buzzfeed*-Recherche.

---

[82] SO 10
[83] FF 01
[84] FR 01

3.4.1   Text-Text-Bezüge: Rezeption und kommunikative Nutzung

Wie die vorangegangene Beschreibung gut illustriert, kommen journalistische Texte wie der *Spiegel Online*-Bericht nicht isoliert vor, sondern stehen in engerem oder weitläufigerem Zusammenhang mit einer Vielzahl anderer Texte, zum Teil auch in anderen Kommunikationsmodi wie Video und in anderen Medien wie Fernsehen oder dem Online-Videoportal *YouTube*. Innerhalb der Kommentare zu den untersuchten Berichten nehmen die Leser häufig explizit Bezug auf Texte aus diesem Textkosmos, in anderen Fällen deuten sie den Bezug zu anderen Texten an oder der intendierte Bezug lässt sich erschließen. Hierzu gehören auch Leserforen in anderen Onlinezeitungen, die mit ihren jeweiligen Text-Text-Bezügen die Komplexität und den Umfang dieses Textkosmos vervielfachen. Im Forenverlauf des *Tagesspiegel*-Kommentars, der in den vorangegangen Abschnitten 3.2 und 3.3 diskutiert wurde, setzt ein Leser beispielsweise einen Link auf einen Forenverlauf zu einem thematisch verwandten Primärtext bei *welt.de*:

(154)   Beeindruckend ist übrigens, wie sich die Foristen bei <u>welt.de</u> in großer Überzahl deutlich gegen die Herummurkserei und Durchhalteparolen einer fast nur noch an blanker Machtpolitik interessierten politischen Elite in unserem Land wenden.   (TS 01)

Die referenzierten Texte dienen als Ressourcen, welche Kommentatoren verwenden, um eine Vielzahl unterschiedlicher kommunikativer Ziele zu verfolgen. So kann beispielsweise in einem anderen Text bereits gesichertes Ereigniswissen im Streit um Sachverhalte zur Beweisführung verwendet werden, es kann als Beispiel zur Illustration eines verallgemeinernden Schlusses dienen oder es kann zur Rekonstruktion chronologischer Abläufe herangezogen werden. Andere Texte können dazu verwendet werden, um einem Autor konkrete Äußerungen, bestimmte Haltungen oder strategische Absichten nachzuweisen. Oder es wird ein Bezug zu anderen Texten hergestellt, um die eigene Sichtweise zu stützen, alternative Sichtweisen ins Spiel zu bringen, sich ihnen anzuschließen oder für sie zu argumentieren.

Während das Spektrum der funktionalen Bezüge zu anderen Texten sehr groß erscheint, lassen sich dennoch einige für die jeweiligen kommunikativen Aufgaben typische Verwendungsweisen feststellen. Von besonderem Interesse sind hier jene Fälle von Text-Text-Bezügen, die durch spezifische Aspekte der vernetzten, digitalen Kommentierung von journalistischen Onlinetexten möglich gemacht oder begünstigt werden und die systematisch auf die Bedingungen der Onlineberichterstattung einwirken. Neben den kommunikativen Möglichkeiten und Nutzungsformen, die sich durch das neue Medienformat ‚Leserforum' ergeben, spielt vor allem der Hypertextcharakter des journalistischen Ausgangstextes selbst, seine Einbindung in das immense Textangebot des *World Wide Web* sowie die damit verbundenen Rezeptionsbedingungen eine wichtige Rolle.

In den Kommentarbereichen der untersuchten Berichte lassen sich die für diese Fallstudie spezifischen funktionalen Bezüge zu anderen Texten vier großen kommunikativen Aufgabenbereichen zuordnen, in denen sie eine Rolle spielen, wobei (iv) häufig mit den anderen Bereichen verknüpft wird:

(i)   Klärung des zur Disposition stehenden Sachverhalts
(ii)   Stützung von Sichtweisen auf die berichteten Ereignisse
(iii)   Positionierung in der medienübergreifenden Debatte zu den Protesten
(iv)   Kritik der Berichterstattung

In den folgenden vier Abschnitten werden diese kommunikativen Aufgabenbereiche und der Gebrauch von Text-Text-Bezügen für ihre Bearbeitung durch die Leser anhand von Beispielkommentaren aus dem Forenverlauf des *Spiegel Online*-Artikels zur *Buzzfeed*-Recherche illustriert.

3.4.2   Klärung des zur Disposition stehenden Sachverhalts

Über Fragen im Zusammenhang mit dem berichteten Sachverhalt, wird in einem Großteil der Kommentare gestritten. Man könnte den primären zur Disposition stehenden Sachverhalt als die gängige Lesart der Berichterstattung zum G20-Gipfel und vor allem zu den Ausschreitungen im Hamburger Schanzenviertel, wie sie auch in (148) und (149) zum Ausdruck kommen, etwa so formulieren:

SV 1a   Bei den Protesten gegen den G20-Gipfel wurden 476 Polizisten von gewalttätigen Demonstranten verletzt.

Da die Proteste am 7.7.2017 in der Berichterstattung dieser Zeit stark dominierten und Gewaltanwendung vor allem im Zusammenhang mit diesem Teilereignis thematisiert und bebildert wurde, könnte man eine noch engere Deutung des Sachverhalts bei vielen Lesern annehmen, nämlich:

SV 1b   Bei den Protesten gegen den G20-Gipfel wurden 476 Polizisten in der Nacht vom 7.7. zum 8.7.2017 im Hamburger Schanzenviertel von gewalttätigen Demonstranten verletzt.

Dass diese Beschreibung der Ereignisse nicht aufrecht zu erhalten ist, ergibt sich unabhängig von möglichen Interpretationen zwingend aus der *Buzzfeed-*

Recherche, auf der die hier untersuchten Berichte und Kommentarverläufe basieren. Auch die Überschriften der vier Berichte zeigen an, dass die bisherige Darstellung des Sachverhalts korrigiert werden soll: [85]

(155) Weniger verletzte Polizisten bei G20-Gipfel als angenommen
       (*Frankfurter Rundschau*)

(156) Hamburg: Weniger Polizisten bei G-20-Krawallen verletzt als angenommen
       (*Welt*)

(157) G20-Krawalle: Viel weniger verletzte als von der Polizei angegeben
       (*Spiegel Online*)

(158) Polizei und Gewalt beim G20-Gipfel: Polizei gab zu hohe Verletztenzahlen an
       (*taz*)

Es bleibt also eine Reihe verwandter Fragen, deren Beantwortung zu einer veränderten Sachverhaltsdarstellung in der nachfolgenden Berichterstattung und der öffentlichen Diskussion führen müssten. Zu diesen Fragen gehören die folgenden:

(i)   Wie viele Polizisten wurden tatsächlich verletzt?
(ii)   Um welche Verletzungen handelt es sich?
(iii)   Was gilt dabei als Verletzung?
(iv)   Wann entstanden die Verletzungen?
(v)   Wer oder was verursachte die Verletzungen?
(vi)   Wie glaubwürdig sind die Quellen, die über Verletzungen berichten?

Ein erster Zug in der Forendiskussion,[86] der gewissermaßen hinter die Klärung des Sachverhalts SV1 zurückgeht, kann darin bestehen, zu bestreiten, dass der strittige und nun widerlegte Sachverhalt überhaupt jemals behauptet wurde. Im Fokus steht dann nicht mehr die Zahl der verletzten Polizisten, sondern die korrespondierende Behauptungshandlung. Die Möglichkeit der variablen Fokussierung auf diese beiden unterschiedlichen Aspekte wird schon in den zitierten Überschriften deutlich. Während der Bericht der *Frankfurter Rundschau* und der *Welt* die Verletztenzahlen selbst in zweifacher Hinsicht deagentivierend ins Zentrum rücken, die zuvor lediglich *angenommen* wurden (ausgeblendet werden hierbei die Fragen: Wer hat die Zahlen in Umlauf gebracht? Wer hat die irrtümlichen Annahmen gemacht?), thematisieren *Spiegel Online* und *taz* die Behauptungshandlung der Polizei (*als von der Polizei angegeben*, *gab zu hohe Verletztenzahlen an*). Auffällig ist dabei auch die Graduierung (*weniger* vs. *viel weniger*), durch die ein weiterer Kontrast zwischen den vertretenen Auffassungen vermittelt wird. Durch diese Fokussierung ergibt sich

---

[85] Die Formulierungen der Überschriften deuten bereits ein Spektrum von Sichtweisen auf die ursprüngliche Angabe der Verletztenzahlen in der Berichterstattung an.
[86] Alle Belege der folgenden Analyse in Abschnitt 3.4: SO 07

ein verwandter aber neuer zur Disposition stehender Sachverhalt, der eine andere thematische Ausrichtung der Forendiskussion erwarten lässt und sich etwa so formulieren ließe:

SV 2   Die Polizei hat (vorsätzlich) irreführende Angaben zur Zahl der bei Protesten gegen den G20-Gipfel verletzten Polizisten gemacht.

Die Thematisierung des kritisierten kommunikativen Handelns der Polizei spielt eine wichtige Rolle bei der Herstellung einer bestimmten kontroversen Sichtweise (vgl. nächster Abschnitt) und es kann daher für Vertreter einer entgegengesetzten Sichtweise strategisch nützlich sein, zunächst das zur Disposition stehende polizeiliche Handeln zu bestreiten. Ein expliziter Text-Text-Bezug kann dann dazu verwendet werden, das zuvor bestrittene Handeln der Polizei zu belegen. Dies kann man in (159) beobachten. Dort wird zunächst mit einem Zitat auf einen früheren Kommentar des Lesers *gammoncrack* bezuggenommen. Dieser scheint die ursprünglich angegebene Zahl verletzter Polizisten nun ebenfalls nicht mehr für vertretbar zu halten. Sein Einwand richtet sich allerdings gegen die Behauptung in der *Spiegel Online*-Artikelüberschrift *als von der Polizei angegeben*. Er fordert einen Beleg dafür, dass diese Angabe von der Polizei gemacht wurde. Der Leser *PunkKommaStrich0* versucht, diesen Beleg zu liefern, indem er nach dem Zitat ohne Einleitung mit einem Hyperlink direkt auf einen entsprechenden Bericht des MDR vom 9.7.2017[87] über die Pressekonferenz der Polizei verweist.

(159)   PunktKommaStrich0 15.07.2017, 15:50

161.

Zitat von gammoncrack

„Zeigen Sie doch bitte einmal eine Verlautbarung der Polizei, die besagt, dass 500 Polizisten durch Demonstranten verletzt wurden. Die werden Sie an keiner Stelle finden. Aber genau so ist dieser Artikel aufgebaut. Mal ein kleiner Ritt

---

[87] Obwohl der Artikel des MDR nicht explizit davon spricht, dass die Polizisten von Demonstranten verletzt worden seien, werden auch hier die angegebenen Zahlen (*fast 500, 476*) mit ausführlichen Schilderungen von Gewalttaten seitens der Demonstranten koordiniert. Offenbar wollte sich die Redaktion jedoch nach Veröffentlichung der *Buzzfeed*-Recherche davon distanzieren, diesen Eindruck erweckt zu haben, denn seit dem 14. Juli 2017 ist der Artikel mit folgender Anmerkung der Redaktion ergänzt: „Am 14. Juli 2017 meldete das bayerische Innenministerium, dass bei dem vor gut einer Woche stattfindenden G20-Gipfel 231 Polizisten verletzt worden seien. Das Ministerium bezieht sich auf die „heiße Einsatzphase" vom 7. bis 9. Juli. Die Hamburger Einsatzleitung hatte bis dato immer von 476 verletzten Beamten gesprochen und sich auf einen erweiterten Einsatzzeitraum vom 22. Juni bis 10. Juli bezogen."

gegen die Polizei. Das Spiegel-Gebäude steht ja auch nicht im Schanzenviertel.
Glück gehabt!"

http://www.mdr.de/nachrichten/politik/inland/polizeibilanz-nach-gzwanzig-
gipfel-100.html

War die erste Meldung, die bei der Google-Suche gefunden habe. [...] Sie können ja weiter gucken, wenn Sie möchten...

Neben dem eigentlichen Beleg gibt der Leser zusätzlich einen Hinweis darauf,
wie der Fragende nach Belieben selbst weitere Belege finden kann und stützt
so zusätzlich die Glaubwürdigkeit seines Belegs.

In die Gruppe der Bezüge mit Belegfunktion gehört auch Beispiel (160), in
dem ein Leser auf einen Online-Filmbeitrag von *Spiegel TV*, der bei *Spiegel*
Online zur Zeit der Berichterstattung im lokalen Umfeld des Artikels auf der
Übersichtsseite abrufbar ist, verweist, um die Behauptung zu stützen, dass die
Polizei während des G20-Einstzes ihrerseits exzessive Gewalt gegen Unbetei-
ligte angewandt habe.

(160)   Tetraeder 15.07.2017, 17:15

198.

Zitat von stoffi

„Anwohner, die beim Verlassen ihres Hauses oder überqueren der Straße von
Polizisten zusammengeschlagen wurden. Wenn Sie dafür keine Beweise haben,
ist das eine unverschämte Lüge und da frage ich mich, ob sie nicht zu den Kri-
minellen gehören, die das Viertel auseinander genommen haben"

Dafür gibt es Beweise, kam sogar bei Spiegel TV. Polizisten unterscheiden in
derartigen Stresssituationen selten zwischen Gut und Böse, lieber einmal zu
viel, als einmal zu wenig. Haben ja auch nichts zu befürchten. [...]

In einem weiteren Kommentar verweist ein anderer Leser zum gleichen Zweck
per Link auf ein *YouTube*-Video, das Gewaltanwendung von Polizisten zeigt.
Diese Beispiele illustrieren bereits recht gut die veränderten Bedingungen und
Möglichkeiten für Beleghandlungen mit intertextuellen Bezügen in argumentativen Textteilen, die sich durch das spezifische Medienformat Onlinekom-
mentar und seine Einbindung in den Berichtskontext und damit in das das multimodale WWW ergeben.

In ähnlicher Absicht wie in dem in (159) zitierten Kommentar versucht ein
Leser in (161), das sprachliche Handeln in der Presseerklärung der Polizei zu
deren Verteidigung neu zu deuten und die Verantwortung für die dominante
Lesart, wie sie in (148) und (149) wiedergegeben ist, auf die tendenziöse Berichterstattung und Rezeption durch das Publikum zu verschieben. Vermutlich
bezieht sich der Leser in seinem dritten Absatz nicht mehr auf die Polizeimeldung, sondern auf einen weiteren Text, nämlich die *dpa*-Meldung über die

Buzzfeed-Recherche, welche Grundlage für den Ausgangsbericht war, um der Spiegel-Redaktion und anderen Forumsteilnehmern unlautere Agitation zu unterstellen.

(161)   Adminstrator 15.07.2017, 12:49

19.

Wie kann man die Polizeimeldung nur so dermaßen fehlinterpretieren.

Es wird in der offiziellen Meldung von 476 verletzten Polizisten gesprochen ... von Fremdeinwirkung bei der Zahl kann ich nichts lesen. Keiner der 476 Polizisten hätten zu Hause beim BBQ eine Verletzung bekommen. Demnach sind die Verletzungen ausschließlich auf den Einsatz zurückzuführen, (inkl der Vorbereitungszeit.)

Anscheinend wird die Meldung als Propaganda des linken Blocks und auch von SPON benutz um die Wahrheit zu verdrehen.

Zur Klärung des zur Disposition stehenden Sachverhalts selbst kann in einem weiteren Zug die unangemessene Verwendung von Ausdrücken, die im Bericht selbst oder in Texten, die im Zusammenhang mit dem Bericht stehen, eine Rolle spielen, thematisiert werden. Einige Leser kritisieren etwa mit Bezug zum Pressebericht der Polizei die Verwendung des Ausdrucks *Verletzung*, wie in (162):

(162)   spmc-12355639674612 15.07.2017, 12:43

15. Ich bin ziemlich enttäuscht!

[...]Wenn ich von im Einsatz verletzten Polizisten höre, denke ich, dass diese Polizisten durch den Einsatz Schaden erlitten haben. Ich denke also z. B. an Hautabschürfungen, blaue Flecken etc., Dinge also, die man bei hartem körperlichen Einsatz z. B. gegen Demonstranten durch Fremdeinwirkung zugefügt bekommt.

Kreislaufprobleme und Dehydration sind keineswegs harmlos, aber gemeinhin stuft man so etwas nicht als „Verletzung" ein. Warum untergräbt die Polizei auf diese Weise ihre eigene Glaubwürdigkeit? Um möglichst erschreckende Zahlen zu präsentieren? [...]

Die primäre Kritik richtet sich hier an die Polizei und deren Verwendung des Ausdrucks *Verletzung* in ihrer Pressemitteilung zur Profilierung des Ereignisses. Dies wird dadurch deutlich, dass der Leser der Auffassung ist, dass die Polizei durch eine solche Verwendung ihre eigene Glaubwürdigkeit schmälert. Er geht zudem davon aus, dass sie diese Strategie mit einer bestimmten informationspolitischen Zielsetzung verfolgt. Implizit und in vielen anderen Kommentaren explizit wird jedoch auch die Übernahme und unreflektierte Weiterverwendung des Ausdrucks in der Berichterstattung kritisiert.

Zur Aufklärung des Sachverhalts wird häufig auch auf Berichterstattung in anderen Zeitungen Bezug genommen, wenn diese als ausgewogener wahrgenommen wird oder zusätzliche relevante Informationen bietet. Im Hinblick auf die Ursachen für die Verletzungen der Polizisten verweist in (163) ein Leser auf die parallele Berichterstattung der *Frankfurter Rundschau*, welche nach seiner Auffassung ein differenzierteres Bild für die Beurteilung der Vorgänge liefert. Auffällig ist hier außerdem die erneute Apostrophierung des Ausdrucks *verletzten* wie sie bereits in (162) zur Kritik an der Verwendung des Ausdrucks gebraucht wurde:

(163)   mameluk 15.07.2017, 12:44

> 18. Das kleine Einmaleins
>
> [...] Auch wenn jeder Verletzte (auch bei den Demonstranten (wievielel gab es da eigentlich, die Zahlen bleiben wohl geheim, weil es viel mehr waren) zu viel ist, wurde z.B. nach der FR die Mehrzahl der hessischen „verletzten" Polizisten durch das Reizgiftgas der Polizei malträiert. Die getürkten Zahlen gehören zu der politisch gewollten und initiierten Hetze.

Im Zusammenhang mit der Verifizierung von berichteten Sachverhalten spielt auch die Glaubwürdigkeit der verwendeten Quellen eine wichtige Rolle. Sie dient darüber hinaus als Kriterium für die Beurteilung der Qualität journalistischer Texte. Hierfür können die Kommunikationsgeschichte von Institutionen oder auch spezifische Erfahrungen mit den Angaben einer bestimmten Quelle in der Vergangenheit thematisiert werden, beispielsweise um eine gewisse Skepsis gegenüber aktuellen Angaben zu begründen oder um die Quellenreflexivität der Berichterstattung zu kritisieren. Der Bezugsgegenstand ist in diesem Fall nicht ein einzelner Text, sondern ein eng definierter, domänen- oder inistitutionengebundener Texttyp. In (164) wird auf diese Weise die Glaubwürdigkeit von Pressemitteilungen der Polizei allgemein in Frage gestellt und sogar ein im aktuellen Fall verwendetes, kritikwürdiges Argumentationsmuster genannt:

(164)   simie 15.07.2017, 14:06

> 67.
>
> Das ist doch nichts neues. Die Pressemitteilungen der Polizei sind doch schon immer nur mit Vorsicht zu genießen. Da wird aus jedem eingewachsenen Zehennagel ein Angriff auf die Polizei gemacht.
>
> Typisch ist es doch auch die Verletzten durch Pfefferspray, also durch unangemessenen Gebrauch selbst verursachte Verletzungen, mitzuzählen.
>
> Das Vorgehen in Hamburg ist aber noch dreister. Eventuell führt es ja dazu, dass Journalisten in Zukunft die Pressemitteilungen der Polizei etwas skeptischer beurteilen.

In diesem Kommentar wird auch auf den systematischen intertextuellen Zusammenhang von Pressemitteilungen und journalistischen Pressetexten hingewiesen sowie für ein relevantes journalistisches Prinzip für die Bezugnahme auf veröffentlichte Texte (Skepsis) argumentiert.

3.4.3   Stützung von Sichtweisen auf die berichteten Ereignisse

Neben der Information über Ereignisse und Sachverhalte spielt deren Einordnung in unmittelbare und größere Zusammenhänge beim journalistischen Berichten für einige Berichtsformen eine wichtige Rolle. Sie bietet den Lesern die Grundlage für ein weitergehendes Verständnis und die eigenständige Bewertung der berichteten Ereignisse. Diese Einordnung kann jedoch auf unterschiedliche Weise und mit verschiedenen weiterführenden Absichten erfolgen, so dass sich ein Spektrum von möglichen Perspektiven auf ein Ereignis ergibt. In den Kommentarforen wird vor allem im Kontext von Konfliktberichterstattung über Sichtweisen auf die berichteten Vorgänge gestritten. Bezüge zu anderen Texten, insbesondere zu im WWW verfügbaren zusätzlichen Quellen sowie zu Parallelberichterstattung werden häufig genutzt, um alternative Sichtweisen einzuführen und zu stützen. Basis für diese abweichenden Perspektiven sind häufig weitere, im Ausgangstext nicht erwähnte aber dennoch relevante Informationen, die in den referenzierten Texten zu finden oder mit diesen zu belegen sind. Ein wesentlicher Faktor für die Erzeugung einer bestimmten Perspektive besteht in der Auswahl der berichteten Ereignisaspekte und Hintergründe. Diese Fokussierung kann beispielsweise bestimmte Annahmen über Motive, Strategien oder Wertvorstellungen der handelnden Personen nahelegen, Ereignisse entweder gewöhnlich oder spektakulär erscheinen lassen oder die Unverträglichkeit berichteter Handlungen mit allgemein akzeptierten Normen betonen.

Im Zusammenhang mit den G20-Protesten wird vor allem das Handeln zweier Gruppenakteure – Polizei und gewaltbereite Demonstranten - kontrovers diskutiert. Im Kern geht es darum, das Handeln der Akteure im Hinblick auf seine Akzeptabilität zu bewerten. Es handelt sich also um eine Form der erweiterten Vorwurfskommunikation, bei der Fragen des Sachverhalts (Was haben die Akteure gemacht? Als welche Art von Handlung kann ihr Verhalten gedeutet werden?), Fragen der Vereinbarkeit mit Normen (Ist das Handeln der Akteure gesetzlich erlaubt? Ist es moralisch vertretbar? Sind sie ihrem Gegner moralisch unterlegen/überlegen?) und Fragen der Verantwortlichkeit (Kann man die Motive nachvollziehen? Kann das Handeln im Hinblick auf den Zweck gerechtfertigt werden?) im Blick sind. In den Forenkommentaren wird deutlich, dass sich wie bei dem Berichteten Ereignis selbst hier zwei antagonistische Lager gegenüberstehen, die versuchen, die eigene Partei von dem im Raum stehenden Vorwurf zu entlasten und gleichzeitig die gegnerische Partei zu belasten. Besonders prägnant kommt diese funktionale Struktur in Beispiel (165) zum Ausdruck, das auch reich an für Vorwurfskommunikation typischen lexikalischen Mitteln (*gut, böse, angeprangert, Straftäter, Justiz, Fehler*) ist:

(165)   Proggy 15.07.2017, 17:04

> 187.

> Bei diesen übermäßig relativierenden Medien-Berichten und den vielen verständnisvollen Kommentaren contra die bösen Ordnungshüter und pro der guten Linksradialen Straftäter, darf man jetzt schon gespannt sein, ob bei den nächsten - wesentlich friedlicheren - Pegida- oder AfD-Demos, von den gleichen Leuten, mit dem gleichen Maßstab gemessen wird.

> Nicht Polizeiaktionen gehören angeprangert, sondern an erster Stelle die ‚Aktionen‘ der gewalttätigen Straftäter, die zu dieser Art Einsätzen geführt haben.

> Sind die ‚Aktivisten‘ der Justiz zugeführt und ‚von der Straße‘, muß man natürlich auch eventuelle Fehler bei der Koordination der Ordnungskräfte etc. hinterfragen.

Zu Fragen mit Bezug zum Sachverhalt wurden bereits im letzten Abschnitt einige Beispiele genannt. Ein wiederkehrender Zug zur Rechtfertigung der Gewaltanwendung durch die Demonstranten besteht darin, ihr Handeln moralisch zu relativieren, indem das Handeln der Gegenseite, also der Polizisten, als ebenso normunverträglich und zusätzlich als möglicher Auslöser des Konflikts dargestellt wird. Dies geschieht beispielsweise in (166) wenn ein Leser auf ein *YouTube*-Video verweist um seine Deutung des Vorgehens der Polizei zu stützen und damit das Handeln der Demonstranten verständlicher zu machen:

(166)   Berlineratze 15.07.2017, 15:31

> 150. Frisierte Zahlen gehören zur Geschäftsgrundlage

> Immer schön uff dicke Hose machen, die G20 Kumpels ihre holde Party feiern lassen, im Lord-Helmchen Kostüm durch die Gegend ballern, beleidigen, schubsen, umhauen und dann ganz unschuldig aus der Wäsche kieken:

> https://youtu.be/4wFx2CiVMZc

> Ja, ja - haste fein gemacht.

> Und deutsche Polizeigewalt gibt es seit zwei verlorenen Weltkriegen einfach nicht mehr: ver - Sprochen.

Ein weiterer relativierender Zug kann darin bestehen, die negativen Folgen für das eigene Lager zu thematisieren. Da in den untersuchten Berichten die Zahl der verletzten Polizisten als Kriterium gebraucht wurde um das Verhalten der Demonstranten zu kritisieren, werden gelegentlich die verletzten Demonstranten ins Spiel gebracht, um eine moralische Parität zu erzeugen, wie in (167). Hier wird auf Parallelberichterstattung im *Hamburger Abendblatt* zurückgegriffen, um eine Schätzbasis für die Zahl der Verletzungen auf Seite der Demonstranten nennen zu können.

(167)   sch123 15.07.2017, 14:12

   73. Seite der Demonstranten

   Auf Seiten der Demonstranten hat es übrigens belegtermaßen zahlreiche schwere Verletzungen gegeben: Knochenbrüche etc...

   In Hamburger Krankenhäusern kommt man laut Hamburger Abendblatt auf ca. 200 Verletzte, die meisten verletzten Demonstranten wurden aber von Demo-Sanis behandelt. Die Dunkelziffer ist also weit höher.

   Da mal intensiver zu recherchieren scheint den Medien ja nicht interessant genug zu sein.

   Da fragt man sich von welcher Seite eigentlich „völlig enthemmte Gewalt" ausging? Der größte Teil der Beamten hat sich besonnen verhalten, aber von Teilen der Polizei sind auch regelrechte Prügelorgien dokumentiert.

Das Beispiel illustriert zudem sehr gut die Lagerbildung in der Diskussion sowie die moralisch relativierende kommunikative Strategie, die hier angewandt wird. Außerdem wird in diesem Zusammenhang eine medienkritische Bemerkung untergebracht, die darauf abzielt, dass „die Medien" sich in der journalistischen Arbeit das Prinzip der Unparteilichkeit verletzen indem sie sich auf die Seite der Polizei stellen und das Ereignis durch selektive Berichterstattung dadurch profilieren, dass für die Seite der Demonstranten entlastende bzw. für die Seite der Polizei belastende Informationen unterschlagen werden.

   Neben ergänzenden Informationen zu den Ereignissen während der Demonstrationen können auch allgemeinere Hintergrundinformationen über die Bedingungen, unter denen die Akteure handeln, dazu genutzt werden, um für Verständnis für ihr Handeln zu werben und so ihr Verhalten im Hinblick auf möglicherweise missachtete Normen zu rechtfertigen. Hierzu können beispielsweise Stress und andere Formen besonderer situativer Belastung sowie die Qualität der Ausbildung im Vorfeld dienen. Dies geschieht in Kommentar (168), in dem eine Leserin zu diesem Zweck mittels eines Links auf einen Hintergrundbericht auf der Website des Deutschlandfunks zur gelockerten Einstellungspraxis bei der Polizei verweist:

(168)   Ewa 15.07.2017, 16:28

>   175. Der Blutdruck steigt

>   [...] Solche Berichte sind einfach nur eklig. [...] Vorschlag der Autor macht einen Selbstversuch für das Guinnesbuch der Rekorde: Wie lange halte ich es in einer Kampfmontur aus ohne Flüssigkeitszufuhr und Schlafentzug.

>   Auch die Polizei hat ihre Anforderungen gesenkt, siehe

>   http://www.deutschlandfunk.de/personalmangel-leichtere-tests-fuer-bka-bewerber.862.de.html?dram:article_id=37349

>   Bericht des BKA, so wie alle Bereiche der Gesellschaft nur noch Durchschnitt sind, die in Führungsverantwortung stehen.

3.4.4   Positionierung in der medienübergreifenden Debatte zu den G20-Protesten

Die ausgewählten Berichte zur Recherche des Investigativmagazins *Buzzfeed* und zu der dadurch notwendigen Korrektur der Zahl der verletzten Polizisten sowie die in ihrem Kontext stattfindenden Forendiskussionen stehen in einem größeren, medienübergreifenden Debattenzusammenhang. Neben den gedruckten Zeitungen ist vor allem das Fernsehen – und dort vor allem die politische Talkshow – der Ort, an dem diese Debatte mit großer Öffentlichkeitswirksamkeit geführt wird. Ein wichtiges Medienereignis, das auf die Debatte über Aspekte der Gewaltanwendung beim G20-Gipfel zeitweise Einfluss hatte, war eine ARD Sendung der Talkshow *Maischberger*. Die Moderatorin hob als besonderes Merkmal ihrer Gästeauswahl hervor,

(169)   dass hier nicht Sofaexperten sitzen, sondern Menschen, die dabei waren. Das hilft vielleicht nicht immer der Klarheit, **wenn sie auf unterschiedlichen Seiten stehen.** [Herv. D.K.]

Die bereits erwähnte, im Forenverlauf zu beobachtende Lagerbildung findet sich offenbar auch in anderen, medial vermittelten kommunikativen Ereignissen wieder. Im Fall der ARD-Talkshow waren für die Seite der Polizei der ehemalige Vorsitzende des Innenausschusses des Bundestages, Wolfgang Bosbach, sowie der für den Einsatz verantwortliche Polizeihauptkommissar Joachim Lenders eingeladen, die Seite der Demonstranten vertraten die Journalistin Jutta Dittfurth sowie der Linken-Politiker Jan van Aken. Zentrales und die Diskussion strukturierendes Thema der Debatte war wie auch in den Forendiskussionen die Frage, ob und in welchem Umfang Gewaltanwendung von beiden Seiten stattgefunden hat, welche Folgen sie hatte und wie sie auf der Folie der im letzten Abschnitt beschriebenen Aspekte, die für Vorwurfskommunikation relevant sind, zu bewerten ist. Besondere Aufmerksamkeit erhielt diese Sendung außerdem dadurch, dass sie mit einem Eklat endete, der sie auch unabhängig vom Thema der Sendung zu einem Medienereignis für sich machte. Wolfgang Bosbach verließ aus Protest gegen die von ihm wahrgenommene Verharmlosung linker Gewalt und gegen den Frau Dittfurth vorgeworfenen mangelnden Respekt vor der Polizei vorzeitig die Sendung.

Diese beiden Faktoren, hoher Aufmerksamkeitswert einerseits und klare Positionierung der antagonistischen Lager andererseits, macht diese Sendung zu einem attraktiven Polarisierungsgegenstand in der weiteren Debatte. Text-Text-Bezüge zu dieser Sendung insgesamt sowie zu einzelnen Gesprächsbeiträgen der Gäste liefern den Teilnehmern der untersuchten Forendiskussionen vielfältige Mittel für die Verfolgung ihrer eigenen kommunikativen Ziele. Dies kann die relativ hohe Zahl von Bezugnahmen auf die Sendung erklären. Von 227 Kommentaren in einem Forenverlauf (*Spiegel Online*) enthielten sieben einen direkten Bezug zur Sendung.

Eine wiederkehrende Funktion von Bezugnahmen auf Bosbach und die von ihm vertretenen Ansichten besteht darin, ihn als Diskussionsgegner und Vertreter des generischen Lagers ins Spiel zu bringen. Das erscheint unter anderem deshalb vielversprechend, weil er sich als prominentes Mitglied einer politischen Partei gut als Stellvertreter eignet und zudem eine leicht zu kritisierende Maximalposition vertritt. Dies geschieht unter anderem in den Kommentaren (170) und (171):

(170) dirkozoid 15.07.2017, 12:41

14. Es ist ein Witz, wie die Wahrheit verdreht wird!

Davon darf man noch 130 hessische Beamte abziehen, die sich mit ihrem eigenen Reizgas verletzt haben? Von der Argumentation, die z.B. Herr Bosbach in hysterischer Art und Weise Gebrauch gemacht hat, bleibt nicht viel übrig. [...]

(171) kruderich 15.07.2017, 14:11

70. Jetzt

werden hier auch noch die „geschönten" Daten der Polizei verteidigt und es wird argumentiert, jeder verletzte Beamte sei einer zuviel: schon mal drüber nachgedacht, daß Gewalt Gegengewalt auslösen könnte? [...] Ich hör den Bosbach noch jemeiln: "500 verletzte Polizisten, 500 verletzte Polizisten...." je öfter er die Zahl wiederholte, umso bedrohlicher hörte sie sich an....und was bleibt: nichts als ein aufgeblasener Bundestagshinterbänkler und einige hundert anscheinend für solch einen Job nicht taugliche Beamte, denen bei einem lauen Lüftchen schon der Kollaps droht...

Wenn das gegnerische Lager, das man in diesem Fall mit der Kennzeichnung *alle Diskussionsteilnehmer, die so argumentieren, wie Wolfgang Bosbach,* charakterisieren könnte, in der Forendiskussion mit Hilfe einer Bezugnahme wie in Kommentar (170) etabliert ist, eröffnet dies anderen Lesern die Möglichkeit, sich einem Lager mit Hilfe von Verweisen auf diesen Kommentar oder die Fernsehsendung anzuschließen. Beispiele hierfür bieten Beiträge (172), in dem der Kommentar von *dirkozoid* zitiert und ergänzt wird und (173), in dem die moralische Entrüstung Bosbachs ironisiert wird.

(172)   Amadís 15.07.2017, 15:46

160.

Zitat von dirkozoid

„*[...]Von der Argumentation, die z.B. Herr Bosbach in hysterischer Art und Weise Gebrauch gemacht hat, bleibt nicht viel übrig. [...]*"

Wahrscheinlich wurden auch die Berliner „Partypolizisten" mitgezählt, die im Suff von den Containern gefallen sind, oder am Tag nach dem Gelage einen fetten Kater hatten...

(173)   oloh 15.07.2017, 17:06

190. 501

Es waren 501. WoBo fühlte sich nach seinem theatralischen Abgang bei Sandra Fleischberger auch sehr verletzt.

Da die von Bosbach wiederholt zitierte Zahl von verletzten 500 Polizisten im Kontext der hier untersuchten Berichte sich als nicht haltbar erwiesen hat, kann nun mit Bezug auf seine Person auch die kommunikative Strategie von Mitdiskutanten angegriffen werden. Ihnen wird dann ebenso wie Bosbach vorgeworfen, dass sie bezüglich der Verletztenzahlen andere Forenteilnehmer zunächst vorsätzlich täuschen wollten und als dies aufgrund der *Buzzfeed*-Recherche bezogen auf den Sachverhalt nicht mehr haltbar war, den thematischen Fokus im Diskurs weg von den zuvor verbreiteten Verletztenzahlen hin zum mangelnden Respekt für die Polizeibeamten zu verschieben. Der Text-Text-Bezug hat dann die Funktion, dem gesamten gegnerischen Lager die Strategie eines Vertreters zu unterstellen, wie in (174):

(174)   wieissesdennnurmoeglich 15.07.2017, 15:35

156.

[...] Es wurden um ein zigfaches höhere Zahlen von der Polizei in Umlauf gebracht, als offenbar wirklich verletzt wurden. Jede kleine Blessur und Dehydrierung etc wurden mitgezählt. Dass es sich um eine bewusste Täuschung handelt, ist offensichtlich. Und Sie kommen mit Allgemeinplätzen wie ‚Jeder verletzte Polizist ist einer zuviel'. Das ist ein Ablenkungsmanöver Ihrerseits, denn es geht in dem Artikel primaer nicht um die Zahl der verletzten Polizisten, sondern um den Vorwurf der vorsätzlichen Täuschung durch ein Staatsorgan! Sie sind auf Bosbach-Niveau und das ist keine positive Einschätzung, denn der ist ebenso ein Falschspieler.

Weitaus seltener finden sich auch Bezugnahmen auf den Auftritt Bosbachs, die sich seiner Sichtweise anschließen und eine Verortung des Lesers im anderen Lager dieser Auseinandersetzung zum Ziel haben, wie in (175):

(175) evavalkova 15.07.2017, 14:03

     58.

     Zitat von dirkozoid

     „[...]Von der Argumentation, die z.B. Herr Bosbach in hysterischer Art und Weise Gebrauch gemacht hat, bleibt nicht viel übrig.[...]"

     Herr Bosbach hat Recht gehabt und 90% der Leute hier stehen hinter ihm. Diese Relativierungsarien von den linken Medien usw. bringen Nichts.

3.4.5   Kritik der Berichterstattung

Ein regelmäßig auftauchendes Thema in den Kommentarforen ist die von den Lesern wahrgenommene informationspolitische Ausrichtung der Berichterstattung. Den Redakteuren wird unterstellt und häufig auch vorgeworfen, sie verfolgten mit ihrer spezifischen Art des Berichtens weitergehende Absichten. Bei journalistischen Texten zu Konfliktereignissen kann das zunächst heißen, dass der Berichtende eine der Konfliktparteien be- oder entlasten und damit in einem besseren oder schlechteren Licht erscheinen lassen will. Es kann sich jedoch auch um die mittelbare Bevorzugung eines Lagers in einer größer angelegten politischen oder gesellschaftlichen Debatte oder um die Verfolgung abstrakterer Interessen handeln. Der Bezug zu unmittelbar verfügbaren Texten hat hier primär die Funktion, solche Behauptungen oder Vorwürfe zu stützen. Im untersuchten Forenverlauf wird beispielsweise auf die Berichterstattung zu ähnlich gelagerten Ereignissen verwiesen, um den Vorwurf der selektiven Relativierung von Gewalt, die sich an der jeweiligen politischen Ausrichtung der Akteure orientiert, zu belegen:

(176) danielwetzler 15.07.2017, 12:15

     2. Demnächst schreibt der Spiegel..

     ..... das die Gewalttäter in Hamburg total friedlich waren und den kollabierenden Polizisten geholfen haben. Diese Relativierungsmaschienerie ist unerträglich. Man vergleiche die Berichterstattung über Hamburg mit derjenigen über die rechten Proteste am 3.10. . Dieses ständige Messen mit zweierlei Mass diskreditiiert den Journalismus.

Auffällig ist dabei, dass der Leser hier implizit einen Verstoß gegen konstitutive Regeln des journalistischen Arbeitens ausmacht, da aus seiner Sicht ein kontinuierlicher Verstoß gegen diese Regeln die Glaubwürdigkeit als Grundlage der kommunikativen Praxis des Berichtens erodiert.

Als Indiz für die informationspolitische Ausrichtung einer gesamten Redaktion können ebenso parallel veröffentlichte Artikel zu anderen Ereignissen herangezogen werden, wie der referenzierte Nachbarartikel über Opfer von Polizeigewalt in (177):

(177)   Matttthias 15.07.2017, 14:21

>   82. Da fehlt noch ein bischen die Leitlinie
>
>   Mal beschwert sich der Spiegel über zu wenig Polizeiaktivität (Altona/Schanze), dann scheint da ein Vorwurf „Krawalle waren gar nicht so gewalttätig" im Raum. Was pikant ist, ist der Nachbarartikel „11 Tote durch Polizeigewalt". Ich versteh durchaus dass keine Leitlinie auch für freien Journalismus steht. Unabgesprochen berichten. So soll es sein. Weniger Opfer bei der Polizei muss man nicht zensieren. Aber der Grundtenor aller Berichte ist „es grummelt im Bauch der RedakteurInnen. Polizei irgendwie madig machen". [...]

Der Leser stellt hier fest, dass trotz einiger Ausreißer die Berichte zum Thema *Polizei* in seinem Verständnis mehrheitlich einen polizeikritischen Einschlag haben. Man könnte seine Äußerung so deuten, dass dieser Eindruck hätte vermieden werden können, hätte man den Bericht über *weniger Opfer bei der Polizei* zensiert oder auf die Veröffentlichung des *pikanten* Nachbarartikels über 11 Tote durch Polizeigewalt verzichtet. Da dies nicht geschehen ist, unterstellt er den *RedakteurInnen* die Absicht, die Polizei *irgendwie madig machen* zu wollen. Der entgegengesetzte Vorwurf war *den Medien* allgemein mit einem Bezug zur Parallelberichterstattung über die G20-Proteste im Hamburger Abendblatt bereits in Beispiel (167) gemacht worden. Dieser Leser schloss, dass die Berichterstattung das informationspolitische Ziel verfolgt, die Polizeigewalt zu verharmlosen, da die genauen Verletztenzahlen auf Seiten der Demonstranten in der Berichterstattung, und implizit auch bei *Spiegel Online*, nicht mitgeteilt wurden, mit dem Hinweis: *Da mal intensiver zu recherchieren scheint den Medien ja nicht interessant genug zu sein.*

Der wesentliche funktionale Bezug zu anderen Texten im Zusammenhang mit dem Vorwurf von informationspolitischen Absichten ist in diesen Beispielen also der des Belegs – einerseits dafür, dass auch in anderen Berichten des gleichen Redakteurs bzw. seiner Redaktion die gleiche Absicht erkennbar ist und andererseits dafür, dass andere Medien ohne diese Absicht oder zumindest mit einer anderen Absicht berichten. Es finden sich jedoch auch andere funktionale Bezüge, etwa wenn über die zuvor genannten Vorwürfe gegenüber dem Redakteur im Forum gestritten wird. Beispielsweise wird der Vorwurf, bei dem Artikel zur Korrektur der Verletztenzahlen handele es sich um eine

Form des Revisionismus, mit einem Verweis auf die dazugehörige Begriffs-
definition bei der Online-Enzyklopädie *Wikipedia* pariert:

(178) MotziLLa 15.07.2017, 17:09

> 192. Revisionistisch?
>
> Zitat von licewine
>
> *„was soll denn dieses revisionistische aufrechnen von opfern? möglicherweise*
> *war der linke terror ja garnicht so schlimm und wir dürfen ihn weiter ansta-*
> *cheln...irgendwann kommt der punkt, da sollte man seine ideologie ablegen*
> *und sich wieder der vernunft widmen. langsam wird das hier abscheulich wie*
> *respoktlos mit menschen umgegangen wird. "*
>
> wikipedia: „Der Begriff Revisionismus (lat. revidēre „wieder hinsehen") be-
> zeichnet Versuche, eine als allgemein anerkannt geltende historische, politi-
> sche oder wissenschaftliche Erkenntnis und Position nochmals zu überprüfen,
> in Frage zu stellen, neu zu bewerten oder umzudeuten. (...)"
>
> Sind die „500 verletzten Polizisten" denn eine allgemein anerkannte histori-
> sche, politische oder wissenschaftliche Erkenntnis? Wenn Sie die Frage mit ja
> beantworten können, können Sie sich weiter empören, und ich werde mir jede
> weitere sachliche Einwendung ersparen. [...]

3.5   Kommunikative Prinzipien als Gegenstand der Forenkommunikation

Wie in Abschnitt 2.2.5 bereits diskutiert wurde, können Forenverläufe im
Kontext journalistischer Texte eine Fülle von Hinweisen auf die Bedeutung
liefern, die kommunikative Prinzipien[88] für die Foren- und Pressekommunikation haben. Besonders aufschlussreich sind dabei Beiträge im Forenverlauf, in
denen Teilnehmer Einwände gegen das sprachliche Handeln von Journalisten
und anderen Forenteilnehmern machen oder in denen Vorwürfe, die sich auf
die Nichtbeachtung von relevanten kommunikativen Normen beziehen, erhoben werden.[89] In diesem Zusammenhang wurde auch darauf hingewiesen, dass

---

[88] Anders als in dieser Arbeit werden kommunikative Prinzipien gelegentlich auch
als *Maximen* bezeichnet oder es wird ein hierarchisches Verhältnis zwischen den
beiden Kategorien angenommen.

[89] Fritz bemerkt in diesem Zusammenhang: „Das Vorkommen von Vorwürfen der
erwähnten Art ist ein guter Indikator dafür, dass die Vorwerfenden die Gültigkeit
relevanter Normen voraussetzen. Deshalb ist die Beobachtung und Analyse von
Vorwürfen und normbezogenen Einwänden ein nützliches methodisches Instru-
ment zur empirischen Ermittlung von Kommunikationsprinzipien." (Fritz 2017,
369)

sich diese Prinzipien in vielen Fällen aus dem weiterführenden Zweck der jeweiligen kommunikativen Aktivität herleiten lassen.

In diesem Abschnitt sollen daher die Gelegenheiten zur Beobachtung und Rekonstruktion von Prinzipien für das kommunikative Handeln in Foren einerseits und für die journalistische Praxis andererseits illustriert werden. Diese Prinzipien werden dabei an mehreren Stellen zurückgebunden an die weiterführenden Ziele der Kommunikation in den jeweiligen Domänen.

3.5.1   Prinzipien der Forenkommunikation

In Abschnitt 3.3.1 wurden als Ergebnis der Rekonstruktion aus den Analysebefunden[90] zentrale weiterführende Ziele der Forenkommunikation formuliert. Zu diesen gehören (i) die Etablierung und Diskreditierung von Sichtweisen und Narrativen, (ii) die Legitimierung und Delegitimierung von gesellschaftlichen und politischen Gruppen und von sie repräsentierenden Akteuren, (iii) die kollektive Aushandlung gesellschaftlicher Normen und Ziele sowie (iv) die Evaluation von Handlungsoptionen gesellschaftlicher und politischer Akteure. Das ergänzend unter (v) aufgeführte weiterführende Ziel der Medienkritik weist dabei mehrere Schnittmengen mit (i) bis (iv) auf, da sich beispielsweise gesellschaftliche Normen und Ziele auf das Mediensystem beziehen können und individuelle sowie institutionelle Medienakteure ihrerseits als gesellschaftliche und politische Akteure gelten müssen. Einige dieser weiterführenden Ziele stehen in einem engen Zusammenhang mit der Schaffung und Erhaltung einer politischen Öffentlichkeit, die eine notwendige Grundlage des politischen Prozesses in liberalen Demokratien darstellt. Sie verweisen damit auf das Habermas'sche Ideal einer deliberativen Demokratie,[91] über das Benhabib feststellt:

> The idea of the sovereign people, deliberating collectively about matters of common concern to all, is a *regulative ideal* of the democratic form of government [...] The regulative principle of democracy requires the idea of an autonomous public sphere, as the medium through which self-governance through the deliberation of a collectivity can take place.   Benhabib 2000, 165

Die erfolgreiche kollektive Bearbeitung dieser weiterführenden Ziele setzt neben dem freien Zugang zu dieser öffentlichen Diskurssphäre die Orientierung an einer Kommunikationsmoral voraus, die sich an den oben genannten Zielen

---

[90]   Belege in Abschnitt 3.5.1 stammen ebenfalls aus TS 01

[91]   Zum Konzept der deliberativen Demokratie vgl. auch Gutman/Thompson 1996; Rawls 1997; zur Bedeutung der Onlinekommunikation im journalistischen Kontext für eine deliberative Demokratie und pluralistische öffentliche Meinungsbildung vgl. auch Jakobs 2014, 193ff.

ausrichtet und ihre Verwirklichung begünstigt. Prinzipien können sich dabei auf ganz unterschiedliche Bereiche der kommunikativen Praxis beziehen, die eng verflochten sind mit weitergehenden sozialen und politischen Prozessen. Fasst man die Diskussion in Leserforen als deliberative Aktivität in einem demokratischen Prozess auf, so sollten dort verwendete Argumente beispielsweise inhaltlich verträglich sein mit dem Schutz und der Beförderung des Allgemeinguts. Cohen bemerkt dazu:

> While no one is indifferent to his/her own good, everyone also seeks to arrive at decisions that are acceptable to all who share the commitment to deliberation. ([T]aking that commitment seriously is likely to require a willingness to revise one's understanding of one's own preferences and convictions.) Thus the characterization of an ideal deliberative procedure links the formal notion of deliberative democracy with the more substantive ideal of a democratic association in which **public debate is focused on the common good** [Herv. D.K.] of the members.
>
> Cohen 1997, 75f.

Andere Prinzipien beziehen sich wiederum auf den Modus der argumentativen Auseinandersetzung. Hierzu gehört beispielsweise das grundlegende Prinzip, dass Forderungen, Vorschläge, Bewertungen usw. der Begründung bedürfen:

> Deliberation is reasoned in that the parties to it **are required to state their reasons** [Herv D.K.] for advancing proposals, supporting them, or criticizing them. They give reasons with the expectation that those reasons (and not, for example, their power) will settle the fate of their proposal.
>
> Cohen 1997, 74

Man sieht an diesem Beispiel, dass ein kommunikatives Prinzip sowohl strategischen als auch normativen Charakter besitzen kann. Während Begründungen als Stützungszüge in einer Vielzahl unterschiedlicher Zusammenhänge *strategisch* nützlich sein können, in denen Sprecher ihre Kommunikationspartner von etwas überzeugen wollen (vgl. Toulmin et al. 1984, 9), erhalten sie im Deliberationsprozess ergänzend eine *normative* Dimension, da sie konstitutiv für das übergeordnete Prinzip der Rationalität sind.

Wie in Abschnitt 3.3.1 diskutiert, sind Prinzipien zudem hierarchisch strukturiert und übergeordnete Prinzipien können in feinkörnigere Prinzipien ausdifferenziert werden. Das oben genannte Begründungsprinzip kann beispielsweise als eine von mehreren Konkretisierungsmöglichkeiten[92] gesehen werden, die aus dieser Perspektive zum übergeordneten Prinzip der Sachlichkeit gehören. Diesen Zusammenhang bringt auch Jakobs zum Ausdruck, wenn sie schreibt:

---

[92] Zur Konkretisierung von Prinzipien vgl. Fritz 2017, 377.

Entscheidungen, die in deliberativen Prozessen getroffen werden, sollen auf dem Austausch und dem Abwägen von Argumenten basieren. **Die Sachlichkeit der Diskussion** [Herv. D.K.] soll hierbei garantieren, dass der Diskurs rational ist und Entscheidungen nicht beispielsweise aufgrund von Emotionen getroffen werden.   Jakobs 2014, 194

In dieser Formulierung wird außerdem ein weiteres Prinzip erkennbar, das als Konkretisierung des Sachlichkeitsprinzips gelten kann: das Prinzip des Verzichts auf Emotionalisierungen.

In der untersuchten Textbasis finden sich viele Hinweise darauf, dass die Forenteilnehmer ihre kommunikative Aktivität als einen Deliberationsprozess im o.g. Sinn verstehen oder sich zumindest an den hierfür zentralen Prinzipien orientieren bzw. diese Orientierung bei anderen Forenteilnehmern einklagen. Das bereits erwähnte Prinzip der Sachlichkeit sowie sein enger Zusammenhang mit der Verpflichtung zur Angabe von Gründen wird beispielsweise in Beleg (179) sichtbar. Die Belege (180) und (181) zeigen außerdem in Ansätzen die Akzeptanz bzw. Erwartung einer rekursiven Verlaufsstruktur, da dem Antagonisten jeweils eine erneute Chance zur Hervorbringung von (weiteren) Argumenten gegeben wird (*noch einmal* Gelegenheit, *noch einen* weiteren *Hinweis*). In Beleg (181) wird der sachliche Austausch von Argumenten positiv kontrastiert mit emotionalisiertem *Jammern*, in Beleg (182) geschieht das Gleiche mit dem Äußern von *Ressentiments*, womit beide als Verletzung des Sachlichkeitsprinzips gekennzeichnet werden.

(179)   dieDefinatorin 20.11.2017, 20:02 Uhr

Antwort auf den Beitrag von uwemohrmann 20.11.2017, 19:27 Uhr

Versuchen Sie doch sachlich [zu] werden und zu begründen, warum die SPD nicht in der Pflicht ist.

(180)   dieDefinatorin 20.11.2017, 20:39 Uhr

Antwort auf den Beitrag von uwemohrmann 20.11.2017, 20:21 Uhr

[...] Und jetzt gebe ich Ihnen noch einmal Gelegenheit zu argumentieren. Fangen Sie an!

(181)   yoda 21.11.2017, 16:07 Uhr

Antwort auf den Beitrag von 13ryce 21.11.2017, 15:44 Uhr

Hätten Sie denn außer dem nichtssagenden Argument ‚Paralleluniversum‘ noch einen weiteren Hinweis, warum es in einem Lande, welches im Wohlstandsindex weltweit den Rang 4 (von 188 möglichen) nach Norwegen, Australien und Schweiz erreicht, in erster Linie darauf ankommt, zu jammern wie ein Waschweib?

(182)   Muellers 21.11.2017, 10:13 Uhr

> Antwort auf den Beitrag von riegel 21.11.2017, 09:47 Uhr
>
> [...] Unglaublich finde ich, wie hier manche meinen, ihre Ressentiments nicht mal mehr konkretisieren zu müssen. An Argumente natürlich gar nicht zu denken.

Eine weitere Gruppe kommunikativer Prinzipien bezieht sich auf Voraussetzungen für argumentatives Handeln, das den Ansprüchen an einen rationalen und zielorientierten Diskurs im demokratischen Prozess gerecht wird. In Beleg (183) wird ein Forenteilnehmer aufgefordert, reflektierter und flexibler mit seinen Deutungsmustern umzugehen und sich dadurch die Möglichkeit zu eröffnen, zu neuen Erkenntnissen und Bewertungen zu kommen. Diese Aufforderung schließt direkt an Cohens bereits zitierte *willingness to revise one's understanding of one's own preferences and convictions* als Bedingung für eine Orientierung am Gemeinwohl an.

(183)   Hanebutt 21.11.2017, 10:23 Uhr

> Antwort auf den Beitrag von Robert_Rostock 21.11.2017, 09:47 Uhr
>
> Immer Ihr gleiches Schubladendenken, dieser automatisierte Reflex. [...] Begreifen Sie doch einmal, dass die Welt nicht nur so eng ist, wie Sie denken.

Ebenfalls in dieser Gruppe befindet sich das hermeneutische Prinzip der wohlwollenden Interpretation,[93] das der Forenteilnehmer in Beleg (185) einklagt. Er antwortet hier auf den Vorgängerbeitrag in Beleg (184), in dem eine Äußerung von SPD-Chef Martin Schulz vom Vortag so interpretiert wird, als sei er zu einer großen Koalition bereit gewesen, obwohl er sich zur gleichen Zeit in den Medien entgegengesetzt geäußert hatte. In (185) wird diese Interpretation dann als eine unzulässige, nur der kommunikativen Strategie des Forenteilnehmers dienende Deutung kritisiert, die den tatsächlich vorliegenden Sachverhalt vorsätzlich verschleiert. Auch an diesem Prinzip werden eine strategische und eine normative Dimension erkennbar, diese fallen hier jedoch auseinander. Während die interessensgeleitete Deutung in (184) aus einer strategischen Perspektive für den Handelnden möglicherweise ein geschickter Zug sein kann, der durchaus auch in einem rhetorischen Ratgeber gelehrt werden könnte, steht dieses Handeln normativ im Konflikt mit den weitergehenden kollektiven Zielen eines deliberativen Diskurses.

(184)   Bantmut 21.11.2017, 10:03 Uhr

> Wer Schulz gestern im Brennpunkt gesehen hat weiß dass der Mann in einer eigenen Realität lebt. Angeblich habe Frau Merkel ja Jamaika gewollt und ihn

---

[93]   Zum Prinzip der wohlwollenden Interpretation (*Principle of Charity*) vgl. auch Davidson 1984.

gar nicht gefragt. Dabei war er es, der noch am Wahlabend unter anderem gesagt hat Frau Merkel bräuchte ihn nicht anzurufen, die Zeit könne sie sinnvoller für Gespräche mit den anderen Parteien einsetzen.

(185)   donner68 21.11.2017, 10:16 Uhr

Antwort auf den Beitrag von Bantmut 21.11.2017, 10:03 Uhr

hey, bitte besser zuhören, und nicht nur das hören was man will. Schulz hat auch gestern wieder gesagt, das er keine große Koalition will. Die Frage bezog sich darauf ob Frau Merkel ihn, nach dem Scheitern, angerufen hat.

Recht eindeutig wird auf dieses Prinzip auch in Beleg (186) hingewiesen, in dem der Teilnehmer seinen Antagonisten dazu auffordert, sich um ein angemessenes Verständnis der Argumente der Gegenseite zu bemühen. Bemerkenswerterweise räumt er dabei die Möglichkeit ein, sich selbst in der Diskussion nicht ausreichend an diesem Prinzip orientiert zu haben. Konzessivzüge dieser Art sind in besonderer Weise geeignet, die Gültigkeit von Prinzipien zu stärken.

(186)   13ryce 21.11.2017, 17:20 Uhr

Antwort auf den Beitrag von Exilleser 21.11.2017, 16:59 Uhr

[...] Wer die Argumente und Tatsachen, die die andere Seite anführt, nicht verstehen will, dem ist nicht zu helfen. Vielleicht überfliege ich den Thread zu einem späteren Zeitpunkt nochmal, um zu schauen, ob ich selber an bestimmten Stellen einen Tunnelblick hatte [...]

Ein anderes, nicht nur für die Forenkommunikation zentrales Prinzip ist das der thematischen Relevanz. In Beleg (187) werden mit den hierfür gebräuchlichen Ausdrücken (*gehen) um, über* und *ob* Themenangaben eingeleitet, die jeweils als Gegenstand (*Sondierungen, Merkel, Sachthemen*) bzw. Frage (*ob Merkel Bundeskanzlerin wird*) formuliert sind (vgl. Abschnitt 2.2.2). Interessant ist hierbei, dass zwar im thematischen Netz um das übergeordnete Thema *Koalitionsverhandlungen* die Teilthemen *Merkel* und *Merkels Wiederwahl* für die Forenteilnehmer in unmittelbarer Nachbarschaft liegen dürften, deren thematische Relevanz jedoch an dieser Stelle trotzdem von *manfred1* bestritten wird. Der Grund dafür ist, dass sich sein Einwand darauf bezieht, dass für die gescheiterten Koalitionsverhandlungen das relevante Thema nicht Merkels Wiederwahl, sondern eben andere Sachthemen gewesen seien. Insofern ist aus seiner Sicht nicht der Beitrag von *13ryce* im Forenverlauf thematisch irrelevant, vielmehr ist dessen thematische Deutung der Koalitionsverhandlungen aus seiner Sicht nicht zutreffend.[94] Diese Analyse kann ergänzend durch die

---

[94]   Dieser Analyseabschnitt zeigt recht eindrücklich, vor welchen Herausforderungen eine automatisierte Themenanalyse und Annotation als Fernziel der Digital Humanities steht.

Indizien abgestützt werden, dass *manfred1* den Verfasser des Beitrags als nicht kompetent (im Hinblick auf seine thematische Deutung) und den Beitrag als nicht zielführend (im Hinblick auf die Klärung des Sachverhalts als Grundlage für die Beurteilung des Handelns der SPD) bezeichnet. Im Anschluss daran verteidigt *Rotfuchs18* in Beleg (188) die thematische Relevanz des Eröffnungsbeitrags von *13ryce*, da er *manfred1s* Beitrag irrtümlich als einen Einwand gegen dessen thematische Relevanz für den Forenverlauf versteht, was an der ironischen Zurechtweisung von *manfred1* mit der Formulierung *Thema verfehlt* erkennbar wird. Zu diesem Zweck zeigt er einen thematischen Zusammenhang zwischen dem zur Disposition stehenden Teilaspekt (*Merkels Wiederwahl*) und einem etablierten Teilthema des Artikels (*die SPD*).

(187) manfred1 21.11.2017, 12:52 Uhr

   Antwort auf den Beitrag von 13ryce 21.11.2017, 12:25 Uhr

   ihr Kommentar ist nicht zielführend und schon einmal gar nicht kompetent. es ging um Sondierungen und nicht um Merkel. man wollte sich über Sachthemen einig werden und nicht ob Merkel Bundeskanzlerin wird. bei den Sachthemen ist man gescheitert, die Kanzlerin hätten sie ansonsten allemal gewählt.

(188) Rotfuchs18 21.11.2017, 13:06 Uhr

   Antwort auf den Beitrag von manfred1 21.11.2017, 12:52 Uhr

   manfred1, Thema verfehlt: sicher wählt die SPD nicht freiwillig Frau Merkel... und um die SPD soll es ja in diesem Artikel gehen... las ich.

Wiederum eine andere Gruppe von Prinzipien hängt mit pragmatischen und kommunikationsökonomischen Aspekten zusammen. Auch hier finden sich grundlegende Prinzipien, die ebenso in anderen kommunikativen Domänen eine Rolle spielen, wie etwa das Prinzip der Effizienz. So werden gelegentlich Beiträge für ihren großen Umfang kritisiert, viel häufiger werden jedoch kurze und damit effiziente Beiträge gelobt, wenn sie gleichzeitig in anderer Hinsicht positiv bewertet werden, da sie einen kommunikativ wertvollen Beitrag leisten und dem Leser dennoch eine lange Lektüre ersparen.

(189) halfbrain 22.11.2017, 12:28 Uhr

   Antwort auf den Beitrag von GrussUndKuss 20.11.2017, 18:15 Uhr

   TOP!! Das war kurz und knapp und trifft den Nagel auf den Kopf - aber voll!

(190) denkenderBerliner 21.11.2017, 12:17 Uhr

   Antwort auf den Beitrag von 21.11.2017, 11:39 Uhr

   [...] Sie haben in zwei kurzen Sätzen drei Probleme von Frau Merkel benannt. Ich gratuliere Ihnen zu dieser Leistung.

Zu der Gruppe der kommunikationsökonomischen Prinzipien kann man auch das in Beleg (192) erkennbare Prinzip der Eigenverantwortlichkeit zählen. Der Kerngedanke ist hierbei, dass die Forenteilnehmer selbst die Verantwortung dafür tragen, dass sie alle verfügbaren Ressourcen nutzen, um die Wissensvoraussetzungen für eine erfolgreiche Teilnahme herzustellen. In den Foren kommt es regelmäßig vor, dass Teilnehmer von anderen darum gebeten werden, bestimmte frei zugängliche Informationen zu liefern, Ausdrücke zu erklären, online verfügbare Dokumente zu verlinken usw. Als wiederkehrende Reaktion hierauf hat sich in manchen Foren das Posten eines kommentarlosen Links zur Online-Enzyklopädie *Wikipedia*, zur Suchmaschine *Google* oder einfach die Formulierung *Google ist dein Freund* eingespielt.

(191)   Zugezogen-in-Mitte 21.11.2017, 10:05 Uhr

Antwort auf den Beitrag von FiffiKronsbein2 21.11.2017, 09:39 Uhr

Erklären Sie doch mal neoliberal.

(192)   FiffiKronsbein2 21.11.2017, 12:58 Uhr

Antwort auf den Beitrag von Zugezogen-in-Mitte 21.11.2017, 10:05 Uhr

Es gibt zahllose gute Bücher von unabhängigen Autoren, die sich mit der Wirtschaftsphilosophie des Neoliberalismus auseinandersetzen und dessen Theorie sowie Erscheinungsformen in der Praxis anschaulich beschreiben. Wenn Sie sich schlau machen möchten, lesen Sie die einfach.

Eine letzte Gruppe von Prinzipien für die Forenkommunikation bezieht sich auf die soziale, auf Inklusion zielende Dimension der Interaktion. In Beleg (193) wird zunächst die Wertschätzung für einen positiv bewerteten Forenbeitrag eines anderen Teilnehmers eingefordert, in Beleg (194) wird die Einhaltung der Prinzipien des Respekts (*Abwertung*) und der Demut (*überheblich*) angemahnt.

(193)   Kabil 23.11.2017, 21:34 Uhr

Antwort auf den Beitrag von CarlBerlin 21.11.2017, 11:46 Uhr

Lesen Sie noch einmal diesen wirklich guten Kommentar, der weit über eine von Ihnen allein wahrgenommene Verweigerungshaltung hinaus geht. Einen solch armen Kommentar hat der Kommentar von unserem Mitforisten *alterschwede* nicht verdient. Wirklich nicht.

(194)   Rotfuchs18 21.11.2017, 13:16 Uhr

Antwort auf den Beitrag von yoda 21.11.2017, 13:04 Uhr

Ihre überhebliche Schreibweise mit der Tendenz zur Abwertung von Foristen, schreibt Bände über das eigene Unvermögen...

Ein letztes Prinzip, das ebenfalls zur Gruppe der sozialen Prinzipien gezählt werden kann, wird durch die Beitragssequenz (195) bis (197) illustriert. Der Teilnehmer in (196) nutzt einen Rechtschreibfehler in Beleg (195) aus, um mit einem Wortspiel die dort vorgenommene Bewertung lächerlich zu machen. In Beleg (197) wird als Reaktion auf diesen Zug darauf hingewiesen, dass andere Teilnehmer nicht wegen Schwächen in ihrer Ausdrucksweise diskreditiert und damit von der Diskussion ausgeschlossen werden dürfen.

(195)   eiko.koch 21.11.2017, 17:24 Uhr

   ein Tollerierung der CDU/CSU durch die SPD wäre nicht so schlecht

(196)   (anonym) 22.11.2017, 13:56 Uhr

   Antwort auf den Beitrag von eiko.koch 21.11.2017, 17:24 Uhr

   Das wäre allerdings „toll" im Sinne von irre!

(197)   Kabil 23.11.2017, 21:09 Uhr

   Antwort auf den Beitrag von 22.11.2017, 13:56 Uhr

   Ich denke, dass hier jeder seine Meinung so wie ihm der Schnabel gewachsen ist oder wie diese ihm von der Hand geht sagen darf. Ok?

In den hier diskutierten Belegen aus einem einzigen Forenverlauf ist einerseits erkennbar geworden, in welchem Umfang das kommunikative Handeln im Forum durch die Orientierung an Prinzipien organisiert ist und andererseits, wie ausdifferenziert und feinkörnig sich dieses Prinzipiensystem auf die verschiedenen Kommunikationsaspekte erstreckt. Die Menge der Einwände macht darüber hinaus deutlich, welche Bedeutung regulative Züge für die Aufrechterhaltung einer Kommunikationsmoral haben, die zumindest einige der weiter oben diskutierten Ziele eines deliberativen Diskurses befördert.

3.5.2   Prinzipien der Pressekommunikation

In den letzten Jahren ist es zu einer deutlichen Zunahme und Verschärfung der öffentlichen Medienkritik gekommen und sie hat als genuiner Gegenstand der öffentlichen und politischen Kommunikation erheblich an Bedeutung gewonnen. Zu dieser Entwicklung haben neben partizipativen Social-Media-Angeboten wie *Facebook* und *Twitter* auch die Kommentarforen von Onlinezeitungen, politischen Blogs und Medienangeboten wie *YouTube* einen entscheidenden Beitrag geleistet. Ein wichtiger Bereich dieser Kritik der Pressekommunikation betrifft dabei analog zu den Einwänden im vorangegangenen Abschnitt zur Forenkommunikation die Prinzipien, an denen Journalisten sich beim Verfassen ihrer Texte nach Ansicht der Kommentatoren orientieren sollten. Durch die Einwände, die Leser gegen die journalistische Berichterstattung sowie gegen die Veröffentlichungspraxis von Medienanstalten und -unternehmen erheben, wird das Kommentarforum damit zu einem Ort der massenhaften Medienkritik.

In der analytischen Auseinandersetzung mit dieser Kritik wird schnell deutlich, dass sie weit über eine oberflächliche Bemängelung der Berichterstattung hinaus geht. Vielmehr zeigt sie, dass die Leser häufig eine detaillierte Vorstellung davon haben, wie aus ihrer Sicht gute und richtige journalistische Arbeit aussehen soll und wann Journalisten den Bereich akzeptierten kommunikativen Handelns verlassen. Die Leserkommentare eignen sich deshalb auch in diesem Kommunikationsbereich als heuristische Ressource, denn sie geben Hinweise auf die als gültig vorausgesetzten Prinzipien für verschiedene Spielarten der Berichterstattung sowie auf mögliche Formen ihrer Befolgung und Verletzung. Im Folgenden sollen zunächst in einer kurzen Systematisierung das Spektrum von Formen des Bezugs auf allgemeine Prinzipien der Pressekommunikation in den Leserforen vorgestellt werden. In Abschnitt 3.5.4 wird dann abschließend das Prinzip der Unparteilichkeit im Zusammenhang mit Texten der Konfliktberichterstattung behandelt.

Neutralität

Ein erstes wiederkehrend thematisiertes Prinzip der Pressekommunikation, die Neutralität, steht in enger Verbindung mit den im letzten Abschnitt diskutierten Grundlagen einer deliberativen Diskurspraxis. Das von den Forenteilnehmern entworfene Idealbild zeichnet eine Berichterstattung, die über „Fakten"[95] möglichst „neutral" informiert und die Einordnung sowie Bewertung dieser Fakten den Lesern überlässt. Vorrangig fordern die Leser mit Bezug auf dieses Prinzip eine möglichst „interessensfreie" Darstellung von Berichtsinhalten. In Beleg (198) wird die diesbezüglich sehr häufig anzutreffende Kritik geäußert, dass Journalisten beim Informieren über Ereignisse ihre Darstellungsformen, Formulierungsstrategien, die Auswahl thematischer Aspekte sowie die Herstellung von Zusammenhängen an interessensspezifischen Sichtweisen auf Berichtsgegenstände orientieren, die sie etablieren oder verfestigen wollen. Ein hiermit regelmäßig verknüpfter Vorwurf, exemplarisch in Beleg (199) zu sehen, besteht darin, dass diese informationspolitisch beförderten Sichtweisen

---

[95]   An manchen Stellen erkennen Forenteilnehmer jedoch an, dass die Darstellung von Fakten nicht unabhängig von der Auswahl sprachlicher Mittel und thematischer Aspekte ist und damit immer perspektivisch ist. Die häufige Forderung nach einer Vielfalt von Perspektiven erscheint hierfür intuitiv als Lösungsweg gesehen zu werden.

einen inneren Zusammenhang besitzen und zu einem kohärenten Weltbild gehören, das als alternativlos dargestellt wird. Da diese informationspolitischen
Maßnahmen im Konflikt mit den Erwartungen stehen, die Leser an Berichtstexte haben, diese Berichtstexte nach journalistischem Selbstverständnis aber
dennoch als Ressource für eine unabhängige Meinungsbildung gelten, werden
sie zudem gelegentlich als Manipulationsversuch kritisiert, wie Beleg (200)
zeigt.

(198)   Steffen Gerlach 26.05.2018, 19:02

> [...] Ein Grundübel der Medien scheint mir die Verlockung zu sein, die Stelle
> als Journalist für eigene Interessen zu missbrauchen, speziell das Interesse, Ein-
> fluss auf den Lauf der Welt zu nehmen. Begriffe wie „Haltung" verklären diese
> Gepflogenheit und verschleiern, dass es sich im Wesentlichen um Eigennutz
> handelt. [...] Die harte Tour: Weglassen von Informationen („die falsche Vor-
> urteile befördern" - irgendeine Begründung wird sich schon finden). Die sanfte
> Tour: den Text in einfärbende Rhetorik tauchen. Das erste entmündigt den Le-
> ser ganz unangemessen. Das zweite belästigt ihn und beleidigt seine Intelli-
> genz.   (SO 11)

(199)   kein Lemming 27.05.2018, 08:38

> [...] Behaltet Eure Ansichten und Euer Weltbild einfach mal endlich für Euch!
> Ich möchte hier bitte neutrale Berichte sehen, die ausgewogen und beide Seiten
> einer Münze vorurteilfrei bedacht. Denn ich bilde mir meine Meinung selbst.
>   (SO 11)

(200)   jeby 26.05.2018, 17:59

> Lieber Neutralität und Fakten statt blöden Meinungsjournalismus. Ich bilde mir
> lieber selbst meine Meinung und mag es gar nicht, wenn jemand probiert mich
> zu manipulieren.   (SO 11)

Der von den Lesern vielfach kritisierte Mangel an Neutralität in der journalistischen Praxis lässt sich in zwei weitere Prinzipien konkretisieren, wie der Beitrag in Beleg (201) zeigt:

(201)   Lykanthrop_ 26.05.2018, 18:08

> [...] Die meisten Menschen wollen sich selbst eine Meinung bilden, nicht er-
> zogen werden. Ich halte das auch für überaus wertvoll, eine selbst ergründete
> Meinung hat viel mehr Tiefe als etwas Vorgekautes nachzuplappern. Es
> bräuchte eine bessere Trennung von Meinungen und Berichten.
>
> Ich lese auch gerne Meinungen, aber hier bräuchte es mehr Vielfalt bzw. mehr
> Perspektiven.[...]   (SO 11)

Der Leser fordert hier einerseits die Trennung von informierenden und meinungsbetonten Texten ein, die ihrerseits mit dem Prinzip der entsprechenden
Kennzeichnung verbunden ist. Und andererseits fordert er auch für meinungs-
betonte Texttypen wie den Kommentar eine größere Vielfalt von Perspektiven.

Für Bezugnahme auf diese beiden Prinzipien findet sich in der Textbasis eine Fülle von Belegen, von denen nachfolgend einige stellvertretend vorgestellt werden sollen. Erkennbar wird dabei vor allem der enge Zusammenhang, den die Leser zwischen diesen Prinzipien und dem weiterführenden Ziel der unabhängigen Meinungsbildung als Grundlage einer demokratischen Öffentlichkeit sehen.

Trennungsnorm und Kennzeichnungspflicht

Auffällig für die Beiträge, in denen die Trennung von informierenden Texten (von Forenteilnehmern häufig bezeichnet als *Nachricht* oder *Bericht*) und einordnenden Texten (*Meinung, Kommentar*) eingefordert wird, ist, dass sie in vielen Fällen Hinweise auf angenommene Verbote für Texte des ersten Typs und akzeptable Spielräume für Texte des zweiten Typs geben. In den Belegen (202) bis (204) wird beispielsweise deutlich, dass informierende Texte keine *persönlichen Kommentare* enthalten sollen, sie nicht auf persönliche *Überzeugungen* gründen dürfen, durch *Wortwahl* sowie Auswahl und Akzentuierung von thematischen Aspekten keine *Meinung generiert* werden soll, und *Interpretationen* und *Unterstellung* dort nicht gewünscht sind. Im Umkehrschluss sind die Spielräume für kommunikative Aktivitäten dieser Art in meinungsbetonten Texten offenbar größer, wenn auch weniger scharf konturiert. Wiederkehrend wird auch die entsprechende explizite Kennzeichnung vor allem der meinungsbetonten Texte als Deutungshilfe für die Leser gefordert.

(202)   Harald Berenfänger 26.05.2018, 18:03

> Es würde schon reichen, wenn Journalisten in ihren Beiträgen wieder vermehrt Bericht und Meinung trennen würden. Es gibt ja praktisch keine Nachricht mehr ohne permanent eingestreute persönliche Kommentare und Überzeugungen.   (SO 11)

(203)   luny 26.05.2018, 18:11

> Nachricht und Meinung
>
> [...] Von einer Nachricht erwarte ich, daß sie neutral ist und sich an die Tatsachen hält. Eine Meinung hingegen ist ein „Kommentar" und als solcher zu kennzeichnen. In einer Nachricht durch die Wortwahl oder Weglassen/Hinzufügen von irrelevanten Details eine Meinung generieren zu wollen, ist unlauter. [...]   (SO 11)

(204)   buntspecht-08 03.07.2018, 20:02

> Die gute Sitte
>
> Nachricht und Kommentar zu trennen, ist verkommen. Interpretationen und Unterstellungen scheinen die neue journalistische Tugend zu sein. [...]
>   (SO 11)

Vielfalt der Perspektiven

Neben der Pflicht zur Trennung von informierenden und meinungsbetonten Texten wird an vielen Stellen die Erweiterung des Spektrums von Perspektiven auf bestimmte Themen gefordert. Diese Forderungen nach mehr Vielfalt beziehen sich meistens auf das journalistische Textangebot innerhalb einzelner Onlinezeitungen, für die sich beispielsweise der Leser in (205) eine breitere Auswahl an Sichtweisen wünscht. Ein Gegenargument gegen diese Forderung findet sich in Beleg (206), in dem der Leser sich für einzelne Publikationen mit klar erkennbarer Tendenz ausspricht, solange innerhalb der Medienlandschaft dennoch ein vielfältiges Meinungsspektrum als Ressource für die die eigene Meinungsbildung zur Verfügung steht. Eben dieses Spektrum von Sichtweisen wird von den Forenteilnehmern jedoch in der Medienlandschaft immer wieder vermisst und sie beklagen wie in Beleg (207) regelmäßig die Orientierung der Journalisten verschiedener Publikation an den gleichen interessengeleiteten Narrativen und Deutungsmustern in der Berichterstattung.

(205) donner68 21.11.2017, 10:24 Uhr

Antwort auf den Beitrag von 21.11.2017, 10:20 Uhr

stimmt, von unabhängigem Journalismus kann leider bei keiner Zeitung mehr die Rede sein. Jeder schreibt so wie die politische Ausrichtung der Zeitung ist. [...] (TS 01)

(206) Exilleser 21.11.2017, 11:14 Uhr

Antwort auf den Beitrag von donner68 21.11.2017, 11:00 Uhr

[...] und: ich finde es durchaus legitim, ja, wünschenswert zu erkennen „woher der Wind" weht und dafür ein Meinungsspektrum in der Medienlandschaft zu haben. Nur der Vergleich hieraus ermöglicht das Abwägen von Argumenten/ Meinung und die Bildung einer eigenen. (TS 01)

(207) volkerino 19.02.2019, 08:49

[...] Wenn ich mir die Berichterstattung über Trump anschaue wird mir schlecht. Beinahe ausschließlich negativ. Das kann und darf nicht sein. Frame: Trump böse! Oder Syrien, Frame: Russland böse, USA Befreier! Wo bleiben die Berichte darüber, was die Amerikaner seit Jahrzehnten in der Welt verbrochen haben? Da schlägt die Atlantikbrücke wieder gnadenlos zu. Auch die Berichterstattung über den Iran ist unterirdisch. [...] (SO 12)

Kritische Distanz zu politischen Akteuren

Ein Prinzip, das in einem kausalen Zusammenhang mit der zuvor erwähnten Engführung der Perspektiven in der Berichterstattung steht, ist das Prinzip der kritischen Distanz zu politischen Akteuren. Man könnte dieses Prinzip auch auf die journalistische Distanz zu Personen ausdehnen, die in Verbindung mit

dem Berichtsgegenstand stehen und bezogen darauf spezifische Interessenslagen aufweisen. Dieses Prinzip hat sowohl eine kommunikative als auch eine
soziale Dimension. Mediensoziologische Arbeiten der letzten Jahre (vgl. Krüger 2016, Raabe 2005, 258ff.) weisen auf die zunehmende Verflechtung des
journalistischen Milieus mit politischen und wirtschaftlichen Eliten und deren
Folgen für die Berichterstattung hin. Die beiden Belege (208) und (209) deuten
darauf hin, dass Forenteilnehmer den Zusammenhang der sozialen und kommunikativen Dimension sehen und einen starken Einfluss der sozialen und
professionellen Beziehungen auf die Entstehung eines diskursiven, von ihnen
kritisierten *Mainstreams* annehmen.

(208)   luny 26.05.2018, 18:11

> […] Die notwendige Distanz geht verloren und weite Teile der Presse inklu-
> sive der ÖR kommen als Pressesprecher der amtierenden Regierung daher. Ich
> erwarte an der Stelle eine kritische Distanz und keinen „Kuscheljournalismus".
> (SO 11)

(209)   bibabuzelmann 26.05.2018, 19:20

> Ohne Connections in die Politik geht's nicht - werden zumindest viele Redak-
> teure sagen. Denn was ist der Fall wenn man Informationen aus 1. Hand be-
> kommen will, Politiker X aber wegen eines vor Kurzem kritischen Artikels wg.
> seiner Politik Y nicht ans Telefon geht? [...] Einfacher ist's da doch, sich in
> seiner Presse-Politik-Echokammer bequem einzurichten und der Regierung ge-
> nehme Texte zu formulieren. (SO 11)

Sachlichkeit

In Beleg (210) wird von einem Forenteilnehmer das bereits im letzten Abschnitt besprochene Prinzip der Sachlichkeit eingefordert, welches auch zu
den zentralen Prinzipien der Forenkommunikation gehört. Auch hier werden
in der Kritik wieder konkrete Formen der Befolgung bzw. Missachtung des
Prinzips formuliert (*Alles muss kommentiert werden, hochgepusht, reißerische
Formulierungen, martialisch-gewalttätige Ausdrucksweise*). Interessant ist
zudem, dass der potenzielle Konflikt mit einem anderen Prinzip – hier mit dem
Prinzip der Unterhaltsamkeit (*langweilige Berichterstattung*) – thematisiert
und damit ein Hinweis auf die richtige Gewichtung der beiden Prinzipien gegeben wird.

An diesem Beleg ist darüber hinaus eine ganze Reihe von Merkmalen erkennbar, die für die Kritik in Leserforen typisch sind. Zunächst fällt auf, dass
die in Abschnitt 3.4 erörterte veränderte Rezeptionssituation der Onlinezeitungsleser insbesondere durch den unmittelbaren Zugriff auf multimodale
Quellen- und Paralleltexte die kritikrelevanten Möglichkeiten des Überprü-
fens, Vergleichens und Belegens erheblich erweitert. Dadurch ist der Leser in

diesem Fall in der Lage, die Videoaufzeichnung, über die berichtet wurde, unmittelbar im Original anzusehen, die offizielle Übersetzung zu lesen und zu überprüfen, ob die Beschreibung der Journalistin zutrifft. Anschließend dient der Verweis auf diese Originaldokumente in seinem Forenbeitrag als Beleg für den Vorwurf der Unsachlichkeit.

(210) bibabuzelmann 26.05.2018, 19:20

> [...] Heutzutage gibt es de facto keine sachliche und ob der Sachlichkeit auch etwas langweilige Berichterstattung mehr. Alles und jedes muss kommentiert und hochgepusht werden, teilweise garniert mit reißerischen Formulierungen, die vor einigen Jahren nur in Postillen wie der Bild gebräuchlich waren. [...] Ich hab mir mal die Mühe gemacht und den aus meiner Sicht eher drögen und langweiligen Vortrag von Medwedew auf Youtube angeschaut, sowie die offizielle Übersetzung gelesen. Wie die Autorin auf Ihre martialisch-gewalttätige Ausdrucksweise von Trommelfeuer, Salven und Zähnen kommt, erschließt sich mir nicht. Berichterstattung kann man das leider auch nicht mehr nennen, denn ein Bericht hat sachlich zu sein, was in diesem Fall ganz offensichtlich nicht gegeben ist. [...]   (SO 11)

Verzicht auf Clickbaiting

Ein letztes Prinzip der Pressekommunikation, das mit Beleg (211) illustriert werden soll, ist das Resultat der Anpassung eines bereits in der analogen Domäne bestehenden Prinzips an die Gegebenheiten des neuen Mediums.

(211) openminded 21.03.2019, 07:20

> Irreführender Titel
>
> Die Überschrift suggeriert ein absolutes Verbot dieser Waffen, was natürlich sehr zu begrüßen wäre, überall auf der Welt. Tatsächlich handelt es sich dem Text nach wohl nur um ein Verbot des Erwerbs neuer Waffen. [...]
>
> P.S.: Kleine Anregung an die Redaktion: Der Nutzen von baited clicks sollte gegen möglichen Frust der Leserschaft abgewogen werden....   (SO 13)

Der Leser weist hier zunächst darauf hin, dass der Titel irreführend sei und warnt die Redaktion dann vor dem Gebrauch von *baited clicks*. Das Phänomen der irreführenden Schlagzeilen ist kein onlinespezifisches und im Bereich des Boulevardjournalismus regelmäßiger Anlass für Rügen des Presserats.[96] In der Onlineberichterstattung verschärft sich dieses Problem dadurch, dass der eigentliche Artikeltext getrennt von dem Leadtext erst nach einem Link erreichbar ist. Das ermöglicht den Zeitungen, zwei verschiedene Sets von Anzeigen im gleichen Kontext unterzubringen und damit mehr anzeigenpreisrelevante

---

[96] Zum Phänomen der irreführenden Schlagzeilen in der *Yellow Press* vgl. auch diesen Blogeintrag des Medienjournalisten Stefan Niggemeier: SN 01

Views bzw. *Clicks* zu erzeugen. Dadurch steigt die unternehmerische Motivation, Leser mit reißerischen Formulierungen, offenen Fragen oder angedeuteten Überraschungen in den Anreissertexten zu einem Click zu verführen. Das Prinzip, das diese als *Clickbaiting* bekannte Praxis einschränken soll, resultiert aus dem im Beleg angesprochenen *Frust der Leserschaft*, wenn ihre Leseerwartungen nach dem Click wiederkehrend nicht erfüllt werden. Es handelt sich bei dieser Praxis um ein im Hypertextkosmos weitverbreitetes Phänomen, zu dessen Entwicklung die Online-Enzyklopädie *Wikipedia* vermerkt:

> By 2014, the ubiquity of clickbait on the web had begun to lead to a backlash against its use. Satirical newspaper The Onion launched a new website, *Click-Hole*, that parodied clickbait websites such as *Upworthy* and *BuzzFeed*, and in August 2014, *Facebook* announced that it was taking technical measures to reduce the impact of clickbait on its social network [...]
>
> https://en.wikipedia.org/wiki/Clickbait (9.4.2019)

3.5.3   Texttypspezifische Prinzipien am Beispiel des Kommentars

In den vorangegangenen Belegen wurde an manchen Stellen bereits deutlich, dass einige der Prinzipien stärker für bestimmte Texttypen (Bericht) oder Texttypencluster (informierende Beiträge, Nachricht) zu gelten scheinen, als für andere. In dem Abschnitt zum Prinzip der Trennungsnorm und Kennzeichnungspflicht wurde bereits darauf hingewiesen, dass die Erwartungen der Leser bezüglich informierender journalistischer Texte schärfer konturiert sind als jene für einordnende Texte, insbesondere für den Kommentar. Im Folgenden sollen einige Belege[97] die erheblichen Spielräume in der Sicht auf diesen Texttyp sowie Ansätze der Aushandlung hierfür relevanter Prinzipien andeuten.

(212)   Paternoster 21.11.2017, 12:09 Uhr

> [...] Für den Chefredakteur des Tagesspiegels himmelschreiend arrogant geschrieben.

(213)   Exilleser 21.11.2017, 16:30 Uhr

> Antwort auf den Beitrag von Paternoster 21.11.2017, 12:09 Uhr
>
> ja...ist eben ein KOMMENTAR!

Das Prinzip der Demut wurde bereits in den Prinzipien der Forenkommunikation erwähnt. In den Belegen (212) und (213) wird deutlich, dass in den Leserforen keine Einigkeit darüber besteht, ob der Autor eines journalistischen

---

[97]   Alle Belege in diesem Abschnitt: TS 01

Kommentars sich beim Verfassen seines Texts ein bestimmtes Maß an Arroganz leisten darf oder nicht.

(214) Exilleser 21.11.2017, 10:39 Uhr

Antwort auf den Beitrag von donner68 21.11.2017, 10:24 Uhr

[…] und übrigens: Kommentar = Meinungsäußerung des Kommentierenden! ...haben Sie damit ein Problem? Muss ja nicht Ihre Meinung sein, aber in einem als Kommentar gekennzeichneten Beitrag sollten Sie das schon ertragen...

(215) donner68 21.11.2017, 10:53 Uhr

Antwort auf den Beitrag von Exilleser 21.11.2017, 10:39 Uhr

Das war kein Kommentar, das war Meinungsmache. Das ist etwas ganz anderes!

Das Beitragspaar in den Belegen (214) und (215) zeigt, dass auch bezüglich des Spielraums für kommunikative Strategien zum Ausdruck der eigenen Meinung unterschiedliche Auffassungen bestehen. Der Gebrauch des Ausdrucks *Meinungsmache* deutet darauf hin, dass der Verfasser des Primärtexts nach Auffassung des Forenteilnehmers diesen Spielraum verlassen hat, ohne jedoch einen konkreten Hinweis darauf zu geben, worin er den Grund dafür sieht.

(216) zikade77 21.11.2017, 10:39 Uhr

Antwort auf den Beitrag von donner68 21.11.2017, 10:24 Uhr

[…] Deshalb ist gute Recherche das A und O und trennt journalistisch die Spreu vom Weizen.

Der obige Artikel ist freilich ein Kommentar und damit eine Meinungsäußerung, bei der auch der Verfasser sagen mag, was er denkt, ob er nun gut informiert ist / recherchiert hat oder nicht...

Bemerkenswert erscheint abschließend die in Beleg (216) zum Ausdruck gebrachte Auffassung bezüglich der Anforderungen an einen journalistischen Kommentar. Offenbar ist die Leserin der Auffassung, dass ein ausreichender Kenntnisstand und gründliche Recherche keine zwingenden Voraussetzungen für einen journalistischen Kommentar als Mittel der Meinungsäußerung darstellen. Hier könnte man einen möglichen Bezug zum Vorwurf der *Meinungsmache* in Beleg (215) sehen. Denn wenn ein Journalist seine Meinung frei ausdrücken und dabei Fakten ignorieren darf, die mit seiner Meinung unverträglich sind, oder wenn es ihm sogar erlaubt ist, Fakten zu erfinden, für die er keine Belege nennen kann, so wäre der für deliberative Prozesse wichtige Einwand gegen ideologische bzw. dogmatische Kommentierung nicht mehr möglich.

3.5.4   Gegenstandsspezifische Prinzipien am Beispiel der
Konfliktberichterstattung

Die grundlegende Funktion der Konfliktberichterstattung ist, die Leser im
Hinblick auf den jeweiligen Konflikt über die neuesten Entwicklungen zu informieren, ihren Wissensstand zum Konflikt insgesamt zu erweitern und sie
damit in die Lage zu versetzen, politische Entscheidungsprozesse im Zusammenhang mit dem Konflikt zu beurteilen und in manchen Fällen auch mittelbar
an ihnen teilzunehmen. Daraus folgt, dass es in den meisten Fällen gerade
nicht nur darum geht, Faktenwissen zu einem Konflikt zu vermitteln, sondern
dieses Wissen auch in Zusammenhänge einzuordnen bzw. den Leser bei der
Einordnung zu unterstützen. Die Konstellation von Kommunikationspartnern
und deren Wissensbeständen beim journalistischen Berichten – insbesondere
bei der Konfliktberichterstattung – steht im Kontrast zu anderen Formen der
Wissensvermittlung, etwa in Bildungseinrichtungen. Während dort einer relativ kleinen Gruppe etabliertes Wissen vermittelt wird, über das bereits eine
sehr große Gruppe zumindest prinzipiell verfügt und für das in der Kommunikationsgemeinschaft Einigkeit über angemessene Darstellungsformen und
Deutungsmuster besteht, verhält es sich beim journalistischen Informieren genau andersherum: Eine sehr kleine Gruppe (Reporter, Redaktion) verfügt über
ein relativ frisches, für die politische Urteilsbildung relevantes Wissen, das sie
massenmedial einem potenziell sehr großen Publikum vermitteln und dabei in
etablierte Deutungsmuster einordnen muss. Diese Konstellation ist dafür verantwortlich, dass der Beurteilung der Glaubwürdigkeit und Integrität des Berichtenden ein zentraler Stellenwert zukommt. Da von Journalisten beim Berichten über Ereignisse und Entwicklungen in Kriegsgebieten in den wenigsten Fällen Wissen aus erster Hand vermittelt wird, spielen neben der Einordnung in Zusammenhänge sowohl der Umgang mit Quellen (Quellenauswahl,
-gewichtung, -transparenz) als auch deren eigene Glaubwürdigkeit eine wichtige Rolle.

Wichtige Quellen, z.B. Nichtregierungsorganisationen wie *Amnesty International*, sind sich der Anforderungen an ihre Glaubwürdigkeit und der Herausforderungen bei der Wissensvermittlung zu Konflikten auch bewusst. In
einer sehr selbstkritischen Reflexion ihrer Arbeit sagt beispielsweise Dona-
tella Rovera, eine leitende ‚Researcherin‘ bei *Amnesty International*:

(217)   Conflict situations create highly politicized and polarized environments, which
         may affect even individuals and organizations with a proven track record of
         credible and objective work. Players and interested parties go to extraordinary
         lengths to manipulate or manufacture "evidence" for both internal and external
         consumption. A recent, though by no means the only, example is provided by
         the Syrian conflict [...] Even if they disregard it, investigators must be alert to
         the fact that disinformation and misinformation can contribute to shaping the

perception of events, the narrative surrounding the events, and the behaviour of people who take it in good faith and internalize it, including victims, witnesses, and other potential sources.

(Rovera, D.: Challenges of monitoring, reporting, and fact-finding during and after armed conflict, PHAP, 28.4.2014)   (PH 01)

Damit soll der kommunikative Zusammenhang und zugleich das Spannungsfeld, in dem Wissensvermittlung in der Konfliktberichterstattung stattfindet, angedeutet sein.

Anhand der Kritik in Leserkommentaren an der Berichterstattung zum Syrienkonflikt in verschiedenen Zeitungen – Thema der ausgewählten Berichte waren insbesondere die Ereignisse in der Stadt Aleppo im Dezember 2016 – möchte ich im Folgenden das Prinzip der Unparteilichkeit und seinen Zusammenhang mit einer Reihe von anderen Prinzipien, die als dessen Konkretisierung gesehen werden können, darstellen. Die Anwendung des Prinzips der Unparteilichkeit, das ein leitendes Prinzip der politischen Berichterstattung insbesondere zu bewaffneten Konflikten darstellt, hat der Journalist Hans Joachim Friedrichs 1995 in einem Interview mit dem Spiegel[98] folgendermaßen zusammengefasst: „Distanz halten, sich nicht gemein machen mit einer Sache, auch nicht mit einer guten." Auch in den Leserforen werden das Prinzip und mögliche Formen seiner Be- und Missachtung direkt thematisiert. Der von Friedrichs angesprochene Kern der Unparteilichkeit, den er im des Sich-nicht-gemein-machen mit einer Seite verortet, findet sich auch in den Belegen (218) und (219) wieder.

(218)   lantelme.import 26.05.2018, 18:35

Doppelstandard

[...] Vor allem in der Außenpolitik keine Doppelstandards durch tendenziöse oder durch unterlassene Berichterstattung: Brüche des Völkerrechts und Kriegsverbrechen sollen als solche benannt werden, egal von welcher Seite sie begangen wurden/werden. Hier hat die Gewichtung West-/Ost (innenpolitisch auch links/rechts) meist Schlagseite [...]   (SO 11)

(219)   juba39 26.05.2018, 18:50

[...] Leider, und das eine Erfahrung aus Foren der ÖR, sind sogar faktenbasierte, sogar rechtskonforme Beiträge NICHT erwünscht, wenn sie nicht in das von der Politik allgemein erwartete (nicht vorgegebene) Narrativ passen.

Makabres Beispiel:

Die völkerrechtswidrig annektierte Krim, wer kennt diesen Satzbaustein nicht.

---

[98]   SO 14

Der völkerrechtswidrig annektierte Golan, das völkerrechtswidrig annektierte Nordzypern. Kennt jemand diese Bausteine?

Da sprechen dann nämlich meine juristischen Gene. „Gleiches ist gleich zu behandeln." [...]   (SO 11)

Zunächst wird an der Auswahl der Beispiele in den Beiträgen sichtbar, dass die Forenteilnehmer das Prinzip vor allem im Zusammenhang mit dem Berichten über Konfliktereignissen sehen (*Brüche des Völkerrechts, Kriegsverbrechen, Annexionen*). Zudem werden die Parteien indirekt (*West/Ost, links/rechts*) und direkt (*Russland/Israel, Türkei*) genannt und eine journalistische Gleichbehandlung beider Seiten wird eingefordert (*egal von welcher Seite, Gleiches ist gleich zu behandeln*)

Die analysierten Kommentare zu den Kriegsereignissen in Aleppo im Dezember 2016 zeigen, dass man das Prinzip der Unparteilichkeit verletzen kann, indem man gegen eines oder mehrere seiner Konkretisierungsprinzipien verstößt. Da in den nachfolgenden Belegen häufig auf mehrere dieser Konkretisierungsprinzipien gleichzeitig Bezug genommen wird, stelle ich zunächst einen zusammenfassenden Befund der Konkretisierungsmöglichkeiten im Überblick vor. Danach diskutiere ich einige Beispiele aus der Textbasis, die als Grundlage der Rekonstruktion gedient hat, im Zusammenhang.

Das Prinzip der Unparteilichkeit und Möglichkeiten seiner Konkretisierung

(i)   Vollständigkeit

Man kann das Prinzip der Unparteilichkeit verletzen, wenn man...
... bestimmte relevante Fakten und Ereignisse nicht berichtet
... relevante Teile von Äußerungen bei Redewiedergaben weglässt
... den Bezug zu vergleichbaren Situationen nicht herstellt
... Ausschnitte aus historischen Entwicklungen als singuläre Ereignisse darstellt
... nur einzelne aus einem Spektrum im Diskurs vorhandener Sichtweisen wiedergibt
... relevante Quellen ignoriert

(ii)   Wahrheit

Man kann das Prinzip der Unparteilichkeit verletzen, wenn man...
... Sachverhalte behauptet, für die man keine Beweise hat
... Sachverhalte behauptet, für die man keine Indizien hat
... Sachverhalte behauptet, die bereits widerlegt wurden

(iii) *Quellenreflexivität*

Man kann das Prinzip der Unparteilichkeit verletzen, wenn man...

... parteinehmende Quellen verwendet

... parteinehmende Quellen nicht als solche kennzeichnet

... Quellen gar nicht kennzeichnet (faktizierendes Berichten)

... selektiv Quellen als parteinehmend diskreditiert

(iv) *Transparenz*

Man kann das Prinzip der Unparteilichkeit verletzen, wenn man...

... die Kennzeichnung der journalistischen Meinungsäußerung unterlässt (Textsortenkennzeichnung)

(v) *Neutraler Sprachgebrauch*

Man kann das Prinzip der Unparteilichkeit verletzen, wenn man...

... Bezeichnungen oder Prädikate verwendet, die eine parteinehmende Sichtweise vermitteln

... selektiv emotionalisierende Sprache gebraucht

Exemplarische Analyse kommunikativer Prinzipien in der Berichterstattung

(220) Die Berichterstattung über den Krieg in Syrien

christoph pauli 2 (agentkl...) - 18.12.2016 19:06

ist an Einseitigkeit nicht mehr zu übertreffen. Das wirft ein schlechtes Bild auf die deutsche Medienlandschaft. Wie in der Ukraine schlägt man sich auf die Seite von „Rebellen" und „Aktivisten". Man benutzt unhinterfragt problematische Quellen und emotionalisiert in einem asymetrischen Krieg jedes einzelne Todesopfer. Ein Giftgaseinsatz von Assads Truppen konnte bis heute nicht bewiesen werden. Im Gegenteil. Trotzdem wird das im Westen als bewiesene Tatsache berichtet, ganz ohne Konjunktiv. (FZ 02)

In Beleg (220) wird gleich auf vier der Konkretisierungsprinzipien Bezug genommen. Der Leser kritisiert hier die Emotionalisierung der Berichterstattung und beklagt den perspektivischen Sprachgebrauch, indem er die jeweiligen Bezeichnungen für Konfliktparteien apostrophiert und diese Form der Bezugnahme mit der Berichterstattung über ein ähnliches Konfliktereignis vergleicht. Zudem wirft er der FAZ die unkritische Verwendung *problematischer Quellen* und die Behauptung nicht bewiesener Tatsachen vor. Er kommt auf dieser Grundlage zu dem Schluss, dass die Berichterstattung über den Krieg in Syrien *an Einseitigkeit nicht mehr zu übertreffen* sei.

In der Kritik der Berichterstattung zum Syrienkonflikt nehmen Aspekte des Umgangs mit Quellen eine zentrale Position ein. Hierzu gehören vor allem die Verwendung parteinehmender Quellen, die unterlassene Kennzeichnung dieser Quellen als parteinehmend und das Ignorieren unabhängiger Quellen. Die Belege (221) bis (223) illustrieren quellenbezogene Einwände dieser Art:

(221)   Leon B. (16.12.2016 - 15:23)

> Wenn man sich auf Berichte der „Weißhelme" und „anderer Bürgerrechtsgruppierungen" beruft, sollte man auch erwähnen, dass insbesondere die Weißhelme und auch viele s.g. Bürgerrechtsgruppierungen keineswegs unabhängig sind, sondern auf Seiten der „Rebellen" stehen. [...]   (WE 02)

(222)   Paul F. (16.12.2016 - 16:04)

> Aha, die Weisshelme also. Hmmm, wahrscheinlich unterstuetzt durch die Beobachtungsstelle fuer Menschenrechte??? Sicherlich sehr neutral und aussagekraeftig. [...]   (WE 02)

(223)   Frank R. (16.12.2016 - 12:27)

> Vertreter dieser „Hilfsorganisation" ließen verlauten, dass sie Ost-Aleppo keinesfalls verlassen würden. Notfalls würden sie mit „der Waffe in der Hand" sterben. Die „Weisshelme" sind eine PR-Truppe der dortigen Extremisten und alles andere als neutral. Der Wert ihrer Aussagen tendiert zwangsläufig gen Null, zumindest aber können diese nicht vorbehaltlos übernommen werden.
> (WE 02)

In der Kritik stehen dabei vorrangig die *Weisshelme*, eine private Organisation, die in den besetzten Gebieten Syriens aktiv ist und regelmäßig Material für Medienberichte liefert, sowie die sog. *Syrische Beobachtungsstelle für Menschenrechte*, die von einem syrischstämmigen sunnitischen Muslim und Eigner eines Bekleidungsgeschäftes aus seinem Privathaus in Coventry, England heraus unterhalten wird.[99] Der Status beider Einrichtungen als unabhängige Quellen für Ereignisse des Syrienkonflikts wird in den Leserforen regelmäßig in Frage gestellt und der in vielen Fällen exklusive Rückgriff auf diese beiden als einzige Quellen für die Berichterstattung wird immer wieder kritisiert (vgl. auch Beleg (41) in Abschnitt 3.2.5).

(224)   vulgaeroekonom 07.12.2016, 21:09 Uhr

> „Experten" sagen, „Rebellen...", die „Oppositionellen", alles Fehlinformationen, erst zum Ende hin muss der Autor zugeben, dass es sich im wesentlichen um Kämpfer der Al-Nusra-Front, einen Ableger der AlQuaida, was er verschweigt, handelt. Und diese „Rebellen" schießen nicht auf Kinder, begehen keine Verbrechen, nur Assads Truppen und die Russen? Für wie einfältig hält Böhme die TS-Leser?   (TS 04)

---

[99]   NT 01

In Beleg (224) kritisiert der Forenteilnehmer zunächst die Formen der Bezugnahme auf eine der Konfliktparteien. Insbesondere der Gebrauch der Ausdrücke *Rebellen* und *Oppositionelle* wird hier bemängelt und sogar als *Fehlinformation* bezeichnet. Die Grundlage dieses Vorwurfs ist einerseits die konventionelle Eignung dieser Ausdrücke zur positiven Bewertung, (da *Rebellen* und *Oppositionelle* Elemente eines abstrakten Narrativs des Kampfes gegen Unrecht und Unterdrückung bilden, erstere in zahllosen Unterhaltungsfilmen, wie etwa *Krieg der Sterne*, letztere u.a. als Personen des Widerstandes in der ehemaligen DDR), und andererseits die Verschleierung des Zusammenhangs mit einer Gruppierung, die allgemein äußerst negativ bewertet wird (al-Qaida). Ein zweiter, als Suggestivfrage formulierter Kritikpunkt bezieht sich auf das Prinzip der Vollständigkeit, da aus Sicht des Lesers die Kriegsverbrechen beider Seiten zu ungleichen Anteilen in der Berichterstattung thematisiert werden. Beide kommunikativen Strategien können als Versuch gesehen werden, die Gruppe der Regierungsgegner gegen potenzielle Vorwürfe und damit gegen den Entzug der Unterstützung abzusichern.

(225) verräterische Formulierung

   gabriele fleitmann 4 (kathrin28) - 17.10.2016 08:59

   Kann man nicht nur etwas „aufgeben", wenn man es vorher gehabt hat? Hat Washington - via al Nusra et al. - wirklich Aleppo gehalten? Geht die Identifikation mit den islamistischen Gegnern Assads so weit?   (FZ 03)

(226) hammerling 07.12.2016, 18:23 Uhr

   [...] Nun kann es ja sein, daß Böhme nicht genug Zeit hatte, hinreichend zu recherchieren, nur muß er sich dann den Vorwurf gefallen lassen, unsauber gearbeitet zu haben. Die Wortwahl „Fall" für die Befreiung von terroristischer Besetzung deutet allerdings an, daß mehr vorliegt als nur Schludrigkeit.
   (TS 04)

(227) Chamster 07.12.2016, 18:38 Uhr

   vor dem „Fall"? Weil der „Machthaber" (den man sicher nicht mögen muss) die Stadt zurückerobert, die Aufständische ohne jedes Mandat besetzt gehalten haben? […]   (TS 04)

Ebenfalls auf das Prinzip des neutralen Sprachgebrauchs bezieht sich die Kritik in den Belegen (225) bis (227). Hier sind es jedoch nicht die Bezeichnungen für die Kriegsparteien, sondern ein Prädikat in der Artikelüberschrift, das eine bestimmte Sichtweise vermittelt. Dieser Beleg kann als stellvertretend für eine ganze Reihe ähnlich gelagerter Einwände in der Textbasis gelten, in denen, wie etwa in (227) u.a. die Formulierung kritisiert wurde, Aleppo sei *gefallen*. Auch in diesen Fällen bildet die journalistische Parteinahme bis hin zur Identifikation mit einer Konfliktpartei das Zentrum der Kritik. In Beleg (226) zeigt der Forenteilnehmer mit seiner alternativen Bezeichnung des Ereignisses als *Befreiung von terroristischer Besetzung* darüber hinaus, wie stark die Perspektive auf das Ereignis von der gewählten Form der Bezugnahme beim Berichten abhängt.

(228)   Lückenpresse!

> Gottfried Lobeck 6 (golo7) - 18.12.2016 18:00
>
> So geht das nicht, Frau Krüger! Das ist mir zu „embedded", zu einseitig parteinehmend. Ist Ihnen beispielsweise bekannt, dass der Pulitzer-Preisträger Seymour Hersh in einer unwidersprochenen Veröffentlichung Frau Clinton mitverantwortlich für den Einsatz von Sarin in Syrien machte? Natürlich kann ich dazu kein Urteil abgeben, will nur darauf weisen, dass bei so vielen gegensätzliche Berichten, Augenzeugendarstellungen und Meinungen eine sehr sorgfältige Recherche nötig wäre!   (FZ 02)

In Beleg (228) wird das Prinzip der Unparteilichkeit in der Kritik direkt angesprochen (*einseitig parteinehmend*). Mit dem Ausdruck *embedded* wird dabei an einen Topos der Medienkritik angeknüpft, der aus dem ersten Golfkrieg im Jahr 1991 stammt. Zu dieser Zeit wurde Journalisten ein kontrollierter Zugang zu ausgewählten Teilen des Kriegsgebiets ermöglicht, allerdings nur in Begleitung von Angehörigen des amerikanischen Militärs. Die Berichtstexte mussten zudem von Militärangehörigen überprüft werden, bevor sie veröffentlicht werden konnten (vgl. Beham 1996, 110ff.). Diese Praxis des *embedded reporting* hatte auch in diesem Konflikt zu vielfachen Vorwürfen der parteinehmenden Berichterstattung geführt. Um seinen Vorwurf zu spezifizieren, bezieht sich der Forenteilnehmer auf eine öffentlich zugängliche Recherche eines prominenten Journalisten, welche Teile der Berichterstattung zu Giftgasangriffen der syrischen Regierung widerlegt.

(229)   antizyklisches_Kaufverhalten 07.12.2016, 20:33 Uhr

> Es lebe das postfaktische Zeitalter. Da will man uns weißmachen, Aleppo sei hermetisch abgeriegelt. Nichts kommt hinein, so dass die Menschen dort zum Verhungern verdammt sind. Wenn ich dann dem Link zum Brief des Leiters des UN-Nothilfebüros folge, finde ich dort Feststellungen wie:
>
> All in all, throughout October, non-State armed opposition groups fired more than 184 mortars and other projectiles into western Aleppo, reportedly killing at least 100 people,
>
> Hilfslieferungen mit Munition schaffen es offenbar im Gegensatz zu den Lebensmittellieferungen der UN sehr wohl in die (offenbar doch nicht so) hermetisch abgeriegelte Stadt.
>
> Und auch eine interessante Auslassung fällt auf. Bei Herrn Böhme endet das Zitat von Mr. O'Brien bezüglich der Belagerung hier:

Mit dem Ziel, die Menschen vom Hunger in die Verzweiflung und letztendlich in die Unterwerfung zu treiben.

Im Original folgt dort noch ein Satz:

Push people from starvation to despair to surrender. Push people to leave on green buses.

Verlassen? Grüne Busse? Könte es sein, dass Assad den Zivilisten durchaus die Möglichkeit einräumt, sie gar dazu bringen möchte, das Kampfgebiet zu verlassen?

Oder ist dieser Fakt geeignet, die deutsche Bevölkerung zu verunsichern?

(TS 04)

Die Kritik in Beleg (229) bezieht sich erneut auf Aspekte des oben genannten Konkretisierungsprinzips der Vollständigkeit. Im ersten Abschnitt zitiert der Leser mit Bezug zu diesem eine unabhängige Quelle, die im Primärtext zwar verlinkt, dann aber unvollständig wiedergegeben wurde. Die im Primärtext ausgelassene Darstellung der Ereignisse in dieser Quelle erscheint unvereinbar mit der Darstellung der Situation in Ost-Aleppo in der Berichterstattung und verweist auf eine informationspolitisch motivierte selektive Nutzung von Nachrichtenquellen. Im zweiten Abschnitt wird anschließend ein weiterer in der Berichterstattung unterschlagener Teil der im Bericht verlinkten Quelle wiedergegeben, der sich wiederum in direktem Widerspruch mit der Sicht-weise befindet, die im journalistischen Text vermittelt wird. In diesem zweiten Fall erscheint die interessensgeleitete Selektivität noch gravierender, da die indirekte Wiedergabe im Bericht unmittelbar vor der Stelle abbricht, die dann von dem Forenteilnehmer zitiert wird.

(230) der_schoeneberger 08.12.2016, 11:27 Uhr

Faktenresistent bis zuletzt...

[...] gestern brachte die Tagesschau Filmberichte aus Aleppo. Zu sehen waren Zivilisten, die in das Gebiet der Regierungstruppen flüchteten und dort erstver-sorgt wurden; eine junge Frau erzählte, dass die Zivilisten von den „Rebellen" festgehalten wurden und erst jetzt durch die Kämpfe eine Möglichkeit zur Flucht hatten.

Wie gesagt - Tagesschau (ARD), nicht „Russia Today"...

Nur der TSP und Herr Böhme bleiben völlig faktenresistent und bis zuletzt der alten Weltsicht treu - der schreckliche Assad will sein Volk ausrotten, und die Al-Kaida-Kopfabhacker verteidigen westliche Werte.   (TS 04)

Erneut wird in Beleg (230) der Gebrauch des perspektivierenden Ausdrucks „Rebellen" kritisiert. Zudem wird ein Medienbericht zitiert, welcher der im *Tagesspiegel* vertretenen Sichtweise auf die jüngsten Konfliktereignisse direkt widerspricht. Der Forenteilnehmer spitzt zu diesem Zweck im dritten Absatz seines Beitrags das Narrativ zu, das er in der Berichtspraxis des *Tagesspiegels* zu erkennen meint und kontrastiert es mit einem aktuellen Bericht der ARD. Der Beleg erhält seine besondere Brisanz dadurch, dass auch und vor allem die Berichterstattung der ARD in der Zuschauer- und Leserkritik stand, für die „Rebellen" parteinehmend zu berichten, worauf die Anspielung *Wie gesagt - Tagesschau (ARD), nicht „Russia Today"* abzielt. Dieser Umstand veranlasst den Forenteilnehmer, den *Tagesspiegel*-Redakteur Böhme als *faktenresistent bis zuletzt* zu beschimpfen.

(231)   Aleppo, Aleppo, Aleppo

       Anton Paschke 1 (Anton_P...) - 18.12.2016 20:06

       und wo bleiben die Berichte aus Mossul? Wo bleiben die mächtigen US Net-works mit der Direktübertragung der farbenfrohen Bilder der präzise einschla-genden Cruise-Missiles?   (FZ 02)

(232)   miranda 07.12.2016, 19:15 Uhr

       Wenn ich die Sichtweise hier als Grundlage für die Situation in Mossul nehme frage ich mich, was der Unterschied zwischen diesen beiden Städten ist. Auch Mossul könnte durch die irakische Armee nicht ohne die Unterstützung der USA befreit werden. Der einzige grosse Unterschied ist die westliche Bericht-erstattung.   (TS 04)

In den Belegen (231) und (232) wird von den Forenteilnehmern bemängelt, dass in der Berichterstattung der Vergleich mit dem parallel stattfindenden Einsatz des amerikanischen Militärs in der irakischen Stadt Mossul als Ein-ordnungs- und Bewertungshilfe fehlt, möglicherweise auch intentional ausge-blendet wird. Diese Kritik schließt inhaltlich direkt an die in Beleg (218) ge-äußerte Forderung *Brüche des Völkerrechts und Kriegsverbrechen sollen als solche benannt werden, egal von welcher Seite sie begangen werden* an. Die zynische Bemerkung zu den *farbenfrohen Bildern der präzise einschlagenden Cruise-Missiles* spielt auf einen weiteren medienkritischen Topos aus der Zeit des ersten Golfkriegs an. Zu dieser Zeit wurden den Journalisten vom ameri-kanischen Militär Bilder und Filme von Bombardierungen zur Verfügung ge-stellt, welche die Gewalt und Zerstörung mit ästhetischen Mitteln unsichtbar gemacht hatten und die Präzision der Waffensysteme illustrieren sollten (vgl. Kellner 2004, 144; Beham 1996, 113).

    Im vorangegangenen Abschnitt wurde gezeigt, dass Kommunikationsprin-zipien wesentlich von Arten von Gegenständen geprägt sein können. Dabei wurde am Beispiel der Konfliktberichterstattung einerseits der enge Bezug der in den Leserforen geäußerten Kritik zu den gegenstandsspezifischen relevan-ten Prinzipien der Berichterstattung verdeutlicht und andererseits wurde das breite Spektrum konkreter Formen der Prinzipienverletzung illustriert.

4. Fazit

Ein vorrangiges Ziel dieser Arbeit war die Nutzbarmachung der zentralen Konzepte einer handlungstheoretischen dynamischen Text- und Kommunikationstheorie für die Analyse und Beschreibung von Forenkommunikation im Kontext journalistischer Texte in Onlinezeitungen. Innerhalb dieses theoretischen Rahmens sollten die wichtigsten Bereiche der kommunikativen Praxis in Leserforen, die technisch-medialen Bedingungen, unter denen diese stattfindet, sowie die jeweils relevanten kommunikativen Parameter und Strukturierungsprinzipien dokumentiert und die Verfahren ihrer Beschreibung exemplarisch illustriert werden. Den Ertrag dieser Arbeit bilden eine umfassende Grundstrukturenbeschreibung der Forenkommunikation sowie empirische Befunde in wichtigen Analysebereichen. Zudem versteht sie sich als Grundlage für die weitere empirische Forschung zu ihren einzelnen Teilaspekten. Im Folgenden sollen die wichtigsten empirischen und theoretischen Ergebnisse zusammengefasst werden. Anschließend werde ich in einem Forschungsausblick offene Fragen und lohnende Gegenstände für weiterführende Untersuchungen nennen.

Ein erstes empirisches Ergebnis der Analyse besteht in der detaillierten Beschreibung des Medienformats ‚Leserforum' und des sich daraus ergebenden technisch-medialen Möglichkeitsraums anhand seiner spezifischen Ausgestaltung im Webangebot der Berliner Onlinezeitung *Tagesspiegel*, welche aus mehreren Gründen für die exemplarische Analyse ausgewählt wurde. Einerseits verfügt sie über eine seit vielen Jahren etablierte, technisch gut ausgearbeitete Forenumgebung, die den Forenmitgliedern (und dem Analysierenden) einen guten Überblick über die gemeinsame Kommunikationsgeschichte ermöglicht und die deren Identitäts- und Profilbildung überdurchschnittlich stark unterstützt. Darüber hinaus liegt im *Tagesspiegel* die Darstellungsform für polyloge Strukturen im Hinblick auf die Explizitheit hierarchischer Strukturen (flache vs. tiefe Strukturdarstellung) im Mittel der Forensysteme der verwendeten Textbasis, was die Übertragung der Befunde bezüglich der Nutzung des Interaktionsraums auf andere Onlinezeitungen und Forenumgebungen begünstigt. Und letztlich spielt die Forenkommunikation für die Redaktion des *Tagesspiegel* aus kommunikationspolitischen Gründen offenbar eine wichtige Rolle, weshalb im Onlineangebot der Zeitung viele Belege für die Auffassungen der Redaktion über Aufgaben und Rahmenparameter der Forenkommunikation sowie über die dort anvisierte Debattenkultur verfügbar sind. Dies gilt in besonderem Maß für Probleme mit der Moderationspraxis und deren Zusammenhang mit Formen der Medienkritik in den Leserforen und außerhalb.

Der durch das Medienformat ‚Leserforum' eröffnete Interaktionsraum ist seinerseits eingebettet in eine qualitativ fundamental veränderte Rezeptionssituation, in der sich die Leser einer Onlinezeitung und damit die potenziellen Teilnehmer eines Leserforums im Kontrast zu Lesern einer gedruckten Zeitung befinden. Die Folgen dieser Einbettung in einen digitalen und vernetzten Hypertextkosmos wurden in Abschnitt 3.4 anhand der qualitativ veränderten und erweiterten Rezeptions- und Produktionsbedingungen beschrieben, die sich aus dieser Vernetzung ergeben. Insbesondere die Ressourcen des direkten Zugriffs auf Quellen in unterschiedlichen Modi, auf parallele Berichterstattung und die Kommentierung der Berichterstattung in den Foren anderer Onlinezeitungen, in politischen und medienkritischen Blogs sowie in *Social-Media*-Angeboten tragen entscheidend zu dieser Veränderung der Rahmenbedingungen der Pressekommunikation bei. Diese wirken sich u.a. auf die Möglichkeiten zur Klärung von Sachverhalten, die Auseinandersetzung um Sichtweisen auf berichtete Ereignisse, die Verankerung in übergeordneten Debatten sowie auf Verfahren der Medienkritik in Forenbeiträgen aus. Diese grundlegenden Veränderungen der kommunikativen Bedingungen und ihre Konsequenzen wurden am Beispiel der Berichterstattung über den G20-Gipfel in Hamburg im Juli 2017 exemplarisch dargestellt.

Ein weiteres Ziel der Untersuchung bestand in der systematischen Beschreibung der kommunikativen Nutzung des Interaktionsraums, der den Lesern durch an journalistische Primärtexte angeschlossene Foren eröffnet wird. Ein erster wichtiger Befund ist in diesem Zusammenhang das breite Spektrum zentraler übergeordneter Handlungsmuster in Forenbeiträgen erster Ordnung. Die Übersicht über dieses Spektrum wurde anschließend zur Rekonstruktion des kommunikativen Zusammenhangs, in dem diese sprachlichen Handlungen vollzogen werden, genutzt. Ausschlaggebend erscheint dabei einerseits die Eröffnung eines thematischen Raums, die sich durch den journalistischen Primärtext ergibt und andererseits der Bezug zu den weiterführenden kommunikativen Zielen der Forenkommunikation, zu denen die Etablierung und Diskreditierung von Sichtweisen und Narrativen, die Legitimierung und Delegitimierung von politischen und gesellschaftlichen Akteuren, die Argumentation für und gegen Handlungsoptionen gesellschaftlicher und politischer Akteure, die Auseinandersetzung um gesellschaftliche Normen und Ziele sowie die Formulierung von Text- und Medienkritik gehören.

Als zweiter Aspekt der Nutzung des Interaktionsraumes wurden die von den Forenteilnehmern genutzten Verfahren der Kombination funktional-thematischer Bausteine zu größeren textuellen Einheiten sowie zentrale Aufbauprinzipien für Forenbeiträge erster Ordnung untersucht. Als relevante Ressourcen der Beitragsstrukturierung zum Vollzug komplexer Texthandlungen wurden dabei ermittelt:

(i)   Handlungszusammenhänge und Regelaspekte von Handlungen in Bezugstexten, insbesondere im journalistischen Primärtext
(ii)   Regelaspekte übergeordneter Handlungsmuster in Beiträgen
(iii)   Der Gebrauch von kommunikativen Zügen mit Stützungsfunktion, insbesondere von Argumenten
(iv)   Anlagerungspunkte für Bausteine mit schwachem bzw. variablem funktionalen Bezug, die aus dem zuvor eröffneten thematischen Raum resultieren
(v)   (Strategisch motivierter) Verzicht auf antizipatorische Züge

In einem dritten Schritt wurden dann die Interaktionsstrukturen in dialogischen und polylogen Beitragssequenzen und die für sie relevanten Strukturierungsprinzipien beschrieben. Dafür wurden zunächst charakteristische Elementarsequenzmuster auf Grundlage der funktionalen Beziehungen zwischen Teilhandlungen im Primärtext und übergeordneten funktionalen Bausteinen in Beiträgen erster Ordnung rekonstruiert, zu denen aufeinander bezogene Handlungspaare gehören wie ‚einen Sachverhalt behaupten – den Sachverhalt bestreiten‘, ‚eine politische Situation deuten – die Deutung bestreiten‘, ‚einem politischen Akteur einen Vorwurf machen – einem anderen politischen Akteur einen Gegenvorwurf machen‘ sowie mehrere mit Forderungshandlungen verbundene zweischrittige Handlungssequenzen. In den Vorwurf/Gegenvorwurfs-Sequenzen wurden dabei in Ansätzen bereits Phänomene der Lagerbildung erkennbar, die in besonderer Weise auch in den polylogen Sequenzen zur Strukturierung der Interaktion beitragen.

Von hier aus wurde die Analyse auf komplexe polyloge Interaktionen ausgeweitet. Zu den Befunden in diesem Bereich gehört zunächst, dass längere Beitragssequenzen mit zwei Teilnehmern äußerst selten anzutreffen sind. Oft werden dialogische Beitragsfolgen bereits nach dem dritten Zug zu einer polylogen Sequenz erweitert, indem ein oder mehrere Kommunikationspartner Beiträge an verschiedenen Stellen der vormals dialogischen Sequenz veröffentlichen, wodurch verschachtelte Beitragshierarchien entstehen (vgl. Abschnitt 3.3.3, Abb. 10). Auffällig ist jedoch, dass in vielen Fällen zwei Partner ihren dialogischen Bezug trotz der hinzugetretenen Forenteilnehmer aufrechterhalten. Eine Besonderheit der Forenkommunikation ist dabei, dass dialogische Rollen nicht nur von einer Person, sondern sowohl von nacheinander wechselnden als auch von mehreren Teilnehmern gleichzeitig ausgefüllt werden können. Dieser Aspekt ist eng verknüpft mit dem Phänomen der Lagerbildung, der im Kontext von Argumentationen im Polylog beispielsweise zur Konstruktion eines *collective antagonist* führen kann (vgl. Lewiński 2011). Aber auch andere Rollen, etwa die des Vorwerfenden in einer Vorwurfskommunikation, können von mehreren Forenteilnehmern in einer polylogen Sequenz entweder abwechselnd oder auch parallel übernommen werden. Weitere charakteristische Eigenschaften solcher Polyloge sind die selten thematisierten rekurrenten Interaktionsabbrüche an Stellen, die bezogen auf den Zweck der Interaktion häufig unproduktiv erscheinen, sowie der ebenfalls unwidersprochene selektive Bezug auf untergeordnete Aspekte umfangreicher Eröffnungsbeiträge bei gleichzeitigem Ignorieren der übergeordneten kommunikativen Absicht des Verfassers.

Die genannten charakteristischen Eigenschaften treten besonders deutlich hervor, wenn man polyloge Beitragssequenzen und die dort eingebetteten dialogischen Bezugnahmen auf der Folie etablierter Grundmuster der Kommunikation analysiert, die mit spezifischen Handlungsmustern in Eröffnungsbeiträgen verknüpft sind. In Abschnitt 3.3 wurde exemplarisch eine zehn Beiträge umfassende Sequenz, an der acht Forenteilnehmer beteiligt waren, aus der Perspektive der Vorwurfskommunikation beschrieben. Ausgangspunkt dafür war die Äußerung eines Vorwurfs gegenüber einem politischen Gruppenakteur im Eröffnungsbeitrag, der im weiteren Verlauf von einem Teilnehmer auch als solcher (*ihr Vorwurf*) bezeichnet wurde. Obwohl diese Form der Kommunikation in einem Onlineforum fundamentale Unterschiede zu prototypischen Vorwurfskommunikationen aufweist, lassen sich die anschließenden kommunikativen Züge in der Sequenz auf die sachverhalts-, norm- und verantwortlichkeitsbezogenen Festlegungen zurückführen, die regelhaft mit einem Vorwurf eingegangen werden. Ähnliches ist für andere Kommunikationsformen wie etwa die Planungskommunikation zu beobachten. Auch wenn hier ebenfalls grundlegende Unterschiede zwischen der (Pseudo)Planungskommunikation im Polylog und dem prototypischen gemeinsamen Planen in anderen Bereichen der sozialen Praxis bestehen, die den Forenteilnehmern auch bewusst sind (*Das sind alles interessante Vorschläge. Das Problem nur: Wer setzt es um?*), sind in den polylogen Verläufen kommunikative Züge und Zugsequenzen zu beschreiben, die charakteristisch für Reaktionen auf Vorschläge sind und sich wiederum auf die dafür relevanten Festlegungen beziehen. Die Untersuchung hat gezeigt, dass der Rückgriff auf Grundstrukturen von Kommunikationsformen als Vergleichsobjekte für die Analyse die Beschreibung von polylogen Interaktionen unterstützen und einen Überblick über die funktionalen Bezüge in Beitragssequenzen vermitteln kann.

Ein weiteres Resultat der Untersuchung besteht in der Einsicht, dass die Entwicklung von Teilnehmeridentitäten als Grundlage für die Entwicklung einer gemeinsamen Kommunikationsgeschichte eine wichtige Rolle für die Forenkommunikation spielt. Neben den Darstellungsoptionen für Beitragsbezüge und -hierarchien im Forenverlauf ist dies ein weiterer wichtiger Bereich, in dem die individuelle Ausgestaltung der Forenumgebung als technisch-medialer Möglichkeitsraum erheblichen Einfluss auf die kommunikative Nutzung durch die Teilnehmer hat. Wie in Abschnitt 3.3.4 gezeigt wurde, wirkt das gemeinsame Wissen über vergangenes kommunikatives Verhalten vor allem als Verstehens- und Deutungsressource für die Forenteilnehmer. Darüber hinaus stellt die Wiedererkennbarkeit von Teilnehmern aber auch eine wichtige Grundlage für die Entstehung, Verstetigung und Pflege einer kollektiven Kommunikationsmoral dar.

In Abschnitt 3.5 wurden abschließend die Beobachtungs- und Rekonstruktionsmöglichkeiten von kommunikativen Prinzipien in der Forenkommunikation illustriert. Diese betreffen nicht nur die Prinzipien, an denen Forenteilnehmer sich beim Verfassen ihrer Beiträge orientieren, sondern auch andere Bereiche der öffentlichen Kommunikation, die als Folge der Berichterstattung Gegenstand von Forenkommunikation werden können. Die Auffassungen über relevante Prinzipien der Forenkommunikation wurden anhand von Forenverläufen zu innenpolitischen Themen sowie zu einer medienkritischen Leserkonferenz, die von *Spiegel Online* regelmäßig veranstaltet wird, rekonstruiert und systematisiert. Für den Bereich der journalistischen Konfliktberichterstattung wurden anschließend exemplarisch Einwände von Forenteilnehmern, die in einer Reihe von Forenverläufen zu Berichten über die Kampfhandlungen in Aleppo im Dezember 2016 in unterschiedlichen Onlinezeitungen geäußert wurden, untersucht. Von zentralem Interesse war hier das Prinzip der Unparteilichkeit, seine Ausdifferenzierung in ein System von Konkretisierungsprinzipien sowie konkrete Formen der von Forenteilnehmern regelmäßig beklagten Missachtung dieses Prinzips.

Über die empirischen Befunde hinaus liefert die Arbeit auch einen theoretischen Ertrag. Zunächst wurde gezeigt, dass eine handlungstheoretisch fundierte text- und kommunikationstheoretische Konzeption in der Lage ist, komplexe kommunikative Phänomene wie Leserforen in Onlinezeitungen integrativ zu bearbeiten. Zu dieser Komplexität gehört die spezifische Form der Schriftlichkeit, die Polyloge in digitalen vernetzten Umgebungen aufweisen („written conversation", Marcoccia (2004, 116)), die resultierenden Fragen der Mehrfachadressierung, die Kombination multimodaler Darstellungsmittel sowie die Einbettung in einen multimedialen Hypertextkosmos. Die Ergebnisse der Untersuchung polyloger Interaktionsstrukturen und ihre Beschreibung können vor diesem Hintergrund als ein Beitrag zur Etablierung und Klärung des Polylogbegriffs als Werkzeug der Analyse asynchroner Onlinekommunikation gesehen werden.

Eine weitere wichtige texttheoretische Konsequenz aus der Untersuchung der Forenbeiträge der Textbasis betrifft die Frage, welche Rolle Texttypen für die Kommunikation mit Texten spielen. Die auch in aktuellen textlinguistischen Arbeiten vertretene Annahme, dass Schreiber sich bei der Produktion von Texten prinzipiell an etablierten Texttypen orientieren und daher jeder

Text als Exemplar eines bestimmten Texttyps realisiert wird (vgl. etwa Brinker/Cölfen/Pappert 2018, 133), ist mit Blick auf die Vielfalt der Forenbeiträge in funktionaler und formaler Hinsicht nicht zu halten. Die Forenbeiträge, mit denen die Teilnehmer ihre kommunikativen Ziele verfolgen, sind im Hinblick auf die angewandten Vertextungsstrategien äußerst flexibel und die Auswahl, Anordnung und sprachliche Gestaltung funktionaler und thematischer Bausteine erfolgt häufig nicht in Anlehnung an etablierte orientierende Textmuster, sondern auf der Grundlage textstrukturierender Eigenschaften einzelner Handlungsmuster und lokaler kommunikativer Anforderungen, die sich häufig aus dem Bezug auf vorangegangene Handlungen und Handlungssequenzen ergeben.

Auf Grundlage des in dieser Arbeit dargestellten theoretischen Zugangs und den daraus entwickelten Forschungsfragen zum Gegenstand der Forenkommunikation in Onlinezeitungen ergeben sich weitere relevante Arbeitsfelder und Aufgaben der empirischen Analyse. Hierzu gehört zunächst eine systematische Untersuchung des Zusammenhangs zwischen der konkreten technisch-medialen Ausgestaltung der Forenumgebung – insbesondere im Hinblick auf die Darstellung von Bezügen zwischen Beiträgen und ihrer hierarchischen Struktur im Forenverlauf – und den dadurch begünstigten oder auch erschwerten Formen der Interaktion. Von besonderem Interesse sind hierbei der Zusammenhang zwischen flachen vs. tiefen Beitragshierarchien einerseits und der Komplexität der resultierenden polylogen Sequenzen sowie der Stabilität von eingebetteten dialogischen Bezugnahmen andererseits. Auch der Einfluss anderer idiosynkratrischer Merkmale von Forenumgebungen, wie die Möglichkeit des Sendens von privaten Nachrichten, der Bewertung von Beiträgen oder auch Teilnehmern durch andere Teilnehmer sowie Formen der Darstellung dieser Bewertung oder der Teilnehmerseniorität gehören zu diesem Untersuchungsbereich. Eng damit verknüpft ist die Frage nach dem Zusammenhang zwischen der Unterstützung von Identitäts- und Profilbildung durch die Forenumgebung sowie Möglichkeiten des Zugriffs auf die archivierte Kommunikationsgeschichte einerseits und Formen der kommunikativen Nutzung und des Rückgriffs auf diese durch die Forenteilnehmer andererseits.

Eine weitere relevante Fragestellung bezieht sich auf das Verhältnis von im Primärtext behandelten Thementypen und den angeschlossenen Forenverläufen. Am Beispiel der Berichterstattung über bewaffnete Konflikte wurde bereits deutlich, dass hier spezifische kommunikative Prinzipien eine Rolle spielen, die mit den Bedingungen und weitergehenden Zielen der Berichterstattung zusammenhängen. Eine zentrale Frage in diesem Kontext wäre die nach dem konkreten Einfluss von themenspezifischen Aspekten auf die Forenkommunikation.

Ein letzter Untersuchungsbereich, der weitere Aufmerksamkeit verdient, sind die an verschiedenen Stellen der Arbeit bereits angesprochenen und skizzierten Typen der Lager- und Koalitionenbildung im Forenverlauf, Verfahren ihrer Analyse und Beschreibung sowie ihre Rekonstruktion in der polylogen Interaktion. Hierzu gehört neben einer detaillierten theoretischen Integration heterogener Konzepte (,Gruppenakteure' (Tollefsen 2015; Gilbert 1989), ,dialektische Rollen' (Lewiński 2011), ,story-lines' (Hajer 1995), ,Commitment Sets', Exponenten von Diskurslagern usw.) wiederum die Analyse des Zusammenhangs zwischen Lagerbildungsphänomenen und den Gegenständen der journalistischen Berichterstattung.

Literatur

Adamzik, Kirsten (2016): Textlinguistik. Grundlagen, Kontroversen, Perspektiven. 2. Aufl., Berlin/Boston.

Alston, William P. (1964): Philosophy of language. Englewood Cliffs, N.J.

Antaki, Charles/Ardévol, Elisenda/Núñez, Francesc/Vayreda, Agnès (2005): „For she who knows who she is:" Managing Accountability in Online Forum Messages. In: Journal of Computer-Mediated Communication 11/1, 114-132.

Bader, Anita (2018): Mailinglists als Format der digitalen Wissenschaftskommunikation. Eine linguistische Untersuchung. Gießen.

Bader, Anita/Baranauskaite, Jurgita/Engel, Kerstin/Rögl, Sarah Julia (2011): Vom Überleben einer bedrohten Spezies. Untersuchungen zur Entwicklung der Nutzung wissenschaftlicher Mailinglists. In: Gloning, Thomas/Fritz, Gerd (Hg.): Digitale Wissenschaftskommunikation. Formate und ihre Nutzung. Gießen, 87-116.

Bader, Anita/Fritz, Gerd (2011): Zur Entwicklung von Formaten und Kommunikationsformen – eine evolutionäre Betrachtungsweise. In: Gloning, Thomas/Fritz, Gerd (Hg.): Digitale Wissenschaftskommunikation. Formate und ihre Nutzung. Gießen, 55-86.

Bateman, John A. (2016): Methodological and Theoretical Issues in Multimodality. In: In: Klug, Nina-Maria/Stöckl, Hartmut: Handbuch Sprache im multimodalen Kontext. Berlin/Boston, 36-74.

Beckmann, Susanne/König, Peter-Paul (1995): „Wie ein Textmuster entsteht ...". In: Grazer Linguistische Studien 44, 1-13.

Beham, Mira (1996): Kriegstrommeln. Medien, Krieg und Politik. München.

Beißwenger, Michael/Pappert, Steffen (2018): Internetbasierte Kommunikation. In: Liedtke, Frank/Tuchen Astrid (Hg.): Handbuch Pragmatik. Stuttgart, 448-459.

Bejan, Teresa M. (2017): Mere Civility. Disagreement and the Limits of Toleration. Cambridge

Benhabib, Seyla (2000): The Embattled Public Sphere. Hannah Arendt, Jürgen Habermas and Beyond. In: Ullmann-Margalit, Edna (Hg.): Reasoning Practically. New York, 164-181.

Blühdorn, Hardarik (2006): Textverstehen und Intertextualität. In: Blühdorn, Hardarik/Breindel, Eva/Waßner, Ulrich Herman (Hg.): Text– Verstehen. Grammatik und darüber hinaus. Berlin,

Blühm, Eiger/Engelsing, Rolf (1967): Die Zeitung – Deutsche Urteile und Dokumente von den Anfängen bis zur Gegenwart. Bremen.

Blum, Claudia/Blum, Joachim (2001): Vom Textmedium zum Multimedium. In: Bucher, Hans-Jürgen/Püschel, Ulrich (Hg.): Die Zeitung zwischen Print und Digitalisierung, Wiesbaden, 19-44.

Böning, Holger (1999): Das Intelligenzblatt. In: Fischer, Ernst/Haefs,Wilhelm/Mix, York-Gothart (Hg.): Von Almanach bis Zeitung. Ein Handbuch der Medien in Deutschland 1700-1800. München, 89-104.

Bou-Franch, Patricia/ Garcés-Conejos Blitvich, Pilar (2014): Conflict management in massive polylogues: A case study from YouTube. In: Journal of Pragmatics 73, 19-36.

Bou-Franch, Patricia/Lorenzo-Dus, Nuria/Garcés-Conejos Blitvich, Pilar (2012): Social Interaction in YouTube Text-Based Polylogues: A Study of Coherence. In: Journal of Computer-Mediated Communication 17, 501-521.

Bousfield, Derek (2008): Impolitness in the struggle for power. In: Bousfield, Derek/Locher, Miriam A. (Hg.): Impoliteness in Language : Studies on Its Interplay with Power in Theory and Practice. Berlin, 127-153.

Brinker, Klaus/Cölfen, Hermann/Pappert, Steffen (2018): Linguistische Textanalyse. Eine Einführung in Grundbegriffe und Methoden. 9. Auflage, Berlin.

Brown, Penelope/Levinson, Stephen C. (1987): Politeness: Some universals in language usage. Cambridge.

Brückner, Lara/Schweiger Wolfgang (2017): Facebook discussions of journalistic news: Investigating article objectivity, topic, and media brand as influencing factors. In: Studies in Communication and Media, 6. Jg. 4/2017, Baden-Baden, 365-394.

Bruxelles, Sylvie/Kerbrat-Orecchioni, Catherine (2004): Coalitions in polylogues. In: Journal of Pragmatics 36, 75-113.

Bucher, Hans Jürgen/Gloning, Thomas/Lehnen, Katrin (2010): Medienformate: Ausdifferenzierung und Konvergenz – Zum Zusammenhang von Medienwandel und Formatwandel. In: Bucher, Hans Jürgen/Gloning, Thomas/Lehnen, Katrin (Hg.): Neue Medien – Neue Formate. Ausdifferenzierung und Konvergenz in der Medienkommunikation. Frankfurt am Main, 9-40.

Bucher, Hans-Jürgen (2007): Textdesign und Multimodalität. Zur Semantik und Pragmatik medialer Gestaltungsformen. In: Roth, Kersten Sven/Spitzmüller, Jürgen: Textdesign und Textwirkung in der massenmedialen Kommunikation. Konstanz, 49-76.

Bucher, Hans-Jürgen (2004a): Das Netzwerk-Medium: Wie das Internet die Kommunikation verändert. In: Geographie und Schule, Jhg. 26, 147. Hallbergmoos, 2-7.

Bucher, Hans-Jürgen (2004b): Online-Interaktivität – ein hybrider Begriff für eine hybride Kommunikationsform. In: Bieber, Christoph/Leggewie, Claus (Hg.): Interaktivität. Ein transdiziplinärer Schlüsselbegriff. Frankfurt am Main, 132-167.

Bucher, Hans-Jürgen (2001): Wie interaktiv sind die neuen Medien? Grundlagen einer Theorie der Rezeption nicht-linearer Medien. In: Bucher, Hans-Jürgen/Püschel, Ulrich (Hg.): Die Zeitung zwischen Print und Digitalisierung, Wiesbaden, 139-172.

Bucher, Hans-Jürgen (2000): Journalismus als kommunikatives Handeln. Grundlagen einer handlungstheoretischen Journalismustheorie. In: Löffelholz, Martin (Hg.): Theorien des Journalismus. Ein diskursives Handbuch. Wiesbaden, 245-273.

Bucher, Hans-Jürgen/Blum, Joachim (1998): Die Zeitung: Ein Multimedium. Textdesign - ein Gestaltungskonzept für Text, Bild und Grafik. Konstanz.

Bucher, Hans-Jürgen (1991): Pressekritik und Informationspolitik. Zur Theorie und Praxis einer linguistischen Medienkritik. In: Bucher, Hans-Jürgen/Straßner, Erich: Mediensprache - Medienkommunikation - Medienkritik. Tübingen, 3-109.

Bucher, Hans-Jürgen (1989): Zeitungen und Leser im Dialog. Ein Beitrag zur kommunikativen Analyse von Pressetexten. In: Weigand, Edda/Hundsnurscher, Franz: Dialoganalyse II. Referate der 2. Arbeitstagung Bochum 1988. Tübingen, 287-303.

Bucher, Hans-Jürgen (1986): Pressekommunikation. Grundstrukturen einer öffentlichen Form der Kommunikation aus linguistischer Sicht. Tübingen.

Bucher, Hans-Jürgen/Fritz, Gerd (1989): Sprachtheorie, Kommunikationsanalyse, Inhaltsanalyse. In: Baacke, Dieter/Kübler, Hans-Dieter (Hg.): Qualitative Medienforschung. Konzepte und Erprobungen. Tübingen, 135-160.

Büffel, Steffen (2008): Crossmediale Transformation lokaler Öffentlichkeiten: Strategien von Zeitungsverlagen im Social Web. In: Zerfaß, Ansgar/Welker, Martin/Schmidt, Jan (Hg.): Kommunikation, Partizipation und Wirkungen im Social Web. Band 2: Strategien und Anwendungen: Perspektiven für Wirtschaft, Politik und Publizistik. Köln, 134-153.

Burkhardt, Armin (1986): Soziale Akte. Sprechakte und Textillokutionen. A. Reinachs Rechtsphilosophie und die moderne Linguistik. Tübingen.

Cheng, Hsin-Yi/Gloning, Thomas (2017): Spielarten des Personenportraits in Zeitungen. Strukturen und Funktionen eines Textmusters. GEB – Gießener Elektronische Bibliothek.

Chovanec, Jan/Dynel, Marta (2015): Researching interactional forms and participant structures in public and social media. In: Chovanec, Jan/Dynel, Marta (Hg.): Participation in Public and Social Media Interactions. Amsterdam/Philadelphia, 1-26.

Coe, Kevin/Kenski, Kate/Rains, Stephen A. (2014): Online and Uncivil? Patterns and Determinants of Incivility in Newspaper Website Comments. Journal of Communication 64, 658-679.

Cohen, Joshua (1997). Deliberation and democratic legitimacy. In: Bohman, James/Rehg, William (Hg.): Deliberative Democracy. Essays on reason and politics. Cambridge, 67–91.

Cook, Guy (1989): Discourse. Oxford.

Crouch, Colin (2004): Post-democracy. Oxford.

Curran, James (2002): Media and Power. London/New York.

Cutting, Joan (2000): Analysing the Language of Discourse Communities. Oxford.

Dahlberg, Lincoln (2001): Computer-Mediated Communication and The Public Sphere: A Critical Analysis. In: Journal Of Computer-Mediated Communication. Band 7, Ausgabe 1. (https://doi.org/10.1111/j.1083-6101.2001.tb00137.x)

Davidson, Donald (1984): Truth and Meaning. In: Inquiries into Truth and Interpretation. New York, 17-36.

Dennen, Vanessa Paz (2009): Constructing academic alter-egos: identity issues in a blog-based community. In: Identity in the Information Society. Band 2, Ausgabe 1, 23-38. (https://doi.org/10.1007/s12394-009-0020-8)

Dennett, Daniel (1987): The Intentional Stance. Cambridge.

Dürscheid, Christa (2002): E-Mail und SMS – Ein Vergleich. In: Ziegler, Arne/Dürscheid, Christa (Hg.): Kommunikationsform E-Mail. Tübingen, 93-114.

Dynel, Marta (2014): Participation framework underlying YouTube interaction. In: Journal of Pragmatics 73, 37-52.

Eckkrammer, Martha/Knauer, Gabriele (2015): Kommunikative Handlungsmuster im Wandel: theoretische und methodische Bausteine ausgelotet anhand der Textsorte ,Leserbrief'. In: Rentel, Nadine/Schröder, Tilman/Schröpf, Ramona (Hg.): Kommunikative Handlungsmuster im Wandel? Frankfurt am Main, 249-282.

Edwards, Arthur (2013): (How) do participants in online discussion forums create 'echo chambers'? The inclusion and exclusion of dissenting voices in an online forum about climate change. In: Lewiński, Marcin/Mohammed, Dima (Hg.): Argumentation in Political Deliberation. Amsterdam/Philadelphia, 127-150.

Ehlich, Konrad (1984): Zum Textbegriff. In: Rothkegel, A./Sandig, B.: Text – Textsorten – Semantik. Hamburg, 9-25.

Ehrhardt, Claus (2009): Internetforen: Kommunikation und Diskussionskultur oder „Forenbeiträge schreiben ist quasi das fast-Food der Schreiberei". In: Moraldo, Sandro (Hg.): Internet.kom. Neue Sprach- und Kommunikationsformen im World Wide Web. Band 1: Kommunikationsplattformen. Rom, 109-155.

Fandrych, Christian/Thurmair, Maria (2011): Textsorten im Deutschen. Linguistische Analysen aus sprachdidaktischer Sicht. Tübingen.

Fillmore, Charles J. (1994): Humor in academic discourse. In: Grimshaw, A.D.: What's going on here? Complementary Studies of Professional Talk. New Jersey.

Fix, Ulla (2014): Aktuelle Tendenzen des Textsortenwandels. In: Hauser, Stefan/ Kleinberger, Ulla/ Roth, Kersten Sven (Hg.): Musterwandel – Sortenwandel. Bern, 15-48.

Fix, Ulla (2012): Leserbriefe. Die mediale Konstruktion von Diskursgemeinschaften. In: Grösslinger, Christian/Held, Gudrun/ Stöckl, Hartmut (Hg.): Pressetextsorten jenseits der ,News'. Frankfurt am Main, 139-158.

Fix, Ulla (2008): Texte und Textsorten – sprachliche, kommunikative und kulturelle Phänomene. Berlin.

Fix, Ulla (2000): Aspekte der Intertextualität. In: Brinker, Klaus et al. (Hg.): Text- und Gesprächslinguistik. Ein internationales Handbuch zeitgenössischer Forschung. 1. Halbband. Berlin/New York, 449-457.

Fleck, Ludwik (1980): Entstehung und Entwicklung einer wissenschaftlichen Tatsache. Einführung in die Lehre vom Denkstil und Denkkollektiv. Frankfrut am Main.

Fritz, Gerd (2017): Dynamische Texttheorie. 2. Auflage. Gießen.

Fritz, Gerd (2016): Textsemantik - Was ist das? In: Bons, Iris/Fritz, Gerd/Glonig, Thomas (Hg.): Linguistische Untersuchungen. Gießener Elektronische Bibliothek, 45-60.

Fritz, Gerd (2011); Texttypen in wissenschaftlichen Blogs. In: Gloning, Thomas/Fritz, Gerd (Hg.): Digitale Wissenschaftskommunikation. Formate und ihre Nutzung. Gießen, 205-286.

Fritz, Gerd (2008): Communication principles for controversies: A historical perspective. In: Eemeren, Frans H./Garssen, Bart (Hg.): Controversy and Confrontation. Amsterdam/Philadelphia, 109-124.

Fritz, Gerd (2001): Text types in a new medium. In: Journal of Historical Pragmatics, Volume 2, Issue 1. Amsterdam, 69-83.

Fritz, Gerd (1999): Coherence in Hypertext. In: Bublitz, Wolfram/Lenk, Uta/Ventola, Eija (Hg.): Coherence in Spoken and Written Discourse. Amsterdam/Philadelphia.

Fritz, Gerd/Straßener, Erich (1996): Die Sprache der ersten deutschen Wochenzeitungen im 17. Jahrhundert. Tübingen.

Fritz, Gerd (1994a): Geschichte von Dialogformen. In: Fritz, Gerd/Hundsnurscher, Franz (Hg.): Handbuch der Dialoganalyse. Tübingen, 545-562.

Fritz, Gerd (1994b): Grundlagen der Dialogorganisation. In: Fritz, Gerd/Hundsnurscher, Franz (Hg.): Handbuch der Dialoganalyse. Tübingen, 177-202.

Fritz, Gerd (1986): Bedeutungsbeschreibung und die Grundstrukturen von Kommunikationsformen. In: Hundsnurscher, F./Weigand, E. (Hg): Dialoganalyse. Tübingen 1986, 267-280.

Fritz, Gerd (1975): Sprachliche Interaktion: Gemeinsam Planen. In: Zeitschrift für Germanistische Linguistik 3, 1975, 257-279.

Fritz, Gerd/Bader, Anita (2010): Digitale Formate in der Wissenschaftskommunikation: Konstellationen und Konvergenzen. In: Bucher, Hans-Jürgen/Gloning, Thomas/Lehnen, Katrin (Hg.): Neue Medien – Neue Formate. Ausdifferenzierung und Konvergenz in der Medienkommunikation. Frankfurt a.M./New York, 337-355.

Fritz, Gerd/Muckenhaupt, Manfred (1984): Kommunikation und Grammatik. 2. Aufl. Tübungen.

Fritz, Gerd/Hundsnurscher, Franz (1975): Sprechaktsequenzen. Überlegungen zur Vorwurf-/Rechtfertigungs-Interaktion. Der Deutschunterricht 27/2, 81-103.

Gansel, Christina (2011): Textsortenlinguistik. Göttingen.

Gansel, Christina/Jürgens, Frank (2009): Textlinguistik und Textgrammatik. Eine Einführung. Göttingen.

Gehlen, Dirk von (2011): Journalisten müssen lernen zu telefonieren. Das Internet als Dialogmedium. In: Jakubetz, Christian/Lange, Ulrike/Hohlfeld, Ralf (Hg.): Universalcode. Journalismus im digitalen Zeitalter. München, 377-394.

Gibson, James J. (1977): The theory of affordances. In: Shaw, Robert/Bransford, John (Hg.): Perceiving, Acting and Knowing. New York, 67-82.

Gilbert, Margaret (1989): On Social Facts. Princeton.

Giessen, Hans W. (2016): Nur noch Kommentare? Zum Verschwinden eines Genres – am Beispiel der *Süddeutschen Zeitung*. In: Lenk, Hartmut E.H. (Hg.): Persuasionsstile in Europa II. Hildesheim: Olms, 149-168.

Gloning, Thomas (2015): Textkomposition und Multimodalität in Thurneyssers Buch über die Erdgewächse (1578). Eine Erkundung. In: Schuster, Britt-Marie/Dogaru, Dara Janetta (Hg.): Wirksame Rede im Frühneuhochdeutschen: Syntaktische und textstilistische Aspekte. Hildesheim/Zürich/New York, 177-211.

Gloning, Thomas (2011); Interne Wissenschaftskommunikation im Zeichen der Digitalisierung. Formate, Nutzungsweisen, Dynamik. In: Gloning, Thomas/Fritz, Gerd (Hg.): Digitale Wissenschaftskommunikation. Formate und ihre Nutzung. Gießen, 3-34.

Gloning, Thomas (2010): Funktionale Textbausteine in der historischen Textlinguistik. Eine Schnittstelle zwischen der Handlungsstruktur und der syntaktischen Organisation von Texten. In: Ziegler, Arne (Hg.): Historische Textgrammatik und Historische Syntax des Deutschen. Band 1. Berlin/New York, 173-193.

Gloning, Thomas: (2008a) „Man schlürft Schauspielkunst ...". Spielarten der Theaterkritik. In: Hagestedt, Lutz (Hg.): Literatur als Lust. Begegnungen zwischen Poesie und Wissenschaft. Festschrift für Thomas Anz. München, 59-86.

Gloning, Thomas (2008b): Textgebrauch und textuelle Muster in der wissenschaftlichen Medizin des 19. Jahrhunderts. Exemplarische Untersuchungen und Forschungsaufgaben. In: Gansel, Christina (Hg.): Textsorten und Systemtheorie. Göttingen, 67-93.

Gloning, Thomas (1996): Zur Vorgeschichte von Darstellungsformen und Textmerkmalen der ersten Wochenzeitungen. In: Fritz, G./Straßner, E. (Hg.): Die Sprache der ersten deutschen Wochenzeitungen des 17. Jahrhunderts. Tübingen, 196-258.

Gloning, Thomas (1994): Praktische Semantik und Linguistische Kommunikationsanalyse. In: Fritz, Gerd/Hundsnurscher, Franz (Hg.): Handbuch der Dialoganalyse. Tübingen, 113-130.

Glüer, Juliane (2000): Meßrelationen um 1600 – ein neues Medium zwischen aktueller Presse und Geschichtsschreibung. Göppingen.

Goffman, Erving (1981): Forms of Talk. Philadelphia.

Goodwin, Jean (2005): Designing Premisses. In: van Eemeren, Frans H./Houtlosser, Peter (Hg.): Argumentation in Practice. Amsterdam/Philadelphia, 99-114.

Graßl, Constanze (2014): Merkmale von Mündlichkeit und Schriftlichkeit in Foren-beiträgen. In: Berg, Frieda/Mende, Yvonne (Hg.): Verstehen und Verständigung in der Interaktion. Analysen von Online-Foren, SMS, Instant Messaging, Video-Clips und Lehrer-Eltern-Gesprächen. Mannheim, 5-19.

Gruber, Helmut (2013): Mailing List Communication. In: Herring, Susan/Stein, Dieter/Virtanen, Tuija (Hg.): Pragmatics of Computer-Mediated Communication. Berlin/New York, 55-82.

Grice, H. Paul (1989): Studies in the Way of Words. Harvard.

Große, Sybille (2015): Kommentare politischer Blogs. Interaktion zwischen Konvention und sprachlicher Freiheit: Blog Generación Y. In: Rentel, Nadine/Schröder, Tilman/Schröpf, Ramona (Hg.): Kommunikative Handlungsmuster im Wandel? Frankfurt am Main, 35-66.

Gutmann, Amy/Thompson, Dennis (1996): Democracy And Disagreement. Cambridge.

Hajer, Maarten (1995): The Politics of Environmental Discourse: Ecological Modernization and the Policy Process. Oxford.

Heinemann, Margot/Heinemann, Wolfgang (2002): Grundlagen der Textlinguistik. Interaktion – Text – Diskurs. Tübingen.

Heinemann, Wolfgang (2001): Textsorte – Textmuster – Texttyp. In: Brinker, Klaus/Antos, Gerd/Heinemann, Wolfgang/Sager, Sven F. (Hg.): Text- und Gesprächslinguistik. Ein internationales Handbuch zeitgenössischer Forschung. Berlin/New York, 507-523.

Heinemann, Wolfgang (2000): Textsorten. Zur Diskussion um Basisklassen des Kommunizierens. In: Adamzik, Kirsten (Hg.): Textsorten. Reflexionen und Analysen. Tübingen, 9-30.

Heinemann, Wolfgang/Viehweger, Dieter (1991): Textlinguistik: Eine Einführung. Tübingen.

Hellwig, Peter (1984): Titulus oder Über den Zusammenhang von Titeln und Texten. Titel sind ein Schlüssel zur Textkonstitution. In: Zeitschrift für germanistische Linguistik 12, 1-20.

Heringer, Hans Jürgen (2015): Linguistische Texttheorie. Eine Einführung. Tübingen.

Heringer, Hans Jürgen (1990): Ich gebe Ihnen mein Ehrenwort. Politik, Sprache, Moral. München.

Heringer, H. J./Öhlschläger, G./Strecker, B./Wimmer, R. (1977): Einführung in die Praktische Semantik. Heidelberg.

Heupel, Julia (2007): Der Leserbrief in der deutschen Presse. München.

Hoffmann, Clemens (2014): Sprachliche Hierarchieetablierung in Onlineforen. Theoretische Vorüberlegungen und erste Perspektiven einer praktischen Anwendung. In: Berg, Frieda/Mende, Yvonne (Hg.): Verstehen und Verständigung in der Interaktion. Analysen von Online-Foren, SMS, Instant Messaging, Video-Clips und Lehrer-Eltern-Gesprächen. Mannheim, 20-37.

Hoffmann, Ludger (1998): Das Gesetz. In: Hoffmann, Lothar/Kalverkämper, Hartwig/Wiegand, Herbert Ernst (Hg.): Fachsprachen. Ein internationales Handbuch zur Fachsprachenforschung und Terminologiewissenschaft. Berlin/New York.

Hoffmann, Ludger (1991): Vom Ereignis zum Fall. Sprachliche Muster zur Darstellung und Überprüfung von Sachverhalten vor Gericht. In: Schönert, Jörg (Hg.): Erzählte Kriminalität. Zur Typologie und Funktion von narrativen Darstellungen in Strafrechtspflege, Publizistik und Literatur zwischen 1770 und 1920. Tübingen.

Hoffmann, Ludger (1983): Kommunikation vor Gericht, Tübingen.

Hohlfeld, Ralf (2016): Journalistische Beobachtungen des Publikums. In: Meier, Klaus, Neuberger, Christian (Hg.): Journalismusforschung. Baden-Baden, 265-286.

Hutchby, Ian (2001): Technologys, Texts and Affordances. In: Sociology Vol. 35, No. 2, 441-456.

Illich, Ivan (1991): Im Weinberg des Textes. Als das Schriftbild der Moderne entstand. Frankfurt am Main.

Jakobs, Eva-Maria (1999): Textvernetzung in den Wissenschaften. Zitat und Verweis als Ergebnis rezeptiven, reproduktiven und produktiven Handelns. Tübingen.

Jakobs, Ilka (2014): Diskutieren für mehr Demokratie? Zum deliberativen Potenzial von Leserkommentaren zu journalistischen Texten im Internet. In: Loosen, Wiebke/Dohle, Marco (Hg.): Journalismus und (sein) Publikum. Schnittstellen zwischen Journalismusforschung und Rezeptions- und Wirkungsforschung. Wiesbaden, 191-210.

Janich, Nina (2008): Intertextualität und Text(sorten)vernetzung. In: Janich, Nina (Hg.): Textlinguistik. 15 Einführungen. Tübingen.

Kellner, David (2004): The Persian Gulf TV War Revisited. In: Allan, Stuart/Zelizer, Barbie (Hg.): Reporting War. Journalism In Wartime. New York.

Kerbrat-Orecchioni, Catherine (2004): Introducing Polylogue. In: Journal of Pragmatics 36, 1-24.

Klein, Josef (2007): Intertextualität, Geltungsmodus, Texthandlungsmuster. Drei vernachlässigte Kategorien der Textsortenforschung. In: Adamzik, Kirsten (Hg.): Textsorten. Reflexionen und Analysen. Tübingen, 31-44.

Kleinen-von Köngislöw, Katharina (2017): Neue Medien, neue Nutzungsgewohnheiten. Warum wir Facebook-Freunden mehr vertrauen als etablierten Nachrichtenmedien. In: Lilienthal, Volker/Neverla, Irene (Hg.): „Lügenpresse" Anatomie eines politischen Kampfbegriffs. Köln, 95-113.

Kohnen, Richard (1995): Pressepolitik des Deutschen Bundes. Methoden staatlicher Pressepolitik. Tübingen.

Kölbel, Max (2011): Conversational Score, Assertion and Testimony. In: Brown, Jessica/ Cappelen, Herman (Hg.): Assertion. New Philosophical Essays. Oxford.

Koszyk, Kurt: Deutsche Presse im 19. Jahrhundert. Geschichte der deutschen Presse. Teil II. Berlin.

Kress, Gunther/Jewitt, Carey/Ogborn, Jon/Charalampos, Tsatsarelis (2000): Multimodal Teaching and Learning. The Rhetorics of the Science Classroom. London.

Krüger, Uwe (2017): Medien-Mainstream. Eine Streitschrift wider Konformität im Journalismus und für eine kritische Journalistik. In: Lilienthal, Volker/Neverla, Irene (Hg.): „Lügenpresse" Anatomie eines politischen Kampfbegriffs. Köln, 248-265.

Krüger, Uwe (2016): Mainstream. Warum wir den Medien nicht mehr trauen. München.

Kruspel, Ines (2009): *Spiegel Online* ist ein Meinungsmacher. Nutzungsmuster und Nutzungsmotive von *Spiegel Online*. In: Meyen, Michael/Pfaff-Rüdiger, Senta (Hg.): Internet im Alltag. Qualitative Studien zum praktischen Sinn von Onlineangeboten. Berlin, 255-276.

Kurth, Karl (Hg.) (1944): Die ältesten Schriften für und wider die Zeitung. Die Urteile des Christophorus Besoldus (1629), Ahasver Fritsch (1676), Christian Weise (1676) und Tobias Peucer (1690) über den Gebrauch und Mißbrauch der Nachrichten. München.

Lange, Ernst Michael (2016): Gründe und Ursachen. Was Wittgenstein Davidson hätte antworten können. Selbstverlag: https://emilange.de/online-originale/

Lange, Ernst Michael (1985): Semantik, Handlungserklärung, Sozialwissenschaft. Zu Macdonald/Pettit: „Semantics and Social Science". In: Analyse und Kritik VII, Berlin/New York, 44-74.

Leech, Geofrey (2015): The Pragmatics of Politeness. New York.

Leech, Geofrey (1983): Principles of Communication. London.

Lenk, Hartmut (2012): Methodologische Probleme des Textsortenvergleichs am Beispiel des Kommentars. In: Tekst I Dyskurs – Text und Diskurs. Ausgabe 5, 2012. Warschau, 155-171.

Levinson, Stephen C. (2000): Pragmatik. Tübingen.

Levinson, Stephen C. (1988): Putting linguistics on a proper footing: Explorations in Goffman's concepts of participation. In: Drew, Paul, Wootton, Anthony J. (Hg.): Erving Goffman: Exploring the Interaction Order. Cambridge, 161-227.

Lewiński, Marcin (2014a): Argumentative Polylogues: Beyond Dialectical Understanding Of Fallacies. In: Studies in Logic, Grammar and Rhetoric 36 (49). Bialystok, 193-218.

Lewiński, Marcin (2014b): Practical reasoning in argumentative polylogues. In: Revista Iberoamericana de Argumentación, 8, 1-20.

Lewiński, Marcin (2011): The Collective Antagonist. Multiple Criticism in Informal Online Deliberation. In: Proceedings of the 7th Conference of the International Society for the Study of Argumentation. Amsterdam, 1089-1101.

Lewiński, Marcin (2010): Internet political discussion forums as an argumentative activity type: A pragma-dialectical analysis of online forms of strategic manoeuvring with critical reactions. Amsterdam.

Lindemann, Margot (1969): Deutsche Presse bis 1815. Berlin.

Locher, Miriam A./Bolander, Brook/Höhn, Nicole (2015): Introducing Relational Work in Facebook and Discussion Boards. In: Pragmatics 25:1, 1-21.

Loosen, Wiebke et al. (2017): Making sense of user comments. Identifying journalists' requirements for a comment analysis framework. In: Studies in Communication and Media, 6. Jg. 4/2017, Baden-Baden, 333-364.

Loosen, Wiebke (2016): Publikumsbeteiligung im Journalismus. In: Meier, Klaus, Neuberger, Christian (Hg.): Journalismusforschung. Baden-Baden, 287-318.

Lorenzo-Dus, Nuria/Garcés-Conejos Blitvich, Pilar/Bou-Franch, Patricia (2011): Online polylogues and impoliteness: The case of postings sent in response to the Obama Reggaeton YouTube video. In: Journal of Pragmatics 43, 2578-2593.

Luckmann, Thomas (1986): Grundformen der gesellschaftlichen Vermittlung des Wissens: Kommunikative Gattungen. In: Neidhardt, Friedhelm/Lepsius, M. Rainer/Weiß, Johannes (Hg.): Kultur und Gesellschaft. Sonderheft 27 der Kölner Zeitschrift für Soziologie und Sozialpsychologie. Plauen, 190-211.

Lüger, Heinz-Helmut (2017): Kommentieren als komplexes Sprachhandeln. In: Giessen, Hans W./Lenk, Harmut E.H. (Hg.): Persuasionsstile in Europa III. Hildesheim: Olms, 179-203.

Marcoccia, Michel (2004): On-line polylogues: conversation structure and participation framework in internet newsgroups. In: Journal of Pragmatics 36, 115-145.

Meyen, Michael (2018a): Kommentare zu, Demokratie tot. In: Michael Meyen (Hrsg.): Medienrealität. https://medienblog.hypotheses.org/2512

Meyen, Michael (2018b): Medienkritik online. In: Michael Meyen (Hrsg.): Medienrealität. https://medienblog.hypotheses.org/1392

Mlitz, Andrea (2008): Dialogorientierter Journalismus. Leserbriefe in der deutschen Tagespresse. Konstanz.

Motsch, Wolfgang (1996): Zur Sequenzierung von Illokutionen. In: Motsch, Wolfgang (Hg.): Ebenen der Textstruktur. Sprachliche und kommunikative Prinzipien. Tübingen, 189-208.

Motsch, Wolfgang/Reis, Marga/Rosengren, Inger (1990): Zum Verhältnis von Satz und Text. In: Deutsche Sprache 18, 97-125.

Muckenhaupt, Manfred (1978): Lernziel sprachliches Handeln: Lernziele für einen kommunikativen Sprachunterricht in der Sekundarstufe I. München.

Neuberger, Christoph (2009): Internet, Journalismus und Öffentlichkeit. In: Neuberger, Christoph/Nuernbergk, Christian/Rischke, Melanie (Hg.): Journalismus im Internet. Profession – Partizipation – Technisierung. Wiesbaden, 19-106.

Nuernbergk, Christian (2013): Anschlusskommunikation in der Netzwerköffentlichkeit. Ein inhalts- und netzwerkanalytischer Vergleich der Kommunikation im „Social Web" zum G8-Gipfel von Heiligendamm. Baden-Baden.

Pappert, Steffen/Roth, Kersten Sven (2016): Diskursrealisation in Online-Foren. In: Zeitschrift für Angewandte Linguistik, Band 65, Heft 1, 33-67.

Pasquay, Anja (2016): Die deutschen Zeitungen in Zahlen und Daten 2016. Bundesverband Deutscher Zeitungsverleger e.V. (Hg.). Berlin.

Perlot, Flooh (2008): Deliberative Demokratie und Internetforen - Nur eine virtuelle Diskussion? Baden-Baden.

Petley, Julian (2011): Rules, Recycling, Filters and Conspiracies: Nick Davies and the Propaganda Model. In: Franklin, Bob/Carlson, Matt (Hg.): Journalists, Sources, and Credibility. New Perspectives. New York/London, 75-89.

Phillips, Angela (2011): Journalists as Unwilling 'Sources'. In: Franklin, Bob/Carlson, Matt (Hg.): Journalists, Sources, and Credibility. New Perspectives. New York/London, 49-60.

Phillips, Angela/Couldry, Nick/Freedman, Des (2010): An ethical deficit: Accountability, norms and the material conditions of contemporary journalism. In: Fenton, Natalie (Hg.): New Media, Old News. London, 51-68.

Prochazka, Fabian/Schweiger, Wolfgang (2016): Medienkritik online - Was kommentierende Nutzer am Journalismus kritisieren. In: Studies in Communication and Media, 5. Jg. 4/2016, Baden-Baden, 454-469.

Quandt, Thorsten (2005): Journalisten im Netz. Eine Untersuchung journalistischen Handelns in Online-Redaktionen. Wiesbaden.

Raabe, Johannes (2005): Die Beobachtung journalistischer Akteure. Optionen einer empirisch-kritischen Journalismusforschung. Wiesbaden.

Ramge, Hans/Schuster, Britt-Marie (2001): Kommunikative Funktionen des Zeitungskommentars. In: Leonhard, Joachim-Felix/Ludwig, Hans-Werner/Scharz, Dietrich/Straßner, Erich (Hg.): Medienwissenschaft. Ein Handbuch zur Entwicklung der Medien und Kommunikationsformen. 2. Teilbd. Berlin u. a., 1702–1712.

Ramge, Hans (1991): Dialogisches in politischen Zeitungskommentaren. In: Stati, S./Weigand, E./Hundsnurscher, F. (Hg.): Dialoganalyse III, Teil 2. Tübingen, 217-229.

Rawls, John (1997): The Idea Of Public Reason. In: Bohman, James (Hg.): Deliberative democracy: essays on reason and politics. Cambridge, 93-141.

Reich, Zvi (2011): User Comments: The transformation of the participatory space. In: Singer, Jane B./Hermida, Alfred et al. (Hg.): Participatory Journalism. Guarding Open Gates at Online Newspapers. Chichester, 96-118.

Requate, Jörg (2004): Die Zeitung als Medium politischer Kommunikation. In: Frevert, Ute/Braungart, Wolfgang (Hg.): Sprachen des Politischen. Medien und Medialität in der Geschichte. Göttingen.

Requate, Jörg (2002): Journalismus als Beruf. Entstehung und Entwicklung des Journalistenberufs im 19. Jahrhundert. Deutschland im internationalen Vergleich. Göttingen.

Rolf, Eckard (1993): Die Funktion der Gebrauchstextsorten. Berlin/New York.

Ruiz, Carlos/Domingo, David/Micó, Josep Lluís/Díaz-Noci, Javier/Meso, Koldo/Masip, Pere (2011): Public Sphere 2.0? The Democratic Qualities of Citizen Debates in Online Newspapers. In: The International Journal of Press/Politics 16(4), 463-487.

Sacks, Harvey/Schegloff, Emanuel A./Jefferson, Gail (1978): A simplest systematics for the organization of turn-taking in conversation. In: Schenkein, J. (Hg.): Studies in the Organization of Conversational Interaction. New York, 7-55.

Sandig, Barbara (1972): Zur Differenzierung gebrauchssprachlicher Textsorten im Deutschen. In: Gülich, Elisabeth/Raible, Wolfgang (Hg.): Textsorten, Differenzierungskriterien aus linguistischer Sicht. Frankfurt am Main, 113-124.

Scannell, Paddy (1991): Introduction: The Relevance of Talk. In: Scannell, Paddy (Hg.): Broadcast Talk. London, 1-13.

Schäflein-Armbruster, Robert (1994): Dialoganalyse und Verständlichkeit. In: Fritz, Gerd/Hundsnurscher, Franz (Hg.): Handbuch der Dialoganalyse. Tübingen, 493-517.

Schalkowski, Edmund (2011): Kommentar, Glosse, Kritik. Konstanz.

Schmitz, Ulrich (2016): Multimodale Texttypologie. In: Klug, Nina-Maria/Stöckl, Hartmut: Handbuch Sprache im multimodalen Kontext. Berlin/Boston, 327-347.

Schmitz, Ulrich (2015): Einführung in die Medienlinguistik. Darmstadt.

Schreyer, Paul (2018): Die Angst der Eliten. Wer fürchtet die Demokratie? Frankfurt am Main.

Schröder, Thomas (2003): Die Handlungsstruktur von Texten. Ein integrativer Beitrag zur Texttheorie. Tübingen.

Schröder, Thomas (1995): Die ersten Zeitungen. Textgestaltung und Nachrichtenauswahl. Tübingen.

Schönhagen, Philomen (1995): Die Mitarbeit der Leser. Ein erfolgreiches Zeitungskonzept des 19. Jahrhunderts. München.

Schudson, Michael (2011): The Sociology of News. New York/London.

Schudson, Michael (1982): The Politics of Narrative Form: The Emergence of News Conventions in Print and Television. In: Daedalus, Vol. 111, No. 4: Print Culture and Video Culture. Cambridge, 97-112.

Schütz, Walter (1996): Vielfalt oder Einfalt? Zur Entwicklung der Presse in Deutschland 1945-1995. In: 5. Forum der Landeszentrale für politische Bildung Baden-Württemberg: „Man muß daran glauben..." – Politik und Publizistik. Stuttgart.

Schweikard, David P./Schmid, Hans Bernhard (2016): Kollektive Intentionalität und kollektives Handeln. In: Kühler, Michael/Rüther, Markus (Hg.): Handbuch Handlungstheorie. Grundlagen, Kontexte, Perspektiven. Stuttgart.

Searle, John R. (2010): Making the social world. The structure of human civilization. Oxford.

Searle, John R. (1975): A taxonomy of illocutionary acts. In: Language, Mind and Knowledge, Minnesota Studies in the Philosophy of Science, 344-369.

Searle, John R. (1969): Speech Acts. An Essay in the Philosophy of Language. Cambridge.

Segbers, Michael (2007): Die Ware Nachricht. Wie Nachrichtenagenturen ticken. Konstanz.

Stegert, Gernot (1993): Filme rezensieren in Presse, Radio und Fernsehen. München.

Stöber, Rudolf (2005): Deutsche Pressegeschichte. Konstanz.

Stopfner, Maria (2012): *PS: keine „ausländerfeindin", nur eine patriotin* – Konstruktion rechter bzw. extrem rechter Identität in Leser-Postings. In: Bedjis, Kristina/Heyder, Karolina-Henriette (Hg.): Sprache und Personen im Web 2.0. Berlin, 111-130.

Storrer, Angelika (2008): Hypertextlinguistik. In: Janich, Nina (Hrsg.): Textlinguistik. 15 Einführungen. Tübingen, 211-227.

Storrer, Angelika (1999): Kohärenz in Text und Hypertext. In: Lobin, Henning (Hg.): Text im digitalen Medium. Linguistische Aspekte von Textdesign, Texttechnologie und Hypertext Engineering. Opladen/Wiesbaden, 33-66.

Tollefsen, Deborah (2015): Groups As Agents. Cambridge.

Toulmin, Stephen/Rieke, Richard/Janik, Allan (1984): An Introduction To Reasoning. Second Edition. New York.

Van Dijk, Teun A. (1988): News as discourse. Hillsdale.

Van Dijk, Teun A. (1980): Textwissenschaft. Eine interdisziplinäre Einführung. Tübingen.

van Eemeren, Frans H./Grootendorst, Rob/Snoeck Henkemanns, A. Francisca (2002): Argumentation. Analysis, Evaluation, Presentation. New Jersey.

Wachowski, Goulnara (2016): Leserbrief und Identitätskonstruktion. Am Beispiel von Diskursen der ost- und westdeutschen Tagespresse 1979–1999. Frankfurt am Main.

Weingarten, Rüdiger (2000): Voraussetzungen und Formen technisch realisierter Kommunikation. In: Brinker, Klaus et al. (Hg.): Text- und Gesprächslinguistik. Ein internationales Handbuch zeitgenössischer Forschung. 2. Halbband. Berlin/New York, 1141-1148.

Weiß, Julia: „Ich habe eine aktuelle Zeitung und die ist auch noch umsonst." Motive für die Nutzung von *sueddeutsche.de*. In: Meyen, Michael/Pfaff-Rüdiger, Senta (Hg.): Internet im Alltag. Qualitative Studien zum praktischen Sinn von Onlineangeboten. Berlin, 231-254.

Wenz, Kathrin (2017): Online Text Types. In: Bedijs, Kristina/Maaß, Christiane (Hg.): Manual of Romance Languages in the Media. Berlin/Boston, 94-109.

Wenz, Kathrin (2012): Entstehung neuer Textsorten im Internet - Überlegungen am Beispiel von Weblogs. In: Bedijs, Kristina/Heyder, Karolin Henriette (Hg.): Sprache und Personen im Web 2.0. Linguistische Perspektiven auf YouTube, SchülerVZ & Co. (= Hildesheimer Beiträge zur Medienforschung 1). Berlin, 153-170.

Wiesinger, Andreas (2010): Intra- und intermediale Verweise in Boulevardzeitungen. In: Bucher, Hans-Jürgen/Gloning, Thomas/Lehnen, Katrin (Hg.): Neue Medien – Neue Formate. Ausdifferenzierung und Konvergenz in der Medienkommunikation. Frankfurt am Main, 301-317.

Wilke, Jürgen (2000): Grundzüge der Medien- und Kommunikationsgeschichte. Von den Anfängen bis ins 20. Jahrhundert. Köln/Weimar/Wien.

Wilke, Jürgen (1999): Die Zeitung. In: Fischer, Ernst/Haefs,Wilhelm/Mix, York-Gothart (Hg.): Von Almanach bis Zeitung. Ein Handbuch der Medien in Deutschland 1700-1800. München, 388-402.

Wittgenstein, Ludwig (1984): Das Blaue Buch. Werkausgabe Band 5. Frankfurt am Main.

Wittgenstein, Ludwig (1967): Philosophische Untersuchungen. Frankfurt am Main.

Wunderlich, Dieter (1974): Grundlagen der Linguistik. Hamburg.

Wolańska-Köller, Anna (2010): Funktionaler Textaufbau und sprachliche Mittel in Kochrezepten des 19. und frühen 20. Jahrhunderts. Stuttgart.

Xie, Chaoqun (2007): Controversies about politeness. In: Dascal, Marcelo/Chang, Han-liang (Hg.): Traditions of Controversy. Amsterdam/Philadelphia, 249-266.

Ziegler, Arne (2002): E-Mail: Textsorte oder Kommunikationsform? Eine textlinguistische Annäherung. In: Ziegler, Arne/Dürscheid, Christa (Hg.): Kommunikationsform E-Mail. Tübingen, 9-32.

Ziegele, Marc (2016): Nutzerkommentare als Anschlusskommunikation. Theorie und qualitative Analyse des Diskussionswerts von Online-Nachrichten. Wiesbaden.

Zillien, Nicole (2008): Die (Wieder-)Entdeckung der Medien – Das Affordanzkonzept in der Mediensoziologie. In: Sociologia Internationalis, Bd. 46, Heft 2. Berlin, 161-181.

Quellen

BF 01   https://www.buzzfeed.com/marcusengert/bei-g20-protesten-weniger-poli-zisten-verletzt-als-gemeldet

DF 01   https://www.deutschlandfunk.de/ukraine-berichterstattung-rebellion-der-leser.761.de.html?dram:article_id=285010

DK 01   https://diskurskorrekt.wordpress.com/

DW 01   https://www.dw.com/de/warum-wir-die-kommentarfunktion-abschalten/a-45017804

FC 01   http://www.focus.de/politik/deutschland/g20-gipfel-in-hamburg-im-news-ticker-jetzt-ziehen-polizei-und-buergermeister-bilanz_id_7334868.html

FF01   http://faktenfinder.tagesschau.de/inland/g20-offene-fragen-101.html

FR 01   http://www.fr.de/politik/meinung/kommentare/nach-g20-in-hamburg-die-welt-der-doppelmoral-a-1312425

FT 01   https://www.freitag.de/autoren/gthiele/zensiert-spiegel-online-nutzerkom-mentare

FZ 01   https://www.faz.net/aktuell/politik/ausland/nach-brexit-grossbritannien-als-fuehrende-militaermacht-europas-15903473.html

FZ 02   http://www.faz.net/aktuell/feuilleton/debatten/was-westliche-hilfe-fuer-al-eppo-bedeutet-haette-14579497.html

FZ 03   http://www.faz.net/aktuell/politik/ausland/naher-osten/krieg-in-syrien-al-eppo-ist-aufgegeben-14484053.html

MP 01   http://www.medienpolitik.net/2017/12/rundfunk-wir-koennen-mit-ard-und-zdf-mithalten/

MR 01   https://medienblog.hypotheses.org/1392

NP 01   https://netzpolitik.org/2016/moderation-bleibt-handarbeit-wie-tageszeitungen-leserkommentare-moderieren/

NP 02   https://netzpolitik.org/2016/moderation-bleibt-handarbeit-wie-tageszeitungen-leserkommentare-moderieren/

NS 01   https://www.nachdenkseiten.de/?p=49411

NT 01   https://www.nytimes.com/2013/04/10/world/middleeast/the-man-behind-the-casualty-figures-in-syria.html

PH 01   Diese Quelle war ursprünglich verfügbar unter:
         https://phap.org/thematic-notes/2014/april/challenges-monitoring-report-
         ing-and-fact-finding-during-and-after-armed-co
         Jetzt archiviert unter:
         https://web.archive.org/web/20140802001854/https://phap.org/thematic-
         notes/2014/april/challenges-monitoring-reporting-and-fact-finding-
         during-and-after-armed-co

PP 01   http://www.presseportal.de/blaulicht/pm/6337/3680070

RV 01   https://realitaetsverkenner.wordpress.com/2017/05/19/kommentare-stel-
         lungnahmen-und-briefe/

SN 01   http://www.stefan-niggemeier.de/blog/11365/das-lugen-drama-drama-der-
         aktuellen/

SO 01   http://www.spiegel.de/forum/politik/nrw-ministerpraesident-laschet-oezil-
         erreicht-hat-ist-eine-unglaubliche-erfolgsg-thread-785968-1.html

SO 02   http://www.spiegel.de/forum/politik/kommentar-warum-auch-beckstein-
         gehen-muss-thread-5251-6.html

SO 03   http://www.spiegel.de/forum/politik/kampagne-gegen-ausgehetzt-csu-pla-
         katiert-gegen-freie-meinungsaeusserung-thread-780893-1.html

SO 04   http://www.spiegel.de/forum/sport/netzreaktionen-zum-mertesacker-inter-
         view-wie-suarez-nur-vegetarisch-thread-130573-1.html

SO 05   http://www.spiegel.de/forum/kultur/rechte-sprache-warum-linksgruen-
         versifft-thread-864004-1.html

SO 06   http://www.spiegel.de/forum/auto/unfall-von-bad-saeckingen-kontrolliert-
         die-rentner-thread-455757-16.html#postbit_43496853

SO 07   http://www.spiegel.de/forum/panorama/g20-krawalle-viel-weniger-ver-
         letzte-polizisten-als-von-der-polizei-angegeben-thread-627537-1.html

SO 08   http://www.spiegel.de/forum/netzwelt/die-g20-randale-und-das-netz-
         world-wide-wut-thread-626256-1.html

SO 09   http://www.spiegel.de/netzwelt/netzpolitik/sascha-lobo-der-debatten-po-
         dcast-von-spiegel-online-a-1157780.html

SO 10   http://www.spiegel.de/politik/deutschland/hamburg-faktencheck-zu-netz-
         geruechten-ueber-g20-gipfel-a-1157707.html

SO 11   http://www.spiegel.de/forum/kultur/spiegel-leserkonferenz-es-gibt-auch-
         ein-dazwischen-thread-757184-1.html

SO 12   http://www.spiegel.de/forum/kultur/ard-strategiepapier-dokument-der-
         angst-thread-866608-10.html

SO 13   http://www.spiegel.de/forum/politik/nach-attentat-christchurch-neusee-
land-verbietet-sturmgewehre-und-halbautomatische-thread-880356-1.html

SO 14   http://www.spiegel.de/spiegel/print/d-9176410.html

ST 01   https://www.stern.de/noch-fragen/warum-wirft-focus-online-viele-
zuschriften-raus-stern-u-spiegel-aber-nicht-1000086051.html

TP 01   https://www.heise.de/forum/Telepolis/Kommentare/Syrien-Inszenierte-
Wirklichkeit-auf-Video/Abermals-Zensur-im-Tagesschau-Forum-bzgl-
White-Helmets/posting-29552248/show/

TP 02   https://www.heise.de/tp/features/Geschlossene-Leserforen-bei-Spiegel-
Online-3640146.html

TP 03   https://www.heise.de/tp/features/Zwischen-Lesern-und-Lob-
bynetzwerken-3368298.html

TS 01   https://www.tagesspiegel.de/politik/nach-dem-aus-fuer-jamaika-neuwah-
len-waeren-eine-unverschaemtheit/20608976.html

TS 02   https://www.tagesspiegel.de/politik/eskalation-in-venezuela-opposition-
maduro-hat-hilfsgueter-anzuenden-lassen/24031650.html

TS 03   https://www.tagesspiegel.de/gesellschaft/medien/debattenkultur-beim-
tagesspiegel-eine-zensur-findet-nicht-statt/12394304.html

TS 04   http://www.tagesspiegel.de/politik/krieg-in-syrien-aleppo-steht-vor-dem-
fall/14948028.html

TS 05   http://www.tagesspiegel.de/medien/digitale-welt/vom-netz-genommen-
19-zu-wenig-qualitaet-zu-viel-zensur-wie-koennen-wir-die-debatte-
verbessern/8420206.html

WE 01   https://www.welt.de/wissenschaft/umwelt/article180496778/Jakob-
skreuzkraut-Giftpflanze-breitet-sich-in-Deutschland-aus.html

WE 02   https://www.welt.de/politik/ausland/article160343800/Weisshelme-bes-
chuldigen-Russland-1207-fachen-Mordes.html

ZS 01   https://zensurenspiegel.wordpress.com/

Alle Quellen zuletzt abgerufen am 8.4.2019

Zeitfracht Medien GmbH
Ferdinand-Jühlke-Straße 7
99095 Erfurt, Deutschland
produktsicherheit@kolibri360.de